近世江南的城乡社会

Urban and Rural Society of the
Jiangnan Area in Modern Times

复旦大学出版社

教育部人文社科重点研究基地重大项目
"近世江南的城乡环境、地域经济与政治变迁研究"
（批准号：15JJDZONGHE005）成果

目录

绪论
  一、关于江南 / 3
  二、相关研究现状 / 6
  三、研究的路径 / 14
  四、主要研究内容 / 16

第一章　葬亲社：浙西乡村地方士人的施善活动与传承变化
  一、引言 / 21
  二、唐灏儒的《葬亲社约》与地方实践 / 26
  三、友朋的推动和助葬对象的变化 / 33
  四、海宁张朝晋与陈世傅的故事 / 38
  五、其他传承活动及影响 / 41
  六、余论 / 44

第二章　从豪族、大户到无赖："淞南"乡镇的生活世界与秩序
  一、淞南地区及其核心聚落 / 51
  二、水利与民生 / 54
  三、世风的变化与秩序问题 / 59

　　　　四、政治力量的楔入 / 64
　　　　五、结语 / 69

第三章　水域生活与政治:清代江南内河地区的渔业
　　　　一、引言 / 75
　　　　二、环境的塑造 / 78
　　　　三、水乡渔业 / 82
　　　　四、鱼籪的说明 / 87
　　　　五、渔甲制度与管理 / 90
　　　　六、渔团与治安 / 94
　　　　七、结语 / 97

第四章　灾荒与地方社会:咸丰年间桐乡知县戴槃的活动与记述
　　　　一、引言 / 101
　　　　二、政府救助的常态 / 104
　　　　三、社会反应和祈雨活动 / 107
　　　　四、救荒及秩序控制 / 112
　　　　五、结语 / 116

第五章　城门之外:苏州山塘的生活空间与人文地景
　　　　一、引言 / 121
　　　　二、阊门外山塘 / 124
　　　　三、人文地景的丰富与扩张 / 129
　　　　四、烟月作坊 / 140
　　　　五、地域转移 / 148

第六章　区乡体系:民国时期江南行政区划的调整
　　　　一、行政区建置的变动 / 155
　　　　二、区乡体系的设立 / 159

三、汪伪时期的"清乡"规划 / 165

四、县级区划的等第 / 171

第七章　江南城镇的空间、形态与管理

一、江南城镇系统及其比较 / 175

二、城市的形态 / 181

三、地域规模与城门设置 / 185

四、市镇的空间结构 / 190

五、水栅的设置与功能 / 195

六、城镇废弃物的处置与管理 / 199

第八章　江南城镇的日常生活和社会习尚

一、日常生活的论述 / 207

二、娱神活动的繁盛 / 217

三、茶馆书场 / 226

四、卖淫业的兴隆 / 230

五、多样化的逸乐 / 234

六、结语 / 241

第九章　江南城镇工业的发展与同业组织

一、工业化时代的开启 / 245

二、商业贸易的活跃 / 251

三、商业组织的兴盛与变化 / 256

四、余论 / 266

第十章　内河航运网络：民国江南新式交通的拓展

一、引言 / 271

二、传统交通的延续 / 272

三、新式水运交通的普及 / 277

　　　　　四、公共航线与水运网络 / 282
　　　　　五、余论 / 287

第十一章　江南陆路交通形态及其变化
　　　　　一、铁路的贯通与时间感觉的变化 / 293
　　　　　二、公路运输网的布织 / 299
　　　　　三、新式马路和城市生活中的公共交通 / 302
　　　　　四、交通服务的现代化 / 307
　　　　　五、结语 / 312

第十二章　食宿：江南公共服务的现代化
　　　　　一、城镇饮食服务 / 317
　　　　　二、旅馆业的繁盛 / 322
　　　　　三、广告的推介 / 331
　　　　　四、大都市生活方式的影响 / 335
　　　　　五、结语 / 340

第十三章　魔都上海：民国江南城镇的社会变化与人生追求
　　　　　一、社会环境的变化 / 345
　　　　　二、"到上海去" / 349
　　　　　三、生活追求 / 358
　　　　　四、地域背景差异 / 369
　　　　　五、余论 / 372

结　论
　　　　　一、城市化的影响 / 379
　　　　　二、生活的"现代化" / 382
　　　　　三、"工业化"与"都市化"驱动下的城乡社会 / 384
　　　　　四、以城市为中心的转型 / 389

后　记 / 392

绪论

一、关 于 江 南

江南的地域范围,常常因不同研究者的论题所需而设定,并无统一的认识。但如果回溯至历史时期,了解彼时人们思想、观念中的"江南",或许对我们研究江南时如何更切近那个时代,可能更有助益。

自中古时代特别是唐宋以降,江南因其经济文化上的影响力与国家赋税负担中所占的较大份额,地位越益提高。①江南地区的许多城镇,在生活形态、生产方式、文化追求等方面,对中国其他地区的影响也在加强。到明清时期,江南形成了一个以艺文、图书、兴学、隐读为地域特色的文化型社会,这是江南自然地理、历史发展和人文化成的必然,也显示出明清江南的文化特质和个性,以及明清江南士人的精神趋尚、价值取向、生活内容和生存方式。②

明清时期的"江南"范围相对集中于环太湖周边的几个府州县。明末的时候就有人建议,在最为富庶的苏南与浙西地区设立专门的行政区,并置督抚专治,称作"江南腹心"。③作为国家财赋重地的"江南",在归有光(1507—1571)看来,指的就是南直隶的苏、松、常与浙西的杭、嘉、湖六府地区。④清代康熙年间刊行的《吴中开江书》,虽言"吴中",但包括了整个太湖平原。⑤清代学者进一步指出,苏、松、常、镇四府"合于

---

① 相关研究可参牟发松、陈江主编:《历史时期江南的经济、文化与信仰》,华东师范大学出版社2014年版;张剑光:《中古时期江南经济与文化论稿》,上海古籍出版社2019年版。
② 罗时进:《明清江南文化型社会的构成》,《浙江师范大学学报(哲社版)》2009年第5期。
③ 〔明〕卢泾才:《上史大司马东南权议四策》,收入〔明〕冯梦龙编撰:《甲申纪事》卷十一,上海古籍出版社1993年影印本。
④ 〔明〕归有光:《震川先生集》卷八《寄王太守书》,上海涵芬楼影印常熟刊本。
⑤ 详参〔清〕顾士琏等辑:《吴中开江书(三种)》(康熙七年刻本),特别是其中《娄江志》卷下所收的明代万历年间王在晋撰《娄江诸水利说》篇。

浙西则未有异者",有很强的统一性。①所谓浙西,当然就是杭、嘉、湖三府。因此也可以认为,杭州、嘉兴、湖州、苏州、松江、常州与镇江七府就是所谓的"江南"。②

但仍应指出,清前期所谓的"江南",在行政上主要指的是今天江苏、安徽两省地区。苏、松、常三个府不过是正式的"江南省"的一部分。而且,无论是官方还是民间,这三个府往往并称,尤以苏松并称为常。

至民国时期,像南京、上海、苏州、无锡、镇江等城市都属"江南"的范围,是长江下游的一个核心地域,与北方的黄河流域、南方的珠江流域相对。所以"江南"就成了"一个多重性格的流域",即从经济上看,"江南是一个都市线";从人文的观点上看,"江南是物质文明最高度的区域";从政治上看,"江南是现在政治机构的中枢"。③

而在当时"江苏水利协会"自办的杂志中,绘有一幅"太湖流域大势图",地理上就是茅山、天目山系以东、长江以南的三角地带,加上附带地区,完全等同于民国政府与民间时常讨论的"江南水道大势"之地。④这样看来,当时的政府与民间大都认为,江南就是太湖平原地区。

可是,在《民国江南水利志》的"叙例"中,直言这个"江南"是"对江北而言",不是苏、皖兼圻之谓:"苏皖兼圻,称曰江南,清代则然,民国则否。"也因为这部书是出自"江南水利局",以局书名,似乎显得颇为允当。⑤然而在 1928 年因上海特别市的成立,上海居然被排除在这个"江南"之外。⑥另外值得注意的是,在《民国江南水利志》所收的资料中,还包括了浙西杭、嘉、湖三地的内容,多少与其定义的"江南"有所出入。

总之,从民间惯习的角度讲,"江南"仍然不过是太湖平原地区而

---

① 〔清〕全祖望:《鲒埼亭集外编》卷四十九《浙西分地录》,上海涵芬楼影印姚江借树山房刊本。
② 〔清〕东鲁古狂生:《醉醒石》第八回"假虎威古玩流殃、奋鹰击书生仗义",上海古籍出版社 1992 年版,第 68 页。
③ 刘翔:《江南社会的解剖与再造》,《新运月刊》1936 年第 34 期,第 51 页。
④ 详参无锡人胡雨人编的《江浙水利联合会审查员对于太湖局水利工程计划大纲实地调查报告书函》(民间铅印本)所附"江南水道大势图"及其相关图注。
⑤ 沈佺编:《民国江南水利志》卷首《叙例》,民国十一年木活字刊本。
⑥ 太湖流域水利委员会编:《太湖流域水利季刊》第四卷第四期《太湖流域民国二十年洪水测验调查专刊》,民国二十年十月。

已。民国年间,梁方仲在研究近代田赋时,就已明确地指出:"东南田赋之重"一语,在明人集子或奏疏中常常见到;所谓"东南",有时或称"江南",亦称"两浙",其实只是指苏州、松江、常州、嘉兴、湖州五府而言。①

1949年之后,学界论及江南的成果日多,很多研究就以江南为题。核心江南,几乎等同于地理学意义上的太湖流域平原。②宋家泰就曾指出,江南地区从狭义的层面来看,包括苏南镇江以东的苏锡常,上海市,浙北杭嘉湖地区和杭州市及其所属余杭县。据1987年时的统计,这个地区共有县城镇25个、县(市)属镇243个,乡镇832个;地域分布均衡,城镇网络极其密集。③

本世纪的最初几年,这个问题又引起了人们的关注,并涉及许多学科领域,包括地理学、文学、史学、经济学、语言学等。譬如,中国科学院地理研究所主编的《国家地理》杂志,还专辟一期,从不同的学科视野,论析不同的江南空间。在不同的"江南"外延下,其共同的内涵都是太湖平原。特别应指出的是,由于经济的繁荣,江南的吴语地位上升,江淮官话受到歧视,受这样的心理因素影响,不但扬州不被视为江南,也连累镇江被当作江北了。④有人很早就说过,镇江虽然作过江苏的省会,是长江下游的第一个码头,但其"风味"与苏州、无锡有很大的不同,"是江南的边疆"。⑤

出于上述多方面的考虑,本书所指的江南,就以太湖平原为核心,包括传统的浙西(杭州、嘉兴与湖州)与苏南;同时为探讨相关问题所需,偶尔会突破此限。

---

① 梁方仲:《近代田赋中的一种奇异制度及其原因》(1935年),收入《梁方仲经济史论文集》,中华书局1989年版,第10页。
② 有关江南地区的历史变革及国内外的一些主流观点,参冯贤亮:《明清江南地区的环境变动与社会控制》,上海人民出版社2002年版,第1—10页。
③ 宋家泰:《江南地区小城镇形成发展的历史地理基础》,原载《南京大学学报》1990年第4期,收入氏著《宋家泰论文选集——城市—区域理论与实践》,商务印书馆2001年版,第301页。
④ 《中国国家地理》2007年第3期"江南专辑"。
⑤ 周邵:《春来忆江南》(1938年1月),收入氏著《蒪溪寻梦》,古吴轩出版社1999年版,第179页。

二、相关研究现状

江南是一个传统研究的热点地区,成果丰硕,起点很高。海内外江南研究的成果,多集中于市镇、商品市场、社会生活以及士绅阶层等方面。

从政治史的层面来看,涉及江南的讨论,侧重于明清两代的社会变迁,代表性的有萧一山的《清代通史》,广涉政治、军事、文化与思想,亦略述经济生活事①;谢国桢的《南明史略》,多述明清鼎革之际江南民众抗清事②;李洵的《明清史》也有这方面的内容,并略及社会经济方面的内容③。对于明清两代涉及江南的政治社会、王朝更替、士人生活与民众心态的转向等问题,研究成果更多④,阐述甚详;邹逸麟的《论"江南"的政治含义》,则强调了在经济、文化发展过程中,江南于全国统一局面中的政治地位⑤;等等。

较为注重社会经济史层面的,主要有许大龄的《十六世纪十七世纪初期中国封建社会内部资本主义的萌芽》⑥,与众多的讨论"资本主义萌芽"问题的学者相仿,对江南在明清两代的社会经济,作了细致的分析;傅衣凌的丰富著述中,《明清时代商人及商业资本》与《明清农村社会经济》⑦,对研究江南乡村社会,提供了一个很好的起点与借鉴;洪焕

---

① 萧一山:《清代通史》,上海:商务印书馆民国十六年初版。
② 谢国桢:《南明史略》,上海人民出版社1957年版。
③ 李洵:《明清史》,人民出版社1956年版。
④ 如顾诚的《南明史》(中国青年出版社1997年版)、陈生玺的《明清易代史独见》(中州古籍出版社1991年版)、[美]魏斐德的《洪业——清朝开国史》(江苏人民出版社2008年中文版)、何冠彪的《生与死:明季士大夫的抉择》(台北:联经出版事业公司1997年版)、[美]邓尔麟的《嘉定忠臣:十七世纪中国士大夫之统治与社会变迁》(中央编译出版社2012年版)、范金民的《鼎革与变迁:明清之际江南士人行为方式的转向》(《清华大学学报》2010年第2期)、王成勉的《气节与变节——明末清初士人的处境与抉择》(台北:黎明文化事业股份有限公司2012年版)、冯贤亮的《清初嘉定侯氏的"抗清"生活与江南社会》(《学术月刊》2011年第8期),等等。
⑤ 邹逸麟:《论"江南"的政治含义》,收入王家范主编:《明清江南史研究三十年(1978—2008)》,上海古籍出版社2010年版,第177—182页。
⑥ 许大龄:《十六世纪十七世纪初期中国封建社会内部资本主义的萌芽》,《北京大学学报》1956年第3期。
⑦ 傅衣凌:《明清时代商人及商业资本》,人民出版社1956年版;《明清农村社会经济》,生活·读书·新知三联书店1961年版。

椿与罗仑主编的《长江三角洲地区社会经济史研究》①,以专题研究的形式对江南地区的社会经济有全面的考察;谢国桢的《明末清初的学风》,对明清的江南社会更有十分精彩的论述②;钱杭、承载的《十七世纪江南社会生活》,所述明末清初史事较详,较集中于文人社团、宗族生活、图书与出版、艺事文风以及衣食住行的宏观表述,地域上也颇为宽泛。③

但可以发现,对江南更多的研究,仍在城镇变化及其产业经济与社会变迁方面,如刘石吉的《明清时代江南市镇研究》与《小城镇大问题:江南市镇研究的回顾与展望》④、森正夫主编的《江南三角洲市镇研究》⑤、王家范的《明清江南市镇结构及历史价值初探》⑥、樊树志的《明清江南市镇探微》与《江南市镇:传统的变革》⑦、陈学文的《明清时期杭嘉湖市镇史研究》⑧、蒋兆武的《明清杭嘉湖社会经济史研究》⑨、范金民的《江南丝绸史研究》和《明清江南商业的发展》⑩、李伯重的《江南的早期工业化(1550—1850)》与《多视角看江南经济史》⑪、王卫平的《明清时期江南城市史研究:以苏州为中心》⑫、吴建华的《明清江南人口社会史研究》⑬、川胜守的《明清江南市镇社会史研究》⑭等,都进一步拓展了

---

① 洪焕椿、罗仑主编:《长江三角洲地区社会经济史研究》,南京大学出版社1989年版。
② 谢国桢:《明末清初的学风》,人民出版社1982年版。
③ 钱杭、承载:《十七世纪江南社会生活》,浙江人民出版社1996年版。
④ 刘石吉:《明清时代江南市镇研究》,中国社会科学出版社1987年版;《小城镇大问题:江南市镇研究的回顾与展望》,1998年9月杭州"中国东南区域史国际研讨会"宣读论文,后在2003年11月湖州"中国江南市镇国际学术研讨会"宣读论文中又作了补充。
⑤ [日]森正夫编:《江南デルタ市鎮研究——歴史学と地理学からの接近》,名古屋大学出版会1992年版。
⑥ 王家范:《明清江南市镇结构及历史价值初探》,《华东师范大学学报》1984年第1期。
⑦ 樊树志:《明清江南市镇探微》,复旦大学出版社1990年版;《江南市镇:传统的变革》,复旦大学出版社2005年版。
⑧ 陈学文:《明清时期杭嘉湖市镇史研究》,群言出版社1993年版。
⑨ 蒋兆武:《明清杭嘉湖社会经济史研究》,杭州大学出版社1998年版。
⑩ 范金民、金文:《江南丝绸史研究》,农业出版社1993年版;范金民:《明清江南商业的发展》,南京大学出版社1998年版。
⑪ 李伯重:《江南的早期工业化(1550—1850)》,社会科学文献出版社2000年版;《多视角看江南经济史》,生活·读书·新知三联书店2003年版。
⑫ 王卫平:《明清时期江南城市史研究:以苏州为中心》,人民出版社1999年版。
⑬ 吴建华:《明清江南人口社会史研究》,群言出版社2005年版。
⑭ [日]川勝守:《明清江南市鎮社会史研究——空間と社会形成の歴史学》,汲古書院1999年版。

市镇或城镇史研究的领域,并关涉城乡社会的诸多领域。

对于传统时代城乡民众生活的研究,则长期集中于社会"精英"阶层,如乡村中的富户、居于城乡的士绅和地主,以及部分在任或退职的中下层官吏。如吴晗关于明代仕宦阶级的深入探讨《明代的新仕宦阶级,社会的政治的文化的关系及其生活》①,综合了社会、文化、政治以及生活等多方面的内容,并揭示这一阶层给底层民众和上层国家的影响。傅衣凌在《明代江南市民经济试探》一书中,专门分析了明代江南的富户经济,并对于地主经济的新发展作了初步研究,所论富户基本以地主、商人、产业家庭三种类型为主,认为明代江南财富是极为集中,富户的经济具有过渡期的特点。②这些是从经济生活角度对于地方有力阶层较为翔实的考察。后来有很多学者的论述已有偏移,大多认为在传统社会,富裕的民户、地主、商人、官吏等所积聚的巨大财富,在社会动荡时期成了保持稳定的有力保障和救危扶难的重要支持。石锦讨论的清代桐乡地方精英,以城镇生活为主,他们的社会关心就是以市镇为基本范围的。③一直较为注重研究绅士阶层的日本学者中,滨岛敦俊的《明代江南農村社会の研究》④、森正夫的《论十六至十八世纪荒政与地主佃户关系》⑤、宫崎市定的《明代苏松地方的士大夫和民众》⑥等,都较具代表性,在分析地方利益分割、社会秩序控制等过程中,彰示了中层社会处理地方事务时达到官方未具备的效力。但是到了清代,"士大夫"的社会地位虽依旧存在,可是他们的政治活动却受到更多的限制。⑦特别是到了十九世纪,在国家与地方权力格局发生重要转变的情

---

① 吴晗:《明代的新仕宦阶级,社会的政治的文化的关系及其生活》(1943年2月),《明史研究论丛》第五辑,江苏古籍出版社1991年版,第1—68页。
② 傅衣凌:《明代江南市民经济试探》,上海人民出版社1957年版。
③ 石锦:《明清时代桐乡县社会精华分子的社会组成和变化稿》,《汉学研究》1985年第3卷第2期,第739—767页。
④ [日]滨岛敦俊:《明代江南農村社会の研究》,東京大学出版會1982年版。
⑤ [日]森正夫:《十六——十八世紀における荒政と地主佃户关系》,《東洋史研究》1969年27卷4号。
⑥ [日]宫崎市定:《明代苏松地方的士大夫和民众》,收入《日本学者研究中国史论著选译》第六卷,中华书局1993年版。
⑦ 李洵:《论明代江南地区士大夫势力的兴衰》,《史学集刊》1987年第4期。

势下,地方社会中占据最关键角色的士绅阶层的地位与作用,已有新的变化,面对社会涣散的时局,其实已存在"信任危机"的实态。①更多的士大夫自觉或不自觉地开始关注外部世界,既注意经世致用,也动摇了内夏外夷的文化信念,形成新的世界观念。②当然由于太平天国战争的影响,江南地区一派劫灰,满目疮痍,人口损失极为惨重,农村社会中地主与佃农的土地依附关系遭受破坏,地主所确立的租额自然也得不到保证,"小涉旱涝,动辄连圩结甲,私议纳数"③,农民的地租负担略有减少,在战后很长时间内,得不到回升;而激烈的抗租斗争具有的一定破坏性,不利于近代资本的原始积累;④战后江南又出现了新的移民和秩序的重建,也出现了苏州的衰落和上海的崛起之明晰的变化⑤,江南城市发展的轨道与格局因而改变。

而与本书关心的研究主旨有着紧密关系的重要研究,数量不少。例如,在近代乡村市镇及经济状况的研究方面,主要有村松祐次的《近代江南租栈——中国地主制度研究》⑥、施坚雅的《中国农村的市场和社会结构》⑦、段本落与单强合著的《近代江南农村》⑧、茅家琦的《横看成岭侧成峰——长江下游城市近代化轨迹》⑨、单强的《近代江南乡镇市场研究》与《江南区域市场研究》⑩、白凯的《长江下游地区的地租、税收与农民的反抗斗争 1840—1950》⑪、张佩国的《近代江南乡村地权的

---

① 参罗晓翔:《晚清江南社会的绅权与信任危机:以常熟为中心》,《近代史研究所集刊》2019 年第 103 期,第 47—89 页。
② 周武:《鸦片战争前后中国社会变迁散论》,《史林》1990 年第 4 期。
③ 刘耀:《太平天国失败后江南农村经济变化的再探讨》,《历史研究》1982 年第 3 期。
④ 傅衣凌:《太平天国时期江南地区农民的抗租》,《厦门大学学报(哲学社会科学版)》1986 年第 4 期。
⑤ 周武:《太平天国与江南社会变迁散论》,《史林》2001 年第 3 期。
⑥ [日]村松祐次:《近代の江南租栈——中国地主制度の研究》,東京大学出版會 1970 年版。
⑦ [美]施坚雅:《中国农村的市场和社会结构》,中国社会科学出版社 1998 年版。
⑧ 段本落、单强:《近代江南农村》,江苏人民出版社 1994 年版。
⑨ 茅家琦:《横看成岭侧成峰——长江下游城市近代化轨迹》,江苏人民出版社 1993 年版。
⑩ 单强:《近代江南乡镇市场研究》,《近代史研究》1998 年第 6 期;《江南区域市场研究》,人民出版社 1999 年版。
⑪ [美]白凯(Kathryn Bernhardt):《长江下游地区的地租、税收与农民的反抗斗争 1840—1950》,上海书店 2005 年版。

历史人类学研究》①、马学强的《从传统到近代：江南城镇土地产权制度研究》②、黄敬斌的《民生与家计：清初至民国时期江南居民的消费》③等，都主要考察1949年以前的乡村生活与城镇市场，着眼于商品流通与贸易、土地产权、农民反抗、民生家计等问题。

在城乡经济变迁与社会发展研究方面，主要有施坚雅主编的《中华帝国晚期的城市》④、唐振常主编的《上海史》⑤、张仲礼主编的《近代上海城市研究（1840—1949）》与《东南沿海城市与中国近代化》⑥、邹逸麟与茅伯科的《上海港：从青龙镇到外高桥》⑦、刘惠吾《上海近代史》⑧、梅朋与傅立德合著的《上海法租界史》⑨、罗兹·墨菲的《上海——现代中国的钥匙》⑩、柯必德的《天堂与现代性之间：建设苏州（1895—1937）》⑪、裴宜理的《上海罢工——中国工人政治研究》⑫、赵秀玲的《中国乡村城市化概论》⑬、白吉尔的《民国时期的市民社会与城市变迁》⑭、张仲礼与熊月之等著的《中国近代城市发展与社会经济》⑮、周晓虹的《传统与变迁——江浙农民的社会心理及其近代以来的嬗变》⑯、张鸣

---

① 张佩国：《近代江南乡村地权的历史人类学研究》，上海人民出版社2002年版。
② 马学强：《从传统到近代：江南城镇土地产权制度研究》，上海社会科学院出版社2002年版。
③ 黄敬斌：《民生与家计：清初至民国时期江南居民的消费》，复旦大学出版社2009年版。
④ [美]施坚雅主编：《中华帝国晚期的城市》，叶光庭等译，中华书局2000年版。
⑤ 唐振常主编：《上海史》，上海人民出版社1991年版。
⑥ 张仲礼主编：《近代上海城市研究（1840—1949）》，上海人民出版社1990年版；《东南沿海城市与中国近代化》，上海人民出版社1996年版。
⑦ 邹逸麟、茅伯科：《上海港：从青龙镇到外高桥》，上海人民出版社1991年版。
⑧ 刘惠吾：《上海近代史》，华东师范大学出版社1985年版。
⑨ [法]梅朋、傅立德：《上海法租界史》，倪静兰译，上海译文出版社1983年版。
⑩ [美]罗兹·墨菲：《上海——现代中国的钥匙》，上海人民出版社1986年版。
⑪ [美]柯必德：《天堂与现代性之间：建设苏州（1895—1937）》，何方昱译，上海辞书出版社2014年版。
⑫ [美]裴宜理：《上海罢工——中国工人政治研究》，刘平译，江苏人民出版社2001年版。
⑬ 赵秀玲：《中国乡村城市化概论》，河南大学出版社1997年版。
⑭ [法]白吉尔："Civil Society and Urban Change in Republican China", *The China Quarterly*, No.6, 1997；中文本《民国时期的市民社会与城市变迁》，李天纲译，《上海研究论丛》第12辑，上海社会科学院出版社1998年版。
⑮ 张仲礼、熊月之等：《中国近代城市发展与社会经济》，上海社会科学院出版社1999年版。
⑯ 周晓虹：《传统与变迁——江浙农民的社会心理及其近代以来的嬗变》，生活·读书·新知三联书店1998年版。

的《乡村社会权力和文化结构的变迁(1903—1953)》①、张仲礼等编的《长江沿江城市与中国近代化》②、赵冈的《中国城市发展史论文集》③、朱小田的《江南乡镇社会的近代转型》④、任放的《中国市镇的历史研究与方法》⑤等,都深入考察了中国城镇、乡村的历史变迁、社会文化与"近代化"或"现代化"诸问题,除上海外,还有不少内容都与江南有着紧密的联系,对深化江南近代转型与城乡社会的研究,丰富理论思考,都有重要的意义。

而且特别值得注意的是,城市或市镇及其腹地的专题个案研究颇多,如杭州⑥、无锡⑦、南浔⑧、盛泽⑨、硖石⑩、菱湖⑪、常州⑫、苏州⑬、金山⑭、句容⑮等,甚至大城市的城区⑯,也已有细致研究,广泛涉及城镇

---

① 张鸣:《乡村社会权力和文化结构的变迁(1903—1953)》,广西人民出版社2001年版。
② 张仲礼、熊月之、沈祖炜主编:《长江沿江城市与中国近代化》,上海人民出版社2002年版。
③ 赵冈:《中国城市发展史论文集》,台北:联经出版事业公司1995年版;新星出版社2006年版名为《中国城市发展史论集》。
④ 朱小田:《江南乡镇社会的近代转型》,中国商业出版社1997年版。
⑤ 任放:《中国市镇的历史研究与方法》,商务印书馆2010年版。
⑥ 杨树标:《民国时期杭州城市社会生活研究》,浙江大学博士学位论文,2006年,未刊本。
⑦ 汪效驷:《江南乡村社会的近代转型——基于陈翰笙无锡调查的研究》,安徽师范大学出版社2010年版;张丽:《非平衡化与不平衡:从无锡近代农村经济发展看中国近代农村经济的转型(1840—1949)》,中华书局2010年版;贺云翱主编:《无锡人与中国近现代化》,南京大学出版社2011年版。
⑧ 汪波:《南浔社会的近代变迁(1840—1937)》,浙江大学博士学位论文,2006年,未刊本;李学功:《南浔现象——晚清民国江南市镇变迁研究》,中国社会科学出版社2010年版。
⑨ 罗婧:《江南市镇网络与交往力——以盛泽经济、社会变迁为中心(1368—1950)》,上海人民出版社2010年版。
⑩ 邹怡:《民国市镇的区位条件与空间结构——以浙江海宁硖石镇为例》,《历史地理》第二十一辑,上海人民出版社2006年版,第145—171页。
⑪ 彭南生:《抗战胜利后江南市镇建设中的民间力量——以菱湖战后重建(1945—1949)为例》,《江苏社会科学》2006年第4期,第186—191页。
⑫ 万灵:《常州的近代化道路——江南非条约口岸城市近代化的个案研究》,安徽教育出版社2002年版。
⑬ 张海林:《苏州早期城市现代化研究》,南京大学出版社1999年版;吴滔:《清代江南市镇与农村关系的空间透视——以苏州地区为中心》,上海古籍出版社2010年版;游欢孙:《近代苏州地区市镇经济研究》,复旦大学博士学位论文,2005年,未刊本。
⑭ 安涛:《中心与边缘:明清以来江南市镇经济社会转型研究——以金山县市镇为中心的考察》,上海人民出版社2010年版。
⑮ 江伟涛:《论中国江南经济史研究中"城镇"的界定——以1927—1933年江苏句容城市化水平为中心》,《中国经济史研究》2010年第3期,第73—81页。
⑯ 张笑川:《近代上海闸北居民社会生活》,上海辞书出版社2009年版;杨琳琳:《上海江湾城区研究》,上海师范大学硕士学位论文,2008年,未刊本;等。

网络、经济转型、社会变迁及其城镇的现代化等议题。至于江南的民间信仰、农村生活与民众娱乐及其政府控制变迁的研究,成果亦不少①,为探讨江南城乡民众的生活日常与社会秩序甚至政治变动问题,都提供了很多具体典型的研究样例和参考。

与民国时期江南城镇变迁研究直接相关,具有重要参考意义的,主要有费孝通的《乡土中国与乡土重建》与《江村经济——中国农民的生活》②、马裕祥的《浙江城市》③、南京师范学院地理系江苏地理研究室编的《江苏城市历史地理》④、森时彦编的《中国近代的都市与农村》⑤、戴鞍钢的《港口·城市·腹地——上海与长江流域经济关系的历史考察(1843—1913)》⑥等。特别是卜正民的《秩序的沦陷:抗战初期的江南五城》与巫仁恕的《劫后"天堂":抗战沦陷后的苏州城市生活》,都非常巧地论及抗战沦陷时期的江南政治与经济生活状况。⑦不过更多的研究,并非直接针对城镇而发。例如,黄宗智的《长江三角洲小农家庭与乡村发展》⑧,虽论及城镇,但重点仍在乡村生活,其基本研究结论是近代中国的乡村社会经济属于"没有发展的增长"类型;中国农村的商品化进程是"过密型商品化";伴随着国际资本主义而来的加速商品化没有带来质的变化,而只是小农经济的进一步过密化;过密化甚至在集体化与农业的部分现代化之下持续等,影响较大。曹幸穗的《旧中国苏南

---

① [日]滨岛敦俊:《總管信仰——近世江南農村社會と民間宗教》,研文出版 2001 年版;中文本《明清江南农村社会与民间信仰》,朱海滨译,厦门大学出版社 2008 年版;樊树志:《江南市镇的民间信仰与奢侈风尚》,《复旦学报》2004 年第 5 期,第 107—116 页;朱小田:《在神圣与凡俗之间——江南庙会论考》,人民出版社 2002 年版;朱海滨:《祭祀政策与民间信仰变迁——近世浙江民间信仰研究》,复旦大学出版社 2008 年版;王健:《利害相关:明清以来江南苏松地区民间信仰研究》,上海人民出版社 2010 年版,等等。
② 费孝通:《乡土中国与乡土重建》,台北:风云出版公司 1993 年版;《江村经济——中国农民的生活》,商务印书馆 2001 年版。
③ 马裕祥:《浙江城市》,杭州大学出版社 1992 年版。
④ 南京师范学院地理系江苏地理研究室编:《江苏城市历史地理》,江苏科学技术出版社 1982 年版。
⑤ [日]森時彦编:《中国近代の都市と農村》,京都大学人文科学研究所 2001 年版。
⑥ 戴鞍钢:《港口·城市·腹地——上海与长江流域经济关系的历史考察(1843—1913)》,复旦大学出版社 1998 年版。
⑦ [加]卜正民:《秩序的沦陷:抗战初期的江南五城》,潘敏译,商务印书馆 2015 年版;巫仁恕:《劫后"天堂":抗战沦陷后的苏州城市生活》,台北:台大出版中心 2017 年版。
⑧ [美]黄宗智:《长江三角洲小农家庭与乡村发展》,中华书局 1992 年版。

农家经济研究》①,主要运用日本南满洲铁道株式会社1939—1940年对嘉定石岗门镇、太仓直塘镇、常熟虞山镇、松江华阳桥镇、无锡荣巷镇、南通金沙镇等地的调查资料,着重考察了苏南农村土地占有关系、租佃关系、雇佣关系和农副业生产方式的类型与性质等,认为由于社会经济发展的不平衡,苏南收入弹性大的新兴工商业发展较快,而传统的农业部门由于受到人多地少和资本积累率低等多种因素的限制,生产力依然停滞在传统的水平上。段本洛等著的《近代江南农村》,集中考察了1522—1949年间江南农村生产关系与整个社会结构的变化。②马俊亚的《混合与发展——江南地区传统社会经济的现代演变(1900—1950)》③,认为近代江南地区的社会是一种混合形态,江南社会始终在向前发展而非停滞,江南具体的社会经济部门中已萌发的许多现代因子,有的还直接过渡成为现代经济的一部分,江南现代经济的发展,在许多方面都仍以传统经济为依托。樊树志的《市镇与乡村的城市化》则指出,传统农业社会的历史其实就是乡村不断城市化的过程。④类似这样观点的研究,还有不少。

段本洛与张圻福的《苏州手工业史》⑤,对民国时期苏州及其周边市镇乡村的生产状况,有详细的分析说明。余同元探讨了明清时期江南工匠技术经济史⑥,丰富了江南城乡工业史的论述和民众生活的重要表现。乔志强与陈亚平合作的《江南市镇原生型城市化及其近代际遇》⑦,指出明清时期江南市镇已出现城市化发展趋势后,在近代以工商业为龙头的近代城市化模式和这种原生型城市化的结合,离散了旧有的城镇乡村之联系,造成城市结构失衡,城乡差距加大等一系列社会

---

① 曹幸穗:《旧中国苏南农家经济研究》,中央编译出版社1996年版。
② 段本洛、单强:《近代江南农村》,江苏人民出版社1994年版。
③ 马俊亚:《混合与发展——江南地区传统社会经济的现代演变(1900—1950)》,社会科学文献出版社2003年版。
④ 樊树志:《市镇与乡村的城市化》,《学术月刊》1987年第1期,第63—71页。
⑤ 段本洛、张圻福:《苏州手工业史》,江苏古籍出版社1986年版。
⑥ 余同元:《传统工匠现代转型研究:以江南早期工业化中工匠技术转型与角色转换为中心》,天津古籍出版社2012年版。
⑦ 乔志强、陈亚平:《江南市镇原生型城市化及其近代际遇》,《山西大学学报(哲学社会科学版)》1994年第4期,第13—19页。

问题,是一种二元结构的城市化模式。顾朝林的《中国城镇体系——历史·现状·展望》①,则运用现代城市地理学与城市规划学的"城镇体系"概念,对民国时期中国各类大小城镇的两极分化、地域空间结构等内容,有宏观性的考察。包伟民主编的《江南市镇及其近代命运:1840—1949》,讨论了在近代中国发生巨大变化的时期,江南市镇在其中处于怎样的一个位置,是否或在多大程度上被纳入了近代转轨的过程,并利用现代化理论分析工具,分别从八个方面对江南市镇的早期现代化阶段进行实证研究。②

上述学术成果,都为本书研究的展开,提供了重要的学术背景与研究前提。

三、研究的路径

实际上,全面、细致、综合性地分析近世江南地区的城乡变迁、社会发展及其现代化,目前学界的研究仍有值得进一步拓展的空间。

随着社会史研究的深入和扩展,乡村史成为人们所关注的一个重要研究领域。城市与乡村是一个问题的两个方面,不能偏废。近年来,在中国近代史研究领域里,乡村史的研究日趋兴盛。但事实上,乡村史研究早在20世纪二三十年代就已经开始了。经过半个多世纪,倘要对中国乡村社会结构的历史性变动,及其在城市化进程中乡村社会的独特境遇作深入的考察,就不能不对乡村史研究予以更多关注。

可以发现,以往研究中有关江南城乡社会的考察确实比较丰富,但如王家范所指出的那样,存在三个方面的问题:一是多数止步于1840年前,延伸至晚清者不多,更少论及民国时期;二是多数偏好于狭小的太湖流域,甚至仅一二个大城市的案例考察来取代江南;三是资料上主要以开发地方志、笔记(附以少数文集)见长,以全"江南"、大时段的综合居多,各种专题分解不全(集中于市镇、商品流通和贸易),较小单位

---

① 顾朝林:《中国城镇体系——历史·现状·展望》,商务印书馆1992年版。
② 包伟民主编:《江南市镇及其近代命运:1840—1949》,知识出版社1998年版。

(一县、一乡、一村)个案考察与区域内比较研究也相对薄弱,且没有形成扩散性效应,一定程度上折射出目前存在史料取材重复、开发不足的缺陷,似乎也形成了制约江南研究的瓶颈。①不过,近二三十年来,这类状况已有较大改变,相关研究呈现了多样化发展的态势,从经济史领域向社会史与文化史领域广泛拓展,既放大了江南研究的视野,也加深了江南史研究中的专业化倾向。而在江南研究的国际比较中,以往过多重视物质技术等经济社会的"硬件",现在对于社会关系、制度、文化等社会生活中的"软件"研究,已有更多的关注,以增进对国家这个维度或作用的深入分析与理解。②

众所周知,入至民国,尤其是试验"地方自治"的阶段,很多地方都曾花力气进行过现代观念指导下的社会调查,而且还有"农村复兴委员会"与"乡村建设"积累的大量成果。③各类资料的收集、整理与分析,已经深入至城乡社会生活的各个方面,较之以前含混笼统的文字描述,显然要精细很多。日本"满铁"在江南的调查④,早已引起了学界的诸多关注。另外,存世的大量报刊中的相关记载与时人的散文、杂记、日记与回忆等,都是进一步深描当时社会的有益参考。至于地方志书,大概在抗战爆发前,为延续传统,一些地方编修城乡方志的还有若干,但在抗战时期及其之后,大多缺失。晚至1949年以后,主要在七八十年代

---

① 王家范:《明清江南研究的期待与检讨》,《学术月刊》2006年第6期。
② 刘昶:《国际比较视野下的江南研究:问题与思考》,收入王家范主编:《明清江南史研究三十年(1978—2008)》,第352页。
③ 代表性的有,冯紫岗编:《嘉兴县农村调查》,国立浙江大学、嘉兴县政府1936年印行本;行政院农村复兴委员会:《江苏省农村调查》,商务印书馆1934年刊本;华东军政委员会土地改革委员会:《江苏省农村调查》,无出版社,1952年12月印行;冯和法:《中国农村经济资料》,上海黎明书局1933年版;冯和法:《中国农村经济资料续编》,上海黎明书局1935年版;实业部国际贸易局编:《中国实业志》(浙江省、江苏省),上海,1933年刊本;卜凯:《中国农家经济:中国七省十七县二八六六田场之研究》,张履鸾译,商务印书馆1936年版;上海市档案馆编:《日本在华中经济掠夺史料1937—1945》,上海书店出版社2005年版;中央档案馆、中国第二历史档案馆、吉林省社会科学院编:《日汪的清乡》,日本帝国主义侵华档案资料选编,中华书局1995年版,等等。
④ 如满铁调查部的《江苏省松江县农村实态调查报告书》和《江苏省无锡县农村实态调查报告书》,满铁调查研究资料第三十一编与第三十七编,上海1940年和1941年版;满铁上海事务所调查室的《上海特别市嘉定区农村实态调查报告书》与《江苏省太仓县农村实态调查报告书》,分别为上海满铁调查资料第三十三编和第三十四编,上海1939年版,等。

以来，各地新编了许多地方志，对民国时期的情况多少有所回溯。这是在考察民国时期城镇变化情况时，可以参考的一大资料来源。本书还将拓展民国时期大量出现的城市或铁路交通导游指南小册在具体研究中的使用，这些资料在以往研究中关注还不是太多[①]，值得进一步挖掘。

本书将在前人研究的基础上，努力解明近世江南城乡社会的基本面貌与变化特点，特别强调区域社会中的城镇乡村发展及民众生活在变迁过程中呈现的具体态势，以及这种态势对区域社会结构、地方政治经济可能产生的影响。这也是当今讨论城乡社会分层、贫富分化以及城市社会生活史研究中较受注目的重要问题。

就一般而言，县城仍是较市镇更为重要的区域性商业中心[②]，但这并不排除有些市镇一直较所在地区的县级城市更为繁荣的实际。本书论述中习惯使用的"城镇"，是指各级城市和市镇，有的县城治地就是以前的市镇；而乡村的变迁与市镇又有着不可分割的内在联系，在民国年间的人们看来，乡村生活有时就包括了市镇的内容。

江南一直是全国的经济、文化重心，其发展的历史与前景都有待重新认识，既需丰富、拓展以往学术研究中的一些认知，也有必要为当今现代化发展提供历史的经验与参照。

四、主要研究内容

本书将通过一系列专题研究，重视城市、市镇及农村变迁三个不可分割的维度，来展开共同考察，除了现代意义上的大城市（如上海、杭州、南京等）外，江南地区长期存在着一种较为良性的城乡社会结构。

[①] 参冯贤亮：《导游指南：江南城市的变化与日常生活(1912—1949)》，收入《中国文史上的江南——"从江南看中国"学术研讨会论文集》，上海辞书出版社 2014 年版；在最近的研究成果中，已开始利用民国时期出版的指南手册，来讨论城市的会馆、公寓、旅游休闲、城市空间变迁、饮食服务等内容，参巫仁恕主编：《城市指南与近代中国城市研究》，香港：开源书局出版有限公司，台北：民国历史文化学社 2019 年版。

[②] 包伟民主编：《江南市镇及其近代命运：1840—1949》，第 16 页。

明清时期主要由上层的府州县级社会、中层的市镇社会到下层的村落社会所构成的层级体系,在民国时期当然也同样存在,整个城乡社会变迁呈现出了一种联动发展的复杂趋势。

具体研究中,将涉及城乡环境、水利、交通、秩序、生活空间、城镇经济、社会危机、现代化变革等层面,关注城乡的总体发展状况,包括城乡的社会环境、乡村生活与社会调控、水利事业的现代转型、城镇空间分布格局、交通网络与公共服务、传统产业与新型经济形态、生活的现代化与人生追求等议题,以期比较全面地反映出近世江南的社会转型等问题。基于这样的思考,本书将专门讨论江南乡村地方士人生活中的公益活动及其延续性、普通乡村生活社区包括水域在政治变革进程中的发展形态、灾荒危机中的政府支配、城乡生活空间的变化与形塑问题、地方行政的体系架构及其变迁、城镇的空间形态与行政管理、城乡生活的现代化与日常生活安排的新面貌、城镇经济的宏观面貌、城乡水陆交通网络及其公共服务的现代化、城市导游指南的兴起与城市生活的变化以及以上海为中心的社会变化与人生追求的新样态等内容。

原则上,要研究江南城乡,应该有效地区分城市与乡村的不同变化样貌,但城镇本身与其周围的农村并不可能在经济、社会、政治与日常生活上作出清晰的区别,所以在很多情况下,并没有也不大可能将两者予以绝对分开讨论。① 当然,在具体探讨过程中,对文献中所反映的城乡情况,是否属于镇区还是包括了农村的内容,会进行必要的判别。

至于研究时段"近世",虽然学界的界定各有不同,大多是关乎晚明以来的思考与论述,但本书在总体上将"近世"主要聚焦于清代中后期至 1949 年间,为时并不长,内容却比较复杂。倘就城镇本身的发展而论,在现代国家建立后,更可以细划出几个阶段,即北洋政府时期(1912—1927)、国民党初期统一时代(1928—1936)、抗战时期(1937—1945)与国共内战时期(1946—1949)。这当中,城乡社会发展状况比较好、延续传统时代生活较多而变化较快的是在前两个阶段;在抗战时

---

① 包伟民主编:《江南市镇及其近代命运:1840—1949》,第 21 页。

期,江南许多城镇遭受战火的破坏,但也有不少城镇出现了"畸形"繁荣①;而最难于廓清、发展状况也较差的,是1945年后的国内战争时期,且现存资料能予以全面反映的不多,加上时间甚短,往往在一般的城乡史叙述中被一笔带过。

  本书在综论1949年前的江南城乡变迁、城乡关系与民众生活时,将特别注意清代以来的变革以及"现代化"问题的思索。在民国时期的人们看来,"现代化"就是"西化"②,"西化"的东西是国际的。反过来,江南城乡地区生产的丝绸、棉布等特色产品,早在历史时期已流行国际市场,就很国际化了。自明清时期以来,"全球化"的影响已不可阻挡,至如江南乡村小民的生计,也往往多受干扰。城镇发展中的现代化及其变革进程,显然是快速的,但是,在不少层面上还有一定的局限性。

  近世江南城乡的社会转型特别是民国时代的"现代化",无论于生活,于生产,还是于思想,可能是无处不在的,但实际上对很多人来说,特别是长期生活在乡村、市镇的,又无法真正地全部享受到"现代化"的成果,所以感觉又是遥远的,多少带了些飘忽感。

---

  ① 例如,长兴县的大部分集市在抗战期间因受战争影响,或停业或迁移。而鸿桥属于长兴县的"阴阳"地界,即敌我势力交叉地带,市集畸形发展,成为一时的商业中心。到1940年,长兴的商业据点如泗安、虹星桥、夹浦、鼎甲桥、天平桥、白阜埠、亩桥、煤山、车渚里、合溪等,市面仍然都流行日货或者是被改头换面后的日货,商业贸易"一般都比战前繁荣";尤其是鸿桥、蒋埠桥、南庄、小桥头等,"是敌货倾销中心,市场更其热闹"。德清县的新市镇因僻处水乡,在战争爆发后的两年里,其他地方的城市相继陷落时,它却成了"烽火不到的避难所",一时间嘉兴、湖州一带的避难者群集于此,"显出畸形的繁荣"。参长兴县志编纂委员会编:《长兴县志》,上海人民出版社1992年版,第353页;浙江省战时合作工作队游击区直属分队:《长兴之经济调查》,《浙江建设》1940年第3期,第129页;心真:《水乡市景(新市通讯)》,《杂志》1944年第6期,第171页。
  ② 常燕生:《什么是现代化》,《月报》1937年第1期,第148—149页。

第一章

葬亲社：浙西乡村地方士人的施善活动与传承变化

一、引　　言

晚明以来的中国社会,问题众多,危机四伏。① 与理学名宦陆陇其并称、有"近代真儒"与"朱子后一人"之盛誉的桐乡人张履祥(1611—1674)②深刻地指出:"今日寇盗遍天下,朋党亦遍天下,名士遍天下,饥民亦遍天下,贪官遍天下,狐狸亦遍天下。"③ 社会情势复杂而秩序混乱。至于官绅们眼中地方社会生活中有悖礼制与王朝教化的现象,又实在太多,都应以儒家的道德文化为标准,予以抨击、指摘,以更好地维护王朝的统治秩序。其中涉及的具体面相,就有城乡民众生活中流行的停棺不葬、阻葬、火葬等风习。

虽然,这些生活中的"恶俗"多受佛教、风水等因素的影响,有人就提出批评:"浙江俗称佛地,乡里间多崇佛法,然须得善知识指导,皈向正法,庶为正信,不至误入歧途。"④ 但是,在整个明清时期普遍存在着"三教合一"的实际及其表现⑤,这在怀抱改良社会、拯救时弊之理想的士人而言,仍都无法真正容受。在现实生活中所谓的"三教互相攻击"的问题⑥,有一个集中体现,即在丧葬层面。⑦

---

① 王鸿泰:《武功、武学、武艺、武侠:明代士人的习武风尚与异类交游》,《历史语言研究所集刊》2014年第八十五本第二分,第219页。
② 〔清〕方东树:《考槃集文录》卷四《重编张杨园先生年谱序》,光绪二十年刻本。
③ 〔清〕张履祥:《杨园先生全集》卷九《与李石友一》,陈祖武点校,中华书局2002年版,第249页。
④ 余霖纂:《梅里备志》卷二《风俗》,民国十一年阆沧楼刻本,收入《中国地方志集成》乡镇志专辑,上海书店1992年影印版,第270页。
⑤ 王锡爵即曾言"我辈近来喜谈三教合一"。参〔明〕王锡爵:《王文肃公文集》卷二十八《耿叔台操江》,万历刻本。另外,陈瑚也说当时社会上颇多"倡为三教合一之说而无所忌惮者"。参〔清〕陈瑚:《确庵文稿》卷十二《切己录序》,康熙毛氏汲古阁刻本。
⑥ 〔明〕朱国祯:《涌幢小品》卷二十八,"三教"条,中华书局1959年版,第656页。
⑦ 相关研究可参方福祥等:《明清杭嘉湖慈善组织所凸现的三教冲突与融合》,《南湖论坛》2004年第1期,总46期,第57—61页。

张履祥在甲申之变后即弃诸生,隐居于桐乡杨园村舍,一副"明遗民"的典型形象,即在精神上可谓与新朝隔绝,而且在空间上也与城市隔绝。①他的生活主要在著书教授,谨守理学要旨,并努力付诸社会实践,"居恒虽盛暑,必衣冠端坐,若对宾客,修己教人,一以居敬穷理、躬行实践为主"。②在他的生活世界中,却充满了违背礼制要求的丧葬行为,尤以火葬为最。他曾全面地概括了历代火葬禁而不止的基本原因:"火葬一事,历代所禁。然而不止者,一惑于桑门之教,一惑于风水之说,一诿于贫而无财。夫贫而无财,有棺无椁可也。甚者敛手足形而葬之中野,不犹愈于以父母之身投诸烈焰乎?况今俗之失,实不为此。方其焚亲之日,多其僧道,会其亲友,厚其酒食,其费不数倍于封树之需乎?若乃桑门之教,风水之说,其为悖谬,自古哲人言之备矣。"进而对此类地方"恶俗"作了有力的批判:

> 风俗之恶,至于沮葬极矣。己不能葬其亲,复禁人之葬其亲,推此志也,必尽人而不得葬也。夫今之饮食而视息者,非尽人之子与。一施一报,凡物之情也。人亲之葬也,己则沮之,而欲己亲之葬,人不之沮,得乎?谚曰:"三吴无义,死无葬地。"即此一念,殃及其身,以及其亲,有余矣。③

张履祥觉得与他处相比,桐乡的风俗问题更为突出。"死无葬地"之说,也不仅在贫而无财,而且更多地可能有"惜地不葬"的现实。那些"贼仁贼义"的乡间"葬师"们,对于民间葬俗悖乱礼制的行径,起了推波助澜的作用,张履祥认为会受到报应,难逃"鬼神之责":

> 其说始于形家,嗜利无厌,造为福利妨害之邪说,以蛊愚俗。彼此诳诱,遂令丧家之惑既不可开,邻近之民益不可解。大约丧家

---

① 林丽月:《故国衣冠:鼎革易服与明清之际的遗民心态》,收入氏著《奢俭·本末·出处——明清社会的秩序心态》,台北:新文丰出版公司2014年版,第308页。
② 光绪《嘉兴府志》卷六十一《列传十二·两庞先儒》,光绪五年鸳湖书院刻本。
③ 〔清〕张履祥:《杨园先生全集》卷十八《丧祭杂说》,第528、530页。

之惑，多中福利，邻近之惑，多中妨害。此风惟桐乡为甚，他邑亦不至此。杭州之俗，墓旁居人往往群相庆助。同此覆载之中，岂地理吉凶有不一者？因而小则为厌胜之法，大则至于断港塞流、掘壤纵火，以至发久远之墓，戮既朽之尸，破家结讼而未有已，虽宗族亲戚不顾也。贼仁贼义，无所不至，亦可痛矣。然见闻所及，为葬师者其家不昌，其后不永，岂非心术已坏，一时之人为其所惑，鬼神之责不可逃乎？术不可不慎，智士仁人其亦审所择矣。①

类似这样的评判，在清人著述中可谓俯拾皆是。直到道光年间，嘉兴士人王寿仍在猛烈抨击这种葬俗②，认为"背理灭伦，莫此为甚"，是"外夷邪说"，"其种种不经，难以悉数"。③

在张履祥等人特别关心的杭、嘉、湖地区，丧事请僧用道，崇尚佛老，远较北方为甚，所谓"三吴习气，重僧，重堪舆，重养生家。重僧，为其广福田也；重堪舆，为其荫后无穷也；重养生家，为其长生可得也"，尤以湖州为代表。④不过张氏所述情形的具体表现，其实广泛而复杂，也并非仅存在于贫寒之家。

在杭州府地区，自元以来，俗尚浮屠法，其力不能自葬及暴露遗骸，多以火焚，甚至骨弃水中，不立埋葬之所。⑤康熙《仁和县志》指出："杭人多停柩不埋，寄藏管坟人家"，在康熙十年冬天还出现了岳坟附近寄棺人家因失火被烧十余具棺柩而"灰骨难辨"的惨象。⑥与此相类，海宁县贫穷人家火葬成风，竟使官置义冢成为虚设。⑦

嘉兴府地方，地方士民"最佞佛，而诪渎鬼神，亦由积习"，人死之后就由"火居道士"环尸而诵"度人经"，僧尼则席地而念"往生咒"。至于

---

① 〔清〕张履祥：《杨园先生全集》卷十八《丧祭杂说》，第530—531页。
② 光绪《嘉兴府志》卷八十一《经籍二》。
③ 〔清〕项映薇，王寿补，吴受福续增：《古禾杂识》卷二，民国二十五年影印道光二十年序刻本。
④ 〔清〕张履祥：《杨园先生全集》卷三十八《近鉴》，第1037页。
⑤ 嘉靖《仁和县志》卷七《恤政·义冢》，嘉靖二十八年修、光绪十九年校刊本。
⑥ 康熙《仁和县志》卷十三《恤政》，康熙二十六年序刻本。
⑦ 民国《海宁州志稿》卷四十《杂志·风俗》，光绪二十二年修、民国十一年续修铅印本。

附身、附棺,大多草率了事,"殊为痛恨"。而更厉害的,是"停棺不葬""厝地不迁""不封不树"。三年之中,可以说是非僧即道、非道即僧。①据清人的观察,当地从事火葬最多的是窭户;②秀水县十分流行堪舆之说,窭户多"薪葬"③;石门、桐乡地区,还专门延请僧道帮助尸体火化;④平湖县地方百姓,喜欢在寺僧给印的经疏上,写上祖宗姓名后再火化;⑤海盐地区火葬风气更盛,即便政府设了义冢,也不能对此有很好的扼制。⑥

在湖州府同样有类似的葬俗,有所谓"开吊用香烛、纸锭,奠用牲醴,庶羞或加赗帛,丧家作佛事,设酒筵,甚至鼓乐歌唱",概称"暖丧酒"。⑦甚至鼓乐歌唱,醉饱而散,主宾胥失之矣。⑧至于贫寒之家不能办理葬仪的,只得潜自经营就窆的情况,这在官绅们看来就是"偷丧"。⑨而因虔信风水之说有迁延至数十年不葬者,最终仍是"付亲柩于一炬"的现象,也是官绅们反对的火葬恶俗。⑩在菱湖镇地区,贫穷人家选择"偷葬"的更多。⑪南浔镇也是如此,葬无定期,且多用"偷柩"法,亲友会葬者少。也有将灵柩火化,拾其骸骨贮于瓮中埋葬;或者等尸体腐烂后再检其骨殖置于瓮中。这种行为称作"揭生骨"。其中当然有贪图风水而历久不葬的。⑫双林镇地方的贫穷人家,"偷葬"之风更为严重,火葬习俗同样十分流行。⑬

---

① 〔清〕项映薇著,王寿补、吴受福续增:《古禾杂识》卷二,民国二十五年影印道光二十年序刻本。
② 崇祯《嘉兴县志》卷十五《政事志·里俗》,崇祯十年刻本;光绪《嘉兴府志》卷三十四《风俗》,光绪五年鸳湖书院刻本。
③ 康熙《秀水县志》卷三《风俗》,康熙二十四年刻本。
④ 光绪《石门县志》卷十一《杂类志·风俗》,光绪五年刊本;光绪《桐乡县志》卷二《疆域志下·风俗》,卷四《建置中·善会》,光绪十三年刊本。
⑤ 光绪《平湖县志》卷二《地理下·风俗》,光绪十二年刊本。
⑥ 光绪《海盐县志》卷四《舆地考·县治附漏泽园》,卷八《舆地考·风土》,光绪三年蔚文书院刻本。
⑦ 道光《武康县志》卷五《地域志五·风俗》,道光九年刊本。
⑧ 同治《湖州府志》卷二十九《舆地略·风俗》,同治十三年刊本。
⑨ 崇祯《乌程县志》卷四《风俗》,崇祯十年刻本;乾隆《乌程志》卷十三《风俗》,乾隆十一年刻本。
⑩ 道光《武康县志》卷五《地域志五·风俗》。
⑪ 〔清〕孙志熊纂:《菱湖镇志》卷十《风俗》,光绪十九年临安孙氏刻本。
⑫ 〔清〕汪曰桢纂:《南浔镇志》卷二十三《风俗》,咸丰间修、同治二年刻本。
⑬ 〔清〕蔡蓉升纂、蔡蒙续纂:《双林镇志》卷十五《风俗》,民国六年上海商务印书馆铅印本。

上述各种情状,在地方史志中都有详略不等的记述,各地官绅基本趋于一致,都秉持批判之态。这引起后世学者的广泛关注,研究讨论甚夥。①从中可以得到的一般认识,就是彼时官绅们的反对方式或抵制策略,除了官方常规的禁约举措外,都十分推赞地方善举、善会等活动的进行②,并尽量使之覆盖更多的下层贫苦民众,努力抵拒其惑于风水或惜地不葬的行为。③其中,就有以地方绅士为主导的组织方式——葬亲社。

然而,葬亲社并非普及整个江南地区,其始亦非一般而言的善会组织,更无固定的会所,且史料记载极少,在以往的相关研究中,对其关注甚微或缺乏比较全面的讨论。④但如果细究葬亲社的源起、组织成员及其在整个清代的前后传承与相关活动,这个功能相对单一、活动地域不大、规模较小的乡村慈善组织,在地方士人生活中有着较为深远的影响力;其相关组织者都是当时重要的思想领袖或文化精英,而非其他善会、善堂那样多以富绅、巨室、大贾为主要组织者。因此,更可以反映彼时很多类似善会在清代的一般面貌与地域影响特征,甚至于思想史上可能存在的意义。本章在前贤相关考察的基础上,依据零星史料,拟对

---

① 常建华:《试论明清时期的汉族火葬风俗》,《南开史学》1991年第1期,第56—69页;梁其姿:《施善与教化:明清的慈善组织》,台北:联经出版事业公司1997年版,第217—238页;何淑宜:《以礼化俗——晚明士绅的丧俗改革思想及其实践》,《新史学》第10卷第3期,2000年10月;王卫平:《清代江南地区社会问题研究:以停棺不葬为例》,《江苏社会科学》2001年第2期,第133—137页;冯贤亮:《太湖平原的环境刻画与城乡变行(1368—1912)》,上海人民出版社2002年版,第128—140页;吴琦、黄永昌:《清代江南的义葬与地方社会——以施棺助葬类善举为中心》,《学习与探索》2009年第3期,第216—223页;黄永昌:《清代江南的阻葬问题与社会调控》,《近代史学刊》2010年第7辑,第197—210页;等。

② [日]夫马进:《中国善会善堂史研究》,东京同朋社1997年版,特别是第709—739页;中文本参商务印书馆2005年版,第617—642页。

③ 梁其姿:《施善与教化:明清的慈善组织》,第217—238页;冯贤亮:《坟茔义冢:明清江南的民众生活与环境保护》,《中国社会历史评论》2006年第七卷,第161—184页。

④ 以往相关研究中偶有涉及,但皆非专门考察。可参雷家宏:《中国古代的乡里生活》,商务印书馆1997年版,第57—58页;[日]夫马进:《中国善会善堂史研究》,商务印书馆2005年版,第82页;朱铭实:《中国历代乡约》,中央社会出版社2005年版,第40—41页;潘起造编著:《明清浙东经世实学通论》,宁波出版社2006年版,第214页;冯贤亮:《土火之争:清代江南的葬俗整顿与社会变革》,《传统中国研究集刊》第二辑,上海人民出版社2006年版,第155—172页;[加]王大为:《兄弟结拜与秘密会党:一种传统的形成》,商务印书馆2009年版,第34—35页;黄永昌:《传统慈善组织与社会发展——以明清湖北为中心》,光明日报出版社2012年版,第29页,等。

清代江南曾经存在的葬亲社,作一全面的考察。

二、唐灏儒的《葬亲社约》与地方实践

在所有关于葬亲社活动思想渊源的追述中,都会言及首倡者唐灏儒。

唐氏名达,湖州府德清县人,是崇祯十七年的贡生,王朝更替后即高隐不仕。他研精理学、星历、音律,家教著书,据说一时执经问业者甚众,所交皆识学力行之士。有朋友因为贫困,不能安葬去世的父母,他就倡议创立葬亲社①,得到许多人的仿效。②他所拟的《葬亲社约》,较完整地见诸广西临桂人、雍正元年(1723)进士陈宏谋(1696—1771)③所辑的《五种遗规》中。④

表面上,唐灏儒被清人称为"高隐不仕",其实并非真地不问世事。从张履祥等人的口述以及唐氏本人所拟的《葬亲社约》中,可以窥见其极为关心时政与现实生活中的重要问题。这与一般而言的"隐逸"之士,决然不同。唐氏认为:"不孝之罪,莫大乎不葬其亲,而以贫自解,加以阴阳拘忌,既俟地,又俟年月之利,又俟有余赀。此三俟者,迁延岁月而不可齐也。势愈重,而罪愈深。今集同社数十人,为劝励之法,以七年为度,期于皆葬。"其所拟的社约规则主要有如下八条:

一、凡欲葬其亲、愿入社者,各书姓氏,满三十二人则止。每人详列同社姓氏,粘诸壁间,遇有葬者,则注其下曰"某年月日,其

---

① 同治《湖州府志》卷七十五《人物传·文学二》。
② 〔清〕钱泰吉:《甘泉乡人稿》卷十九《张北湖先生事状》,同治十一年刻光绪十一年增修本。
③ 陈宏谋,原名弘谋,字汝咨,曾任江苏按察使、湖南巡抚、云南布政使、东阁大学士兼工部尚书等职,政绩卓著。参王锺翰点校:《清史列传》卷十八《大臣画一传档正编十五·陈宏谋》,中华书局1987年版,第1373—1384页。
④ 〔清〕陈宏谋:《五种遗规·训俗遗规》卷三《唐灏儒葬亲社约》,乾隆七年培远堂刻本,收入《续修四库全书》子部第951册,上海古籍出版社2002年影印版,第175—176页。另参〔清〕余治辑:《得一录》卷八之一《葬亲社约》,姑苏得见斋同治八年刊本。

亲已葬",以观感而愧焉。

一、凡有举葬者,同社各出代奠三星,有力者或再从厚,一以为敬,一以为助,一以为贺。或至墓,或至家,一拜而退。主人惟各登拜以为谢,无纤毫酒食之费。

一、同社者众不能遍告促金,各随其亲朋远近,分为东、西、南、北四宗,每宗八人,自叙长幼,轮年揸次,一为首,一为佐,凡所宗内有葬日,则以语于各宗之首、佐,各聚其所宗之金而函之,上书"奠仪",注曰"某宗",下书"同社某某仝拜",主人无答简,宗者不失可宗之义,仁孝相勉,异姓犹同姓也。

一、每宗首、佐躬拜,其余可至可不至。或首、佐有事,亦可揸代。如志同而地隔,度后往返不便者,不必共社,仿例别成可也。

一、所费甚薄,而贫者犹以为艰,然有为浮名社刻而费者矣,有呼卢酣宴而费者矣。即不然,譬有至戚吉凶大事,不得已而多此一费者;又譬有泛交套仪,而其人偶受之者。今费而必酬,则是葬亲之外府也。譬诸今日仅费三星,而亲之一指,已先受葬,虽甚贫窭,可不竭力图之乎?至于葬而受金,不权子母者,先葬者孝,是以轻财为义也。较诸称贷举会者利已多,岂有不酬之理?凡有葬,知期前三日,金不至者,宗首罚之;宗首犯者,旁宗首罚之。凡罚,于本金外加三星。

一、亲未入土,礼宜疏布持斋,而大拂人情,则相从者少。今乐斋戒者,短长任意,惟每月朔望及亲忌日,及祀祖之日,俱不得华服茹荤,此仅"饩羊"之遗意,而尚不能者,不必入社。既入而犯者,亦如罚例。此所罚,注月日,封押存宗首处,俟偶有葬者,并入函赠之。受者于原罚人之葬日,答其半。

一、七年之间,赀可徐措,地可徐择,日可徐涓。念释在兹,庶能勉强。盖三年而力不足,又以三年,迟之又各将复何需,不得已而又一年,再不葬者,从前之费无所复酬,所以为大罚也。无已,则于八年之葬者,众答其半,以存余厚,过此复何尤乎。

一、人数既定,约于某日,共至公所,聚会信誓,以期必遂,期满而亲俱葬,复聚会告成,任意丰歉醵饮以相庆。①

陈宏谋高度认同明末以来顾炎武、唐灏儒、张履祥等人的丧葬理念及相关实践,并强调指出,清初朝廷要求推进的乡村教化活动中,亟需于乡约中增补"葬亲社约",后来将它纳入其所编定的《五种遗规》中,作为"训俗"的重要内容:

停丧不葬之非礼,亭林先生已极论之矣。今世士大夫亦不能不以为非,顾停棺浅厝,所在皆是,暴露经年,恬不为怪。推求其故,则曰为择地也,为无力也。夫忍亲棺之暴露,以求子孙之福荫,择地之非,已杂见于他编,惟无力则诚难以为说耳。唐子以葬亲为社约,醵金相助,众擎易举,虽极贫寒,得此亦可以举棺矣。而又有不葬之罚,相规相劝,无不以葬亲为事,使不葬者无以自容,庶几同社中可无不葬亲之人矣。其经营之善,用意之厚,不诚可以劝孝而励俗耶!杨园增补之条,尤为精密。行《吕氏乡约》者,亟当增入此约,以为救时之切务也。②

应对"非礼"的民间葬俗的基本理由,仍从申说道德规范而来。陈宏谋认为,要在官方一直十分重视的乡约活动中,将葬亲社约作为重要的教化内容予以宣讲,所谓"以为救时之切务",以抵制江南普遍的火葬行为,劝行土葬,并以葬亲社的实际行动,作为资金匮乏的民众的重要安慰与实际保障。

至于陈宏谋所谓的"杨园增补之条,尤为精密",则主要有三条,也可视为张履祥等人在桐乡清风里的实践内容:

一、原约同会,始终两会而已。窃恐日月寖久,相见太疏,不免怠忘之患,宜于每岁之首,特加一会。其已葬者,于会间申再拜

---

① 〔清〕陈宏谋:《五种遗规·训俗遗规》卷三《唐灏儒葬亲社约》,第175—176页。
② 同上书,第175页。

稽颡之礼，以致谢。既省登拜之烦，亦使未葬者有所观感，而于一岁之中，矢心积力，以期必葬，则是岁举事者自众矣。其会以已葬者司其事，而不任费。

一、同会之人，不踰桑梓，非其亲党，则通家邻旧也。聚会之日，不妨率其子弟以至，世好既敦，亦明礼让。其有佻达不敬父兄，游浪不务本业者，同会教戒之。

一、蓝田《吕氏乡约》，敦本厚俗，莫此为甚。今日之集，特从流俗之极敝，人心之最溺者，先为之导，宜于会日讲明其义，使相辅而行。庶乎仁厚之风久而浸盛，异时即不立社可也。①

张履祥认为在葬亲社每年固定两会的基础上，再增加年初一会，入会之成员都是本地人，不是亲党，就是通家邻旧。他特地还作了一个补充说明：

养生送死，子职所共，当礼称财，人心攸尽，是以我独不卒雅著《蓼莪》之哀。凡民有丧，风垂匍匐之训，义苟隆于报本，情自切于感兴。余溪唐子，以锡类之至仁，举葬埋之正谊，期于七载，统厥四宗，劝励资乎友朋，念释断乎己志。不封不树，食息岂忘泚然？既降既濡，俯仰能无沱若？要使苦苴靡怠，日月有时，人无不葬之亲，亲无久尘之榇。伤哉贫也，文不备宁戚，有余安则为之。遗其先，遑恤其后？式兹里俗咸与孝，诚斯云"厚德之旌旐，彝伦之鹄的"者矣。②

与唐灏儒相类似，桐乡人张履祥同样号称隐士，也同样关心当下的社会和生活，积极推动乡村公益活动，以唐氏所倡的"葬亲社约"为宗旨，大力维护土葬礼制，使之更趋应和儒家伦理道德的要求。

从张履祥的生活空间来看，各类相关记载中频频言及的清风里，就

---

① 〔清〕张履祥：《杨园先生全集》卷二十《跋清风里葬亲社约》，第597—598页。
② 同上书，第597页。

是桐乡县西、北部较大的清风乡。清风乡所辖的较大市镇,首推青镇(今乌镇),位于县治北二十七里。此外还有炉头镇,古名柞溪,在县治西北十三里,号称为县北通衢,距离青镇十四里。炉头镇一带的居民,都以冶铸为业,除夏季外,春、秋、冬三季时炉火昼夜不绝,所生产的釜鬲钟鼎之制,"大江以南咸取给焉"。①

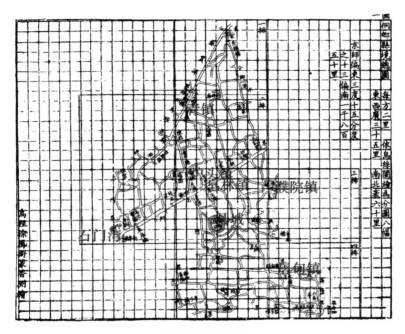

清代桐乡县全图

(据光绪《桐乡县志》)

张履祥在明末后即长期隐居炉头镇杨园村,故世称其杨园先生。②他生于万历三十九年(1611),卒于康熙十三年(1674)。曾补县诸生,后虽应考乡闱,但终以落第作罢,遂放弃举业,长期在乡间设馆课徒。③但

---

① 光绪《桐乡县志》卷一《疆域志上·市镇》。
② 光绪《桐乡县志》卷十三《人物志上·两庑先儒》。
③ 〔清〕苏惇元:《张杨园先生年谱》,万历三十九年辛亥、崇祯十五年壬午条,同治当归草堂丛书本。

交游甚广,与其有书信往来的达百余人。①

值得注意的是,张履祥与苏、松、常地方的文人结社或政治团体之间关系较淡。当时"东南文社方兴,纷纷各立门户",好友颜士凤就与张氏"严约毋滥赴"。②即如声气甚广的复社,东南人士都争相依附,张履祥却断断自守,不肯和当时名士来往。③其交友网络与思想重心,都在浙江,横跨钱塘江南北。被誉为海内大儒的明末山阴人刘宗周,以"慎独"为学,力求对弃书不读、道德不修的社会风气有所修正,两浙名士如余姚黄宗曦、海宁陈确、祝开美、桐乡颜士凤、钱字虎等纷纷投其门下,拜刘为师。张履祥即曾于崇祯十七年二月,渡钱塘江至山阴,拜刘为师。④虽学于刘宗周,但不甚墨守其说,也是清儒中辟王学的第一人,极受后来朱学家们的推尊,被视为道学正统。梁启超认为他是一位独善其身的君子。⑤

然而时逢国变,张履祥从山阴归来后即绝食多日,以示其对于明亡的哀痛之情。他在杨园村这样相对偏僻而狭小的空间里,与桐乡颜士凤、崇德吕留良、海宁陈确、海盐何商隐、吴仲木(吴蕃昌)、吴衷仲(即吴谦牧,吴蕃昌的从弟)、德清唐灏儒、吴江张嘉玲(迁居于桐乡青镇)、乌程凌渝安(即凌克贞)、徐寄生等一大批地方著名士人建立了广泛的联系,且因共同的生活旨趣与思想追求,在葬亲社活动中结成了同盟,竭力排拒乡村丧葬中的"恶俗"。

张履祥曾自述葬亲社的缘起,完全是因此前唐灏儒在其家乡德清莘里已举行过"葬亲之会","匦金之是资,资劝励也",当然也会有与唐氏的葬亲活动不同的表现,但是"意实本之"。⑥

针对当时"嘉郡惑于风水之说,又有阻葬浇风,多停柩数十年"及民不聊生、葬亲困难的情况,张履祥于顺治十年(1653)冬天起,从精英文

---

① 张天杰:《张履祥与清初学术》,浙江古籍出版社 2011 年版,第 8 页。
② 〔清〕苏惇元:《张杨园先生年谱》,崇祯七年甲戌条。
③ 梁启超:《中国近三百年学术史》,东方出版社 1996 年版,第 110—111 页。
④ 〔清〕苏惇元:《张杨园先生年谱》,崇祯十七年甲申条。
⑤ 梁启超:《中国近三百年学术史》,第 111 页。
⑥ 〔清〕张履祥:《杨园先生全集》卷二十《生圹引》,第 610 页。

化圈出发,开始在桐乡清风里推行葬亲社约活动,以期改良地方社会。①

明末清初虽然因政治的巨大变革,但地方社会的延续并未断裂,甚至完全没有大的改观。浙西杭、嘉、湖地区长期有淹葬之风,为了杜绝此风,清初湖州府德清县的唐灏儒发起了"葬亲社"。②张履祥在其《言行见闻录》中明确指出,唐灏儒"感时俗之人怠于送死",就约同里贫士三十余人,设立劝励之会,有葬亲者,"同会各以银三钱佐之,有施报而无先后。远近慕效之"。这些慕效的地方,就在桐乡、秀水、嘉善与海盐各县,都曾"仿例立社"。③张履祥就在桐乡县清风里,为积极推进土葬、恢复传统礼教,在唐灏儒之后作出了最重要的示范,并长期影响后人。在张履祥最初举行葬亲社活动时,据说参加的即有64人。④会费一般是每人5钱,最少的要交2钱半。⑤

在当时丧葬"恶俗"于乡间风行的社会背景下,张履祥等人的行动极为引人注目。桐城名士苏惇元指出:

> 嘉郡惑于风水之说,又有阻葬浇风,多停柩数十年。先生惩己之痛而广不匮之孝思,每闻朋友未葬其亲者,辄忧形于色,若以谋葬告,必奖劝代筹,使必成其事。社约之举,七年内葬数十家。又辑昔贤论葬诸说,为《丧葬杂录》,并作《答客记言》,以喻惑于风水、阴阳拘忌而怠缓其事者。于是仁人孝子闻风激劝者不可枚举,薄俗为之一变焉。时先生亲已葬,葬叔祖之无后者。⑥

到桐乡人陆以湉(1802—1865,道光十六年进士)的生活时代,对桐乡历史上这个曾经名噪一时的葬亲会,依然念念不忘,完整抄录了这个

---

① 〔清〕苏惇元:《张杨园先生年谱》,顺治十年癸巳条。
② 〔清〕陆以湉:《冷庐杂识》卷六,"葬会"条,中华书局1984年版,第316页。
③ 〔清〕张履祥:《杨园先生全集》卷三十二《言行见闻录二》,第902页。
④ 〔清〕张履祥:《杨园先生全集》卷十五《葬亲社请宾公启(代同社请陈乾初)》,第454页。
⑤ 〔清〕陈确:《陈确集·别集》卷七《葬下》,"葬社启"条,中华书局1979年版,第504页。
⑥ 〔清〕苏惇元:《张杨园先生年谱》,顺治十年癸巳条。

葬会的基本规范。①

根据张履祥年谱所述,顺治十年时,张履祥已经 43 岁,为生计所迫,正于离杨园村不远的炉头镇作馆。他给友人的信中,亦曾言及次年不准备至澉湖吴仲木处任塾师,只在乡里教授,距杨园村既近又便。当年冬天,就在清风里举行了闻名后世的葬亲社约活动,虽说秉承了唐灏儒的社约思想,但张履祥有所增广:

> 社分八宗,每宗八人,立宗首、宗副,凡所宗内有葬亲者,本宗首副传之各宗,首副汇八宗吊仪,人三星,致葬家,八宗宗人之子俱会聚,即登于社约曰:某年月日某人某亲已葬,使未葬者惕然,以七年为期,过期者不吊。后增一条,八年葬者,众亦酬其半,以存厚也。②

葬社组织设正、副会首,细分成 8 组,每组 8 人,共计 64 人,每人捐助固定的葬费,倘有葬社成员的亲属超过七年未葬,就不能享受相应的葬社捐助,张履祥增补的一条中,强调八年下葬的,可以给一半葬费。

三、友朋的推动和助葬对象的变化

张履祥还致书同门师兄、海宁名儒陈确,请其亲视葬亲社事宜。在其遗存的书信中,可以获知张氏为延请陈确担任主宾,极重礼仪,对陈确持有极高的评价,直呼陈氏是"人伦模楷,国俗典型",在明末清初"习流既敝,教泽久微"的社会情态下,地方上能够振兴正统、光启斯文的重要代表和领袖,自然也是担当葬亲社嘉宾的最佳人选。因此专门以葬社同仁的名义,向陈发出邀请:

> 因于去冬,敬遵唐灏儒先生劝厉之法,集同里六十四人,举葬

---

① 〔清〕陆以湉:《冷庐杂识》卷六,"葬会"条,第 316—317 页。
② 〔清〕苏惇元:《张杨园先生年谱》,顺治十年癸巳条。

> 亲社于桐乡之清风里。来月朔日，岁会卜期，敢玗德辉，贡斯坛席，推论葬锡类之情，敦有丧匍匐之谊。虽人各秉彝，勿勤提耳，而道公修睦，亦俟感心。肃以宗首某某，躬致书币，以告于下执事。伏冀扩同仁之视，葑菲不遗；大先觉之思，泉壤修暨。预期命驾，以慰斗瞻，某等无任翘企之。①

被时人目为精神领袖的海宁人陈确，在顺治十年已经50岁。该年九月二十九日，他率其子陈翼到过桐乡，在清风里适逢其会，即被邀请主持其事。十月初一举行葬社活动时，葬社已邀集了不少葬社成员与四方观礼之士，大家要求"延有学行者宾事之"。受众人推重的陈确，自然地成了主宾。葬社礼仪十分隆重，还悬挂孟子像于中堂，考钟伐鼓，行"士相见礼"，并讲学读法，最后成礼而退。能够在葬社活动中成为主宾的，除陈确外，还有乌程人凌克贞、德清人唐灏儒、沈中阶、嘉兴人徐敬可等。他们都是张履祥的挚友。陈确初二日就回去了。张履祥在给友人的信中，对陈确的参与给予高度称颂，言其"光敝里多矣"。②

另一封邀请函是在顺治十二年发出的，时值十月严寒、清风里将举行葬亲社活动之际。他给陈确的信中这样写道：

> 恭惟先生，道揆一本，学贯同源。仁为己任，怀先觉觉人之思；礼以躬行，示自新新民之则。某等风闻百里，凤景止乎高仪；好切中心，殊自嫌夫固陋。兹以敝邑人士，囊遵莘里之规，爰举葬亲之会，来月朔日，岁事卜期。念生养而死葬，固百姓其与能，而随俗以习非，乃贤者有不免，虽以孺子之爱慕，犹勤明喆之提呼。肃以宗首某某，躬致书币，以告于下执事。敢辱旌车，用光鼓铎。作久溺之心，先自恻隐一端；合易涣之情，展惟修睦一事。由其亲以及人亲，孝子之事无终极；发乎迩而见乎远，凡民之丧有电求。闻言蔼吉，将

---

① 〔清〕张履祥：《杨园先生全集》卷十五《葬亲社请宾公启（代同社请陈乾初）》，第454页。
② 〔清〕吴骞：《陈乾初先生年谱》卷下，顺治十年癸巳条，民国刻雪堂丛刻本。

感泣于坐隅;视履周旋,行则傚于道左。某等无任只切贮命之至。①

对于陈确的思想与实践,梁启超曾评价道:"乾初对于社会问题,常为严正的批评与实践的改革。深痛世人惑于风水,暴棺不葬,著《葬论》《丧实论》诸篇,大声疾呼,与张杨园共倡立'葬亲社',到处劝人实行……他立论不徇流俗,大略如此。"②

顺治十二年十一月初一,葬会举行于甑山钱本宁家。属于清风乡的甑山,位于县治北十七里,高五六丈,周半里许,因山形如甑,故有此名。③也在此际,张履祥"恐日月寖久,相见太疏,不免怠忘之患",提出在原约一年两会的基础上,再增加一次葬会活动,并将陈确所撰的《葬论》放入"社约"中。④

在张履祥等人的积极推动下,桐乡县的葬亲社活动有着可喜的效果。其中,除葬亲社的规范要求外,还强调了吕氏乡约思想在乡村教化中的重要意义。早在顺治十年,张履祥给在乡间有"孝子"盛誉的吴仲木的信中⑤,这样讲道:

> 敝里葬社举后,人情觉有起色,益知天下无不可为善之人。今欲乘此机括,约里中一二十人,专行《吕氏乡约》,庶几有所遵守,后来不至大段决裂也。目下商量未定,尚未举行,事集之后,亦欲得兄与乾兄岁一再过,相为鼓倡耳。⑥

类似这样的思考,也多见诸张履祥与友朋的书信往来中。给友人张白方信中这样写道:

---

① 〔清〕张履祥:《杨园先生全集》卷十五《葬亲社请宾公启(乙未十月)》,第 455 页。
② 梁启超:《中国近三百年学术史》,第 175 页。
③ 光绪《桐乡县志》卷二《疆域志下·山水》。
④ 〔清〕苏惇元:《张杨园先生年谱》,顺治十二年乙未条。
⑤ 〔清〕朱彝尊:《静志居诗话》卷二十二,"吴蕃昌"条,人民文学出版社 1990 年版,第 684 页。
⑥ 〔清〕张履祥:《杨园先生全集》卷三《答吴仲木三》,第 45 页。

> 所谓易俗移风,共挽狂澜之事,在天民之先觉者,固当以为己任。弟何人,而能与此?眇兹余生,所汲汲弗忘者,求良友之规切,以补下学之万一,以无负始初一念,不安下流之归耳。……乾初、仲木两兄来月邀弟同就虎席,肃聆道益,但恐农事伊始,小人之情急于谋食,容有弗能承命以前之势,非忍自弃于教外也。敝里葬亲社一举,祗以踵灏儒兄良法而遵行之,初未及于学问之事。然爱弟之笃者,连见教谏,以为非俭德辟难之意,且以勇于为人,疏于为己,有违"遁世无闷"之义。①

张履祥细述"易俗移风"之艰难,以及因俗世生活所迫,而不能专心于"学问之事"的苦闷。但就其乡居的生活世界而言,他能切实地踵行其所认同的思想,并付诸实践。葬亲社即是其中重要的样例。不过他也很自信,在顺治十一年,与友人吴裒仲的信中说道:"尝思数百里之内,交游亲戚,凡为父兄之欲训淑其子弟者,率以同志散处其间,应自有移风易俗之渐,而吾辈渐摩切磋于中,亦何忧己之学问不增,而道德不成也。"②

张履祥等人相互之间的往来论说,鲜明地呈现出地方精英文化圈中的思想沟通、实践与推动之态,并形成了极为重要的社会舆论,引导地域社会践行他们的葬亲社约要求。

据张氏自述,那时先后举行葬亲的有四十家,"一时远近慕效者众",十多年来,"有丧在殡,力费克举者,未尝不慨然兴叹,谓惜乎不及与其事也"。③从中似乎可见葬亲社的影响力以及张氏心中可能存在的小小成就感。

至于张履祥等人最为重要的思想资源,当然还是程朱理学。在顺治十二年给朱韫斯的信中,张履祥引用朱熹的言说,认为"今日正好就患难做工夫也"。就是张履祥所谓的处馆谋生,需远离父母,也觉"痛心",可是为生计所迫又不能不以馆谷为业,唯愿夙兴夜寐,"无忘此

---

① 〔清〕张履祥:《杨园先生全集》卷六《答张白方》,第148—149页。
② 〔清〕张履祥:《杨园先生全集》卷十《与吴裒仲六》,第290页。
③ 〔清〕张履祥:《杨园先生全集》卷二十《生圹引》,第610页。

心"。在友情式的生活问候之外,张履祥也表露了邀请这位好友参与葬亲社活动的意愿:"葬亲社岁会之期,定于十月初旬矣。仁兄扫墓归里,同开三一来,作信宿之聚。……平日念所欲与兄言者甚多,临楮又辄不复记忆,衰废之征,于此可见。统俟嗣便。"①

同样于崇祯十七年受业于刘宗周、与张履祥为同学好友的桐乡人钱寅②,也注意讲求理学。张履祥幼时即曾寄住于钱氏"崔堂",位于甑山东,是处士钱涛故宅,到清末据说"老屋依然,题榜无恙"。③张氏在崇祯十六年即与钱寅结拜定交。④出身地方名族的钱寅,在乡居读书期间,与吴越名宿及四方魁杰贤豪之士,日相往来,所谓"舟车辐辏,望重一时"⑤,在士人生活圈中颇具影响力。他们在理学的研习过程中,形成了一个共同的交友圈。这是地方倡行葬亲社很重要的精英基础。

湖州乌程人凌阶与张履祥一样,也是在甲申后弃诸生,并且更名克贞,隐居乡村以教授为生。他与张履祥相交游,"肆力于圣贤之学",有共同的思想追求与政治趣味。他经常参与张履祥的葬亲社组织,在具体活动展开时,也曾担任会首,为倡行葬亲大义作出努力。而他平生重要的相关思想或言论,则多散见于张履祥文集中的论述。⑥凌阶是在钱寅死后,桐乡地方葬亲社比较重要的会首(当时也称"宾长"),所谓"践履笃实,学者推重",被尊称为"巷南先生"。⑦

就上述张履祥等人在桐乡的活动而言,葬亲社之形式与内容,与这些地方精英人士们反复申说的葬亲思想相当契合。他们在清初提出的规范与要求,较以往有着增强和丰富的一面,事实上其实践效果及影响也较为明显。

---

① 〔清〕张履祥:《杨园先生全集》卷二十四《与朱韫斯》,第665—666页。
② 卢学溥修,朱辛彝、张惟骧等纂:《乌青镇志》卷二十八《人物上》,民国二十五年刻蓝印本,收入《中国地方志集成》乡镇志专辑,第23册,上海书店1992年影印版,第695页。
③ 光绪《桐乡县志》卷五《建置志下·园宅》。
④ 张天杰:《张履祥与清初学术》,第264页。
⑤ 光绪《嘉兴府志》卷六十一《列传十二·文苑》;光绪《桐乡县志》卷十五《人物志下·寓贤》。
⑥ 卢学溥修,朱辛彝、张惟骧等纂:《乌青镇志》卷二十八《人物上》,第700页;同治《湖州府志》卷七十五《人物传·文学二》。
⑦ 光绪《嘉兴府志》卷六十一《列传十二·流寓》。

光绪年间,《桐乡县志》的编撰者复述了张履祥等人在清初的活动与思想主张,又强调指出,在清风里的葬亲社约展开两年后,即顺治十二年"再举于甄山钱氏,集社中人及四方观礼之士,延有学行者为宾,悬孟子像于堂中,行士相见礼,讲《吕氏乡约》等书及禁作佛事并邑令《禁火葬示》。后又与张嘉玲举是会,盖欲风远近之为人子者,使各知及时葬其亲"。① 从形式至内容,与此前张履祥等人的活动完全一致。

四、海宁张朝晋与陈世傅的故事

在海宁名士祝人斋的遗文中,收有《哭张北湖》一文,为后来考察当地儒学教化情况的学使陈侍郎所重视,并且"欲考其言行,为之立传"。因此,嘉兴人钱泰吉(1791—1863)从海宁名士管廷芬(1797—1880)那里获取了张朝晋(北湖)之子京颜所编定的年谱,并参考海宁地方志中"儒林传"中的记载,勾勒出张朝晋的主要生平故事:"北湖"是张朝晋的晚号,后来世称其为"北湖先生"。他本姓陆,祖上属陆宣公这一支,后于嘉善县赘于张家,故姓张。朝晋祖父后迁至硖石镇,遂占籍海宁。在朝晋十二岁补弟子员后的次年,父亲就过世了,此后他潜心理学,在三十八岁为其母守丧时,"勺饮不入口",以致治丧期间为营葬事操劳,因太过虚弱,居然呕血仆地良久,嗣后放弃科考。这样的孝亲事迹,令时人感怀。海宁有一位"潜究洛闽之学"的老儒范鲲,曾获得了张履祥的遗稿,并编次其集行世。朝晋曾从其游学,因而深受影响。他就手抄《杨园全集》读之,认为张氏的《言行见闻录》,有所谓"古圣贤畜德之功"。他将刊刻《杨园全集》的刊板藏于家中供奉先世神主的永思楼。很不幸,后来永思楼毁于大火,当中所藏的《言行见闻录》板及朝晋自著的《省克录》《闻丧杂录》《六有斋札记》《读书记疑》等也多被毁去,只有他所辑的杨园未刻稿保存了下来。在道光十四年间,钱泰吉将此段往

---

① 光绪《桐乡县志》卷十三《人物志上》。

事记录下来,并指出:

> 北湖既服膺杨园之书,由杨园而推之当湖,知其同源而合流,晚年犹手写《卫滨日钞》以教学者曰:知之非艰,躬行为急,君等事事以清献公为法,方有据依也。自题卧搨右柱曰"临床伏枕,须思一日所言所行差谬否"、左柱曰"夜半眠中,或起妄想披衣起坐豁然退听"。①

这被其友人褚惠公认定是刘宗周一派的"慎独之功"。朝晋就在海宁仿行葬亲社约,大概在三十年间,曾三次举行葬会活动,当地贫士因而得葬者九十余家。他还切责受僧人影响的火化行为,不但开陈恳恻,使人感泣,而且示范俭葬之法,在资金上予以帮助。朝晋还设立"仁孝园",专门收纳族中之贫不得葬者,措置规条,"大率本之杨园"。有意思的是,他看到张履祥后人中有五棺未葬,就约同人印行范鲲所刊的《杨园全集》,以所获数十两书费,安排葬事。对这样的施善教化,钱泰吉也十分感动:"北湖之于杨园,未尝亲受业其门也,既志其学而师法之,又周恤之如此,此非特可以式薄俗也,亦足见正学感人之深,而以儒林宗派而论,北湖之于杨园,不异其适嗣矣。"

张履祥的思想与葬亲社活动,在海宁的范鲲、张朝晋师徒那里,被发挥光大。而祝人斋生活时代晚于朝晋三十年,离张履祥时代更远,"卒能搜辑遗书,阐发义蕴者",应当有朝晋的光大之功。朝晋卒于乾隆十九年四月,享寿八十三岁。

上述由钱泰吉整理的故事,清晰地呈现出张履祥及其葬亲社活动在海宁地方的深刻影响,以及张朝晋、祝人斋的传承与实践情况。而且必须指出的是,葬亲社的助葬对象已经不限于葬社成员内部,而覆盖至真正的乡村贫寒之家了,也更契合明清善会的一般特质。

---

① 详参〔清〕钱泰吉:《甘泉乡人稿》卷十九《张北湖先生事状》,同治十一年刻、光绪十一年增修本。

另外需要提及的,是陈确的族侄陈世傅的事例。世傅是陈论之第三子,乃世仪之弟,字开之,海宁县廪贡生,曾任义乌县训导。①据说他"少负奇气,慷慨磊落,诗酒自豪",科考过程一路顺利,康熙五十八年任职义乌,曾捐俸修葺县学两庑,重整东斋房;对士子之单寒者给资以济其膏火,殷勤考课,杜绝苞苴,志秉冰清,在当地官场上有着极好的声誉。②他在《〈丧葬杂录〉序》中,坦陈其对于葬亲社的感受和思想上的震动:

> 族伯乾初先生,乃山阴先生高弟,为吾宁理学名儒,人伦师表,尝著《葬论》,以谕末俗。一时推恩锡类之意,感孚遐迩。桐川杨园先生举行葬亲社于清风里,同事者六十四家,请乾初先生为宾,以光坛席,诚盛事也!辛卯之夏,得读杨园先生《丧葬杂录》,心怦怦不能自宁。盖以先君子谢世已踰小祥,尚未获吉兆以安厝之,亦因择地之艰难。今观先生所述,皆往昔名公巨卿、大儒哲士明理破格之训诫,孝子慈孙可奉为蓍蔡而无可疑者也。盖先生遭壬午之变,王父棺为盗所焚,创巨痛深,故于丧葬之事,不惮言之反复,且广为搜辑,以挽习俗人心。车鉴不远,热羹宜惩。要使人无不葬之亲,亲无久尘之槚。呜呼,转眼三年,真同驹隙,诗有云矣,我日斯迈,而月斯征。夙兴夜寐,无忝尔所生。生愿与天下凡为人子而丧其亲者,共勉之也。③

当然,这些论说都是从道德伦理观层面来展开的,目的无非是强调送死与养生之同等重要性,以及丧葬活动中恢复或保持传统礼仪的必要性,并期以之为奋斗的目标。

---

① 乾隆《海宁州志》卷九《选举下》,乾隆修、道光重刊本。
② 嘉庆《义乌县志》卷九《宦绩》,嘉庆七年刊本。
③ 〔清〕陈世傅:《〈丧葬杂录〉序》,收入光绪《桐乡县志》卷十九《艺文志》,光绪十三年刊本。

五、其他传承活动及影响

从更为广阔的社会背景来看,清代江南城乡的各种善会活动其实颇为兴盛,施善方式各异。其中,与尸骸掩埋相关的义葬善举,显得最为庞杂。①

许多善堂善会都反复强调其施善行为源自儒家传统。如嘉兴梅里(王店镇)的生生会,由里人金兰友、张槐塘等所倡,从事放生活动。据李超孙《生生会引略》的声明,该会不是"近禅"而是"儒者事也"。②这显然与佛教的言说,产生了鲜明的对立感。

在嘉兴地方,自乾隆年间项映薇到道光年间的王寿等人,对当地丧葬"恶俗"史有着统一的看法,对本自"外夷邪说"、又干王朝例禁的火葬,作了有力的批判。王寿认为:"停丧之事,前古所无。自建安离析,永嘉播窜,于是有不得已而停者。吾乡多惑于风水之说,一时不能觅地,或赁屋赁地停棺;而乡间又非大腊不得营葬,是以隐僻之处,累累乎皆暴露之棺。昔唐灏儒有葬亲社约,桐邑张杨园先生踵行之,诚为美举,惜近无继其事者。"江南地方确实自南宋以降,火葬十分流行,又因风水观念的影响,丧葬"恶俗"更多,虽经清初张履祥等人葬亲社活动的抵拒,但至道光年间,这类活动已趋消逝。因此王寿觉得极有必要予以重申,并详述了其理由。③

但在桐乡,据当地人陆以湉的记述,道光二十一年间,那里仍有很好的葬亲会活动:

> 吾里邱雨樵茂才青选复举葬会,纠同志四十人,于四月望日各

---

① 吴琦、黄永昌:《清代江南的义葬与地方社会——以施棺助葬类善举为中心》,《学习与探索》2009年第3期,第216—223页。
② 余霖纂:《梅里备志》卷二《蠲恤》,民国十一年阅沧楼刻本,收入《中国地方志集成》乡镇志专辑,上海书店1992年影印版,第267页。
③〔清〕项映薇著,王寿补、吴受福续增:《古禾杂识》卷二,民国二十五年影印道光二十年序刻本。

贵钱五百赴会所,拈阄以定,应得之人,即予钱二十千为葬赀。如愿让他人先得,亦听其便。钱存公所,预备砖灰等物,不得携归。砖瓦等购自窑所,价视肆家特廉。岁推二人司其事。每岁人各出钱二千,给四人葬事。费不耗而事可久,其法最良。倡始于西栅,而东、南、北皆效行之。吾里善事孔多,此举为称首,诚能推而广之,使天下无不葬之亲,岂不美欤!①

上述各种评说,也表现出在张履祥等人之后,世人的态度与生活实际。到同治时期,为祛除嘉兴地区较重的"缓葬"风气,嘉兴举人(同治乙丑科)毛鸿飞等人不断复述桐乡先贤张履祥的乡村实践故事,以为思想、行动的范式,举行他们所认同的葬亲社活动。而且,葬亲社约的规范要求,确实可以从经费上解决乡村中普遍存在的贫不能葬的问题,并从道德教化的层面,很好地蹈行了儒家的正统思想。其实际效果相当明显,据说"一时赖以归葬者甚众",也成就了毛鸿飞在乡间的令名。当然,也可能与其"性慈祥,好施予"的品行相关。②

至晚清,桐乡地方官绅仍比较重视葬亲社约,不仅详细抄录张履祥的《从祀事实》十二条,而且指出,"近世志士,犹有则而效之者。其居乡转移薄俗如此。"③从推行葬亲社约的过程中,他们应该看到了改善"薄俗"的新希望。

总体上看,清代中后期各地兴盛的葬会或与之相关的善会善堂,创立宗旨或运作模式的思想源头,都可以上溯至唐灏儒及其"葬亲社约";特别是在嘉庆以来慈善组织与小社区的发展实态中,都可以说明这一点。④

这里可以特别提出梅里镇的实例。梅里是嘉兴府地方并不十分著名的市镇,规模亦小。但此镇的善会活动与慈善组织却十分兴盛,颇为

---

① 〔清〕陆以湉:《冷庐杂识》卷六,"葬会"条,第316页。
② 毛鸿飞,字云逵,嘉兴人,同治乙丑补行辛酉壬戌举人,曾选授庆元训导等职。参〔清〕潘衍桐辑:《两浙輶轩续录》卷四十七,"毛鸿飞"条,光绪十七年浙江书局刻本。
③ 光绪《桐乡县志》卷十三《人物志上》。
④ 详参梁其姿:《施善与教化:明清的慈善组织》,第219页。

清人所注目。据《梅里志》的记载,有允安会(创于乾隆二十六年)、埋胔会(创于乾隆二十八年)、惜字会(创于乾隆三十八年)、广慈会(创于乾隆五十一年)、广慈会义冢(创于道光十六年)、恤嫠会(创于道光二年)、仁济堂(创于同治十年)等,都由民间自发创举。①就允安会而言,是由镇人徐琳"究心理学",与同志一起仿唐灏儒、张履祥的活动样式而创立的,"以葬不能殡者";又举行广慈会,"以施棺椁"。据乡绅李集的《允安会记》,允安会即永安会,维持时间较长,最初宗首有十余人,与会人员达百余名。②

乾隆年间李集(绎曽)所谓的永安会,就是嘉湖地区盛行的"葬亲会"。按会规,每会助银三钱,每年举行两次,为乡间"久淹未葬者"经营窀穸。李集称:"吾郡道里辽阔,好善者多,会赀约以贰钱,费少则易输而可久也。"并期望从梅里出发,"使他郡闻风继起,以共敦仁厚"。他们设的葬亲会规,除丧葬方式的详细说明外,主要如下:

一、同人中有好义者,合数人为会首。每一人募十会,总汇一册交司事处。至期,司事发票收钱,设簿登记存贮,临期营办。

一、司事每年轮当,遇葬经理其事,再拨协办二人,即司事中阄定。

一、会期准于二、八两月,初十前发票,定于十日内收齐。每会收钱百六十文足,俱存留司事处总交当会。

一、既慨然尚义,自无中倦之理。倘欲中止,须觅友顶补,庶不致废弛。

一、凡欲葬而力未能者,先书姓氏年庚及柩几具,地在何处,详悉书明,告之堪舆,司事酌量举行。

一、葬于公共祖坟上,或有族众阻挠者,本家自行清理,与会中人无干。

---

① 〔清〕杨谦纂、李富孙等补辑:《梅里志》卷七《蠲恤》,光绪三年仁济堂刻本,收入《中国地方志集成》乡镇志专辑,上海书店 1992 年影印版,第 93～94 页。
② 光绪《嘉兴府志》卷五十一《列传》。

一、凡欲葬之家柩多者，须于柩上记明某公某氏，临葬时如本家乏人，或亲或族到地送葬，务使夫妇同穴、昭穆分明，倘有位置舛错，与会中司事无干。

一、停棺年久，底若朽烂，无可举动，预置小椟，或备大坛贮骨。若稍可动者，预备衬板，以便扛移。

一、柩多费繁，本家亲戚，能助葬者听。

一、凡已葬诸家，每年司事刊刻征信单分送。单上注明某月某日葬某宅（只用姓，不用名号）、柩几具、于某氏圩、用钱若干，俾与会者得以随时查核，则经理者不致侵用、浮开等弊。

一、是会年来办事乏人。如秤灰、督工、记载出入等事，必得精明善办者为之经理，庶无差误。倘在会君子，能出力帮办，尤见气谊。

一、每年所葬棺坟，若不刊刻信单分送，无以见实力奉行之迹，若必某人某氏详细开列，恐伤仁人孝子。倘在会君子，欲观其详者，至值会司事处底册上核阅可也。①

那些乡间的儒学实践者，从理学的道德教化出发，蹈行于日常生活，从事葬亲会等善会活动。其思想资源，毫无例外地来自德清人唐灏儒与桐乡人张履祥。其他更多的组织，主旨在"救生""放生"等这样"养生"方面的工作，葬亲社则主要在"送死"方面的工作。这些都可视为清代儒者的文化传统与社会责任。

六、余　　论

浙西葬亲会的发起，虽然部分解决了乡村土葬所需的经费问题，直接针对的是士人生活圈中"贫者无力，因循岁月，不获已而为火化"的难局②，但因土地资源的不足，仍然滞碍了土葬的推倡。

---

①② 〔清〕余治辑：《得一录》卷八之二《永安会条程》。

尽管邻近的江苏水乡地区,也是"葬地甚少",也长期存在"其死不及葬"而日久暴露者多,或者竟用火葬之法①,可是杭、嘉、湖三府地区显得更为紧张,人们惜土如金,火化之风更盛。一般的解释是,这里的乡村盛行栽桑养蚕,以致田无隙地。②

譬如,在桐乡县,从明代以来一直是民蕃赋重,"高原树桑麻,下隰种禾稼,尺寸无旷者。至于坟垄,惟诗礼巨族营之,而闾阎小民半无葬域,亲死,往往焚其骨、弃于河"。③湖州那些所谓的"穷乡僻壤"已是"无地不桑"。④号称湖州蚕事最盛的南浔,在太平天国战乱后,更是"无不桑之地,无不蚕之家"。⑤直至民国年间,刘大钧对湖州作了详密的农村调查后,仍不得不承认,地狭民稠条件下集约耕作的收益,差堪温饱,"耕地缺乏实为农民最大之苦痛"。⑥有的地方农业人家虽然十居八九,但大多无田,靠作佣工为生。⑦所以早在明末清初,这种因贫困无计而将先祖、父母之尸掘出焚化,将坟地卖掉以谋一时之生计,已被时人目为社会"弊端"。⑧究其缘由,都是出于对耕地的珍惜,而乐意火化或长年不葬,仍如晚明归安人茅瑞征所言,三吴之民即使家累千百金,在亲人死后仍是委之烈炬,且习以为常。火葬因而长期流行不衰。⑨显然,土地的珍稀是乡间火葬盛行的客观原因。

因此,在很多江南的地方文献中,所述清代中后期这类助葬组织在乡间的实践效果并不十分理想的情形,就很容易理解。同治年间,代理湖州知府的宗源瀚对这一点其实已讲得十分清楚,在那些蚕桑业的发达地区,惜地不葬是极为普遍的现象。⑩

---

① 〔清〕陈宏谋:《培远堂遇存稿》文檄卷十《江苏按察任·禁火葬檄》,乾隆间刻本,收入编委会编:《清代诗文集汇编》第 280 册,上海古籍出版社 2010 年影印版,第 253 页。
② 雍正《浙江通志》卷九十九《风俗》,文渊阁四库全书本。
③ 〔清〕危山:《义冢记》,收入光绪《桐乡县志》卷四《建置志中·善会》。
④ 康熙《德清县志》卷四《食货考·农桑》,康熙十二年抄本。
⑤ 周庆云纂:《南浔志》卷三十《农桑一》,民国十一年刻本,页 20b、21a。
⑥ 刘大钧:《吴兴农村经济》,上海中国经济统计研究所 1939 年版,第 118 页。
⑦ 道光《江阴县志》卷九《风俗·四民》,道光二十年刊本。
⑧ 〔清〕唐甄:《潜书》下篇下《吴弊》,中华书局 2009 年版,第 171 页。
⑨ 徐吉军:《中国丧葬史》,武汉大学出版社 2012 年版,第 500 页。
⑩ 〔清〕宗源瀚:《颐情馆闻过集·守湖稿》卷七《劝葬·札程、安、长、德、武、吉、孝七县并各典史巡检、各主簿县丞、各儒学》,光绪三年刻本。

在葬亲社成员们的视野中,乡村丧葬问题较多的地域是嘉湖地区,既属葬亲社着力应对的主要空间,也是葬亲社的思想策源中心。

张履祥在顺治十五年给好友姚大也的信中曾慨叹道:"自古及今,安有人心日变一日、风俗日坏一日、民生日蹙一日,而能晏然无事者?"①他将所有原因归咎于风俗、风气、世风的坏恶,所谓世风沦丧、民生日蹙,当然需要有担当的士人出来,尽力扭转或予以部分的改变。像他这样的儒者,在乡间将学问、道德与济世相结合付诸实践者,其实在清代为数甚夥。前文述及的海宁名士陈世傅,亦曾大力疾呼土葬之重要性,批判"世俗之人,往往勤于养生,而怠于送死,至有停亲之棺,积年岁而不葬者,甚有积数世至于朽败而不葬者"的社会颓风,认为并非"尽由于既贫且贱、无财以资其窀穸之费",而是"惑于风水,惕于祸福,始以择地,继以择日",以致"众口纷纷,茫无定见。遂至日复一日,年复一年,迁延既久,子姓愈繁,禁忌愈密,致使先人体魄永无归藏之期"。这样"沿而成俗,牢不可破"的"薄习",是不分贵贱或贫富的。他的目的仍在恢复传统礼制。②

首先,可以认为,葬亲社的出现,并非如研究晚明善会史所观察的那样,由贫穷与社会动荡而来③,尽管同样都有深厚的慈善思想。而且,在乡间活动的葬亲社,没有像样而固定的会馆会堂,看上去更似一种松散的联盟。

其次,清初才真正展开的葬亲社约活动,后来很快得到了省级官员的注意,像巡抚陈宏谋,就将《葬亲社约》这篇短文收入其著《五种遗规》之中。在官绅们看来,葬亲社对于地方的社会治理、思想教化、意识规范、秩序维护等确实可以产生积极的效用,因而值得大力推赞。当然,透过葬亲社活动的推展,可以比较清晰地看到当地存在的绅士网络及

---

① 〔清〕张履祥:《杨园先生全集》卷十三《与姚大也十五》,第382页。
② 〔清〕陈世傅:《〈丧葬杂录〉序》,收入光绪《桐乡县志》卷十九《艺文志》,光绪十三年刊本。
③ 有关晚明慈善事业的检讨与思想分析,可参〔美〕韩德林:《行善的艺术——晚明中国的慈善事业》,江苏人民出版社2015年版。韩德林推进了对于传统研究中晚明善举由贫穷和社会动荡的应对而来的论说,并强调其慈善传统的悠久性与思想的深厚度。

其传承状态。

第三，也可以认为，民间善会组织及其活动的主流叙述，其实都掌握在这些地方官绅等人手中。像不同时代对于葬亲社或葬亲会的书写与撰述方式，有其连续性，可是真正关乎底层社会的反应或民间的态度及相关评判，堪称缺席。这是后世解读善会史时不得不面对的局限。

最后，从清初至清末，葬亲社一直踵行不绝，原因当与地方的文化传承、官绅阶层对儒家思想中伦理孝道观念的长期着力提倡，以及太平天国战争后，朝廷大规模整顿地方社会、重建统治秩序的新任务①，都相紧密契合。唐灏儒、张履祥、陈确等人始倡并实践的葬亲社，都是有固定的时间，在乡间以较通俗的方式宣扬儒家的伦理道德，来改善社会风气，并企望进一步达成"礼下庶人"的效果，也可视为知识阶层重建理想社会秩序的一种努力②，应和了善会善堂在康、乾以降从城市大幅渗透至乡村市镇层面的实际情势，并且经常得到官府的高度认可和正面评价。

---

① 冯贤亮：《土火之争：清代江南的葬俗整顿与社会变革》，《传统中国研究集刊》第二辑，第 155—172 页。
② 何淑宜：《明代士绅与通俗文化——以丧葬礼俗为例的考察》，台湾师范大学历史研究所，2000 年，第 230 页。

第二章

从豪族、大户到无赖:「淞南」乡镇的生活世界与秩序

一、淞南地区及其核心聚落

清代乡村的生活世界,处在一种什么样的秩序状态和政治情境之下,在以往的区域史研究中,其实已经引起了较多的关注,似乎已不成为什么问题。但细究真正契合乡村生活的内容,特别是那种既无强宗大族的长期存在、又无时间上系统有序的文本资源的非典型性乡村或社区的研究,其实仍显薄弱。对这种平淡无奇的乡村生活史的论述,其实更能映照出传统时代乡民生活的常态以及时代变革的影响,有其一定的价值。同时,也需要探究在一个共有生活空间中的人们,是不是都形成了某种规约的社会集团,并使其生存与再生产成为可能的问题,从而进一步廓清传统时代乡村社会构造的基本形态。①

在江南地区,作为核心区太湖平原十分关键的排水干道,吴淞江在王朝统治视野下的地位,一直很显重要,但一般都将其放在地方水利控制体系的框架内加以考察。至于吴淞江流域的乡镇社会生活,因河道淤塞、水利重建以及周边产业经济的不平衡等因素的影响,从上游的太湖之滨到下游入海处的宝山县,呈现出了太多的差异,仍需要进一步研究。

据清代地方士人的观察,在吴淞江之南,存在着一个习称"淞南"的区域。②而且,这种空间感觉应当是实际存在的。③在"淞南"人的眼中,

---

① 〔日〕滨岛敦俊:《旧中国江南三角洲农村的聚落》,《历史地理》第十辑,上海人民出版社1992年版,第91页。
② 需要说明的是,这样的概念区并非唯一。清代编写乡土志者将昆山县境内位于吴淞江以南的部分,也叫"淞南",且"素称富饶"。参〔清〕陈元模:《淞南志》卷一《风俗》,嘉庆十八年活字本,页3b。
③ 〔清〕秦立:《淞南志》,钱大昕题识,嘉庆十年秦鉴刻本,收入《上海乡镇旧志丛书》第13册,上海社会科学院出版社2006年标点本,第1页。

相比存在诸多繁盛市镇的吴淞江以北地区,这里的市镇只有高桥、纪王庙和诸翟三个非常普通的小镇,经济状况一般,民生相对艰难,在清代是一个"既非有山水之胜,又非有名贤之产"的地区。①

按李长傅的概括,东界宝山、上海,南界青浦,西界昆山,北界太仓的嘉定县域,地形比较平坦,河流四达。主要的河流,就是北面的太仓浏河,南面与青浦接壤的吴淞江,都是自西向东流,沟通二河的河道则很多。其中比较重要的,一是横沥,自陆渡桥经县城,至南翔盐铁塘,经外冈、方泰二镇,均作西北东南流向;二是练祁塘,与浏河并行,从外冈经县城,直至宝山的罗店。这类河道,均有航运之利。②淞南地方与这些镇市在空间上有一定的距离,交通条件也没有江北为佳。也可以说,在社会转型进程中,竞争力显得并不强。

主要生活于康熙年间的当地人秦立撰写了《淞南志》,言及地方风俗时说:"嘉邑诸镇俱在吴淞江北,在江南者,惟高桥、纪王二镇。纪王地界松属上、青。土音多近青浦,视他处较劲。"③嘉定县虽与青浦、上海分属不同的府域,但在文化上还是相近的。另据后来曹蒙的记载:"嘉定县四隅,镇凡二十有奇,多在吴淞江北岸。南岸则纪王、诸翟二镇。诸翟错处上、青,惟纪王全隶嘉定。市廛虽隘,物产颇丰。"④这样看来,所谓的"淞南"地方,就是包括这些镇市及其周边的乡区,且在行政区划上有所嵌错。

远在吴淞江出海口的高桥镇,多鱼盐芦苇之利,田土丰腴,人民殷富。⑤重要社会聚落沈家宅,就隶属于高桥镇。⑥这一地带离吴淞江中游的纪王、诸翟较远,一体化意味平淡。

纪王镇(也称纪王庙或纪庙),位于嘉定县城西南四十里,因纪王庙

---

① 〔清〕秦立:《淞南志》,秦立"序"(康熙六十一年),第1页。
② 李长傅:《江苏省地志》第四编《地方志》,上海中华书局民国二十五年铅印本,第304页。
③ 〔清〕秦立:《淞南志》卷二《风俗》,第15页。
④ 〔清〕曹蒙:《纪王镇志》,"序",上海市文物管理委员会藏稿本,收入《上海乡镇旧志丛书》第13册,上海社会科学院出版社2006年标点本,第2页。
⑤ 万历《嘉定县志》卷一《疆域考上·市镇》,万历三十三年刊本。
⑥ 光绪《宝山县志》卷一《疆域志·市镇》,光绪八年刻本。

而得名,地方广可一里。①镇市的中心,就是以汉代纪信为守护神的土地庙。②在康熙十一年吴淞江疏浚后,户口又有所增加,廛市扩大,但市场规模仍没有超过晚明一里之规。③

据周鸣凤的《学田记》,纪王的规模次于高桥这样的镇市:"苏之嘉定,去郡城百四十里,东濒于海,其野衍沃而亢。乡聚以镇名十有六,其最大曰南翔,曰娄塘,曰罗店,户率千五百有奇;其次曰大场,曰江弯,曰高桥,曰月浦,曰真如,曰安亭,户半之;其次又曰广福,曰黄渡,曰纪庙,曰外冈,曰葛隆,曰杨行,曰徐行,亦三百余户。水陆之会,商贾器集。俗重货,而知学者或鲜,然其人醇朴易扰。"④周边的镇市,距纪王最近的就是东南九里的诸翟。⑤

诸翟的镇市情况相对清楚,但规模也不大,在康熙时期商贾聚集较夥,"市廛日扩,居民至七百余户"。⑥咸丰四年间当地名士沈葵撰有《亭桥晓市》,描摹了镇市生活中的商业早市景象与地方民生:"晓日亭桥市,肩摩路不通。斗粮谋汲汲,匹布抱匆匆。未问鱼虾贱,但求薪米充。三竿时欲暮,归去急农功。"⑦

诸翟一般号称属于嘉定,但同时错处于上海、青浦两县,大概属嘉定者十分之四、属上海者十分之五而属青浦者十分之一。⑧诸翟西部就在青浦县东北的三十四保区域,东属上海,北归嘉定。⑨从上海县的基层系统来说,整个诸翟的一半位于县境的三十保。镇市以诸、翟二姓得名,故地方俗称"诸地",青浦与嘉定地方则习称"紫隄"。⑩所以诸翟的

---

① 万历《嘉定县志》卷一《疆域考上·市镇》。
② 〔清〕曹蒙:《纪王镇志》卷一《疆里·创始》,上海市文物管理委员会藏稿本,收入《上海乡镇旧志丛书》第13册,第1—2页。
③ 〔清〕秦立:《淞南志》卷一《市镇缘起》,第2页。
④ 〔明〕周鸣凤:《学田记》,收入万历《嘉定县志》卷三《营建考上·学田》。
⑤ 〔清〕曹蒙:《纪王镇志》卷一《疆里·里至》,第2页。
⑥ 〔清〕秦立:《淞南志》卷一《市镇缘起》,第1页。
⑦ 〔清〕汪永安原纂、侯承庆续纂、沈葵增补:《紫隄村志》卷一《本村各邑疆界》,康熙五十七年修、咸丰六年增修本。
⑧ 〔清〕汪永安:《紫隄小志》卷上《各邑疆界》,康熙五十七年稿本,收入《上海乡镇旧志丛书》第13册,上海社会科学院出版社2006年标点本,第2页。
⑨ 光绪《青浦县志》卷二《疆域下·镇市》。
⑩ 嘉庆《松江府志》卷二《疆域志·镇市》,嘉庆松江府学刻本。

乡区空间，都是三个县域的交接区。从交通网络来看，到民国年间，新式交通工具兴起后，它距沪宁铁路的南翔车站有十八里，距沪杭铁路的樊王渡车站有二十里①，需要依赖水路转接交通，还不是太方便。

在清代嘉定地方士人的感受中，"淞南"区域就是吴淞江口靠近长江、今天位于主干道是黄浦江以东的高桥，纪王庙及其相距不远的错处嘉定、上海、青浦三县的诸翟等乡村。本章主要以清代中前期的纪王与诸翟为中心，拟对吴淞江中下游的嘉定县南部及其与上海、青浦两县交界的普通乡村地域的社会和秩序等问题，作一初步的论述，以期揭示出清初王朝建立后的漫长进程中，村落社会的统合与变化，经济地理环境在社会制度的变迁中有怎样的表现，以及权豪势族、田地大户、痞棍无赖在当中的存在情况及社会影响。

二、水利与民生

淞南的地势，已较真正的水乡泽国之区高亢许多，并不完全适合水稻作业。同时因为依傍吴淞江，区域内众多的干支小河都受到这条大河的影响。尽管从元代以来，吴淞江屡浚屡塞，在江南水利中的意义，开始逊于浏河及后来成为太湖下泄主要干道的黄浦江②，但地方民众对于水利一直比较敏感。淞南水利事业的兴替，都与吴淞江水流的变化相联系，民生的开拓也受到一定的局限。

正如清人所言，"乡都关系赋役，水利关系利病"。③在淞南而言，就是"吴淞江通，则一方均受其利"。④乡间凡属种植之类，必赖支河水利，所谓"旱则资灌溉，涝则赖宣泄"，关系甚大。⑤当然，水利的改进可以扭转地土瘠薄的影响。据秦立的回忆，从吴淞江疏浚后，诸翟的"民物稍

---

① 民国《嘉定县续志》卷一《疆域志·市镇》，民国十九年铅印本。
② 邹逸麟、张修桂：《上海港的历史地理》，《自然杂志》1993年第2期，第28—34页。
③ 〔清〕曹蒙：《纪王镇志》卷一《疆里》，第1页。
④ 〔清〕秦立：《淞南志》，"凡例"，第1页。
⑤ 〔清〕曹蒙：《纪王镇志》卷一《疆里·水道》，第3页。

阜,习尚渐多"。①

在淞南的生活环境中,与整个长三角的环境压力一样,人地关系非常紧张②,乡民都是"以田土为性命",为了寸田尺土,时常动必相争,民间狱讼大半因此而兴。当地长者曾说:"自万历至今,田凡三变,万历中年漕粮改折,岁复屡稔,田价骤贵,至崇祯大祲之后,甚以空契与人而不受。或以其券故遗之地,行者拾得之,遂以粮已有属,因向追取。"到顺治初年,最重要的农业收益还是来自棉花,花价达至八分,田地之弃于人者纷纷翻赎,甚至发生诉讼。可是到康熙初年,因灾祲连年,官府又追比严酷,乡民为避赋税而不愿再多留田地。直至吴淞江重新疏浚后,水利复兴,田地生产才渐有起色。康熙四十七年与四十八年间,当地钱粮多次被蠲免,棉花价格再次抬升,每斤至六分,田价遂尔增值。③田土的收益与水利、政治、自然灾害等因素是密切相关的,但核心问题仍在水利。

经历元、明时期的环境变化,吴淞江河道一直束狭,江面从原来的宽二里余发展到今天苏州河的宽广度④,水量大幅度减少。所以在整个吴淞江流域,如果过度开发,吴淞江干道的水量补给就会减少,更易导致河道的淤塞与水位的下降,会引起河岸的坍落与河底的淤高等问题。⑤在淞南地区,江、塘、浦、浜、沟等水文系统十分繁杂,都属吴淞江的支河及其派生系统,感潮程度高,泥沙的淤积以及乡间人为的阻塞,都需要常年予以维护疏浚。清代对于吴淞江流域的浚治一直持续不断,且各有重点,主要工作都在下游地区。⑥按照制度上的设计,每年安排的浚河工作,官方需要编定塘长十七人,征派役夫三百四十名。显然,管控基层乡村的塘长,已是乡村社会的重要领袖,负责摄理与水利

---

① 〔清〕秦立:《淞南志》卷二《风俗》,第16页。
② 邹逸麟:《论长江三角洲地区人地关系的历史过程及今后发展》,《学术月刊》2003年第6期,第83—89页。
③ 〔清〕秦立:《淞南志》卷二《风俗》,第15页。
④ 傅林祥:《吴淞江下游演变新解》,《学术月刊》1998年第8期,第89—94页。
⑤ 复旦大学历史地理研究室:《太湖以东及东太湖地区历史地理调查考察简报》,《历史地理》创刊号,上海人民出版社1981年版,第194页。
⑥ 褚绍唐:《吴淞江的历史变迁》,《上海水务》1985年第3期,第17—23页。

工作密切相关的徭役工作。比较而言,淞南地方相对偏僻,州县官吏不大到来,所佥派的役夫居然"多为它方开浚",淞南当地鲜沾其利,这使得乡民们有"役法不均"的抱怨。①

纪王镇离吴淞江更近,当地的俨傥浦南连青浦,北入吴淞江,贯穿该镇南北的河段,就成了市河②,也是该镇西南境的主干河道,即直通青浦县的顾会浦③,地位十分重要。该河从同治十一年开浚后,历十多年,长期受吴淞江浑潮的冲击,已日渐淤塞,在当地人看来就只剩一条"水线"。这对地方产业与生计有较大影响,所谓"舟楫不通,田难资灌,商农并困"。④

河道淤塞、水利失修对民生的影响十分巨大,特别是伴随较大天灾的降临,如顺治十八年的亢旱,康熙四十五年与四十六年的连续水旱之灾⑤,道光三年的特大水灾⑥,与咸丰六年的特大旱灾⑦等,更不可能有效地产生防护作用,从而出现了较重的灾荒危机。当然,河道淤塞到一定程度,整个地区对水旱灾害都是敏感的,在高地乡村旱灾的敏感性会有所提高。⑧

雍正年间淞南地方兴复水利时,要求每年于农闲时捞浚城乡各河,在城之河令居民各照门面挑浚,在乡各河则"循例"由傍河各图业佃者开挑,同时也免去另派徭役。所谓"循例"的做法,即是从明代以来乡间已有的惯例,傍塘田亩由业主给食、佃户效力,成为官方积极推进水利工作的有效策略。⑨直到清末,地方基层领袖仍重拾晚明以来流行的"业食佃力"旧例⑩,欲复兴淞南的水利事业。据纪王镇的绅董赵仁寿、

---

① 〔清〕秦立:《淞南志》卷一《水道》,第7页。
② 〔清〕曹蒙:《纪王镇志》卷一《疆里·水道》,第3页。
③ 〔清〕秦立:《淞南志》卷一《水道》,第8页。
④ 〔清〕曹蒙:《纪王镇志》卷一《疆里·水道(附开浚)》,第7页。
⑤ 〔清〕汪永安:《紫隄村小志》卷之后《江村杂言》,传钞本,收入《上海乡镇旧志丛书》第13册,上海社会科学院出版社2006年标点本,第162页。
⑥⑦ 〔清〕曹蒙:《纪王镇志》卷四《杂志·志异》,第36页。
⑧ 王建革:《明代吴淞江中下游的旱情敏感》,《中国高校社会科学》2014年第3期,第83—97页。
⑨ 《奉各宪饬行傍河各图每年农隙捞浚、免派别役永遵碑记》(雍正三年十月),收入〔清〕汪永安原纂、侯承庆续纂、沈葵增补:《紫隄村志》卷二《疏浚》。
⑩ 参〔日〕滨岛敦俊:《业食佃力考》,收入李范文等编:《国外中国学研究译丛》第二辑,青海人民出版社1988年版,第133页。

陈清芬等向官方的禀请,他们准备规复的,是纪王镇西南五百余丈的王先泾一河,淤塞狭隘,旱季缺水时严重影响民生,"应仿照业食佃力成法,由沿塘得沾水利图份捐资开挑。业户出资,佃户出力。"他们的要求在光绪十二年十一月得到允准,并公示执行。①

实际上,灌溉之利对于太湖以东的嘉定、昆山、太仓等地而论,并不是最关键的。因高地沙土不宜大面积种植水稻,都广植棉花②,并不需太过丰沛的水量。民生家计总体上符合嘉定、上海、宝山等地的环境约束和产业态势,农业生产的比例大致是棉七而稻三,农产品自然以棉、米为大宗,但米粮相对不足。③所以嘉定常有"地不产米,民苦充漕"的论说,表明了当地不适稻产而宜植棉,米粮时常不足的现状。④此外,上海地方同样是"植木棉多于杭稻"⑤,但青浦方面地势太过低洼,比例正相反,是稻七而棉三,总之也是稻、棉为大宗。⑥较明代而论,清代地方的植棉面积持续增长,嘉定、上海等地的棉产每亩大约有 100 斤。⑦这些高乡地区的民生,基本依赖棉花纺织和棉布的经营,每逢交易时节,富商巨贾挟带重资前来贸易,白银动以数万计,多者有数十万两,少的也以万计。⑧

嘉定全县所植的棉花中,纪王镇地方所产的棉绒要逊于他处,但当地除了产白棉外,还产紫棉。⑨所加工的棉布,俗称"纪王庄扣布",品质精细洁白,胜于他处所产,为人所称道,价格也高。以往棉布多销往河南等地,到清代后期则多贩售至福州。乡民的食用、租粮等开销,都依靠此业而来。⑩

---

① 〔清〕曹蒙:《纪王镇志》卷一《疆里·水道(附开浚)》,第 8 页。
② 〔清〕钱大昕:《潜研堂文集》卷二十二《记加征省卫运军行月粮始末》,上海商务印书馆 1936 年版,第 319—321 页。
③ 李长傅:《江苏省地志》第四编《地方志》,第 305 页。
④ 〔清〕周鼎调撰:《嘉定周氏宗谱》(不分卷),"周氏族谱传",康熙间著者手定原稿本。
⑤ 同治《上海县志》卷一《疆域·风俗》,同治十一年刊本。
⑥ 民国《青浦县续志》卷二《疆域下·土产》,民国二十三年刊本。
⑦ 范金民:《明清江南商业的发展》,第 13 页。
⑧ 〔清〕叶梦珠:《阅世编》卷七《食货五》,中华书局 2007 年版,第 179 页。
⑨ 〔清〕秦立:《淞南志》卷二《土产》,第 19 页。
⑩ 〔清〕曹蒙:《纪王镇志》卷一《疆里·物产》,第 10 页;〔清〕秦立:《淞南志》卷二《土产》,第 19 页。

同时,与棉布生产相关的蓝靛种植,也是乡民生计的重要依赖。当地人将蓝靛习称"青秧",澄去水分,刘叶浸汁,因色显青黑,故称"淀",俗作"靛",也称"蓝草",如果用石灰水搅之成青色的,又叫"水靛",都供棉布染色。一般在农历五六月间,苏、松地方的布商骈集,前来购买。由于所产蓝靛色泽鲜明,销售盛于广东所产的靛。在年成较差的时候,蓝靛仍可成为乡民重要的生计。过去蓝靛集中在纪王镇一带种植,在清代前期栽种渐广,但仍以纪王、黄渡①、诸翟、封家浜出产的为最优,同时还有不少"客靛"。后来市面上盛行福建所产的蓝靛,淞南从事该业的收益就浸薄了。②所以,乡民的家庭副业收益,与整个社会、经济的变化进程相伴随,并较大地影响着当地民生。

但淞南地区中心聚落的市场空间一直不大。在纪王镇,从康熙十一年吴淞江疏浚后,户口有所增加,廛市增辟,然而仍不能超过一里的空间规模。③镇上比较重要的商业组织,是位于北街的布业公所。④布业贸易曾经十分兴隆,有"市廛侵晓走布商,黄标紫标白日耀"之说。⑤

从纪王往东南九里,就是诸翟。⑥乡村之所产棉布,以细白扣布为主,坚致耐用,适用范围大,远销各地。⑦在布价高涨的时候,当地以布为生的乡民能用三斤棉花织成一匹布,一匹布可在市场上换得一斗米。故有"斗米三斤花"之谚语。⑧商业集市在清代前期比较繁盛,都与棉布业相关,"自朝至暮,抱布者间亦不绝,非同它镇"。乡村贫民可凭借纺织一业,"竭一日之力,赡八口而无虞"。⑨诸翟的市街略为复杂,南北约

---

① 黄渡所产的靛青,在江南最著名,康熙末年官方为之专门颁示校准靛秤,可见其交易规模。参范金民:《明清江南商业的发展》,第 17 页。
② 〔清〕秦立:《淞南志》卷二《土产》,第 16—17、19 页;〔清〕曹蒙:《纪王镇志》卷一《疆里·物产》,第 10 页。
③ 〔清〕秦立:《淞南志》卷一《疆域》,第 1 页。
④ 〔清〕曹蒙:《纪王镇志》卷二《营建·庙祀(附善堂)》,第 13 页。
⑤ 〔清〕沈学渊:《淞南两生行》,收入〔清〕曹蒙:《纪王镇志》卷四《杂志·艺文》,第 68 页。
⑥ 〔清〕曹蒙:《纪王镇志》卷一《疆里·里至》,第 2 页。
⑦ 〔清〕陆世仪:《桴亭先生文集》卷六《青浦魏令君德化记》,光绪二十五年唐受祺刻本,收入《续修四库全书》集部第 1398 册,上海古籍出版社 2002 年影印版,第 510 页。
⑧ 〔清〕汪永安原纂、侯承庆续纂、沈葵增补:《紫隄村志》卷二《土产》。
⑨ 〔清〕汪永安:《紫隄小志》卷上《风俗》,第 29、31 页。

半里,东西一里余,以"紫隄街"为最热闹,大概至清末民初,街上大小商肆有百余家,包括碾米和轧花厂,每天的集市有晨、昼两市。靛商的贸易曾经与附近黄渡、纪王、封滨(即封浜)三地并称繁盛;在清末以后,贸易格局以花、布、米、麦、蚕豆、黄豆等为大宗,市况仍旺。而且,诸翟的水、陆交通相对都较便利,与周边城镇可以建立起比较好的商业网络。①

不过,与周边地域的比较来看,清代淞南市镇与农村的联系同样都有便利的水运网络,经济脉动与水利关系密切②,但市场的规模却很有限,文化方面的发展也不彰显,像纪王就"少诗书",在地方文史爱好者看来"颇难采撷"。③这种生活样态,自然是与淞南地区的开发程度和经济发展的局限性相一致的。

三、世风的变化与秩序问题

在淞南的地域环境中,其实并没有蕴育众多大户的土壤。而有限的大户,是在科考上必须获得较好的机缘,使家族地位得以迅速抬升,并通过与外地权豪势族的联姻,才能构建起较为卓越的地方关系网络。

晚明诸翟的侯峒曾家族就是这样一个典型,但在家族崛起后,就移居嘉定城中,使乡村富实的根基在形式上有淡化之态。但侯家还保留了乡村的生活空间,至少故宅、宗祠、祖墓依然存在,也利于侯家在城居与乡居之间移动。④明清交替与侯家的抗清活动带来的毁灭性打击,使诸翟这个最具权势的大户在清初彻底衰败。侯峒曾与侯岐曾兄弟,前者是在嘉定城陷落时,在家中欲赴水死未果而被清兵戕杀,生前曾有诗云"吾头宁可断,吾节不可移",以明其志;后者则在 1645 年后,为保母

---

① 民国《嘉定县续志》卷一《疆域志·市镇》。
② 冯贤亮:《舟船交通:明清太湖平原的环境与人生》,《传统中国研究集刊》2008 年第五辑,第 341—374 页。
③ 〔清〕秦立:《淞南志》卷一《疆域》,第 1 页。
④ 冯贤亮:《清初嘉定侯氏的"抗清"生活与江南社会》,《学术月刊》2011 年第 8 期,第 123—134 页。

抚孤,"髡发披缁,匿迹乡里"①,最后在1647年与陈子龙、夏完淳、顾咸正等人一起被捕杀。他们都堪称"忠义"之士,为后世景仰。这种历史英雄式人物的记忆,久为当地所传播,影响至深。

所以到康熙六十一年间,当地人秦立还这样论道:"淞南一区,虽一荒僻之村落耳,而忠孝、节义接踵而出。"②其中当以鼎革之际的诸翟最具代表,如汪永安所谓"孤忠殉国,备列明季诸书;奇孝格天,特入《江南通志》"。③

而秦立本人,即出身嘉定"著族",据说世居于蟠龙江上的秦家桥南北。到万历年间,秦家的代表人物秦可成因徭役破家,举室迁避,家宅与宗祠遂毁。但秦氏后人在清初仍有居于此。④康熙六年,秦立与弟弟秦雍同补博士弟子员,功名不高,但在乡间较有声望,若有人以事相托,他们"无不尽其心力"。可是家境已然趋于衰落的秦家,多数时间靠授徒糊口;世代业儒的秦立之子孙,都没有获得举人及以上的功名。到嘉庆年间,当地名士钱大昕的弟弟大昭(1744—1813)追述嘉定地方的荣耀历史时直接晚明,并很自豪地说:"吾邑自有明归震川先生讲学于安亭江上,厥后四先生之诗文实宗其派。"⑤过往的光辉,既与淞南无涉,也与清初以来地方社会的文化存在形态,产生了鲜明的断裂感。

大族的故事与地域文风的影响,可以构造出地方秩序的一些根本性内容。而在清初以来的很长时期里,单个大族的兴盛再也没有回复到晚明的状态⑥,地方社会秩序的统合十分需要仰赖官府的力量。因此,在这样比较松散的乡村社会中,构成精神纽带的,主要是地方传统

---

① 〔清〕秦立:《淞南志》卷五《忠义》,第49—50页。
② 〔清〕秦立:《淞南志》,序,第1页。
③ 〔清〕汪永安:《紫隄村小志》卷之中《文集》,第125页。
④ 〔清〕秦立:《淞南志》卷三《园宅》,第37页。
⑤ 〔清〕钱大昭:《秦云津先生传略》,收入〔清〕秦立:《淞南志》,第1—2页。
⑥ 刘昶在明清嘉定钱门塘乡地方社会的延续与变化的研究中,指出当地生员基层的姓氏及家族的变化十分明显,该乡明代正途出身的生员由姚氏一姓垄断,而到清代,该乡正途生员来自11个姓氏,可以判断明代那种由一两个大姓长期垄断地方科举功名的情况,在清代江南不再常见,功名在不同姓氏家族中的分布更加分散,而且变动更加频繁。参刘昶:《明清江南地方社会的延续与变化:以嘉定钱门塘士绅家族的兴替变化为例》,收入刘昶、陆文宝主编:《水乡江南:历史与文化论集》,上海古籍出版社2014年版,第329—355页。

文化。维持社会发展的,可能只剩下所谓的诗礼传统和曾经被颂扬的厚实风气。

在明代万历年间李资坤任知县的两年间,于所谓时和政通之际,黜邪崇正,在高桥、纪王等镇,各划出民田①,建立"俨溪小学",校址就在改建后的纪王庙中,直到崇祯年间,也是当地的"社学"所在。②除此之外,乡村之中秩序存在感特别明显的一种表现,仍在神灵信仰系统。在官方看来,对这种极其顽固的民间传统,完全可以"藉神道以设教",作为致治的手段和策略。③

当然,"乡俗尚鬼"的传统具有普遍性。病者不重医药,以祈祷鬼神为事,在淞南就叫"献菩萨"。④与官方认同相对应的信仰秩序,就在更具普遍性的神灵系统。如纪王镇的土地庙,崇祀的是汉代的将军纪信,故曰纪王庙。嘉靖年间还在这里建了社学。此后到崇祯年间,地方父老要求重建纪王庙,认为在吴淞江久湮、蒿莱百里的环境状态中,地方上仍能免鱼鳖之灾、龟圻之苦,全赖神灵的庇佑。⑤其他如都城隍行宫(祀有周顺昌⑥)、县城隍行宫、文昌宫、关帝庙以及纪将军行宫等⑦,都有其独特的信仰意义。民间相传项籍(项羽)是吴淞江神,而纪信庙适在其地,乡民为保障水旱、祛除疾疫,必至该庙祈祷。⑧当中比较值得注意的,是淞南的文昌宫(文昌帝君庙),位于纪王镇南三里,乾隆五十五年间由乡民重新捐地建庙,并置香火田,宫内所设的"淞南存仁堂"举行过恤嫠、埋骨、惜字、放生诸善事,是淞南地区比较重要的慈善活动了。⑨这种生活区域中展示出来的信仰活动、功德事业与秩序感觉,可

---

① 〔明〕周鸣凤:《学田记》,收入万历《嘉定县志》卷三《营建考上·学田》。
② 〔清〕秦立:《淞南志》卷三《学廛》《祠庙》,第27、30页。
③ 〔清〕秦立:《淞南志》,"凡例",第2页。
④ 〔清〕秦立:《淞南志》卷二《风俗》,第16页。
⑤ 〔明〕侯峒曾:《侯忠节公全集》卷十二《重建纪王庙碑记》,民国二十二年铅印本,页14b—15b。
⑥ 周顺昌(1584—1626),苏州人,万历四十一年进士,东林派名士,天启时为魏珰所害,死于狱中。
⑦ 〔清〕曹蒙:《纪王镇志》卷二《营建·庙祀》,第13页。
⑧ 〔清〕曹蒙:《纪王镇志》卷一《疆里·创始》,第1—2页。
⑨ 〔清〕李赓芸:《淞南文昌帝君庙碑》(嘉庆十六年),收入〔清〕曹蒙:《纪王镇志》卷四《杂志·艺文》,第48—49页。

以构成世人对于乡村基层社会的一般性认识。

另外,按明末人的说法,乡间的富户关系国家气运。①地方公正绅士的存在,是小民的依赖。②换言之,地方的存在形态可以从绅士富室的状况得到较好的揭示。嘉善乡宦丁宾(1543—1633)就认为,一个县域社会中如果富户较多,那么小民就不会受困;反之,富室荡然,则小民不会受福。③甚至在处理地方经济利益的平衡问题,例如在平抑物价时,要防止只让小民获利而损害富民阶层的做法。④所以,倘若这些阶层在乡间的存在感模糊或淡化,对于王朝统治而言,并不是有利的;对小民来说,将会直接面对更多的困扰,处境艰难。

就淞南地区而论,清代前期的科举成功者远不如晚明。从清初至康熙晚期,有举业头衔的,贡生有侯兑旸(诸翟人)、曹浤(纪王人)、黄有本(纪王人);太学生有曹栋、曹大本、朱楫;庠生有张万珍、张其俊、秦润、张炯、曹澋、朱楫。无论数量还是高功名的获取数,远远不如明代。⑤

够得上"乡达"的,只有明末诸翟最鼎盛的侯氏家族的后人侯兑旸。但他在鼎革后,已杜门谢事,虽然应族人的恳请,为免受侯峒曾、侯岐曾等人抗清之祸过多的牵连,出来参加清朝的科考,后来也只获得一个选贡的资格,被安排至桐城任县学训导,未抵任而卒。⑥

总体上,清代地方士人中可以列举的杰出人物,基本可以用一个"贫"字来概括。无论是因逋粮毁家,还是因"奇贫"废学或被迫佣作,或者"鬻子以偿赋",或者"诸生失业者多营户外事",或者勉力应试也最终

---

① 〔明〕钱士升:《赐余堂集》卷一《看详章奏纠参李琎疏》,乾隆四年钱佳刻本,收入《四库禁毁书丛刊》集部第 10 册,北京出版社 1997 年影印版,第 437 页。
② 〔清〕延昌:《知府须知》卷四《到任事宜》,"公正绅士"条,清钞本。
③ 〔明〕丁宾:《丁清惠公遗集》卷八《书牍·复蔡培自父母》,崇祯刻本,收入《四库禁毁书丛刊》集部第 44 册,北京出版社 1997 年影印版,第 309 页。另参〔明〕丁宾:《复邑侯蔡培自书》,收入光绪《嘉善县志》卷三十一《奏疏》,光绪十八年刊本。
④ 〔明〕陈山毓:《陈靖质居士集》卷六《庚申遏籴记》,天启刻本,收入《四库禁毁书丛刊》集部第 14 册,北京出版社 1997 年影印版,第 629 页。
⑤ 〔清〕秦立:《淞南志》卷四《贡生》《太学》《庠生》,第 42—46 页。
⑥ 〔清〕秦立:《淞南志》卷五《乡达》,第 49 页。

只补到秀才的功名①,像清代纪王镇上的代表人物中,较好的功名就是庠生或诸生等②,都根本无力振兴淞南地方的人文与政治地位。而稍好的诸翟镇,情况也大同小异,"人文鲜少"已是常态。清代获取较高功名的,是两名举人,即雍正十年壬子科的诸堂和同治六年丁卯科的沈蓉(俱属嘉定籍)。镇上作为侯氏东族人的侯谦,据说是侯尧封的八世孙,游庠六年,即以羸疾卒。在清代,这一世系都是以贫废学。③

清代整个淞南地区比较有代表性的人物,仍是与秦立同宗的秦元诞,晚年被官府任命为"约正",具有了处理乡间教化事务的官方身份,所以"乡人争论不平者,咸就决之"。④一般而论,乡约正是由官方检选的乡间"老成"之人,主持每月朔、望的乡约活动。⑤

据康熙时期的观察,诸翟周边坟茔甚多,基本上都属晚明以来侯氏等名族的墓地,显示了过往拥有的大族历史,但在清初确实已如时人所述,是"村小民贫,无土豪把持"的平淡状态。⑥

可以说,淞南地方在明代因大户较多而有所谓"风气厚实"的形态,到清代已迥然不同。秦立这样比较道:

> 往时风气厚实,地多大户,田园广饶,蓄积久远,往往传至累世而不衰。今则大户绝少,纵有富室,不再传而破败随之。盖往时之富,率由本富,非因鱼肉小民而然,又能敦本务实,不事汰侈,崇尚诗礼,教训子孙,子弟醇谨朴厚、保世宜家,故能久而不衰。今之富者,多由盘剥小民,以苛刻汰侈为事,子弟气习从而加甚,宜其败之不旋踵也。⑦

真正能富而好善的大户极其有限,在清代淞南文献记载中找到的,

---

① 〔清〕秦立:《淞南志》卷五《孝友》《文学》,第 54—59 页。
② 〔清〕曹蒙:《纪王镇志》卷三《人物》,第 21—27 页。
③ 〔清〕汪永安原纂、侯承庆续纂、沈葵增补:《紫隄村志》卷六《人物》、卷八《里绅》。
④ 〔清〕秦立:《淞南志》卷六《耆德》,第 63 页。
⑤ 〔清〕汪永安:《紫隄村小志》卷之后《江村杂言》,第 157 页。
⑥ 〔清〕汪永安:《紫隄小志》卷上《坟墓》《风俗》,第 17、29 页。
⑦ 〔清〕秦立:《淞南志》卷二《风俗》,第 15—16 页。

主要是纪王镇的曹氏家族。曹家在境况较好的时代,对于乡间饥荒有过捐谷赈贫的善举,让乡民十分感念。而且也有人(曹仰田)愿意代充大役,使家室不厚的人户暂时得以保全。①

虽然风气厚实,未必真的与大户累世相传有关,但是富室注重的敦本务实、崇尚诗礼且能对子孙有良好的教育等,确实会对"苛刻汰侈"之事产生必要的排斥。另一方面,是秦立没有论及的,就是这些大户从往时以来,需要承担乡间必要的赋役工作,而从中产生的经济压力与政治负担,会持续消耗他们的实力,使他们萎缩减少,甚至彻底衰败。

这个阶层的力量在乡间的衰退,会引起不少社会问题。而新兴的富室,可能就像秦立所讲的那样,多由盘剥小民起家,漠视亲族情谊,惟知利己,在乡间引起较多的敌意。在这种地方秩序或"风气"变化的比较中,世变之感应该随处可见。如秦立所指出的:"往时民风愿悫,耕织而外无他外务,亲情族谊犹能敦笃,有无缓急,患难相扶。今则惟知利己,不顾情谊,漠视患难,绝不引手,甚而反为拘斗又下石焉者,比比也,盖俗之渝甚矣。"②

四、政治力量的楔入

发生于淞南地方社会内部的暴力冲突,在以往也是比较罕见的。地方士人的记忆中,所有这些社会变化的巨大差异感,到康熙时期已经变得十分清晰。

在吴淞江边的乡村生活中,长期因地方偏僻,更处上海、青浦与嘉定三县的交接区域,兵戈之患极少,也无打降拳勇、土豪武断之徒,所以斗殴杀抢者也少。青浦地方官绅声称"国朝吏治日隆",像打降、聚赌、拦丧、抢火及脚夫、土工、乐人、丐头之类,皆有律法所禁。③但地方士人

---

① 〔清〕朱谨:《曹氏四世合传》,收入〔清〕曹蒙:《纪王镇志》卷四《杂志·艺文》,第49—50页。
② 〔清〕秦立:《淞南志》卷二《风俗》,第16页。
③ 光绪《青浦县志》卷二《疆域下·风俗》。

第二章　从豪族、大户到无赖："淞南"乡镇的生活世界与秩序 / 65

的观察纪录中，还强调到康熙年间，"习气渐嚣，狡黠渐多，见事风生，借端索诈"。世风有了很大变化。秦立认为，最为地方恶俗的，就是"阻葬"："每见人家造坟营葬，竟以风水有碍为辞，希图分润，稍不遂意，撤棺毁石，其觊立至，讦讼连年，暴露风日，深可痛恨。"这在官府而言，也一直是要予以控制和痛惩。①

就在与嘉定县交界的青浦县蟠龙镇（即盘龙镇）大寺东偏的文昌阁，到嘉庆十七年间设有同善堂，与方家窑镇（在青浦县城东 24 里的三十四保二区四、五图，嘉庆时因永安桥修成而更名永安②）的仁寿堂一起，从事施棺、掩埋、留婴、惜字等善事活动。在乡绅们的呈请下，嘉庆二十一年官方为它们立了两块碑。

竖于青浦县衙大堂的碑文这样写道：嘉庆十七年十二月初一日，据地方绅士的呈请，于方家窑、蟠龙镇（因夹蟠龙塘两岸而名）创立仁寿、同善堂公局，"举行施棺、掩埋、留婴、惜字，及路毙浮尸栖留公所，收养病毙，捐给棺殓验费"等等，在县衙的呈请以及巡道、知府的批示下，官方予以必要的支持和保护，同时以后由善堂举行的施棺、代葬、留婴、惜字等活动以及承担地方正常的尸场、尸案费用，严禁地方棍徒、书役等人的滋扰。③

另一块碑，则置于文昌阁同善堂的碑亭内，与前述碑文内容虽大意一致，但具体说明更详：

> 嗣后凡遇陆路倒毙，尸身仍停原处，听堂董邀同地保填单报验；如系河内浮尸，即于附近搭盖棚厂，不得私移，俟官看明，即将尸身移至厂前相验，捐棺殓埋。所需棚厂、水锅、葱酒等费钱二千文、水陆舟舆费六千文，仍听由堂捐出，交保分给，总不准传讯地

---

① 〔清〕秦立：《淞南志》卷二《风俗》，第 16 页。
② 光绪《青浦县志》卷二《疆域下·镇市》。
③ 参〔清〕汪永安原纂、侯承庆续纂、沈葵增补：《紫隄村志》卷四《庙院》，康熙五十七年修、咸丰六年增修，上海图书馆藏传抄本。另参〔清〕金惟鼇纂：《盘龙镇志》（不分卷），"义局"，光绪元年修，收入上海市文物保管委员会编"上海史料丛编"，1961 年印行本，第 40—41 页，碑文内容文字与《紫隄村志》所录有个别差异，这里引用的以《紫隄村志》记载为准。

主、地邻、堂董,致滋需索。倘有地保、差仵人等仍蹈前辙,借尸生发,讹诈小民,混行滋扰,一经访闻,或被告发,立拿严加治罪;官则定以"纵役殃民",严行参究,决不宽贷。

可是,民间这类因尸场命案被滋扰的问题,总不能很好地解决,官府屡次的整顿都只是暂时收效。①

另外仍需强调的是,清初地方社会中"见事风生,借端索诈"的表现可能更为复杂,没有像前文秦立表述的那么简单。在清初南浔镇庄氏刊刻明史案形成的文字大狱中,那种告讦之风、利用地方上可以捕捉的反清嫌疑来打击报复等现象,其实是广泛存在的。②松江人董含特别描画过在三藩之乱平定十年后,江南地方萌生的乘乱"报复"、互相攻讦的秩序混乱的场景,特别值得注意。董含认为,康熙帝要求"自今以往,内外大小诸臣,尽蠲私愤,共矢公忠,岂独国事有裨,亦身名俱泰。倘执迷不悟,复蹈前非,朕将穷极根株,悉坐以交结朋党之罪",地方有了这个秩序整顿的圣谕,"在朝在籍,庶得安枕而寝矣"。③这种想法,也显得过于乐观。

至于影响地方经济生活的市场流通问题,开始突出。秦立指出:"往时店铺布肆倾镕各色低银,收买布匹,赴县输粮,每两不及七钱,民多病之。康熙丙子,里民控宪,立碑禁革,远近称便,此则较胜于往时者也。"④直到康熙三十五年间,因为乡民向官府的控诉,官方才正式出面干涉乡镇店铺中滥用的低色银问题,并立碑示禁。其实在这一年真正引起官方勒石禁革的乡间重要人物,是汪永安的妻兄"石墨侯翁"。置于诸翟的这块示禁碑,后来被放在了关帝庙的正殿中。⑤

那位"侯翁"应该是侯兑旸的次子侯崿曾,当时正轮充里正一职,完

---

① 冯贤亮:《清代江南命案尸场勘验的整顿与社会变迁》,《史林》2015 年第 3 期,第 64—76 页。
② 详参[英]白亚仁:《江南一劫》,浙江古籍出版社 2016 年版。
③ 〔清〕董含:《三冈识略》卷十,"圣谕"条,清钞本,收入《四库未收书辑刊》第 4 辑第 29 册,北京出版社 2000 年影印版,第 779 页。
④ 〔清〕秦立:《淞南志》卷二《风俗》,第 17 页。
⑤ 〔清〕汪永安:《紫隄村小志》卷之后《江村杂言》,第 163 页。

全有义务为受低银困扰的小民们代言,向上级官府呈告,最终获得嘉定、上海与青浦三县官府的一致禁约,而都院的要求也极严厉:"如有奸牙恶匠仍前倾换低银小钱,抑勒收买,亏累小民,该地方官不时查拿,本都院定行枷责治罪。"①

综合上述各方面情形来看,社会秩序的混乱和生活的不安全感,在淞南地方几乎随处可见。早在顺治年间因有"飞粮"之制,以致各乡富户颇有废家者。诸翟的王文石与蟠龙镇的陈瞻甫联合向青浦县衙呈请,认为他们所在地方实属"荒区",要求免受这种拖累,民户逃亡因而可以减少。②在治安方面,秦立还注意到:"赌博风行,比处皆然……往时民风淳厚,壤窃鲜有,夜户可以不闭,耒耜、家伙置之户外而无虞。今则盗贼时闻,一至黄昏,便肆剽夺收成之,后结队守视稍懈。"③盗贼的频发严重威胁到地方秩序,这在官府而言不可能漠视不理。民间的"结队守视"以加强防卫,只能是暂时的。政治力量在乡间的楔入,还是十分必要。镇或村的地方社会,更易于采纳国家的语言,地方权力由此也基本得以掌控。④

地方志中讲得非常清楚,在康熙六年后官方的推动下,青浦全县均为十保,一保均为三十区,一区均为十图,一图均为十里,无论乡绅民人,各自收己田、完己粮,一切分催、排年、总甲、塘长各旧役,尽汰之。⑤检视淞南地方文献,官方在这方面的管控,除了这种里甲、图里或保甲系统外,治安控制的网点,并不在高桥和纪王,而是设在附近的诸翟和吴淞江北的南翔。

据万历《嘉定县志》的记述,早在明初,设于嘉定县境内的巡检司只有顾泾、江湾、吴塘、刘家港四处,刘家港后来划归太仓州,万历初期又裁革吴塘巡检司,所以只剩顾泾、江湾两处巡检司,管控嘉定乡间。每

---

① 〔清〕汪永安原纂、侯承庆续纂、沈葵增补:《紫隄村志》卷六《人物》,康熙五十七年修、咸丰六年增修,上海图书馆藏传抄本。
② 光绪《青浦县志》卷三十《杂记下·补遗》。
③ 〔清〕秦立:《淞南志》卷二《风俗》,第17页。
④ 〔英〕科大卫:《韦伯有所不知:明清时期中国的市镇与经济发展》,收入氏著《明清社会和礼仪》,北京师范大学出版社2016年版,第234页。
⑤ 光绪《青浦县志》卷八《田赋下·徭役》。

个巡检司始设的 100 名弓兵,后来减至 60 人,到万历时每司只有 24 人。其中,江湾巡检司管辖的范围,包括了南翔、江湾、大场、真如、安亭、黄渡、纪王、殷行、栅桥这些乡镇地区。①

虽然纪王在明代已成镇,但后来的发展,并没有让官方引起过多的重视,"士民知有里正,不知有官",充当乡间代理人的里正,完全以官方的行政角色出现在乡间,镇上又没有任何官衙机构。但在政区交界地带的诸翟,成了嘉定、上海与青浦三县巡检司的联合驻防点,地方军队中的营汛把总则驻扎在南翔。②

就行政系统而言,乾隆三十年在乡民沈世浩协同绅耆的呈请下,并自捐基地房屋作为官署,官方才确立在嘉定县境内的诸翟设巡检司署③,以应对行政边界地方易于窜匿且公然肆行的盗匪问题。④青浦县东北部的三十三保一区、二区(编户共计三图)、三十四保一区(共计二图)⑤,就归诸翟司管辖。

首任巡检是钟开声,广东进士,由翰林任大理寺少卿,因直谏有忤而被谪至江苏任知县官,据说补缺时,布政司吏索赂不得,就题请让他到嘉定任巡检。他在任八年,"清正不阿",以廉惠著称。⑥乾隆三十七年署任的是云南人李凤采,也有德政,民间为他公立"廉公有威"匾额。⑦此后比较有名的巡检是湖南人魏邦鲁,在嘉庆二十年署理诸翟司,"循良风雅,创立文社",常聚集镇上士子,亲为课训。⑧

至于地方军事防卫,据清初的制度安排,曾设吴淞营墩汛,管理外冈汛、陆大桥汛、安亭汛、娄塘汛、南翔汛、封家浜汛、纪王庙汛、黄渡汛。当中大部分地方本属嘉定县域,但在军事上则均属吴淞营管辖,且每处

---

① 万历《嘉定县志》卷十五《兵防考上·兵制》。
② 〔清〕曹蒙:《纪王镇志》"凡例"、卷三《人物》,第 1—2、24 页。
③ 光绪《青浦县志》卷三十《杂记下·补遗》,光绪四年刊本。
④ 〔清〕汪永安原纂、侯承庆续纂、沈葵增补:《紫隄村志》卷二《风俗》、卷三《官署》,康熙五十七年修、咸丰六年增修本。
⑤⑥ 光绪《青浦县志》卷三十《杂记下·补遗》。
⑦ 〔清〕汪永安原纂、侯承庆续纂、沈葵增补:《紫隄村志》卷三《官署》。
⑧ 光绪《青浦县志》卷三十《杂记下·补遗》,光绪四年刊本。

设置营房烟墩,派兵五名,负责防守及传递公文等事①,也负责缉捕盗贼工作。②

这样,从州县行政的巡检司到地方军事的安全系统,都笼罩了像淞南这样的乡村社会。不过当中存在的管理空白,仍然会滋生出各种不安的因子,甚至出现对于地方秩序的挑战。

《青浦县志》中曾记某豪民因素犯众怨,即被好读书击剑的诸翟人王以桢等所殴杀的事例。③在嘉庆年间,纪王镇上一个拥有很多党伙的痞棍沈云山,以金钱贿通诸翟巡检司,整日聚众赌博。最终在一个姓凌的秀才强烈要求下,巡检司被迫调派弓兵擒拿沈云山,结果反遭沈氏等人殴打。由于影响较为恶劣,嘉定知县在向上级汇报获得允准后,拟判沈氏绞决,其党羽流徒杖决。④

官方严厉惩处的效果其实并不持久,已经随处可见的"市井无赖","互结党羽,暴寡胁弱",一直使乡民为之侧目。日常生活中产生的睚眦小忿,最终都以械斗的方式解决。经历了太平天国战争的巨大震荡后,这种坏恶之风得以停息,不过在同治年间,乡间仍有以演剧、赛会为名谋利肥私的行径。到清末,据当地人的感受,纪王镇地方只有西北隅十九图地方尚多游手好闲之徒。凡遇孀妇再醮及闾阎鹅鸭之争时,他们还经常行讹诈之事,而且夤夜入茶坊、酒肆吵嚷,使小本经营者们十分困扰。⑤

五、结　　语

如何考察一个特定区域的"生活空间"以及所谓"社会的共同性",并揭示民众生活的实态及其所处的地缘性社会,确实是一个十分重要的问题。而淞南地区的聚落社会应该属于一般而言的高地乡村世界,

---

① 光绪《宝山县志》卷六《兵防志·墩汛》,光绪八年刻本。
② 〔清〕汪永安原纂,侯承庆续纂,沈葵增补:《紫隄村志》卷三《营汛》。
③ 光绪《青浦县志》卷三十《杂记下·遗事》。
④ 〔清〕曹蒙:《纪王镇志》卷四《杂志·轶事》,第41页。
⑤ 同上书,第40页。

以小村或散村为基本形态,与低地乡村大多是集村的状态,有着明显的差异。①在明清交替之后,淞南地区总体如清初人、侯兑旸的女婿汪永安所述的,"风景在而山河殊,繁华歇而沧桑易"。②

淞南地方主要依赖吴淞江的水运与灌溉之利得以绵延发展,水利环境的变化和民生息息相关。虽然吴淞江流域有不同的核心区域或中心市场,可以依赖比较密集的水运网络,相互之间建立了有效的联系,但淞南与淞北在地域上并不能真正构成一体,生活样态与经济状况差别颇大,由此在地方上产生比较明显的区分感。而水利失修的高仰之田,植棉较种稻更适合农家生计,棉业的推广并非出于赋税压力。③当然环境的改良,可以营造出较为充实而有竞争力的生活氛围。在吴淞江疏浚后,生产环境优化,生活条件得以改变,据说在清代前期的诸翟地方,"中户以上,服食器用敬效观美,下户妇女亦制缎服",生活风气有了新面貌。④

清代地方士人观察到的生活变化与秩序问题,当属淞南乡村的存在实态。而历史记忆中的礼仪社会(包括对于英雄式人物、民间神灵的记忆和崇信等)是清代应该存在的地方建构,并传承久远。同时,大多数村落社会中不存在真正的有力阶层,纯粹是一个接近庶民的生活世界,不存在"宗族社会"的形态,也没有乡绅有力掌控的社会结构,王朝统治垂直性地渗透到淞南这样一个普通的乡村世界中。地方资源被附近大镇侵蚀,役法不均的问题因而较为突出。

确实,政府在市镇施行太多控制的说法,是站不住脚的,市镇的地方组织是受控的⑤,而所谓在里甲制度与秩序的瓦解过程中,绅士阶层增进了维持乡村秩序的领导角色⑥,在明清鼎革以来的淞南生活世界

---

① 有关江南地区聚落形态与社会问题的讨论,详参[日]滨岛敦俊:《旧中国江南三角洲农村的聚落》,载《历史地理》第十辑,第91—101页。
② 〔清〕汪永安:《紫隄村小志》卷之前《近村》,第5页。
③ 范金民:《明清江南商业的发展》,第24—25页。
④ 〔清〕秦立:《淞南志》卷二《风俗》,第16页。
⑤ [英]科大卫:《韦伯有所不知:明清时期中国的市镇与经济发展》,收入氏著《明清社会和礼仪》,第217页。
⑥ [韩]吴金成:《明、清时代绅士层研究的诸问题》,收入[韩]朴元熇主编:《韩国的中国史研究成果与展望》,中国社会科学出版社2015年版,第185页。

中又是极不明晰的,既无明显存在的强有力的绅士阶层,也无占据主流的社会组织。

像清初荒区穷乡反对不公正的折漕问题,都靠基层粮区的纳粮代理者(也是乡间徭役的承担者)联合起来,抵制县署中的粮书与地方"豪奴"的作弊劣行。他们互称"粮友"或"役友",设法筹措诉讼经费,极力向各级官府控诉鸣冤,坚持将已成定案的被他区转嫁来的赋税予以清理出去。①"粮友""役友"人等,或许就是清代地方职役中变相恢复的里甲制中的相关人员。②

在诸翟,经历了王朝鼎革的冲击,景况与晚明已无法相比,但在整个"淞南"的地域社会中,仍具有核心性,被远近地方视为"善地",远离"繁嚣",有崇尚俭朴之风,而且基本不存在"土豪武断乡曲,藉以生事敛财"的现象。特别是那些已经身游庠序者,更是兢兢秉礼,能够"闭户读书"。③当时散居着的一些耕读之家,还盼望有机会进入比较卓越的社会阶层,从而反过来影响到当地社会。无论是土著还是流寓,都能发出同样有力的声音。

在淞南区域的社会形态变化及其秩序控制中,水利、政治与经济等一体化的意味比较明显。基层聚落社会在没有有力的社会组织、宗族群体、乡绅网络等的照护下,更加深受地方传统与政治变革的双重影响。

总之,清代淞南因环境偏僻,产业不兴,大户较稀,"人文鲜少"④,地方力量由是微弱,看不到晚明"乡大夫"们"导扬圣明,宣悟闾里"的清晰样貌⑤,地方的偏僻与产业的平淡,已较难引起官方更多的重视,除了治安上有所考虑之外,在明末以来的转型进程中,已日形荒落,只有记忆中感觉遥远的"淞南"。

---

① 〔清〕陈瞻甫:《控复荒区折漕各图贴费议单》(顺治九年十月),收入〔清〕汪永安原纂、侯承庆续纂、沈葵增补:《紫隄村志》卷一《田赋》。
② 光绪《青浦县志》卷八《田赋下·徭役》。
③ 〔清〕汪永安:《紫隄村小志》卷之后《江村杂言》,第170页。
④ 〔清〕秦立:《淞南志》,"凡例",第2页。
⑤ 〔明〕侯峒曾:《侯忠节公全集》卷十《壬午复折奏疏序》,页12a。

第三章 水域生活与政治：清代江南内河地区的渔业

一、引　　言

太湖平原水域面积广大，育养的鱼类，据不完全统计就至少有106种。①淡水养殖及相关产业长期存在，是水乡民生的主要存在形态。即使在今天，长江中下游的江苏、浙江与上海等，渔业水域面积仍占着极为重要的比重；渔业利用率以池塘为最高，水库次之，湖泊再次，河道最差。②这种渔业水域开发程度的情形，与传统时代当然会有不同。不过在有些民生开发的层面，经常有逸出地方官府控制视野的情形。而从官府应对的层面而言，其实也会时刻关注这种产业异相，保持必要的利益获取手段，即便没有广川巨浸，"支河小港亦科荡税"③，小民的负担因而增加。这又涉及所谓公共地域（包括像河湖坍、涨这样的抛荒水土形态）的课税问题。④

清人吴时森以诗歌的形式，曾描述过太湖地区水域的丈量与管理问题，也揭示出其间民生之艰难，那些"湖泊编氓"为了谋生，还需忍受官府的各种敲剥：⑤

> 太湖四万八千顷，处处波涛漾藻荇。滩浅间将牛牧放，灏瀁不

---

① 陈俊才等编：《太湖渔业史》，江苏省太湖渔业生产管理委员会1986年6月印行本，第31页。
② 中国自然资源丛书编辑委员会编：《中国自然资源丛书·渔业卷》，中国环境科学出版社1995年版，第82页。
③ 光绪《重修嘉善县志》卷三十六《杂志下·旧序》，"崔志序"，光绪十八年刊本。
④ 详参冯贤亮：《明清江南的州县行政与地方社会研究》，上海古籍出版社2015年版，第310—352页。
⑤ 〔清〕吴时森：《丈湖行》，收入乾隆《吴江县志》五十《撰述五·集诗四》。原诗"惊闻大舫湖滨歇"下小注有"指海防"，"较昔霍公田间丈，十存其半二已逸"注有"今丈湖步弓，视霍丈止八折"。

见芦花影。是草出没故无常,居民樵采邀天幸。皇帝三年秋七月,惊闻大舫湖滨歇。里长遹窜甲首出,相将荡漾水晶窟。上下从流细丈量,长绳细算牛毛密。较昔霍公田间丈,十存其半二已逸。吁嗟乎湖泊编氓居釜底,天赐青青一苇水。但知夏月挚腹倚,不议浮萍官税抵。檄促承揽急于雷,计划无复至呈佃纸。佃纸入官更可怜,醵钱不够衙门使。那得精卫朝暮来,蓦地沧浪化洲沚。桑麻葱郁长子孙,岁岁湖神锡利市。牛车负担输乃租,县官高卧无催比。明知此语绝荒唐,想入非非且妄语。

"桑麻葱郁长子孙,岁岁湖神锡利市"的情境,是江南水乡民众对于生活的美好期盼。但实际上他们的生活紧张而艰辛。渔民漂荡于水上,依赖上天恩赐的"青青一苇水"谋生,除了要经受风涛浪险,还要应对官府的税收征解与基层组织管理。但在太平天国战争后,抛荒湖荡更多,征税相对轻简。像地势极为低洼的青浦县,在战后更是"土旷人稀",数百顷荡田"无人播种,弥望丛茅",业户取租极少,时称"草息",谓荡草可供饲牛及烧窑之用。直到光绪初年,陆续有余姚、兴化、盐城、绍兴、信阳等地客民到来垦殖,"始略征租籽"。①

对地方官府而言,在纯粹的水域层面,如何从财政汲取的要求,有效地编派赋税,一直是一件麻烦的工作。至于在这些江南的水域中,征税覆盖的水乡民众到底有多少,不同朝代会有怎样的调整及变化,都是需要解决,但实际很难廓清的重要问题。②

首先,水资源相对土地而言,并不具体、固定,管理更显松散,不容易掌控。就像明人沈启讲的,"江湖非丈尺可计"。但真的要对江湖作丈量统计,则属不得已之举,原因主要在于"昔水而今淤为田也,浚则夺其以为江湖"。③也由于水域生活与生产所秉具的不确定性,除较小的

---

① 民国《青浦县续志》卷二十四《杂记下·遗事》,民国二十三年刊本。
② 有关清代太湖平原的渔船管理、渔政与渔课的征收等问题,参冯贤亮:《清代太湖乡村地区的渔业与水域治理》,《中国高校社会科学》2017年第3期。
③ 〔明〕沈启:《吴江水考》卷二《水治考下》,天津图书馆藏乾隆五年沈守义刻本,收入《四库全书存目丛书》史部第221册,齐鲁书社1996年影印版,第676页。

湖荡容易圈围经营外,大型湖泊很难设定明晰的界线,作出固定的区分性分割。水体、鱼类、渔船在水域中都是可以流动的,控制确认有相当的难度。其中,船只的控制可以民户为依据,从船只规模、经营范围等方面,官府可以作出比较清楚的规范,以利于水乡民生的掌控。

其次,涉及水域的管理问题,包括在水权①、舟船(渔船)的运营,养鱼及相关买卖工作,理应向官府申请执照,既有官府的保护,也为地方政府增加了税收。虽然"渔业之发达,端赖渔业根据地之优良",但亦如前贤所论,中国历史上的渔政设施及渔业行政机构之沿革变化,在史书中往往略而不说,殊难考证。②

相对而言,清代长江中下游的渔业历史,特别是其间的渔课与渔业生活内容的研究,远不如明代。实际上,在具体至长江三角洲的研究中,依赖地方志的分析,对渔业经济及课税的说明,既仍以明代为主,也未廓清清代的内河渔政、课税等问题。③至于民间存在怎样的渔业形态,如何与课税产生清晰的对应关系,民间私利占夺或垄断情形具体怎样,是否存在以民间俗例为约束准则而有无获得官府认同的情况,仍然是需要进一步解明的复杂问题。

可以说,在以往的渔业史或更广的农业史甚至经济史论述中,这些问题还没有得到有效的阐明。即如传世文献较为丰富的太湖平原地区,可资展开全面论述的相关史料,其实比较有限。本章即依赖这些有限的史料,以清代为例,就上述问题中的若干层面作一初步的探讨,重点则在乡村的渔业经营样态与政府控制的问题。至于渔民个体的家庭生活、婚姻关系甚至精神信仰,并不在此范围内。

---

① 私有水权可能就像十六世纪后半期嘉善乡绅支大纶将自身拥有的泾港等小规模的田间水道指定为"放生河",禁止他人在该水面从事一切渔捞行为,当然水面私有权的渊源应可追溯到十五世纪末至十六世纪之间,即江南三角洲上曾经进行的"分圩"运动时期。由于新开水路而废止的旧有耕地所有权,应该直接转化为对新辟水面的所有权。参〔日〕滨岛敦俊:《从〈放生河规约〉看明代后期江南士大夫家族》,《明代研究》2011年第十七期,第91—119页。
② 李士豪、屈若搴:《中国渔业史》,商务印书馆1937年版,第8、14页。
③ 参尹玲玲:《明清长江中下游渔业经济研究》,齐鲁书社2004年版,第2—7、175—216页。

二、环境的塑造

　　水乡民生的叙述,自然不能脱离环境的塑造。海宁人陈其庸(曾任青浦知县等职)说:"东南大利,在水而不在陆。"①可谓确论。但就江南地区而言,由于地理因素的影响,导致细微而多样的水土分布、土地的瘠腴状况、水陆交通条件等的差异,都会影响到农业生产、经济作业和集市贸易,使乡民的生活样态多有不同。②像余杭人蒋灼所说"渔于水而笭箵筌笱以为生,樵于山而荷担束薪以为乐"的生存状态③,则属人生适应环境的自然选择。"山居者以树艺为务,泽居者捕鱼为生"的说法④,成了江南水乡形塑民生的普遍模式。

　　譬如,在常熟、昭文地区,农民居于西乡的,因地势高仰,土质坚硬,"耕治尤勤苦";而在东乡,则是"地舄卤、土轻爨、农差逸";水乡地方,乡民在农暇时可"操舟捕鱼";靠近县城地方的农民,会经营城郊农业,就近提供城市生活所需;傍山的农民,还需"伐石担樵"。他们都不是专靠田地农作为生,地区生活差异明显。但日常生活用度皆无大碍,乡村的茶舖、酒肆不但可供他们休闲,而且数量也在增多。⑤

　　再如,苏州的黄埭镇虽然"地皆平夷,田亩多种稻",但"西南各乡大半业渔",显然因当地河池较多之故。⑥在周庄镇,环镇湖荡纷如棋布,周边的白蚬江、急水港、和尚渠、南湖以及镇中市河,都成了渔民多方搜捕谋生的水域。⑦嘉兴的新塍镇:"镇北十里斜港,民多捕鱼为业。"⑧渔

---

① 〔清〕陈其庸:《庸闲斋笔记》卷十一,"左爵相奏开船政局"条,中华书局1989年版,第266页。
② 冯贤亮:《明清江南乡村民众的生活与地区差异》,《中国历史地理论丛》2003年第4期,第139—151页。
③ 〔明〕田艺蘅:《香宇集》续集卷三十一《蒋灼〈和万竹孤吟诗序〉》,嘉靖刻本,收入《续修四库全书》集部第1354册,上海古籍出版社2002年版,第308页。
④ 〔清〕徐傅编、王镛等补辑:《光福志》卷一《风俗》,民国十八年苏城毛上珍铅印本。
⑤ 详参正《昭文县志》卷四《风俗》,雍正九年刻本。
⑥ 朱福熙修、程锦熙纂:《黄埭志》卷二《风俗》《物产》,民国十一年苏州振新书社石印本。
⑦ 〔清〕陶煦:《周庄镇志》卷一《水道》,光绪八年元和陶氏仪一堂刊本刻本。
⑧ 〔清〕郑凤锵:《新塍琐志》卷二《物产》,咸丰、同治间稿本。

户所食之利,"类皆小鲜,如鲫、鳅、鲈、鲂诸属,不可悉数。盈尺之鱼,大半他自处贩来"。①而在王江泾与南湖许家村一带,这样的渔事更盛,"渔家处处舟为业","侵晓家家去打鱼"。②在苏州山塘虎丘一带,那里乡村业渔者们形成的鱼市交易,时称"鱼摊";一直维持到下午,集中于虎丘山门之大马头、二马头仍在贩卖的鱼,就称"晚鲜"了。经营渔业的乡民多生长于桐桥与长荡一带,截流而渔的用具就是俗称的"丝网船"。至寒冬特定时节起荡贩卖的,称"起荡鱼",也是"艇载而出,坌集于市"。③更突出的,是地势低洼的青浦县,大多属水乡,除耕渔外,乡民生计较少④,渔业是乡民生活中的重要支柱。渔业的收益,当然可以弥补生活上的若干不足。甚至有地方称"渔者以船为家,率能致富"。⑤但民间歌谣中所言"太湖茫茫跨三州,难容渔家一叶舟""大鱼小鱼才上网,明朝上街换米粮"的情形⑥,应该更能反映渔民生活的实际。

不过,水乡民众最为担心的,莫过于洪涝之灾。在湖州低乡地区,一遇大水往往"稔不胜淹",但地方上"数十年来于田不甚尽力",因为其"迫切"利益所在仍是"畜鱼",也就会出现"水发之日,男妇昼夜守池口;若池塘崩溃,则众口号呼吁天矣"的情景。⑦

在传统时代,以河湖环境为基本生存条件的乡村,民众的生产与生活必然会依据水源条件的优劣展开,渔业成了重要的特色经济。例如,在吴江分湖地区(即汾湖,与嘉善县共辖),土壤肥沃,傍湖之民以农为业,"在湖之东境者耕种尤勤"。⑧当地业舟楫者都在百里之内谋生,至于操挡板船以及尖头船的,凡通舟楫之处则无所不至,"往来南

---

① 朱士楷:《新塍镇志》卷三《物产》,民国十二年铅印本。
② 嘉兴市志编纂委员会编:《嘉兴市志》,中国书籍出版社1997年版,第1252页。
③ 〔清〕顾禄:《桐桥倚棹录》卷十二《市荡》,上海古籍出版社1980年版,第169页。
④ 嘉庆《松江府志》卷五《疆域志五·风俗》,嘉庆二十二年刊本。
⑤ 〔清〕徐傅编、王镛等补辑:《光福志》卷一《风俗》。
⑥ 陈俊才等编:《太湖渔业史》,第74页。
⑦ 〔清〕张履祥辑补,陈恒力校释,王达参校、增订:《补农书校释》,"运田地法",农业出版社1983年版,第132页。
⑧ 〔清〕柳树芳纂:《分湖小识》"别录下·风俗",道光二十七胜溪草堂柳氏刻本。

北者以万计"。①黄浦江以东的傍海之民,常靠捕鱼为生,春夏间鱼随潮上,张网捕鱼较为适宜;当时在城乡间贩卖的渔船就被称作"鲜船"。②实际上,沿海地方的乡村,早在南宋初年就已出现冰鲜渔业,到明清时期极为盛行,广泛利用窖冰法为渔船冷藏海鲜,大大扩展了海鲜的质保期,亦使城乡居民日常海鲜消费变得更为容易。③

水乡渔民的生活环境,在文人的笔端则变得相当具有隐逸之趣。无论是明朝人游平湖当湖的感觉:"烟火几渔家,湖边夹疏树。扁舟三五人,坐入秋天暮。"④还是清人查慎行坐船往嘉兴的水程中所描述的:"两岸胧胧桃李花,一天风露属渔家。小船卧听棹歌去,行到鸳湖月未斜。"⑤都有吴江竹枝词中提供的那种"渔家乐"的意味:"落日西风水色浑,打鱼舟子傍青村。请看一幅渔家乐,只在华严寺后门。"⑥在江南水上行舟闲游,最常见的是渔人劳作或休憩的场景,尤其是在杭州城外的西湖,在世人意象中早已构成生活乐境的地方,更有这样的感觉。"轻舟小艇出渔家,柳岸纤回一径斜。万壑春晴开殿阁,一泓晓碧锁烟霞"的味道是常态的⑦;花港虽是花家山水经由杨堤隐秀桥入西湖而成,但早已是以舟为家的渔人们的聚居地,所谓"杨柳垂垂绿影斜,溪边茅屋尽渔家"。⑧

有关渔船娱乐活动之表现,在文献记载中多有反映。

例如,在嘉善县西塘镇、常熟县乡村,荡湖船是颇具特色的民间娱乐项目。据现代调查,常熟县境内迎神赛会时,各乡镇普遍流行"荡湖船",尤其是任阳、唐市、横泾等水乡更为盛行。这类船会活动,本来出

---

① 〔清〕沈刚中纂:《分湖志》卷三《习俗》,乾隆年间修,收入吴江汾湖经济开发区、吴江市档案馆编:《分湖三志》,广陵书社2008年版,第36页。
② 储学沫纂:《南汇二区旧五团乡志》卷十三《风俗》,民国二十五年铅印本。
③ 邱仲麟:《冰窖、冰船与冰鲜:明代以降江浙的冰鲜渔业与海鲜消费》,《中国饮食文化》2005年第2卷,第31—95页。
④ 〔明〕林光:《泛当湖诗》,收入光绪《平湖县志》卷二《地理下·山水》,光绪十二年刊本。
⑤ 〔清〕查慎行:《敬业堂诗集》卷二十三《近游集·二月十六夜自长水塘乘月放舟二鼓抵嘉兴城下》,上海古籍出版社1986年版,第658页。
⑥ 乾隆《吴江县志》卷五十《撰述五》。
⑦ 〔清〕梁允植:《港泛舟诗》,收入康熙《钱塘县志》卷三十三《古迹上》,康熙刊本。
⑧ 乾隆《杭州府志》卷十六《山川四》,乾隆刻本。

自生产活动的需要,但定期的举行及其给渔民带来的兴奋,使之蒙上了浓重的休闲娱乐的意味。如"网船会"是流行于嘉兴府地区一种特定的民俗事象,直到今天仍很盛行。其间有众多的娱乐活动,如舞龙、舞狮、腰鼓、高跷、唱大戏等,还有"踏白船"比赛(类似于赛龙舟)。在过去,踏白船主要为祭祀蚕神,嘉兴等地传说农历三月十六日为蚕花娘娘生日,故踏白船于是日举行;当时它还有不同的称谓,嘉兴称"踏白船",海盐称"出跳船",平湖与桐乡陡门等地称"摇快船"。光绪《嘉兴府志》记载道:在清明时节,在王店镇市河及薦泾都有"摇快船之戏"。①在濮院镇,每个圩的乡民各组织一船,一起展开"划船会"。②近代以来,则以嘉兴市区三塔、郊区油车港、南汇及嘉善县天凝庄的踏白船,最为有名,而成为当今极重要的地方民俗表现。③像吴江平望等地在乡村庙会期间,现代仍都有摇荡湖船、踏白快船以及每年七月半举行的网船会等活动。④再如,无锡开化乡于每年农历三月三盛行的乡民摇快船活动。⑤而在三月廿三是天妃生日,苏州角头山下的渔民聚集在一起,以社祭活动,展开娱神,并占卜渔事之吉凶。⑥这些都曾是传统时代渔民们日常生活中的重要节庆。

总之,乡村渔民的存在形态,即如清人所述,是"以水面作田地,以网罟代耰锄,以鱼鳖为衣食";生活境况大体是"父子兄弟食粗衣恶,无膏粱纨绮之费;其母妻子女椎髻操作,无金珠首饰之费"⑦,而且与陆地居民"了无争竞"。⑧而明清以来鼎盛的江南市镇经济,活跃了乡民生计,一般的水乡市镇都保留着日中为市或"及辰而散"的集市活动,以利于乡民出售鱼虾蔬果等鲜活商品,供市镇居民们日常"饔飧之用"。⑨

---

① 光绪《嘉兴府志》卷三十四《风俗》。
② 夏辛铭纂:《濮院志》卷六《风俗》。
③ 嘉兴市志编纂委员会编:《嘉兴市志》,第 1925 页。
④ 沈国良:《"朱天会"和"网船会"》,收入吴江市政协文史资料委员会编:《吴江风情》,天津科学技术出版社 1993 年版,第 136—140 页。
⑤ 政协江苏省无锡县委员会文史资料研究委员会编:《无锡县地方小掌故》第一辑,出版年不详,第 191—192 页。
⑥⑦ 同治《苏州府志》卷一百四十八《杂记五》。
⑧ 〔清〕金友理:《太湖备考》卷十六《杂记》,江苏古籍出版社 1998 年版,第 565 页。
⑨ 方行:《清代前期农村市场的发展》,收入氏著《清代经济论稿》,天津古籍出版社 2010 年版,第 153 页。

三、水 乡 渔 业

清初人朱裴指出:"自古沿海居民,皆藉渔樵以资生计,故得佐给赋税、贮备灾荒";正规的渔业生产与贸易者,"许其自造渔船,报官给票";海上渔业还要依据船桅之大小,确定税课轻重比例。①内河淡水的渔业生活其实也大体如是,既有地理环境塑造的影响,也有王朝统治与地方传统的约束。

乾隆五十八年(1793)来到中国的英人安德逊曾描述过中国人的渔业活动,并认为有些方式是中国所特有的:

> 在湖里或在大江河里,他们常用附上饵食的钓线捕鱼,这方法与在海面上的渔船捕鱼方法相同。在其他地方他们用渔网,其形状与方法同欧洲的渔夫所用的一样。有些地方他们在水里筑起一行柱子,支住一片坚固的鱼簖,这些鱼簖放在江河的湾子地方,有时就横亘在河面上;这样就很有效地挡住了鱼的通路,在鱼簖上再投上或系上饵食,鱼就成群而至,于是许多渔船集中到这里,渔夫们放下他们的网,收获就很不错。②

在江南的淡水地域,鱼类蓄养一直是乡民生计的一大依靠。其基本经营形态与生计,一如桐乡人张履祥对嘉湖地区景况的论述:

> 湖州畜鱼,必取草、籴螺蛳于嘉兴;鱼大而卖,则价钱贱于嘉兴。盖吾地鱼俱自湖州来,及鱼至市,已离池数日,少亦一二日矣,故鱼瘠而价不能不贱。若以湖州畜鱼之法,而尽力于吾地之池,取

---

① 〔清〕朱裴:《请弛海禁疏》,收入〔清〕平汉英编:《国朝名世宏文》卷六《兵集》,清康熙刻本。
② [英]爱尼斯·安德逊:《在大清帝国的航行:英国人眼中的乾隆盛世》,费振东译,电子工业出版社2015年版,第201页。

草既便,鱼价复高;又无溃溢之患,损瘠之忧,为利不已多乎。陶朱公古法即不能用,湖州畜法可仿也。①

他还说,水塘养鱼的好处是:"肥土可上竹地,余可壅桑;鱼,岁终可以易米。"假如收成好的,"每亩可养二三人,若杂鱼则半之"。②至于池塘水荡对于人们的诱惑力为何如此之大,张履祥通过对湖州地区的观察,这样解释道:

> 湖州,税额不均之府也,归安为甚;为归安田者卑下,岁患水,十年之耕不得五年之获,而税最重。其地蚕桑之息既倍于田,又岁登,而税次轻。其荡,上者种鱼,次者菱、芡之属,利犹愈于田,而税益轻。役亦如之。③

获利既大,而税赋又轻,水乡民众的民生选择中自然会更倾向于鱼荡的经营。当然,像这样对荡的区分以及相关的产业应对,在江南地区早已十分成熟。安吉县的安、长二区,荡即有鱼荡、水荡、草荡之别,"鱼荡为上,水、草为下"。长区之荡以养鱼者多,水、草二荡就比较差,"供牧受水,全无利息者"④,乡民因荡获利的差别显得十分明显。

一般而言,上等荡可养鱼,每年收入颇丰;第二等荡种菱、芡,好的收成可年产菱数十石。其收入的保险程度与旱地相等,不像水田那样"十年之耕不得五年之获",荡的税额比水田更轻。⑤

海宁地方纳入征赋系统的荡,则分鱼荡、草荡两类。那里的"深村

---

① 〔清〕张履祥辑补,陈恒力校释,王达参校、增订:《补农书校释》,"运田地法",第132页。
② 〔清〕张履祥辑补,陈恒力校释,王达参校、增订:《补农书校释》,"策鄔氏生业",第177—178页。
③ 〔清〕张履祥:《杨园先生全集》卷二十《书改田碑后(甲申后)》,同治十年江苏书局影印"重订杨园先生全集"本;〔清〕张履祥辑补,陈恒力校释,王达参校、增订:《补农书校释》,第184页,特别是注⑦。
④ 〔明〕陈良谟:《安、长二区田亩赋税记》,收入同治《湖州府志》卷五十五《金石略十·安吉县》,同治十三年刊本。
⑤ 〔清〕张履祥辑补,陈恒力校释,王达参校、增订:《补农书校释》,第186页。

鱼荡"到乾隆二年间,因为"帮筑附塘土戗及风潮汛抢修"而挑废 12 亩外,还有 110 余顷面积,每亩征银数为五分九厘多,每亩征米数为七升四勺。① 面积虽大,但赋税较轻。在湖州乌程县,额定的 424 余顷的荡税,则是每亩"征原料米四合八勺"②,赋税更轻。

除养鱼外,江南内河的渔业形态,就是清代吴江地方官绅在《吴江县志》中那种系统性的总结。他们指出:"邑水族之利,亦民所资,故自古多业渔,而取鱼之具特备,其术亦巧且密。"这于淡水渔业地区的乡民生活而言,皆属普遍的存在形态。倘要追述历史,在唐代陆龟蒙(甪直人)的《渔具诗》序中,对乡民的捕鱼之法及习用工具,已有一个归纳:

大凡结绳持网者,总谓之罟。罟之流曰罛、曰罾、曰翼,圆而纵舍曰罩,挟而升降曰罨,缗而竿者总谓之筌。筌之流曰筒、曰车,横川曰梁,承虚曰笱,编而沈之曰箪,矛而卓之曰鵣,棘而中之曰叉,镞而纶之曰射,扣而骇之曰桹,置而守之曰神,列竹于海澨曰沪,错薪于水中曰篧,所载之舟曰舴艋,所贮之器曰笭箵。其他或术以招之,或药而尽之。

吴江人认为,陆氏所述内容,在清代仍然可见其传承;对个别渔具或捕渔方式,他们还作了必要的注释。比如,陆氏讲的渔叉,清人注曰:"溪浦宜箪,港渎宜荟,芦苇之间宜叉";"桹"则注曰:"以薄板置瓦器上,击之以驱鱼。数舟连络,发其匿而得之者,为艋艘,艋艘则众扣竹器以出之,亦此类也";"沪"就是清人所谓的"簖","篧"就是"丛",所谓"薪而招之者曰芜,芜有张有掣,盖即此也"。到宋代张达明任吴江知县时,在唐人渔具总结的基础上增损为《渔具图》,每图皆配有诗,共计 17,其中与陆龟蒙讲的一样的就有 9 种,即网、钩、罾、簖、罩、钓车、鸣桹、叉鱼、罱潭(所谓罱潭,就是陆氏讲的"罨")。其他 8 种方式分别是:

---

① 乾隆《海宁州志》卷三《田赋》,乾隆间修、道光间重刊本。
② 同治《湖州府志》卷三十六《经政略·田赋四》。

里丛,则隆冬毕集群渔,竭泽而捕之也;

团罛,掉舟而合取也;

帆罛,舟大而用帆也;

旋网,则掷而散之也;

蒿栙,其法未详;

摸鱼,则天寒以火自炙,以汤自沃,投石穴以取鱼也;

虾笼,织筏为逆须而笼之以取虾也;

撩浮,聚草于水中,俟鱼之来,依而取之也。

清人特别注明说:"旋网,今俗称撒网,凡用撒网者,男女老于舟中,足盘辟不伸,市中自辨";而且到了宋代,"取鱼之具与法,视唐尤备",后世渔家之捕渔工具与方法,"大都本于唐宋而巧密益甚"。在水乡,常用的捕渔方法当然还可以细分,按清人的记载,主要如下:

> 网有三等,最下为铁脚鱼之,善沈者遇之,中为大丝网,上为浮网,以截鱼,无遗网,皆有疏有数。其施之之法,亦不一:曰逐,驱而入之也;曰张,丝结而浮于水也;曰跳,截流而使之跃也;曰注,迎急流而囊以取之也。其施网于湖,去水面一二尺,经绳水中,俟其跃入而取之者,曰调网;其取鲤者,曰港调。又有扛、有掣、有荡、有兜、有踏,施之法既不同,网亦各异。罩之名有四:曰移罩,曰撤罩,曰罩签,曰砌青。钓之名有三:曰豁;曰经;其系穗于丝而饵之者,曰谷钓。又钓鳅鳝与鳗,均谓之钓,而钩各不同。当秋风大发,以舟载钓,系饵沉之巨浪中取白鱼,谓之钓白。又有畜鸬鹚,令食而吐之者。其他诸法,皆遵古而行之,要必穷极巧妙以与鱼遇。其舟则各随网而异制,故其名多因之。又有羊头、夹垒、露罟之名,其行于水中,则或方或反,或前后相尾,其相尾者,为舻艋。已捕而贮之,有筥、有筒、有笭之属,莫不沿古之制焉。渔人以鱼入市,必击鼓卖之。自唐至宋,皆以斗数鱼,二斤半为一斗,故皮日休诗云"一

斗霜鳞换浊醪",明初以来不复击鼓,用斗矣。①

上述略显烦琐但十分重要的总结,全面反映了水乡民生的日常渔业形态与传统技术,以及俗语所谓的"渔家有三宝,渔船、渔网、鸬鹚鸟"。②

这些积累了千年以上的水乡捕鱼经验或技术,至今仍有很多传承③,按照方式的不同,又被分为流动作业(以驾船操作、利用渔具捕捞为主)与定置作业(以设置渔具如张簖设罾等形式捕捞为主)两大形态。尽管形式多种多样,但都各具特色。像渔船,就被细分为耥螺蛳船、照夜火描鱼蟹引鱼自跃的跳白船等。④而在文人笔下饶有趣味的鸬鹚捕鱼,在现实生活中则颇为残忍。同治年间开始编的《周庄镇志》有这样的描述:"鸬鹚,即杜诗之乌鬼也,大于鸭,色深黑,嘴长而曲如钩,善入水捕鱼,其喉甚热,鱼入即烂,故捕鱼时,必以线束其颈。"在周庄周边地区,以镇南龙径村人多以鸬鹚捕鱼为业:"驾小舟,载十数乌放于湖荡中,得鱼则呕之。或生卵,以雌鸡哺之。"⑤以固定作业方式流行水乡的鱼簖捕渔,就是利用插在河湖的竹栅栏,阻挡鱼、虾、螃蟹,以便渔人捕捉的一项简单而实用的技术。在江南地区,它在水乡民生中的使用十分长久,即唐人所谓"列竹于海澨"的"沪"。⑥不过,它在官府整顿地方水利的工作中,常常被纳入清理的对象。⑦另外,施药捕鱼也常在官府的禁约范围之内。"居民买食此鱼,汲饮此水,中毒染病",因此"以毒物药取鱼鲜"一般是不被认可的。⑧

---

① 乾隆《吴江县志》三十八《风俗一·生业》。类似的记载,也早见于正德《姑苏志》卷十三《风俗》等地方文献。
② 朱惠勇:《中国古船与吴越古桥》,浙江大学出版社2000年版,第80页。
③ 详参陈俊才等编:《太湖渔业史》,第84—85页。
④ 嘉兴市志编纂委员会编:《嘉兴市志》,第1253页。
⑤ 〔清〕陶煦:《周庄镇志》卷一《物产》。
⑥ 乾隆《吴江县志》三十八《风俗一·生业》。
⑦ 〔清〕姚驾鳌:《启放横桥泖水杂记》(嘉庆二十五年十月),收入〔清〕佚名:《浙西横桥堰水利记》,光绪二十五年刊本。
⑧ 〔清〕余治:《得一录》卷七之二《放生官河条约》,"严禁毒鱼宪示"条(咸丰七年六月十五日)。

总体而言,无论是工具还是方法,水乡民众都如清人所言"遵古而行之",关键仍在"穷极巧妙以与鱼遇"。需要特别提及的是,在太湖之中,一直有规模最大的六桅渔船,即罛船,"不能傍岸,不能入港,不篙橹不能撑摇",专门需要等候暴风行船,所以祷神语中就有"大树连根起,小树着天飞"之说①,其捕渔力度甚大:

> 身长八丈四五尺,而梁宽一丈五六尺,落舱深丈许,中立三大桅五丈者一、四丈五尺者二,提头一桅三丈许,梢桅二,皆二丈许,以四船相联为一带,而以梢桅分左右为雌雄。

制造这些大型渔船的地点,主要在太湖之滨的胥口下场湾、西山东村、五龙桥之蠡墅、光福之铜坑、冲山等。当地流传的《六桅渔船竹枝词》说:"怀山灾淡免其鱼,横目方能有定居。浸薮永教分震泽,四民之外乐为渔。……遗将六扇移家具,尽与渔郎觅食衣。"但因这样的渔船较大,靠岸困难,需要各置一艘小船随行接驳。②

现代太湖地区渔民保留的作业习俗,与传统时代相去不远。一般的太湖渔船,多用樯缆网、上丝网、虾汰网、银鱼网、罛网五种渔网捕鱼,小网船则据季节分别用滚钩、小丝网、小踏网、赶网、撮网、天打网、小麻网(俗称拖虾)等渔具捕捉,其他渔民中流行的捕捞工具,主要有鳊鱼䇲、杂鱼䇲、虾笼、鳝笼、麦钓、鱼簖等。③

四、鱼簖的说明

不过,鱼簖在江南河湖中的长期广泛使用,会损害到河港水利的公益,也会形成为地方势豪占夺水域之利的一种方式,会招致官府与底层普通民众的不满。康熙四十七年间,苏州府长洲县因"恶棍"侵占湖面

---

① 〔清〕金友理:《太湖备考》卷十六《杂记》,第565页。
② 同治《苏州府志》卷一百四十八《杂记五》。
③ 吴县政协文史资料委员会编:《吴县民间习俗》,1991年印行本,第137—138页。

据为私利,引起政府的关注,于次年底发布了一份禁令,并勒碑刻石为戒。当时官府要求永禁城乡势豪以各种方式私占湖面、妨碍正常的民生,允许百姓照常在湖河内罱泥、捞草、采捕等。碑文之内容主要如下:

> 本府查得渎墅、朝天、金泾等湖,为郡城东南之水泽,傍岸村民之所资赖。近缘沈心敷以湖傍菱芡,擅售织造之戚,诣湖签簖混淆,以致俞华等连名具词呈宪,并呈织造。……渎墅、朝天、金泾等湖,泽梁无禁,原听万姓罱泥、捞草、采捕。……嗣后如有豪强在湖栽种菱芡,签簖截流,索诈渔户捞草船只,害民妨农者,或经察出,或被告发,定行立拿解宪,按"光棍"律惩处。①

对水利与民生的扰害,几乎是官府整顿水乡生活的一个基本理由。这也是当时地方士人经常谈论的内容。嘉兴人姚驾鳌通过对其家乡的考察,就有这样的论说:

> 吾禾西南乡遇旱即涸,遇水即溢,由于小民贪利而不知害,凡河畔桑地,每年垦削加挑,稻秆剥入河滩,使临河桑地帮阔,数年间可增四五尺,地日广,河日狭,甚者不能通舟。
> 各处鱼簖,原系渔户收息之处。但阻遏河流,莫此为甚。一簖阻五寸,十簖即阻五尺。遇旱逢潦,宜速请县拔簖,以通流水,使南北通流,来去迅捷,不得顾渔人之利,而留农夫之忧。②

那些作为"渔户收息之处"的鱼簖阻遏河流水利的情形,在太湖地区具有很大的普遍性。光绪十五年秋天,地方大水,绅士们就要求嘉兴

---

① 康熙四十八年十一月《长洲县严禁豪强霸占湖荡索诈渔户碑》,收入苏州博物馆、江苏师范学院历史系、南京大学明清史研究室合编:《明清苏州工商业碑刻集》,江苏人民出版社1981年版,第285—286页。
② 〔清〕姚驾鳌:《启放横桥泖水杂记》(嘉庆二十五年十月),收入〔清〕佚名:《浙西横桥堰水利记》。

府出面,下令各属县拔去河道中的大型鱼簖数十座。但水退后复设如故,只有平湖县东门外扶行桥,赵家庙,三里塘,渔漾东、西口,半路桥,广城口,撒珠剪刀汇口与六里塘,共九座没有再设。

再如,海宁县城以西五十里的临平湖,在临平镇西南八里地方,原来范围较大,东西八里多、南北九里有余,久已废为桑田鱼荡,存者仅数百亩,葑荽杂生,异常淤浅。民国时湖身更形狭小。①桑田鱼荡显然严重破坏了原有的水利体系。

为了保证水利工程的按计划、有序地展开,禁止任何违犯政府举措行为的发生,光绪年间嘉兴知府宗源瀚还向府内各城乡地方发布了一则通告:

> 钦加三品衔、候补道、浙江嘉兴府正堂、世袭骑都尉、加一云骑尉宗为出示晓谕事。
>
> 本年十二月二十日,奉藩宪恽札开据,该属绅士徐用福、姚文枏等呈称,厍港等处工程,现已会同印委祀土开工,所有各处阻绝水道之大坝及拦阻潮汐往来各簖,恳乞札府出示晓谕,一律拆拔,呈请察核等情到司,据此查疏浚厍港各处工程,该绅等择日开办,所有邻近阻绝水道之大坝及拦阻潮汐之鱼簖,自应一概拆除,永远禁止。据呈前情,除批示外,合亟札饬,札到该府,立即遵照,查明邻近各坝、各鱼簖有碍水道之处,刻日出示晓谕,勒令一律拆除,永远禁止,如有抗违,即行拿究。一面转饬平湖县妥为弹压,照料查禁,均毋违延,切切。等因。奉此查泖浦塘、厍港等处工程前经本府会同县委禀奉藩宪详准,拨款开浚,其大徐塘等处归姚绅捐办开通,现已先后开工,所有各该处阻绝水道之大坝及拦阻潮汐往来之鱼簖,自应一律拆除,永远禁止,以通水道,除饬平湖县将开浚各工妥为弹压照料并随时查禁外,合行出示晓谕。为此示,仰该乡民渔户人等知悉,凡所有邻近各坝、各鱼簖有碍水道之处,刻日一律拆

---

① 佚名:《海宁县水利要略》,民国间抄本。

除,不准再有筑设,如敢抗违及阻挠情事,定即拿究不贷,各宜凛遵毋违,切切,特示。

光绪廿四年十二月二十三日给。①

在官府的统一认识中,会拦阻潮汐往来的各种鱼簖之害与阻断水道的大坝,都是整顿地方水利工作中需要解决的同等大问题。到光绪二十五年六月前,在浙江巡抚恽祖翼的支持下,整顿工作得以全面完成。②

至于官府对此类鱼簖是否存在普遍征税的做法甚至征税的标准如何,限于史料,无法得其详。

五、渔甲制度与管理

在渔家生活中,渔船网具均属个人私产,属于"独资经营",在渔民劳力不足的情况下,还需要雇佣船工帮助捕鱼。③但传统时代的渔业生活绝非全部如此松散而无任何官府组织。在漂移不定、散漫难羁的水域生活环境中,地方官府同样会依循常规制度的要求,设计、安排相应的基层组织,与传统的保甲体系交织形成传统水域管理的基本形态。

明代中叶自倭寇之乱后,官府加强了渔户编订之法④,实际上仍从赋税的角度归入河泊所管理。万历年间嘉善县官府即表示:"宜令各簖户及塘网大船、剪网快船并鸬鹚船共出此银,核实其名,造成渔册,五年一审,以名实俱当,而细民得安也。"⑤五年编审的一个重要目的,就是要明确纳入常规征赋范围的渔课数及其对应的渔户。

清代自雍正四年饬行保甲制后,于雍正九年再度下令全国各州县

---

① 〔清〕宗源瀚:《为出示晓谕事》(光绪二十四年十二月二十三日),收入〔清〕佚名:《浙西横桥堰水利记》。
② 〔清〕恽祖翼:《详抚院稿》(光绪二十五年六月),收入〔清〕佚名:《浙西横桥堰水利记》。
③ 陈俊才等编:《太湖渔业史》,第100页。
④ 李士豪、屈若搴:《中国渔业史》,第14页。
⑤ 万历《嘉善县志》卷五《役办》,万历二十四年刻本。

按朝廷要求"实力编排",具体做法是"十户立一牌头,十牌立一甲长,十甲立一保正"。每户人家分给一个印信纸牌,上面开列丁男妇女口数以及生业、同居及户内共有多少田粮情况,要求裱挂在门口,"出往必使注明,不许容留面生可疑之人"。在地方上纳税统计与治安维护就成了保甲工作的核心内容。①水域生活中也推行了此类制度,以便渔民与官府活动产生交集时,需要民间"管理"者与官府之间形成一种必要的利益平衡关系,维持渔民生活与水乡社会的稳定状态。由于史料的局限,其具体的分配关系很难用计量的方式清楚呈现出来,基本上只能用社会关系或财税控制的样态性描述,作出简单的构画。

与青浦、吴江两县相接壤的嘉善县,境内南高北低,地势同样卑下。这里的渔船税,都有额定的明确数量,原来统归嘉兴河泊所管理。②总计各乡渔户每年需要交纳白银 57.68 两,闰月另外加银 1.94 两。渔户都统一编甲,以渔户 10 人为一甲,每十甲有一人总管,称"鱼甲"。这样的"鱼甲",在嘉善县共计 88 人。从明代以来,水乡渔船税已长期成为民间固定的税收名目,令渔民都有不少压力,因为其间还要无端承受官吏们的勒索,有所谓"拜见保头诸费",为害甚大。③而且,正德年间嘉善知县倪玘曾撰有《东南民隐状》④,专门指出这种渔税征收中"鱼甲"的弊害,也可能令清代后期地方官绅深怀同感,将它完整地抄录于地方志中:

> 县有鱼甲,甲有鱼户,昼渔而夜掠,由积年鱼甲科害之所致耳。本职近置牌面,上开每区鱼甲若干,每甲鱼户若干,某住某方,歇家某人,每五户编为一保,令其各守地方,不许侵越。其有侵越者,各令追逐之,有利相保,有患相恤。违法者五户连坐,逃避者追问歇家,朔、望赴县点闸,仍将该办课钞,甲给甲帖,户给由帖,每季各甲

---

① 乾隆《吴江县志》卷五《户口丁》。
② 江南河泊所的相关考察,可参尹玲玲:《明清长江中下游渔业经济研究》,第 300—321 页。
③ 万历《嘉善县志》卷五《役办》,万历二十四年刻本。
④ 嘉庆《嘉善县志》卷八《赋税》,嘉庆五年刻本。

率各户赍纳,候本县解府转解。其官攒渔猎及积年私自下乡者,许赴府告治。庶课办有定,渔人少安,衣食足而乱心不作矣。①

倪玘是根据县政区划②,每区设定相应的"鱼甲"数目及其下辖的鱼户数,且以与保甲相似的方式进行编排,中设"歇家"负起担保责任;渔业利益则以区划为单位,"各守地方,不许侵越"。官府安排固定的课税,由鱼甲统领所辖鱼户按季度交纳,最后由县府上交至府衙。他也提醒乡间可能出现的各种违法活动,都将受到官府惩办,其目的就是"课办有定,渔人少安,衣食足而乱心不作"。倪知县的举措,早已明显地反映出乡间渔业应该存在的混乱现象,以及制度保障层面的缺失。

在清初,江浙一带曾设有船政同知,管理修造粮船,但是"侵渔最甚"。③雍正认为,"此官于漕政,毫无裨益",下令裁革。④不过,涉及广阔而复杂的淡水河港地区,其组织与管理更形复杂。但一如明代,依然存在鱼甲制度,以为官府对渔民的组织管理形式。这种鱼甲,在清代民间即俗称"鱼头目"。

根据吴江县官府的制度编排,那里水乡的鱼甲曾编有33人,数量上显然远不如陆地的圩甲或称圩长体系来得庞大。当然,鱼甲的人选,同样需要鱼户之有力者充当,专任催收"鱼课"之责。明人沈启很早指出,鱼甲即称鱼头目,吴江地方编制共33名,下辖水乡的鱼船户2 462,额征鱼课为白银43两。他还补充说:

鱼课既派于丁田均徭,今豪家棍子尚多谋充头目名色,白取诸渔家,动以百计,而渔人不知,犹谓输课,可哀也已。水乎?水乎?利乎?害乎?⑤

---

① 光绪《嘉善县志》卷十一《食货志三·赋税》。
② 据万历二十四年所刻《嘉善县志》卷首《分区图说》,嘉兴、秀水两县之圩田区划称"都",嘉善则称"区"。
③ 〔清〕吴振棫:《养吉斋丛录》卷三,中华书局2005年版,第40页。
④ 《清世宗实录》卷十九,雍正二年五月甲辰条。
⑤ 〔明〕沈启:《吴江水考》卷二《水栅考》,第681—682页。

第三章　水域生活与政治:清代江南内河地区的渔业 / 93

后来节引这条资料的乾隆年间的地方志中进一步指出:"大清役目二十九(按:今役目可详者凡一十有七)……解户、收头、鱼甲(俗名鱼头目)数,并无考。"额定佥派的役数,除这三个无考外,总计 10 978 人,乾隆时仅存 2 254 人。由于无考,方志中能找到清晰记载的只在明代部分:

其在四役之外者,总甲二十人,小甲一百人(总甲所辖),圩甲(俗呼圩长)三千一百五十八人,鱼甲(俗呼鱼头目)三十三人(辖鱼船户二千四百六十二)。①

所谓"四役",即指选役、编役、长役、赋役四类。其鱼甲数以及所辖鱼船户数,都袭自明代,当然不属清代的实际情况。

清代江阴县地方官府编修的方志中,编撰者经比较后强调指出,这种鱼甲在明代是属于"重大役",仅排在粮长、解户、塘长之后:

丁田之役,以黄白册籍按丁田多者为上户,编重差,次者为中户,编中差,少者为下户,编下差。或一户编一差或数差或数十差,或数户朋一差,是谓均徭。其徭有三,一京役,二府役,三县役;此外有驿递,供役,寻常细役。而重大役,曰粮长,曰解户,其次曰塘长,曰鱼甲,惟解户为重,而最重者粮长尤甚。②

像这样的大役,在江南水乡普遍存在,自清初以来按官方的制度要求,基本是要清除的,所谓纾缓民困。后来在康熙十三年布政使慕天颜的推动下,形成了均田均役定制,在江阴地方由知县实力推行。

所以到乾隆年间,就有可能出现吴江地方志的编撰者所言的"无考"。可是在其他州县,这种鱼甲(即鱼头目,有的地方志中写作"渔甲")仍然是存在的,虽然表面上并不像官府对民间正式的徭役编派,但

---

① 乾隆《吴江县志》卷十六《赋役五·徭役》,乾隆十二年修、石印重印本。
② 光绪《江阴县志》卷四《民赋·徭役》,光绪四年刊本。

实际一直是民间渔户的领导者,对相关渔户具有"督禁"的正当性,并会与城镇坊保一起承担官府安排的"巡逻查缉牌票"工作。①

同时,仍应如沈几所指斥的,这些职位多被豪家子弟所侵占谋取,渔利乡间。尽管这久已成为民间徭役的一种,但仍会有人乐意充当,原因就在这里。据有限的资料显示,他们对于水乡社会确实常有骚扰之害。直到民国初年,江苏省地方曾有一项财政改革,针对的内容,涉及清代以来的渔课及"渔甲骚扰"问题,即是明证:

> 民国二年,省长训令地丁杂办一项,名目繁多,性质互异,现在划分国家、地方两税,筹备伊始,先须考查税目,辨明性质。县知事呈复,考诸《赋役全书》,有额编正耗银二十八两三钱三厘。内除杂办正杠银十七两八钱六分五厘已摊入田亩额则之中,与忙银并征,其渔课银七两九钱八厘,名虽征诸渔户,实听渔甲骚扰;又门摊课钞银二两五钱三分,向由市廛各图地保包征,迹近陋规,自翌年起,援照华亭县核准成案,一体免征。②

川沙、华亭等县就是这样,到清末民初,课税形式已有"现代化"的转向,将地丁杂项分成国家税与地方税两项,同时将渔课、门摊税这种"迹近陋规"的赋税,一起免除。

六、渔团与治安

相对而言,沿海地域的问题较形复杂,还涉及海防等问题。在光绪九年(1883)两江总督左宗棠的奏请下,沿江沿海地域需要筹办所谓"渔团保甲",在长江口的吴淞设立总局,将黄浦江以东的奉贤、南汇两县合编为一个渔团,再设分局予以管理日常事务。管理者称团总,当时选任的是南汇县监生杨希震。另经由知县顾思贤谕饬,将一、四、五、六、七

---

① 〔清〕余治:《得一录》卷七之二《放生官河条约》,"放生官河规条"条。
② 民国《川沙县志》卷八《财赋志·免征》,民国二十五年铅印本。

团的渔船户,造具清册报送上级官府。很可惜,第二年总督曾国荃(光绪十年任两江总督)就将这项制度奏撤了。当时推行的渔团,曾有细密的渔团保甲章程颁布,下面仅举部分,以示一斑:

一、到差设局后,会县筹商,遴选公正廉明绅士二人,谕充团总、团佐,并查明就近驻扎水陆营汛,系属何营何员,开具衔名,禀候详请,饬派弁兵,督操教练。

一、宜会县立传沿海沿江及内河之渔总渔甲暨水保正等到县,勒限饬令查清某处船若干只,渔户、水手若干名,妇孺若干名及长短宽窄尺寸,船之名目,人船实在数目,造册送局,以便编查挑选。

一、人船实数查清,即会县先行出示详细晓谕,并示期于何日将人船齐集某处适中之地,会县亲诣编查,如路程过于隔远,则应分期前往,计渔户水手每百人中挑选年力富强、汉仗魁梧者二三十人,充作团勇,约计一团,以二百人起至三百人为度,其老弱者编为保甲。

一、计团丁十名为一牌,立牌长一,五牌为一甲,立甲长一,其牌长、甲长即于团丁内挑有技艺熟悉、众所悦服者充当。

一、挑选团丁后,即应清查船只、对册是否相符,并选船只坚固、大小合式者,安放枪炮旗帜,每月按初二、十六两期,将船开至中流,演放枪炮,以练胆识,约计一团以二十只为度。

一、每团给长号一对,每甲给鼓一面、锣一面、方旗二手,旗边注明某县第几甲,中书甲长之姓;每牌给三角旗一手,旗边注明某县第几甲几牌,团勇各给号衣一件。

一、各项军器号衣等件,概交团总等领收,取具领状,每月初二、十六两日,由甲长、牌长等先期传齐各船各勇,分驻团局左右,由甲长等领出军装等件,发交船勇,如法操演,由委员会同团总等校阅,择宽广之处,令各勇演习枪炮刀矛,后再演水操。

一、水陆操毕,即发给赏薪,动用枪炮军装等项,仍缴由甲长等点清交团总等收储。

> 一、编列保甲，不必另行设局，并归办理，以节縻费，查明船之大小、人之多寡，大船以五只为一牌，小船十只为一牌，设牌目一，十牌为一甲，设甲总一，每牌互具连环保结，每船发给门牌一张，写明某县某牌第几号及船户姓名、籍贯、男女丁口，粘贴悬挂船头，饬由牌目、甲总不时稽查，遇有采捕经商初归及改作新造者，即令赴局补给门牌，以别良莠。①

渔团保甲章程十分详细，藉此可以看到彼时沿江沿海地域渔业管理区划及其制度设计，即沿海沿江及内河都曾有"渔总""渔甲""水保正"这样的名目，以及其中明显的治安防卫意识。到光绪十二年（1886），朝廷又饬令沿海各地筹备渔团并设立渔团局，该制度得以复行。②

关于水域渔户中治安的问题，其实早在清初就已受到关注。虽然沿江滨海的大型渔船多有不同，但平时也会由相应的渔甲户族里长管束。乾隆朝中期，在两江总督高晋、江苏巡抚庄有恭的强调、推动下，朝廷加强了这方面的管理，即渔船大小型制、船人年貌与籍贯都经由官府验视，方准经营：

> 两江总督臣高晋、江苏巡抚臣庄有恭谨奏，为遵旨筹办巡防海洋事宜，请立章程，以资绥靖事……商渔船只，给照之例，宜酌变通，以崇实政也。查，例载商渔船只，造船时呈报州县官，查取渔甲户族里长邻佑保结，方准成造，完日报官亲验给照，开明在船人年貌、籍贯。初出口时，必于汛口挂号，将照呈验，填注日月，盖印放行。回籍时，仍于本籍印官处送照呈验，违者治罪。③

---

① 民国《南汇县续志》卷九《兵防志·渔团》，民国十八年刊本。
② 李士豪、屈若搴：《中国渔业史》，第14页。
③ 〔清〕高晋、庄有恭：《筹办巡防海洋事宜疏（乾隆三十年）》，〔清〕佚名：《皇清奏议》卷五十六，民国间影印版，收入《续修四库全书》史部第473册，上海古籍出版社2002年影印本，第477—478页。

而渔民本身并无有效的自我组织,更易遭受地方恶棍与官府衙蠹的侵害。直到 1945 年底,嘉兴南门五龙桥徐广群等十五家渔户联名申诉说:"乡镇地痞,驻留丁警,每逢渔船所经或渔鱼所在,辄强索鲜鱼,择巨而取。"要求政府体恤民情,予以明令禁止那些陋规与强索行径。①

七、结　　语

本章考察的渔业经济生活,大体能呈现江南水乡的特质与地方民生。就中国内陆地区的比较而言,这一带属于淡水渔业自然条件最好、最适宜的地区。②

由于传统时代对于渔业经营的控制并不轻松,赋税也重,因而为避赋税,飘荡水上、赖船为生的,日渐增加。明人周忱(1381—1453)早已指出,水乡的船居丁口在不断增加,而真正从事田地耕作的人却在减少,那些"流移之人",即所谓苏、松及五湖三泖积水之乡的"船居浮荡者",举家以舟为生,四处飘荡,既可脱免差粮,又能"暖衣饱食,陶然无忧"。③这样的生活状态,对已被官府控制的渔户而言,多数只能是一种理想。尽管有所谓"渔无定户,船无定额",但官府佐贰时常征求渔课,"展转攀累,小民苦之"。④而且许多水域,在被官方定为"官荡"的地方⑤,以及乡村市镇的河港中捕鱼,都是有局限的。苏州府就曾根据周庄镇上居民的要求,提出了禁止渔民在镇区采捕的要求。⑥

而在太仓人陆时化(1714—1779)的笔下,呈现出文人们对江南水

---

① 嘉兴市志编纂委员会编:《嘉兴市志》,第 1252 页。
② 中国自然资源丛书编辑委员会编:《中国自然资源丛书:渔业卷》,第 3 页。
③ 〔明〕周忱:《与行在户部诸公书》,收入〔明〕程敏政编:《皇明文衡》卷二十七,商务印书馆《四部丛刊》初编影印明刊本。
④ 万历《嘉善县志》卷五《役办》,万历二十四年刻本。
⑤ 〔明〕沈几:《吴江水考》卷二《水栅考》,第 681—682 页。
⑥ 〔清〕余治:《得一录》卷七之二《放生河官约》,"乡镇宪示"条(道光二十四年五月二十九日)。

乡美好生活的描画,并多有逃税而隐逸于渔舟的写意生活①,对乡民的现实生活而言,仍属于遥远的理想,并不完全真切可据。海盐县武原镇人彭孙贻(1615—1673)在《晚泊吴江》中所述"葑田菰米熟,渔税淀湖贫"的生活情境,则更接近渔家生活的真实。②而像清代后期人林直的诗"江湖鸿雁知多少,犹见江渔税晚租"③、"十万人家背水开,江乡景物重徘徊……日辟沙田充国赋,晚征渔税闹江隈"等句④,正是描述渔家生活中一直需要面对的负担。

对"餐风宿水等闲过"的江南渔民而言⑤,那些必须缴纳的渔税,已是较重的负担,同时仍需时刻面对官府的需索,都是对所谓安逸水乡生活的骚扰。在官方的调整举措中,到清初才确实有许多舒缓民困之举。在渔船税或渔课的蠲免方面,仍以沿海地域最为明显。⑥江南地区具体的改革调整情况,在清代各地方志编纂中多有反映。⑦

但直至民国年间,专门的渔政机构其实并不存在,以致有所谓"渔业生产一直处于自然状态,任意捕捞"的言论⑧,也非符合实际。乾隆年间来到中国的英国人就说,"政府关于渔业权方面的处理是着力的",而且中国人的捕鱼设备与方法"只准许这些有河边土地权的当地长官或者交纳渔税人们使用"⑨。

---

① 〔清〕陆时化:《吴越所见书画录》卷二《明项孔彰画册》,乾隆怀烟阁刻本。
② 〔清〕彭孙贻:《茗斋集》卷五《晚泊吴江三首》,四部丛刊续编本。
③ 〔清〕林直:《壮怀堂诗》三集卷六《端居集三·江上》,光绪三十一年羊城刻本。
④ 〔清〕林直:《壮怀堂诗》三集卷十四《南武集二·榄乡舟中》。
⑤ 同治《苏州府志》卷一百四十八《杂记五》。
⑥ 〔清〕王庆云:《石渠余纪》卷六《纪杂税》,北京古籍出版社1985年版,第278页。
⑦ 顺治二年即在江南开始"禁革柜收,改行吏收官解",以后又推行粮户"自封投柜"的办法,以除"称收科勒之弊"。所针对的,都是晚明以来的民间役困、积蠹侵渔花费、收银之弊等重大赋役问题。详参乾隆《长洲县志》卷十四《徭役》,乾隆十八年刻本;同治《苏州府志》卷十三《田赋二·徭役》,光绪九年刊本;嘉庆《松江府志》卷二十七《田赋志·役法》,嘉庆二十二年刻本;光绪《重修华亭县志》卷八《田赋下·役法》,光绪四年刊本。
⑧ 江苏省水产局史志办公室编:《江苏省渔业史》,江苏科学技术出版社1993年版,第132页。
⑨ 〔英〕爱尼斯·安德逊:《在大清帝国的航行:英国人眼中的乾隆盛世》,费振东译,第201页。

第四章 灾荒与地方社会：咸丰年间桐乡知县戴槃的活动与记述

一、引　　言

江南虽属水乡泽国,但水的分布因地形差异而有不同。在历史时期,这一地区最大的自然灾害,一般认为是洪涝灾害,但细稽史料,旱灾也是经常性的事情,且不乏特大旱灾的事例。据汪家伦的考察,明清时期太湖地区的特大干旱年,主要在1544—1545、1589、1640—1641、1679、1785、1814和1856年。他统计了清代(1644—1911)旱灾的次数为41次,发生频率为6.4。①一般的旱灾研究,是就灾患本身所作的分析②,几乎未涉及旱灾的危害性影响与地方社会的相关反应。

实际上,根据苏、松、常、嘉、湖五府地方志书为主,各府又参照若干部县志作为补充,从而有选择性地从细部的角度,能直观地反映出清代江南旱灾的主要情况,全面展示那些被人们深刻记忆的旱灾。通过统计比较,可以发现江南旱情主要在夏、秋两个时期,其次较多的是春季,冬季较少;有清一代发生过的特大旱灾,至少有14次,即发生于顺治九年(1652),康熙十年(1671)、十八年(1679)、三十二年(1693)、四十六年(1707)、五十三年(1714)、六十一年(1722),雍正元年(1723)、二年(1724)、十一年(1733),乾隆五十年(1785),嘉庆十九年(1814),道光十五年(1835)、咸丰六年(1856)。这14次旱灾,在各地文献记载中基本都能得到反映,而且受灾的程度等级也大体一致,将它们定为重灾,应

---

① 汪家伦:《历史时期太湖地区水旱情况初步分析(四世纪—十九世纪)》,《农史研究》第三辑,农业出版社1983年版,第84—97页。
② 陈家其:《太湖流域南宋以来旱涝规律及其成因初探》,《地理科学》1989年第1期,第25—32页;夏越炯:《浙江省宋至清时期旱涝灾害的研究》,《历史地理》创刊号,上海人民出版社1981年版,第140—147页;中央气象局气象科学研究院主编:《中国近五百年旱涝分布图集》,地图出版社1981年版。

是没有疑义的。所以,方志中出现的"大旱"记录,多数在江南地区具有普遍性。①

其中,咸丰六年(1856)的旱灾,是覆盖江南地区的特大天灾。②大旱的具体表现,大致是自五月至六月不雨,枝河皆涸,地生毛,禾苗枯槁,此后城乡秋蝗蔽天,食稼伤禾,以致米价腾贵。③就浙江桐乡县而论,该年灾情的记录是"夏大旱,地生白毛",而此前与此后的天灾主要是地震与风灾。④

桐乡县的乡村环境是所谓水田与旱地比例相当,东面的嘉善、平湖、海盐,西面的归安、乌程,俱田多地少,田忧水旱,地不忧水旱,农事随地利而有选择,多种水稻田不如旱地多经营蚕桑,时有"千日田头,一日地头"之俗语,体现了人们在田、地上相应付出的劳作和努力的巨大差异。农桑事业的丰歉,既关系国赋,更影响民生。⑤而大旱的到来,使水乡的民生更见艰辛。唐甄(1630—1704)认为,江南水田如果"天久不雨,诸苗将槁",百姓辛勤的车汲之声四处可闻,但是"灌东亩而西亩涸,灌南亩而北亩涸",人力虽多,车救农田的效果甚微。⑥低山丘陵与平原相间的地区,更为惧怕旱情,常州地方甚至家家养牛,用于缺少雨水的季节借助牛力转动桔槔,戽水救旱⑦;但旱情的到来,仍会加剧地方矛盾,争水之事屡屡发生。⑧至于平原地区那些"旱则无水可戽,潦则积水不退"的地方⑨,遇到大旱,同样受害。

---

① 关于整个清代江南旱灾的考察,详参冯贤亮:《旱魃为虐:清代江南的灾害与社会》,收入李文海、夏明方编:《天有凶年:清代灾荒与中国社会》,生活·读书·新知三联书店2007年版,第201—239页。
② 〔清〕宗源瀚:《开掘虹桥、斜桥堰通泖济旱禀牍》,收入〔清〕佚名编著:《浙西横桥堰水利记》。
③ 参光绪《无锡金匮县志》卷三十一《祥异》、同治《苏州府志》卷一百四十三《祥异》、光绪《续修常昭合志稿》卷四十七《祥异志》、光绪《嘉定县志》卷五《机祥》、光绪《松江府续志》卷三十九《祥异志》、光绪《嘉兴府志》卷三十五《祥异》、光绪《嘉善县志》卷三十四《杂志上·祥眚》、同治《湖州府志》卷四十四《前事略·祥异》、光绪《重修华亭县志》卷二十三《杂志上·祥异》。
④ 光绪《桐乡县志》卷二十《杂类志·祥异》,光绪十三年刊本,页19a。
⑤ 光绪《桐乡县志》卷七《食货志下·农桑》,页1a、11a。
⑥ 〔清〕唐甄:《潜书》下篇上《恤孤》,康熙王闻远刻本。
⑦ 〔清〕张鉴:《冬青馆》"甲集"卷二《牛车曲》,刘氏嘉业堂民国四年刻"吴兴丛书"本。
⑧ 光绪《孝丰县志》卷二《水利志·原委》,光绪五年刻本。
⑨ 光绪《金山县志》卷五《山川志上》,光绪四年刊本。

通州人沈锡庆以诗歌的方式,指出桐乡在咸丰六年是"夏日炎如火,灾荒旱象成"。①兼之战乱不断,国家财政困难之际,面临这样的旱灾,民力已濒枯竭的地步。②桐乡人周士炳则指出,虽然旱魃为灾深重,哀鸿遍野,很多地方还多有蝗灾,但在桐乡,飞蝗并未入境,也属幸事。③

此际负责桐乡县行政工作的,是出身镇江望族赐礼堂戴氏的戴槃(1813—1881),字涧邻,丹徒县人。戴家"科第仕进,蔚为望族",戴槃在这样的祖荫下,于道光二十三年成了举人④,至咸丰二年,时年 38 岁的戴槃以举人的身份被选用为顺天府顺义县知县,但因其亲老题请,改选近省之地,当年底被安排为嘉兴府桐乡县知县,待缺补用。在此前,戴槃已在江苏地方因助赈水灾闻于朝,获得过布政司经历一职的荣衔。⑤在等待补缺的过程中,正是"粤寇东下,南北道梗"之际,戴槃被任为台州府同知,应对太平军到来时地方的土匪变乱。由于懂兵,他被安排带领练勇,克复了乐清县城。⑥

咸丰五年至七年,戴槃正式担任桐乡知县。⑦在戴槃来到桐乡的咸丰五年,已是危机四起、国家筹饷练兵维艰的时期。⑧在任期间,"一切措施,洽于民心"。⑨离任之际,地方上为感念他为官时为民造福的恩德,民众自发雇船演剧,一直将他送到嘉兴府城,"六十里中喧鼓吹,笙歌一片达嘉禾"。⑩戴槃后来先后任严州知府与温州知府,所至都能竭

---

① 〔清〕戴槃:《桐溪记略题辞》,同治七年刊本,页 3a。
② 〔清〕潘道根:《潘道根日记》,咸丰六年六月廿四日,凤凰出版社 2016 年版,第 486 页。
③ 〔清〕戴槃:《桐溪记略题辞》,同治七年刊本,页 7a。
④ 〔清〕徐用仪撰、陈肇熙正书:《皇清诰授通奉大夫、晋授荣禄大夫二品顶戴布政使衔、赏戴花翎浙江候补道戴公墓志铭》,光绪八年十月七日,江苏丹徒县出土,国家图书馆藏拓片。
⑤ 秦国经主编:《清代官员履历档案全编》第 25 册,咸丰朝,"戴槃"条,华东师范大学出版社 1997 年影印版,第 631 页。
⑥ 〔清〕徐用仪撰、陈肇熙正书:《皇清诰授通奉大夫、晋授荣禄大夫二品顶戴布政使衔、赏戴花翎浙江候补道戴公墓志铭》,光绪八年十月七日。
⑦ 光绪《桐乡县志》卷八《官师志上·职官表》,页 39a。
⑧ 太平天国历史博物馆编:《清咸同年间名人函札》,"许乃普致毛鸿宾函"(咸丰五年二月十九日),档案出版社 1992 年版,第 75 页。
⑨ 〔清〕徐用仪撰、陈肇熙正书:《皇清诰授通奉大夫、晋授荣禄大夫二品顶戴布政使衔、赏戴花翎浙江候补道戴公墓志铭》,光绪八年十月七日。
⑩ 〔清〕戴槃:《桐溪记略题辞》,同治七年刊本,页 5b。

力抚绥地方，教养士民，修坠举废，使民间多获安宁。且善于处理狱讼，很多冤案在他的剖判下得以平反，左宗棠曾以"良二千石"赞之。①同治十年秋，戴槃以道员的身份，主持维修仁和县望江门外至海宁县尖山的海塘。殁后三年，浙西士子呈请官府，将他附祀于西湖诂经精舍遗爱堂及海宁马端敏公祠，春秋祭礼，以报答他的恩德。②后来戴槃又被奉入祀西湖名贤祠。③

桐乡地方与戴槃家乡的环境，差异不大，戴槃应该能很好地适应这里的生活与语言交流。且桐乡风光幽雅，大有彭孙贻诗中"桐乡无限绿，桑柘抱城湾。微雨冷秋色，清溪明客颜。岸花村迳暝，船火夜渔还"的意味，而且有着美好的凤凰集梧桐传说，所谓"溪北溪南产碧梧，当年花发凤来雏"。④当地人冯浩为程鹏程所撰《桐溪纪略》的序言说："桐虽小邑，未尝不与诸大邑媲美竞胜。"属于太湖周边财赋繁盛的州县之一。⑤

由于戴槃在桐乡的从政经历，在地方志史中并无清楚的记录，故对戴氏从政工作的论述，主要依赖其自著的《桐溪记略》。⑥根据这一文献及相关史料，本章拟以转折时期的咸丰六年大旱为论述中心，重点对咸丰十年太平军攻入桐乡县前的自然天灾、地方危机、政府救助的转变与社会秩序控制问题，进行初步的探讨。

二、政府救助的常态

按照一般的做法，灾荒发生后官方要对蠲赈作一番评议。时间上，夏季勘灾上报不得超过六月终，秋灾不得过九月终。⑦原则上都限定在

---

① 〔清〕徐用仪撰、陈肇熙正书：《皇清诰授通奉大夫、晋授荣禄大夫二品顶戴布政使衔、赏戴花翎浙江候补道戴公墓志铭》，光绪八年十月七日。
② 民国《海宁州志稿》卷二十八《人物志·名宦》，民国十一年刊本，页22b。
③ 民国《续丹徒县志》卷十二《人物二·宦绩》，民国十六年刊本，页11b。
④ 光绪《桐乡县志》卷一《疆域志上·市镇》，页6b、页7a。
⑤ 光绪《桐乡县志》卷十九《艺文志·书目》，页21a。
⑥ 〔清〕戴槃：《桐溪记略》（不分卷），同治七年刊本。
⑦ 〔清〕王凤生：《荒政备览》卷上《勘灾事宜》，道光三年婺源王氏刊本。

45 天以内完成,将成灾轻重分数等情况,全部勘明,造册申报。①如果此限后仍有被灾较重的,允许再延限 20 日申报。②

考虑到有的地方比较特殊,生产状况异于他处,需要作特别的安排。如太湖平原东部的嘉定县等地,广种棉花,五六月间雨水时常较多,对生产不利;而八九月间,禾稻登场,晚棉刚刚结铃,最忌风雨。这两个时段灾情的产生,实际上已经过了地方上报灾情、申请蠲赈的期限。③再如,在杭、嘉、湖盛产稻米的地区,流行种晚稻,一般要近十月底才能收获,补种的就更晚了。这样的地方,勘灾官员要将被灾田亩提前勘报,补种的也按庄、圩勘实亩数,在勘报册中说明其特殊性,须等到八月底察看收成后,再定受灾等级。④

当时许多人还强调了赈灾期间的各种办法,首推担粥法。这是明末嘉善县乡宦陈龙正提倡的,在清代仍然十分流行。这种办法主要针对的是饥民,优点在于"无定额,无定期,亦无定所",所要做的只是在每天早晨,用白米数斗煮成稀粥,然后派人分挑至通衢要路及郊外地方,展开救济活动。官府推行"担粥法"后,如有仁人义士愿意继续予以施行,可以使更多人的生命得以维持下去。显然,这种方法可以避免粥厂救赈中的弊端,也可"时行时止",具有极大的灵活性。⑤林则徐在《担粥说》中进一步重申了这种做法,要江南地方普遍实行,并制造粥桶,酌分地段,早晚两次挑行于城乡地区,救济饥民。但也有人提出不同的意见,如黄懋的《散米说》有这样的评论:"赈饥之法,莫善于散米,莫不善于施粥,莫善于各图散米,莫不善于笼统。"⑥

与施赈同样重要的,是平抑物价,两者并行,将有利于社会的稳定和民生的解救。嘉庆十九年大旱时期,德清地方政府在这方面做得较有成效,既努力散钱赈荒,从十月份起每人大口给钱 14 文,小口 7 文,

---

① 〔清〕万维翰:《荒政琐言》,"查灾"条,乾隆十七年刊本。
② 光绪《川沙厅志》卷四《民赋志》,光绪五年刊本。
③ 光绪《嘉定县志》卷五《赋役志下·蠲赈》,光绪六年重修、尊经阁藏版。
④ 〔清〕王凤生:《荒政备览》卷上《勘灾事宜》。
⑤ 〔明〕陈龙正:《救荒策会》卷七《粥担述》,上海图书馆藏崇祯十五年洁梁堂刻本。
⑥ 光绪《川沙厅志》卷四《民赋志》,光绪五年刊本。

又派人招商从福建运米,并免其关税,很快平抑了米价。①

而从成灾的角度讲,旱灾的影响是多方面的,它还可能造成一定程度的疫病流行②;当然,更多的则是蝗灾的大面积产生。③就东部冈身地带的嘉定县地区而言,蝗灾的发生多紧接着旱灾。咸丰六年旱、蝗并灾,官府发动以工代赈,动用了义仓本、息银两,挑浚东北乡各河道达2万余丈,每土一方,发挑工钱95文,共费去挑工筑坝和戽水钱18 978千,杂费1 777千。④水利工程的及时展开,有利于在旱情严重的状况下,保证灾后农业仍有一定的收成。紧邻桐乡县的石门县,在知县丁溥的领导下,于咸丰六年大旱时节大力开浚运河,从玉溪引水到羔羊堰约有十里,灌溉了数万顷的农田,使当年农业最终仍有一定的收成。⑤

同时,常规的平粜工作,能够在很大程度上遏制市场物价的混乱和饥民数量大幅度的增长。嘉定县的具体做法是这样的:⑥

首先,从咸丰七年二月初一起,到三十日为止,粜米2 100石,捐减钱945文;根据年龄配发赈钱,大口103 631,日给钱4文,小口38 974,日给钱2文。

其次,三月六日起,到五月五日止,共赈钱28 563 376文,贫生大口配发67文,小口37,照饥民的比例加倍,共费39 672文。

而在上述计划之外,拨补留养江北灾民的经费77千钱,捕蝗经费钱791千文。在咸丰六年一年间,又展开了以地方救济本地的办法,实行义赈,所谓"以厂济厂",在澄桥、徐家行、樊家桥、曹王庙、吴家行、唐家行等厂,由城局贴赈十日,陆渡桥厂贴赈钱350千文,不敷处由各厂自行筹补,其余各厂通同捐赈。

清代江南地方政府,一般都按照赈饥与荒蠲常例,来开展对地方社会的救济活动。赈济对象分"极贫"与"次贫"两类,政府通行标准一般是这样的:

---

① 民国《德清县志》卷五《法制志·恤政》,民国十二年修、二十年铅印本。
② 光绪《南汇县志》卷六《户口志·义赈》,民国十六年重印本。
③ 〔清〕侯丙吉:《彭浦里志》卷八《杂志·祥异》,1911年抄本。
④⑥ 光绪《嘉定县志》卷五《赋役志下·蠲赈》。
⑤ 光绪《嘉兴府志》卷二十九《水利》,光绪五年刊本。

"极贫"包括：并无私人产业、房屋，靠佃田耕种且全荒者；并无个人田产和房屋，靠佃田耕种，成灾过半，家庭人口较多者；外乡或外县农民携眷来耕种的，搭寮居住，田已全荒，无力佣工的。这些，无论大小口数多寡，都要全赈；16岁以上为大口，16岁以下到能行走的为小口，尚在襁褓中的不准入赈济册。

"次贫"包括：虽无个人田产，但有房屋、牲畜，而佃田全荒的；虽无个人田产和房屋，而佃田还有一半收成，家庭人口不多的；自种个人业田，但只有几亩而全荒的；自种个人业田，只有几亩，却有少量收成而家庭人口较多的；搭寮居住耕种的外乡或外县农民，佃田成荒过半，而无力佣工的。上述情况涉及妇女的，不论老少，全部赈济；少壮丁男则不准给赈；残废无力营生的，与老人、小孩一体给赈。①

宝山县在咸丰六年秋旱后，政府层面的主要政策是"缓征"。②这一举措，也是江南其他许多州县的经常性工作。然而，具体的赈恤内容，还要复杂一些。在给赈的时间上，也有规定。如给赈4个月的，十月份起赈；3个月的，十一月起赈；2个月的，十二月起赈；而1个月的，次年正月或腊月中给赈。③

蠲赈"常例"在江南每个地方推行的情况，由于经济发展水平差异、地方政府的救赈力度不同等原因，其赈蠲的实际数目，差别较大。

三、社会反应和祈雨活动

民间常年特定的水旱占验，即"吴中田家五行"等经验性认识，自宋代以来，就已十分成熟，是地方社会应对天灾的重要表达方式。

譬如，在立春日，在种春田时卜水旱。嘉兴府的崇德地区，塘东高阜怕旱，宜水；塘西低下怕涝，宜旱。所以这里的东、西两乡百姓都备好麦苗，在立春日一大早到地方衙门前，乘尚未开始传统的"打春"仪式活

---

① 〔清〕王凤生：《荒政备览》卷上《查赈事宜》。
② 光绪《宝山县志》卷三《赋役志·蠲赈》，光绪八年刊本。
③ 〔清〕万维翰：《荒政琐言》，"赈恤"条。

动,东乡百姓在东街种麦苗、西乡百姓在西街种麦苗,各观征兆,以断水旱丰歉,据说"多有奇验"。其他如"上元日晴,主一春少水""清明无雨少黄梅""夏至无云三伏热""重阳无雨一冬晴",等等,都是传统的"田家五行"中最富经验性的记录。①

湖州府地区的占验有些独特。乡民在蒹葭初生之时,就剥食其小白花,品尝其味,味甘主水灾,味馊则主旱;梧桐花初生,其色发赤则主旱,色白则表明以水灾为主;冬青花开时,如不坠落则主水,否则主旱;五月份凤仙花开,主水,否则主旱;扁豆花如在芒种前开,主水,否则主旱。②

在松江府地区,有用瓶装水称重量以占水旱的习俗,在时间上从元旦到十二日。八日晚上要看参星过月。立春日,在地上树八尺之表以候日影,短则旱,长则水。十五日晚上,竖一尺五寸之表在地上,至子正一刻候月影,以卜岁中水旱,影子到七寸半的地方,意味着风调雨顺;不到七寸半,则要旱。另外,还有占风云的习俗。在元旦清晨,占风云,如果云为青色,将有虫灾,白色则表示有兵燹之灾,赤色则为旱灾,黑色为水灾,黄色最佳,意为丰年。三月份也有以蛙声卜水旱的,三月十六日则以晴、雨天气定水、旱之灾③,等等。

江南地方占测水旱的经验,尽管个别在时间上有差异,但具有很大的共同性,可以算作预防灾变的先行认识和心理准备。民间信仰中的内容,确实很多有天灾人祸的烙印,体现了自然灾害与人为战乱的破坏性、不可抗拒性和突发性,也极大地影响了人们的心理。④同时,由官方倡导的祈雨活动,在旱灾来临时都会积极展开,尽管这种形式有很大的消极性。当时人认为,祈雨的态度绝对要虔诚,等雨要有耐心,抬神出巡,步行祷雨更是十分重要的大事。其具体情况,各地因风俗之异,可能还会有所不同。

---

① 〔明〕娄元礼:《田家五行》卷上,明嘉靖间刻本。
② 同治《湖州府志》卷二十九《舆地略·风俗》,同治十三年刻本。
③ 同治《上海县志》卷一《风俗·占验》,同治十一年刊本;光绪《重修华亭县志》卷二十三《杂志上·风俗》,光绪四年刊本。
④ 丁贤勇:《明清灾害与民间信仰的形成》,《社会科学辑刊》2002年第2期。

第四章 灾荒与地方社会：咸丰年间桐乡知县戴槃的活动与记述 / 109

就县域的最高行政官员知县而言，需要根据地方实际情况，按制度要求，征派各类徭役时，都要依据天时休咎、地利丰耗、人力贫富进行调整。岁歉，就要请于上级官府，进行必要的蠲减工作。而凡是养老、祀神、贡士、读法、表善良、恤穷乏、稽保甲、严缉捕、听狱讼等工作，都要躬亲其职而为。①戴槃的仕途是从任桐乡知县起家的，为官所至之处，可谓见义必为，能尽心民事。②在大旱期间，戴槃积极从事祷雨活动，颇令时人感动。桐乡人陈桂传写诗称颂道："六月天旱久不雨，长官泣祷心诚求。哀鸿嗷嗷苦无告，捐赀备谷相赈赒。"③

戴槃写过一篇《桐乡祷雨记》，以充分表明对所担负行政职务的尽责态度。当中对桐乡地方的祈雨惯习讲得十分明白，特别是在旱情严重时节，要让地方神灵塑像集中暴晒于烈日下，也是地方上长期存在的有趣风俗：

> 夏大旱，五月不雨，六月又不雨，民以为忧。余乃虔诚步祷。桐邑旧俗，旱甚，即将各庙神灵聚集于惠云寺院，每日拈香祈祷，士民观者如堵；再甚，又将各神于日中之时，聚于荒郊外，作祷雨状。余步随于后，至其地，则百拜稽首，一日之内，步行十余里，东西南北周历各庙，自朝至于日暮，一而再，再而三。且桐邑各图一百七十有三，四境之神，乡人肩舆来城者，更番迭至。余罔不随时叩祷，凡行香后，于士民齐集之所，晓以常情，喻以大义，如家人父子聚于一堂，士民咸感余之诚。……是年两浙全旱，嘉、湖尤甚……余知下民感余之诚而祈祷益急。自丙辰五月下旬至七月中旬方雨，余终日祷求至于三，无一间断。问之僚属，僚属不能；观之耆老，耆老不能；责之书吏，书吏亦不能。余乃于酷暑烈日之中，奔走四旬有余，而天始降甘霖，俾地方不被全灾，虽不敢谓祈祷之灵，然亦可以

---

① 光绪《桐乡县志》卷八《官师志上·职官表》，页2a。
② 〔清〕戴启文纂辑：《西湖三祠名贤考略》，收入王国平主编：《西湖文献集成》第25册，"皇清布政使衔浙江补用道前严州府知府戴公槃"条，杭州出版社2004年版，第1198页。
③ 〔清〕戴槃：《桐溪记略题辞》，同治七年刊本，页17b。

对桐之民人而无憾矣。①

神灵塑像先要被聚集于县城内空间较大的惠云寺,也称凤鸣寺,乃因县城所在旧属梧桐乡,梧桐乡古称凤鸣市,据传因多梧桐且有凤凰飞来,具体位置在县城的北街。而该寺则在县城的西北隅,历史悠久,堪称当地的千年名刹,规制宏敞,后来毁于太平天国战乱。②

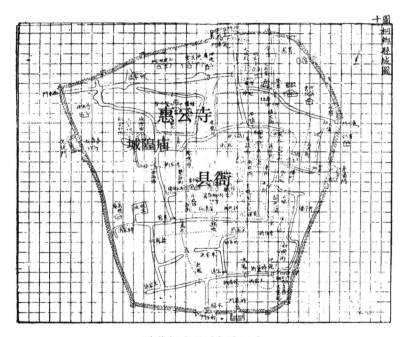

清代桐乡县城与惠云寺

(据光绪《桐乡县志》)

在惠云寺祈雨不验后,这些神像就要被暴晒于烈日下的荒郊之区。作为知县的戴槃,从县城出发,每天必须带领当地士民进行祈雨活动,一天之中步行可达十多里,遍历县城周边的各个庙宇,直到将县域内共

---

① 〔清〕戴槃:《桐乡祷雨记》,收入氏著《桐溪记略》,页1a—2a。
② 光绪《桐乡县志》卷一《疆域志上·市镇》,页6a;卷五《建置志下·寺观》,页1a—1b。

173 图的乡村百姓，都将各地的神像抬至县城，完成所有祈雨仪式为止。戴槃自认为以其虔诚的态度，感动了地方士民，也感动了上苍，所以才会有当时整个浙江地方出现旱情危机的态势下，在当地县衙同僚、地方耆老、基层书吏都不能像他这样终日勤苦的祷求下，桐乡地方苦熬了四十多天后，终于出现了降雨①，没有因长期的旱情出现"全灾"，也没有出现社会骚乱的局面。戴槃最后说，他主持的祈雨工作，虽不敢称祈祷之灵，但"可以对桐乡之民而无憾"。旌德人吕朝瑞这样歌颂道："烈日炎炎祷上苍，民情爱戴不能忘。天灾竟使秋成薄，惠及黎元遍六乡。"②

在桐乡地方，旱季祈雨有着悠远的传统。只要出现时间较久的旱情，县域内就有迎龙求雨之举。例如，后来于民国二十三年农历五月初三至八月廿四日，也出现了较长时间的旱情，农田干枯，民不聊生。到民国二十九年，旱情更为严重，当时的县长穿蓑衣草鞋，带领下属设坛求雨。被抬着巡游的神像上也要套上蓑衣草鞋。抬神出游时，乡民沿途跪拜，男孩要喊"一拜天，二拜地，三拜龙王奏玉帝，童子求雨天欢喜，点点落在苗田里"。濮院镇的民众求雨时，需将各庙宇的34尊菩萨，集中抬至著名的翔云观，由道士主持"南天门"打醮仪式，另有人负责用银粉书写小楷"天表"，写明省、府、县、本地名称、菩萨名称以及民众恳请赐雨等内容。同时，半夜要搭好高达数层的求雨台，由当地三位年长者捧着"天表"放于最尊贵的菩萨手间，然后举行焚烧"天表"仪式。乌镇地方的求雨，是将守护神周仓的塑像抬出巡游，规模较大。倘若求雨三天后没有结果，将周仓塑像披戴蓑衣笠帽，帽上还要插柳条，暴晒于酷日之下，以示对神灵的惩罚。③

上述这些仪式活动的类似样式，也可能存在于咸丰六年戴槃主持的祈雨中，但戴槃的记述并没有细致到这样的程度。

另外，在东南沿海州县，像平湖、海盐、海宁、金山、川沙、南汇、上

---

① 也有说戴槃主持的祷雨工作为五十天。参〔清〕徐用仪撰、陈肇熙正书：《皇清诰授通奉大夫、晋授荣禄大夫二品顶戴布政使衔、赏戴花翎浙江候补道戴公墓志铭》。
② 〔清〕戴槃：《桐溪记略题辞》，同治七年刊本，页2b。
③ 桐乡市《桐乡县志》编纂委员会编：《桐乡县志》，上海书店出版社1996年版，第1289—1290页。

海、宝山、嘉定、常熟等,在日常生产活动中,会经常性地借助潮汐进行灌溉等工作。但旱期的河港枯竭,不但使农田无法得到灌溉,而且饮用水也出现困难。因此,在旱期,除了祈雨,人们大多是希望潮神能通过潮汐将水及时送到,以缓解饥渴。①

四、救荒及秩序控制

此外,积极的备荒应灾工作,往往要在灾害发生以后。由于江南地方社会力量相对强大,使政府在困难时期有了更多的依靠,特别是在咸丰朝,内乱外患迭起,朝廷穷于应付不遑,遑论地方救荒。因此,更多的救荒工作,基本就落到了地方社会力量身上,而且大多在州县官府的指导下展开。

在很多情形下,开明绅士其实并不能真正得到朝廷的嘉勉,他们的义举善行却能获得地方政府和民众的极大信任,可以为其社会、经济地位的长久稳固,为其成为民间的"乡望",奠定重要的基础。在地方文献中,关于他们在城乡地区的"义赈"事例,屡见不鲜。②以地缘或社区为中心的救济法,也极为流行,即按社区的分划(图或里),将各区所捐之钱米,用于赈济本区的贫困家庭。同时考虑到各区的贫富差异,还需以富区之有余,协济贫区的不足。③在朝廷不能正常从度支中提供给地方支援的情况下,按地区因地制宜,依靠民间的力量实行救赈,确实显得十分重要。

清代江南的灾荒救济,政府曾有的常规举措与制度应对,在咸丰朝以后,因国内外军政祸乱,实际上大多已成为一纸空文。地方社会的维护和稳定,更多依赖于地方上的绅商地主,当然他们的良善行为,多受到那些有着很强责任心的地方官员的表率和努力"劝谕"的影响。

---

① 〔清〕姚文枏:《议治浙西水利引通浦潮以免旱潦说》,收入〔清〕佚名编著:《浙西横桥堰水利记》。
② 民国《光宣宜荆续志》卷九中《义行》,民国九年刊本。
③ 〔清〕齐彦槐:《图赈法》,收入〔清〕贺长龄、魏源等编:《清经世文编》卷四十二《工政一七·荒政二》,中华书局 1992 年影印本,第 1038—1039 页。

第四章　灾荒与地方社会：咸丰年间桐乡知县戴槃的活动与记述　/　113

咸丰五年，刚到桐乡担任知县的戴槃，在时局已危的情势下施政未久，次年即遇特大旱灾。戴氏以其切身体会，明确地指出在咸丰年间内乱纷起后，政府的常规蠲赈出现了很大的问题："朝廷抚恤灾黎，向有大赈。缘军政倥偬，募兵输饷，度支日绌。"但他也不敢向朝廷提出为赈济灾荒而向地方配发帑金。①因为当时官方的要求，仍是"除荒征熟"，应对战争之际军需孔急的大问题②，所以在一般地方，募兵招饷尚恐不及，遑论救赈灾荒。

本来，灾歉等级达到五分以上，都属大灾，要停征一切漕粮。但到咸丰年间，受灾区中稍有收成的田地，仍然必须完纳。所以，在日常生活中已经充斥着危机感的咸丰六年，如何保持朝廷亟需的那部分漕粮征收，确实颇为困难。戴槃就说："丰稔之岁办漕难，荒歉之岁办漕犹难。"在赋税极重的嘉、湖地区，承平时期每逢办漕，"乡民聚众滋事"已经无岁无之，也因为如此，大狱频兴，地方官都有恐慌之态。戴槃莅任知县后，已十分努力地整顿过漕务问题，对其中的奸弊作了清理，因而在咸丰六年再次办理漕粮时，滋生的问题较之前少了很多，基本达到了上级要求的办漕目的，使兵饷要求得到一定程度的满足。戴槃深知，漕粮办理过程中一旦有一县出现滋扰事件，他县必然效尤。所以在灾荒危机深重的咸丰六年，处置上述问题的前提，就是也能较好地体恤民生。③

对大灾造成的打击，戴槃倒是比较坦然，说"天道不能有盈而无绌，年岁不能有丰而无歉。地方之有灾患，其偶然也"，要面对的重要工作，是灾后的恢复与民生的救济。按以往的传统做法，办理灾赈，比较成熟而被认为"良法"的，是"按亩履勘，标签为记"，认真确查成灾之田。但后来地方上嫌其烦琐，提出将所有受灾田亩的损失均摊到全县境内。戴槃认为这些举措，都不足为法。桐乡县在咸丰六年特大旱灾的打击

---

　　①　〔清〕戴槃：《接济灾黎记》，收入氏著《桐溪记略》，页7a。
　　②　〔清〕徐用仪撰、陈肇熙正书：《皇清诰授通奉大夫、晋授荣禄大夫二品顶戴布政使衔、赏戴花翎浙江候补道戴公墓志铭》。
　　③　〔清〕戴槃：《桐乡征收冬漕记》，收入氏著《桐溪记略》，页5a—6b。

下,灾歉在五分以上的并不在少数,需要停征赋税。可是这时的难局,就在于戴槃所说的,"军务倥偬,兵饷不继"。省府官员提出在剔除灾歉田亩外,成熟田亩要求照常完纳,这引起地方强烈的反抗。但即便按照省府要求,根据桐乡县所辖募化、千金、保宁、清风、永新、梧桐6个乡、14区、31都、173图的区域,明辨是否灾田,清理工作将至少需要一个月的时间,而且其间容易产生"奸民或因此买灾,书吏或从中舞弊"的问题,工作依然麻烦。戴槃觉得,需要依据县域内地势肥硗不同、高下不等的具体情况,确定灾数的多寡,每区再标细数,向民众公示,防止奸弊的滋生。对于这个方案,上级官府没有表态,桐乡县衙中戴槃的同僚更不能代他确定此事。最后戴槃决定"我行我法",推行他的方案。据说推行后,桐乡士民心悦诚服,并无异说,而嘉兴、石门等县也仿照此法办理赈灾工作。①

所以,在应对灾害的紧张情势下,官方必须显示出积极的态度,否则,在救赈尚未周全的情况下,必将引起地方的骚乱和民众的不满。这主要体现在两个方面,一是乡村民众担心勘灾官不去;二是担心灾田在勘察时被"以荒作熟",穷人无法承受,富人则"买熟作荒"以减轻赋税压力。许多地方还有"灾头",向民众敛钱以作上诉的经费,或者在勘灾官下来时,让妇女们前去哄闹,捏报灾情。②

上级政府代表的勘灾活动,其实对民间是一种很大的苛扰;本来已经发生灾荒,地方州县听说要来勘灾,就辍耕以待,其实使乡村再荒,还不如由地方政府自行勘灾为宜。至于勘灾中弊端的产生,多由书吏的不法需索造成,以熟作荒,以荒作熟,以轻为重,以重为轻,是经常性的事情。富人还出钱买荒,希望免去输纳;贫者无钱注荒,转受追比之苦。③这是地方政府在灾荒时期应该注意的一大问题。冯桂芬曾指出,地方上每逢水旱大灾,吏胥就有"注荒费"的名目,所谓"有费即荒,无费

---

① 〔清〕戴槃:《桐乡办灾记》,收入氏著《桐溪记略》,页3a—4a。
② 〔清〕王凤生:《荒政备览》卷上《勘灾事宜》。
③ 光绪《川沙厅志》卷四《民赋志·赋额》,光绪五年刊本。

即熟",勘荒官下来,四顾茫然,完全依靠地方吏胥的指划,所以不如不勘。①

在咸丰六年的嘉定县,蝗虫伤稻达十分之二,该年收成,嘉定县约计三分多,县令张元揆报灾时仅报了二分八厘。于是,有灾民就到县堂吵闹,县令只好答应他"劝捐济荒"。②同时期,浙东、浙西都饱受大旱的打击,处于嘉兴、湖州二府地理之中的桐乡县,明显地感受到嘉、湖地区形势的严峻,各地乡民藉灾滋事已经相继而起,而省府官员不能阻遏,地方知县更无法禁止。嘉兴府地区还出现殴打官员、拆毁衙门的严重情况。民众"闹灾"先出现于秀水、海盐,接着是平湖、嘉善。剩下的嘉兴与石门两县,虽没有滋生大的事端,但乡民聚众哄闹公堂此起彼伏,无法真正平息。而在桐乡县,因戴槃及时而妥当的处置,即没有依靠那些不愿承担艰苦工作的同僚、乡村耆老和书吏,亲自领率,虔心祈雨,赈济饥民,获得了民众的广泛信任,使桐乡社会晏然无事。③当然,也可能与桐乡地方长久的太平富庶,地理上并非冲要,民情素号"驯良"有一定的内在联系。④

在救荒工作的具体施行过程中,戴槃要求在县域内选择受灾较重之区,"分图劝办"。戴槃拿出钱五十万作为首倡,同时发动城镇富室捐助,共得钱数百万、米数百石,从咸丰七年二月到四月,编查户口,按月散发给灾民贫户,取得了很好的成效。⑤嘉兴人钱应溥称颂戴槃在办灾期间"冒暑勘灾来四野""泽有哀鸿先抚字",一切以安抚民生为首务。⑥对此饶宗道也赞道:"救荒筹善策,棘手济时艰。贬食先殷富,挥金起病屡。"⑦

至于灾荒期间因饥饿等问题造成的人口死亡,戴槃也努力强化应

---

① 〔清〕冯桂芬:《显志堂稿》卷十一《稽旱潦议》,光绪二年校邠庐刻本。
② 〔清〕王汝润:《馥芬居日记》(旧抄本),载上海人民出版社编:《清代日记汇抄》,上海人民出版社1982年版,第190页。
③ 〔清〕戴槃:《桐乡祷雨记》,载氏著《桐溪记略》,页1b。
④ 光绪《桐乡县志》卷十《官师志下·名宦》,页34a。
⑤ 〔清〕戴槃:《接济灾黎记》,收入氏著《桐溪记略》,页7a—7b。
⑥ 〔清〕戴槃:《桐溪记略题辞》,同治七年刊本,页6a。
⑦ 〔清〕戴槃:《桐溪记略题辞》,同治七年刊本,页12b。

对力度,提升当地本已存在的相关慈善事业能力,即对散处于邑厉坛附近、县城东南二里、皂林镇、青镇、募化乡、千金乡、濮院镇的义冢地,进行扩容,更多地宣扬土葬,劝谕乡民不要过于重视蚕桑生计而惜地弃葬。①仅濮院镇地方的义冢地,本来就有四处,针对的就是当地"尺寸之地必耕植,非稍温饱者不能有葬地"的社会现实。②倡导土葬的工作,在后来的同治时期得到了更为有力的推进。③

另外可以补充的,就是在这段灾荒危机严重的任期内,戴槃加强了地方上收养弃婴的工作,为县城东门外的育婴堂提供经费支持,购置100亩田,其收益用于扩充育婴堂的收养能力。④类似地,戴槃进一步维护县城西门内的养济院,对于灾荒期间收养更多的孤贫老人,也较有助益。⑤由于资助的经费用的是公帑,这些工作都必须获得省级官府的同意,戴槃将义冢掩埋、育婴堂以及分水书院(培养有志于学的生童)经费的运作情况,包括置买田地的缘由,一并呈省府立案,获得批准。对这些工作,省府认为是"有益地方,嘉惠士林"的善举,极有裨益于地方士民,从中表现出戴槃"尽心民事"的为官态度,都值得表扬。⑥

五、结 语

本章以清代咸丰六年江南大旱为论述中心,揭示了旱灾发生情势下,地方社会的诸多侧面。以中央为代表的救赈工作,从咸丰年间开始,已出现了极大的萎缩,又逢"军兴岁歉度支偏"的危难局面。⑦地方府州县为代表的行政支配,在救灾工作中,更具导向性意义,特别是在

---

① 〔清〕戴槃:《桐邑掩埋枯骨置田记》,收入氏著《桐溪记略》,页11a—11b。
② 〔清〕金淮纂、濮镔续纂:《濮川所闻记》卷二《地字·义冢》,嘉庆二十五年续纂刻本,页5b。
③ 冯贤亮:《土火之争:清代江南的葬俗整顿与社会变革》,《传统中国研究集刊》第二辑,第155—172页。
④ 〔清〕戴槃:《桐邑育婴堂置田记》,收入氏著《桐溪记略》,页9a—9b。
⑤ 〔清〕戴槃:《重修桐邑养济院记》,收入氏著《桐溪记略》,页16a。
⑥ 〔清〕戴槃:《捐送田地通详文》,收入氏著《桐溪记略》,页27a—29b。
⑦ 〔清〕戴槃:《桐溪记略题辞》,同治七年刊本,页23a。

倡导、劝谕绅商士民等地方精英积极投身救荒工作方面,颇为明显。后来有高层官绅感叹说,那些缺乏政治才干的官员十分担心在军饷催科方面一旦不力就被参劾,州县为官的就更为不易。①就这样的论说来看,戴槃的表现堪称杰出。

至于戴槃所谓发动捐助救赈地方的那些"城镇殷富"②,具体表现如何,其实不得而知。据石锦的分析,桐乡地方的社会精英分子,在清代基本生活在城镇中,他们的社会关心往往以市镇为主要范围,镇居乡宦多是离地出租地主,与乡村社会是比较疏离的。③估计在戴槃的行政工作中,能够使城镇富室以乡区为主,扩大其社会关心范围,并对救荒工作各有明确的负责空间。在后人的评价中,大灾期间的赋税征收与灾荒救济并施时,戴槃的表现是颇为出色的。他一直对民众晓以大义,使地方上踊跃乐输,这当然与桐乡地方本来存在的急公好义之士对于善事"靡不踊跃乐从"的传统有相当关系。戴槃的工作,对平息嘉、湖两府地方汹沸的民情,有着极为重要的示范意义。④

所有这些,其实都紧密关乎大灾期间的地方社会控制,是政府于救赈工作之外,时时在意的大问题。同时,江南因太平天国军队的东进,时刻处在危难之中,完全是时人所谓的"烽烟未靖寇氛逼"的状况。⑤

就在咸丰六年春,旱灾爆发前,安徽的宁国府已经失守,江南连连告警,"各处土匪蠢然思动",地方富户已有迁移之势。如果不及时处理灾难时期的民生,必将产生大的祸乱,所以在当时,"欲攘外必先安内"是官方重要的指导思想。而且为防止地方团练武装藉事生风,戴槃出钱20万,为他们提供经费资助,置备必要的武器,以防不虞;按日向练

---

① 太平天国历史博物馆编:《清咸同年间名人函札》,"佚名致毛鸿宾函"(咸丰七年三月),第108页。
② 〔清〕戴槃:《接济灾黎记》,收入氏著《桐溪记略》,页7a—7b。
③ 石锦:《明清时代桐乡县社会精华分子的社会组成和变化稿》,《汉学研究》1985年第3卷第2期,第739—767页。
④ 〔清〕徐用仪撰、陈肇熙正书:《皇清诰授通奉大夫、晋授荣禄大夫二品顶戴布政使衔、赏戴花翎浙江候补道戴公墓志铭》,光绪八年十月七日;〔清〕杨树本纂:《濮川琐志》卷六《习尚》,乾隆间辑,抄本,收入《中国地方志集成》乡镇志专辑第21册,上海书店1992年影印版,第481页。
⑤ 〔清〕戴槃:《桐溪记略题辞》,同治七年刊本,页17b。

勇散发口粮,让他们布防相关城镇,查拿匪党,稳固秩序。①直到咸丰七年底,浙江钱塘人、都察院左都御史许乃普给湖南巡抚毛鸿宾的信中,还在说"时事多艰,不堪设想"。②

其实当时在长江中下游的各省份中,国家亟需的漕运的毁灭性影响早已司空见惯,江南地区的漕粮正在撕裂社会,农民暴乱随处可见。③所以,后人在同治四年回思灾荒危机时期戴槃稳定秩序、保障社会的作为,认为像他这样的知县,既保持了书生本色,也能实心行实政,包括祷雨、救荒、养济、育婴、保卫乡里等"养民善政",掩埋、书院置膳田、重修节孝祠等"教民善政",即使在太平天国战争这样的"浩劫"之后,这些善政犹存,更令地方士民讴思④,应该真正做到了知识人所期盼的"上不负国家,下不负所学"的为官理想。⑤

---

① 〔清〕戴槃:《保卫乡里记》,收入氏著《桐溪记略》,页8a。
② 太平天国历史博物馆编:《清咸同年间名人函札》,"许乃普致毛鸿宾函"(咸丰七年十二月二十一日),第76页。
③ 〔美〕孔飞力:《中国现代国家的起源》,生活·读书·新知三联书店2013年版,第106—107页。
④ 〔清〕戴槃:《桐溪记略》,孔宪采"跋",页1a—2a。
⑤ 〔清〕戴槃:《桐溪记略题辞》,同治七年刊本,页28b。

第五章

城门之外：苏州山塘的
生活空间与人文地景

一、引　　言

在现代地理学者的观念中,苏州山塘已是一条著名的"古街",也是一个重要的历史资源与文化空间。① 而在晚明时代人们的意象与实际感受中,山塘本身是一条城外交通的河道,所谓"一望似秋河"。② 从阊门外蜿蜒折西北,流向七里外的虎丘名迹③,构成了一道独特的人文地景。其中有一段山塘街被称作"白公堤",是唐代白居易任苏州刺史时,为沟通南北水利所筑,故称。④ 因此可以说山塘早期功能的表现,就在沟通运河、便利水上交通等方面。据乾隆年间人们的说法,白公堤的具体位置,在山塘的"通济桥至半塘桥,长三百丈有奇,阔三丈有奇,此为白公堤之东段;半塘桥至西山庙桥,长二百五十丈有奇,阔四丈有奇,此为白公堤之西段"⑤。半塘桥所在,正是七里山塘的中间地段⑥,所谓"七里山塘,行到半塘三里半"。⑦ 而白公堤以此为界,被分成了东西两段,都构成山塘街市的核心。相对而言,近阊门外的那一段,毗邻阊门外繁华市街(南濠街至阊门外吊桥一带)⑧,而颇形热闹。⑨ 山塘河两岸的街市生活与空间景观,已经十分丰富。可是,离虎丘东偏的山塘地方,即有五人墓和葛将军墓,作为对明末时世"英雄"式人物怀念的象

---

① 参牛示力编著:《明清苏州山塘街河》,上海古籍出版社2003年版。
② 崇祯《吴县志》,"吴县志图",页11b;卷一《形胜》,页8a,崇祯间刻本。
③ 〔清〕徐崧、张大纯:《百城烟水》卷一《苏州府》,江苏古籍出版社1999年版,第25页。
④ 乾隆《江南通志》卷三十一《舆地志·古迹二·苏松二府》,文渊阁四库全书本,页40b;光绪《吴县志》卷十九《舆地考·山》,民国二十二年铅印本,页27b。
⑤ 乾隆《长洲县志》卷十五《水利》,乾隆十八年刻本,页8b。
⑥ 乾隆《江南通志》卷二十五《舆地志》,文渊阁四库全书本,页23a。
⑦ 〔清〕赵吉士:《寄园寄所寄》卷四《撚须寄·乱诗》,康熙三十五年刻本,页2b。
⑧ 曹子芳、吴奈夫:《苏州》,中国建筑工业出版社1986年版,第78页。
⑨ 参〔清〕顾禄:《桐桥倚棹录》卷十《市廛》,第143—151页。

征,略微显出环境的荒落与时代的悲情。①

当然,在众多清代士人的记述中,山塘地区虽然还不属于一个商品经济意义上的独立"市镇",但确实已是一个极适于休闲而富于逸趣的生活空间,且与虎丘并联,构成吴中重要的游赏之地:"春秋为盛,冬夏次之。每花晨月夕,仙侣同舟,佳人拾翠,暨四方宦游之辈,靡不毕集。"清人甚至认为,早在白居易的宴游诸诗中,已可窥见唐时虎丘山塘的这种繁盛景象了。②乾隆五十三年举人、长洲人王芑孙则写述了其感觉中的山塘情致与风雅:"七里山塘路,终年见画桡。新花高出寺,卧柳曲遮桥。红袖当炉坐,青帘隔市挑。春堤归路晚,何处尚吹箫。"③表明彼时山塘生活的富丽与别致。

从总体上看,太湖平原地区的城市,与北方地区相比,更多地都是依河而建,且规模相对较小,没有外城,城内街道狭窄,市街因而往往被迫扩张至城外,甚至更远的乡村地方。所以城市商业活动极盛的地区,不在城市的中心,而是极明显地偏于城市主要通商路线的一边。④同时有研究者开始注意城市与腹地(四乡)的关联(主要着眼于经济)⑤,亦注意到城市形态与城门的关系⑥,城门外商品经济中心的建构及其表现问题(如苏州阊门外、镇江西门外、杭州北关外等)。⑦

在江南这种典型的水乡环境中,与河湖网络的布织有着必然联系的城市生活⑧,自然而普遍地呈现出城外与城内相沟通的各类河道的重要性与独特性。在明代人对于苏州府城的高度评价与夸示中,可以

---

① 〔清〕顾禄:《桐桥倚棹录》卷五《冢墓》,第 66—67 页。
② 乾隆《元和县志》卷十《风俗》,乾隆二十六年刻本,页 8a。
③ 〔清〕王芑孙:《渊雅堂全集·编年诗藁》卷一《戊戌·山塘》,嘉庆八年刻本,页 11b。
④ 〔美〕施坚雅:《清代中国的城市社会结构》,收入氏编《中华帝国晚期的城市》,叶光庭等译,第 630 页。
⑤ 参袁方:《城乡关系:敌乎? 友乎?》,《新路周刊》1948 年第 6 期,第 11、13 页;费孝通:《小城镇大问题》,收入氏著《费孝通论小城镇建设》,群言出版社 2000 年版,第 86—88 页;戴鞍钢:《港口·城市·腹地——上海与长江流域经济关系的历史考察(1843—1913)》。
⑥ 章生道:《城治的形态与结构研究》,收入〔美〕施坚雅主编《中国华帝国晚期的城市》,叶光庭等译,第 105 页。
⑦ 李长傅编著:《江苏省地志》,第 101 页。
⑧ 参〔日〕松浦章的《清代内河水运史的研究》(关西大学出版部 2009 年版;中文译本江苏人民出版社 2010 年版)中的有关章节。

明显地感受到这些意味:"凡设险守国,必有城池。若夫支川曲渠,吐纳交贯,舟楫旁通,井邑罗络,则未有如吴城者。故虽号泽国,而未尝有垫溺之患。"①其中,苏州城外的山塘河,因为有了像唐伯虎、余怀、王翚(主持绘制《康熙南巡图》)、徐扬(绘有《姑苏繁华图》)、顾禄、吴泰来(绘有《虎丘山全图》)等人的文字记述或图像描画,相比其他普通河道更受世人注意,让人记忆深刻。不过,这些内容多属断片,不能构成完整的历史连续体。但倘要作系统、全面的还原,则因历史较久、变化较多而变得不太可能。比较而言,顾禄在清代中期的记录,在诸多传世文献中,堪称最为翔实。

顾禄是嘉庆、道光年间的吴县人,在苏州城外山塘的斟酌桥西面水边置有别墅,生活逸乐;其休养期间,"白袷芒鞋,间与花农为钓叟相往还,遍历名胜"的生活,深为时人所艳羡。②他对虎丘山塘一带山水、名胜、人物故事等,自然十分稔熟,写就《桐桥倚棹录》一书,刊行于道光二十二年(1842)。书中详细记述了清代中前期山塘地区人们的休闲生活和娱乐世界,揭示出当时江南城市休闲的一般情况和空间图景。在该书的"凡例"中,顾禄拟定了虎丘山塘的一个生活空间,标明其具体的范围为"东起山塘桥,西至西郭桥,北距长荡,南尽野芳浜"。③这也是本章要重点分析的地域构成。

从顾禄的文字表达中,可以略窥其生活时代山塘的空间景观与生活情趣,同时参酌明末以来其他文人的零星描述,或可对山塘历史作出一个概观性的论述,从而呈现出与人们日常生活息息相关的山塘所秉具的地方特质及其变化。本章即拟以此为中心,对清代人们的生活与记忆,作初步的梳理,说明彼时山塘的生活感觉与地方认同,以及那些包蕴在各种文字记述中的空间感觉。这些带有观念性的认识,又是如何被注入不同时代人们的情感,从而有可能产生与其他生活空间相排斥的地方元素,同时,也必须注意传统时代城市生活的内外区分感或者说城乡差异

---

① 正德《姑苏志》卷十六《城池》,正德间刻本,页1a。
② 〔清〕褚逢椿:《〈桐桥倚棹录〉序》,收入〔清〕顾禄:《桐桥倚棹录》,第1页。
③ 〔清〕顾禄:《桐桥倚棹录》,"凡例",第1页。

在山塘地带的淡化①,揭示其间的历史转换对士民生活选择的影响。

二、阊门外山塘

明清时期的江南,水网密织,环境优雅,城镇经济活跃,流动人口较多,服务行业兴盛,文人、乡宦、青楼名妓、侠客等人,频频出现于这些地方最优胜的去处;而且生活方便,信息便捷,更有许多奢侈性的消费场所,共同建构了一幅繁华多彩的生活图景。明人称誉道:"三吴之水皆为园,人习于城市村墟,忘其为园。"②似乎整个江南就可视为一座庞大的园林,且园中有园,人们享受着这一宏大园林胜景的逸趣,而忘其为园了。

就江南地区的逸乐选择与生活追求而言,苏州显然是时人的主要目标。③张岱曾感叹道:"吾浙人极无主见,苏人所尚,极力摹仿。"④还有人说:"苏垣筑自吴王阖闾,阅时千百载,城郭依旧,然丘陵犹昔。湖山之胜,风物之美,既甲于吴,亦轶于浙。用是每逢春秋佳日,山塘七里,游人如织;而四方人士之来游天平、穹窿、灵岩诸胜者,寻幽探奇,踵趾相接。"⑤苏州地方呈现出的各种"奢侈之风",在明清鼎革后,似乎"益见僭逾,等威无辨,贵贱不分"了。不仅倡优辈盛其服饰,即商贾从业者们皆着绮纨,而"食必罗列丰腆,穷极水陆"⑥,景象令人慨叹。江南,尤其是苏州的风俗文化,深为时人所仿效。王士性就说,苏州地区的人,"善操海内上下进退之权,苏人以为雅者,则四方随而雅之,俗者,则随而俗之"。⑦像虎丘空间已成了人们消闲与享乐的公共园林,也建构了

---

① 这一点颇如苏州人杨循吉很早指出的与山塘同样并属城外,且紧相毗邻的阊门外南濠,可以说都有"带郭连村"的特质,生活一样热闹繁华。参〔明〕杨循吉:《松筹堂集》卷三《记·叶氏南隐记》,北京图书馆藏清金氏文瑞楼钞本,收入《四库全书存目丛书》集部第43册,齐鲁书社1997年影印版,第215页。
② 〔明〕钟惺:《隐秀轩集》卷二十一《梅花墅记》,上海古籍出版社1992年版,第351页。
③ 〔明〕王士性:《广志绎》卷二《两都》,中华书局1981年版,第33页。
④ 〔明〕张岱:《琅嬛文集》卷三《书牍·又与毅儒八弟》,岳麓书社1985年版,第142页。
⑤ 陆璇卿、颜大圭:《旅苏必读》首集,李伯莲《序》,吴县市乡公报社1922年刊本,第1页。
⑥ 〔清〕陆文衡:《啬庵随笔》卷四《风俗》,光绪二十三年吴江陆同寿刻本,台北:广文书局1969年影印版。
⑦ 〔明〕王士性:《广志绎》卷二《两都》,第33页。

第五章　城门之外：苏州山塘的生活空间与人文地景　/　125

日常生活与文化活动的独特地景①，极大地吸引了世人的目光。

清初吴江绅士陆文衡认为："风俗奢靡，莫如苏郡。"②类似的评述，还有不少。如昆山人归庄（1613—1673）论道："今日吴风汰侈已甚。数里之城，园圃相望，膏腴之壤，变为丘壑，绣户雕甍，丛花茂树，恣一时游观之乐，不恤其他。"③在时人这类奢华太过的评判背后，映射出苏州地方生活中应该存在的安逸之态，而这种感觉又具有鲜明的时代性。

自北方游历江南的孙嘉淦（1683—1753）认为，距离虎丘南六七里的苏州城"控三江，跨五湖，而通海"，特别是其阊门内外，"居货山积，行人流水，列肆招牌，灿若云锦，语其繁华，都门不逮"。④这种城市繁华的感觉，对外来的人们有着更强的冲击力。所以到乾隆时代，苏州依然让外国人感觉大好的原因，就是这种繁华安逸的外在景象。由于被众多的河流包围，大运河边的苏州让外国人觉得十分像意大利的水上名城威尼斯。⑤

在这里，各类休闲娱乐一直十分繁盛。以专为迎神活动而备的表演而言，就包括了傀儡、竿木、刀门、戏马、马上撅、走索、弄伞、广东狮子等游艺。⑥因而就此角度而言，苏州当然也是一个综合性的休闲娱乐中心，是文人绅士们向往的生活空间。

这样的空间，在苏州城内外可以被区分成很多单元。例如，苏州的一个重要城门葑门，风光相当引人。以这个城门为中心的生活区，已让文人们感觉大好。天启二年（1622）六月二十日，天气正当炎热之际，张岱来到了苏州，看到士女倾城而出，都涌到了葑门外的荷花宕。这一带本是水乡，楼船、画舫以至鱼船小艇，早已被雇觅一空。有的外来游客，身带数万钱，也找不到一只船，仅能在岸上游荡。张岱来时正好坐着船，可以看到这个荷花宕的一些美妙景象："宕中以大船为经，小船为

---

① 郑文惠：《公共园林与人文建构：明代中期虎丘地景的文化书写》，收入刘苑如主编：《生活园林：中国园林书写与日常生活》，台北："中研院"文哲所 2013 年版，第 203—245 页。
② 〔清〕陆文衡：《啬庵随笔》卷四《风俗》。
③ 〔清〕归庄：《归庄集》卷六《记·太仓顾氏宅记》，上海古籍出版社 1984 年版，第 351 页。
④ 〔清〕孙嘉淦：《南游记》（一卷），收入山西省文献委员会编：《山右丛书初编》第九册，山西人民出版社 1986 年据民国年间刊本影印版，页 6a。
⑤ 〔英〕斯当东：《英使谒见乾隆纪实》，上海书店 2005 年版，第 431 页。
⑥ 〔明〕王稚登：《订正吴社编》（一卷），明刻本，页 8a。

纬,游冶子弟,轻舟鼓吹,往来如梭。舟中丽人皆倩妆淡服,摩肩簇舄,汗透重纱。"张岱感叹道:"舟楫之胜以挤,鼓吹之胜以集,男女之胜以溷",在酷暑时节,这样的状态实在令人沸腾。①后来这种观荷风气,多有至虎丘山浜者。②

比较而言,城中最热闹的地方,要数西北门"破楚门"(习称"阊门")所形成的生活区,曹雪芹言其"最是红尘中一二等富贵风流之地"。③而阊门外的七里山塘,已属城外的乡野之地,但这个一河两岸为主体的生活区,"烟户千家,酒楼花市,民居稠密,一苇可杭,游者便之"④,在感觉上,似乎超迈了城内的逸乐生活。

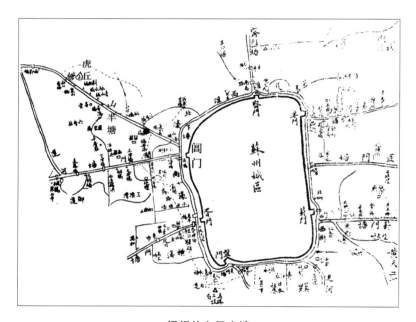

阊门外七里山塘

(据民国二十二年刊《吴县志》)

---

① 〔明〕张岱:《陶庵梦忆》卷一,"葑门荷宕"条,第 6 页。
② 〔清〕顾禄:《清嘉录》卷六《六月》,"荷花荡"条,江苏古籍出版社 1999 年版,第 142 页。
③ 〔清〕曹雪芹、高鹗:《红楼梦》第一回《甄士隐梦幻识通灵 贾雨村风尘怀闺秀》,人民文学出版社 1982 年版,第 7 页。
④ 〔清〕袁学澜:《游虎丘山记》,收入王稼句编:《苏州山水名胜历代文钞》,上海三联书店 2010 年版,第 381 页。

第五章 城门之外：苏州山塘的生活空间与人文地景

一般认为，阊门外在苏州地方史上长期属于商贸繁华之地，商店林立，货物充足①，曾被喻为"天下第一码头"。外地商人大量盘踞于此，商业"客帮"林立，主要有鲜帮、京庄、山东、河南、山西、湖南、太谷、西安、温台州帮、长江帮等十余个。②到清末民初，阊门外的商市还有"三路一街"之说，主要即指大马路、横马路、石路和上塘街这些重要的市街。到抗战前，阊门内外的百货、绸布、旅馆、菜馆、茶馆、行栈、剧装戏具、银楼、钱庄等业仍十分繁盛。据估计，这里共有公所30个、会馆26个。③会馆、公所主要是用于同乡客商聚会、祭祀以及相互扶助、货物存放、信息交流的地方。④苏州的众多会馆，有其比较独立的发展源流。⑤

在山塘街上曾有的众多会馆，是苏州城市商业繁盛的体现。在顾禄的记忆中，虎丘山塘的会馆主要有冈州会馆（康熙十七年建，在宝安会馆东）、仙城会馆（在山塘桥西）、宝安会馆（康熙十六年建，在岭南会馆东）、岭南会馆（万历年间建，在山塘桥西）、雍凉会馆（即全秦会馆，俗称陕西会馆，乾隆六年建，在毛家桥西）、东齐会馆（在半塘，天启年间建）、全晋会馆（在半塘桥，乾隆三十年建）、翼城会馆（在小武当山西，俗称老山西会馆）、镇江公所（在小武当，乾隆年间建）、磨坊公所（在小武当，乾隆年间建）、毗陵会馆（在莲花兜，乾隆二十七年建）。⑥

到民国时期，据官方编撰的方志记载，苏州维持下来的商业组织，很多仍旧位于阊门外、虎丘山塘一带，并且全部被纳入了"公署"体系，但其创始也多在清代，与顾禄的统计相仿。主要如下：

---

① 陈学文：《苏州的商业》，收入氏著《中国封建社会晚期的商品经济》，湖南人民出版社1989年版，第157页。
② 范金民：《明清江南商业的发展》，第184—185页。
③ 金阊区志编纂委员会编：《金阊区志》，东南大学出版社2005年，第226、236页。
④ 参何炳棣的《中国会馆史论》（台北：台湾学生书局1966年版）、吕作燮的《论明清时期会馆的性质和作用》（收入南京大学明清史研究室编：《中国资本主义萌芽问题论文集》，江苏人民出版社1983年版，第172—211页）与《明清时期苏州的会馆和公所》（《中国社会经济史研究》1984年第2期）、邱澎生的《十八、十九世纪苏州城的新兴工商业团体》（台北：台湾大学出版委员会1990年版）、王日根的《乡土之链：明清会馆与社会变迁》（天津人民出版社1996年版）等。
⑤ 王卫平：《明清时期江南城市史研究：以苏州为中心》，第78—80、186页。
⑥ 〔清〕顾禄：《桐桥倚棹录》卷六《会馆》，第88—89页。

浙右公所，在南濠；

农务总会，在阊门外枫桥，清宣统二年夏五月陶惟坻、倪开鼎等奉文创设；

岭南会馆，在虎丘山塘桥西，明万历间广州商人创建，清康熙五年重建；

宝安会馆，在岭南馆东，清康熙十六年东莞商人建；

冈州会馆，在宝安馆东，清康熙十七年义宁商人建；

全秦会馆，在山塘毛家桥西，清乾隆六年西安商人邓廷试、刘辉扬倡建；

东齐会馆，在全秦馆西，清顺治间山东胶州、青州、登州商人建；

全晋会馆，在虎丘半塘桥，清乾隆三十年山西商人建；

广东会馆，在阊门外李继宗巷口；

金华会馆，在南濠大街；

浙宁会馆，同上；

震泽会馆，同上；

三山会馆，同上；

汀州会馆，在阊门外上津桥，清康熙五十七年福建上杭县六串纸帮建，咸丰庚申毁，光绪丁亥秋重行修复。①

上述有限的史料，可以反映出虎丘山塘经济活跃的程度与商业网络布织的情况。倘若按照乾隆时期地方文人的观点，苏州重要的商业贸易之中转或汇聚中心，可以区分成三个，即阊门外西北境二十五里的浒墅（处南北运河要冲，设有户部钞关）、枫桥与虎丘山塘，都是时人感觉中最著名的"商贾骈集、物货辐辏之地"。②而阊门外的虎丘山塘一带，已然成为全国性商贸活动的聚集区，且独具特色。③

所以，随着商业的发展、手工业的兴盛、居民（包括移民）人数的增

---

① 光绪《吴县志》卷三十《公署三》，民国二十二年铅印本。
② 乾隆《元和县志》卷九《兵防》，乾隆二十六年刻本，页4b。
③ 〔清〕顾禄：《桐桥倚棹录》，"凡例"，第2页。

加,阊门外的景况已远非一般的乡野之地,"已经变成府城的一个延伸部分"。像原来作为棉布加工业的主体逐渐移往城外后,到清代雍正年间,辅助的踹染业主体也移到了阊门外的上、下塘。①而染坊在虎丘山塘一带的长期经营,必然会使河流发生污染,引起其他居民的强烈不满。早在乾隆二年官府刻立的《苏州府永禁虎丘开设染坊污染河道碑》中,就指出了苏州等地在这方面问题的严重性。官府特别强调在风景名胜区虎丘地段染坊流出的污水,对附近农田禾苗、花园胜景的损害;那些"青红黑紫"的污水,已严重危及居民的日常生活,要求染坊迁移他处开张。②

三、人文地景的丰富与扩张

在日常生活中,不同地区的人们为了满足其物质、精神等方面的需求,会于自然环境的基础上,叠加出极富文化特质与生活趣味的景观,像各类名胜古迹、建筑群落、河流交通与桥梁配搭、节俗安排与相关活动等等,在具有很强的历史感的同时,也有其文化娱乐的吸引力。

虎丘山塘的人文地景,在整个江南地区特别是苏州城市发展变化的背景条件下,至清代已有了丰富及扩张。如果仅从传世文献的角度来考察,这种变化是可以通过地方志记述之差异,得到大概认识的。洪武③、正德④、隆庆⑤、万历⑥、崇祯⑦、乾隆⑧、同治⑨、光绪⑩等时期的相关府县志,对山塘之记述及风光的描摹,呈现了前略后详的态势,并且后来的文人在记述过程中,会不断往前追述或叠加。诗词歌赋、散文游

---

① 李伯重:《工业发展与城市变化:明中叶至清中叶的苏州》,收入李伯重、周生春主编:《江南的城市工业与地方文化(960—1850)》,清华大学出版社2004年版,第28、55页。
② 乾隆二年《苏州府永禁虎丘开设染坊污染河道碑》,载苏州博物馆、江苏师范学院历史系、南京大学明清史研究室合编:《明清苏州工商业碑刻集》,第71—73页。
③ 〔明〕卢熊撰:《苏州府志》,洪武十二年抄本。
④ 正德《姑苏志》,正德元年刊本。
⑤ 隆庆《长洲县志》,隆庆五年刻本。
⑥ 万历《长洲县志》,万历间修、崇祯八年刊本,收入《中国史学丛书三编》第四辑。
⑦ 崇祯《吴县志》,崇祯间刻本。
⑧ 乾隆《长洲县志》,乾隆十八年刻本;乾隆《元和县志》,乾隆二十六年刻本。
⑨ 同治《苏州府志》,同治间修,光绪八年江苏书局刻本。
⑩ 光绪《吴县志》,民国二十二年铅印本。

记与风俗故事等,是其最多的表现方式,从而呈现出不同时代人们对于美好事物和生活的共同体认,构建出山塘生活空间秉具的地方感,以及其中应当存在的与其他地域的区分意识。乾隆年间永嘉人周凤岐指出,在苏州地区,"虎丘岩石之奇,丘壑之邃,殿宇之雄丽,林木之葱蔚,绅士游宴之所必集,南北往来之所必经"。①山水、丘壑、寺观、祠宇、水陆交通、宴游生活等这些已然固化的景观物事,都使虎丘山塘文化与生活的内容更臻丰满,从而形塑了人们对苏州山塘"终古繁华阅绮罗,山温水软艳情多"的基本观念或感觉。②

首先看休闲、娱乐生活方面的表现。

除前文述及的阊门外,虎丘是七里山塘的两端之一。其中,虎丘山是当地最著名的古迹,此外还有剑池、陆羽石井、放生池、点头石、试剑石等。而能与剑池并称的是千人坐,又称千人石。明末清初文社如林、各标名目的人文环境中,"复社"生童五百人就曾聚于千人石上会课,敦请东南文坛领袖之一、太仓人吴伟业执牛耳,一时被世人慕为雅事。③而常熟名士陈祖范的一首小诗,则点出了这一带娱乐生活的另一种面相:"千人石上沸笙歌,七里山塘粉黛多。看得罗敷归怨怒,明朝出意画双娥。"④

在虎丘的二山门内,苏州府的附郭长洲、元和、吴县共同祭有一个厉坛,全部用石头堆就,纵横各有 3 丈,高 4 丈;每年的清明、七月望、十月朔,是城隍神出巡的日期,仪仗队会将神像抬到这里,宣读祭文,祭祀苏州府地区的无祀鬼神。活动由知府主持,上述三县令陪祀。⑤在清初人看来,正是这类官府倡导的神灵信仰活动,促进了虎丘山塘景观的丰富化,而且也只有在这些时节,"山塘一带观者如云,鼓乐幡幢盈塞道路",很多妇女甚至在山塘"赁屋而观",与晚明相较,明清鼎革后更显繁

---

① 〔清〕陆肇域、任兆麟编纂:《虎阜志》卷十《杂记》,古吴轩出版社 1995 年版,第 593 页。
② 〔清〕姚承绪:《吴趋访古录》卷一《苏州》,"姑苏怀古"条,江苏古籍出版社 1999 年版,第 1 页。
③ 〔清〕顾公燮:《丹午笔记》,"吴梅村被嘲"条,江苏古籍出版社 1985 年版,第 56—57 页。
④ 〔清〕陈祖范:《司业诗集》卷一《东吴棹歌》,乾隆二十九年刻本,页 15a。
⑤ 〔清〕顾禄:《桐桥倚棹录》卷四《祠宇》,第 57 页。

盛,"山塘至虎丘,无一寸隙地"。①

因而,这些表面上属于纯粹的官方娱神行为,实际也已成为民众实际上的娱乐时节。光绪、民国时期苏州地方志的编撰者们,详细总结了虎丘山塘的重要节期及娱乐形式:

一是农历三月清明节时,"府县诣虎邱厉坛,祭无祀孤魂、府县城隍神及十乡土谷诸神,以次临坛,主祭、陪祭,巡抚都土地诸神,督祭各境,均舁其神像至坛,谓之'舍会'。每会至坛,箫鼓悠扬,旌旗璀璨,卤簿台阁,斗丽争妍。七里山塘,游人骈集,曰'看会'"。②在"舍会""看会"之后,傍晚时分,人们再将神像抬回庙中,则称"转坛会"。虎丘山塘的重大娱乐"节序",也可以说是从这个清明节开始的。沈朝初的《忆江南》词这样写道:"苏州好,节序届清明。郡庙旌旗坛里盛,十乡台阁半塘迎。看会遍苏城。"③这种"十乡台阁半塘迎"的景况,朱彝尊曾以诗歌的方式描述过:"寒食山塘路,游人队队偕。桁杨充皋隶,箫鼓导神牌。红粉齐当牖,银花有堕钗。殷勤短主簿,端笏立阵阶。神来官道拥,祝祭厉坛仍。活脱青袍引,纵横绣幰乘。巫风书具训,奢俗礼宜惩。手版纷纷集,吾怜张季鹰。"④

二是七月望,是人们熟知的中元节,游人大多集于山塘,观看"无祀鬼会"。⑤

三是十月朔,为下元节,主要活动都与清明节相仿。在这样的节期里,山塘出现了"游侠贵介,妖姬艳妓,驾画舫,临彩鹢,徜徉于斟酌桥一带,如鱼尾之相接"之盛景,俗称"打招"。苏州各园林都会在清明节开放,至立夏日而止,仅纳钱少许而纵人游览。⑥

此三节期间,"画船鳞集山塘",较端午节的龙舟竞渡还要兴盛。⑦

---

① 〔明〕徐树丕:《识小录》卷四,"吴中巫风"条,稿本,收入孙毓修编:《涵芬楼秘笈》第一集,北京图书馆出版社 2000 年影印版,第 947 页。
② 光绪《吴县志》卷五十二上《风俗一》,民国二十二年铅印本,页 13b。
③ 〔清〕顾禄:《清嘉录》卷三《三月》,"山塘看会"条,第 66—67 页。
④ 〔清〕朱彝尊:《曝书亭集》卷二十一《古今诗·山塘纪事二首》,四部丛刊影印原刊本,页 15b。
⑤ 〔清〕顾禄:《清嘉录》卷七《七月》,"七月半"条,第 155 页。
⑥ 光绪《吴县志》卷五十二上《风俗一》,页 14a。
⑦ 〔清〕箇中生:《吴门画舫续录》,"纪事",收入王稼句编:《苏州文献丛钞初编》,古吴轩出版社 2005 年版,第 794 页。

如果说,这些活动都属鬼节的话,那么其他节期出现于七里山塘的娱乐活动,堪称狂欢了。

清中期人褚逢椿指出,虎丘山塘一带作为商贾辐辏之地,"列肆鳞比",且"青翰往来,殆无虚日";以往游迹盛于中秋,到这时就以端午前后数日为盛了,其娱乐活动令人瞠目:"画舫珠帘,人云汗雨,填流塞渠",其间"纨袴子又复征歌选妓于其间,郡中士女倾城而往"。这显然给娱乐业带来更多的利益,即使是长年在此以划船为生的,也因此"值增累倍"。人们在这段时期里一日的消费,往往达中人数家之产,可谓奢靡。①

不过,在王韬(1828—1897)的构画中,山塘的中秋节依然繁盛:"时届中秋节,七里山塘游人蚁集,画舫云屯,笙歌雷沸,两岸殆无少隙。"②本来,中秋是普通民众与士绅们同庆的重要时节。对虎丘山塘在此节期的繁盛之状,侨居嘉定的歙县人李流芳(1575—1629)很早就有深刻的感受:

> 虎丘,中秋游者尤盛。士女倾城而往,笙歌笑语,填山沸林,终夜不绝,遂使丘壑化为酒场,秽杂可恨。予初十日到郡,连夜游虎丘,月色甚美,游人尚稀,风亭月榭间,以红粉笙歌一两队点缀,亦复不恶。③

此后,张岱在清初的追忆中,更有极精彩的记述:

> 土著流寓、士夫眷属、女乐声伎、曲中名妓戏婆、民间少妇好女、崽子娈童及游冶恶少、清客帮闲、傒僮走空之辈,无不鳞集。自生公台、千人石、鹤涧、剑池、申文定祠,下至试剑石、一二山门,皆铺毡席地坐,登高望之,如雁落平沙,霞铺江上。天暝月上,鼓吹百

---

① 〔清〕褚逢椿:《〈桐桥倚棹录〉序》,收入〔清〕顾禄:《桐桥倚棹录》,第1页。
② 〔清〕王韬:《淞滨琐话》卷四,"皇甫更生"条,上海新文化书社民国二十三年版,第71页。
③ 〔明〕李流芳:《檀园集》卷八《记疏·游虎邱小记》,文渊阁四库全书本,页6a。

十处,大吹大擂,十番铙钹,渔阳掺挝,动地翻天,雷轰鼎沸,呼叫不闻。更定,鼓铙渐歇,丝管繁兴,杂以歌唱,皆"锦帆开澄湖万顷"同场大曲,蹲踏和锣丝竹肉声,不辨拍煞。更深,人渐散去,士夫眷属皆下船水嬉,席席征歌,人人献技,南北杂之,管弦迭奏,听者方辨句字,藻鉴随之。二鼓人静,悉屏管弦,洞箫一缕,哀涩清绵与肉相引,尚存三四,迭更为之。三鼓,月孤气肃,人皆寂阒,不杂蚊虻,一夫登场,高坐石上,不箫不拍,声出如丝,裂石穿云,串度抑扬,一字一刻,听者寻入针芥,心血为枯,不敢击节,惟有点头。然此时雁比而坐者,犹存百十人焉。使非苏州,焉讨识者。①

蔡云的《吴歈》也有类似的描述:"七里山塘七里船,船船笙笛夜喧天。十千那够一船费,月未上弦直到圆。"②

山塘的全盛时期,在每年重大的集会节庆活动时,即元宵灯节、清明节、端午节、六月二十四日的"荷花生日"、中元节、中秋节、十月朝等,"灯船如云"。而灯船全都是苏州人所有的"淌板船",船主多张、沈二姓。灯船停泊之处,即其居所在,"临流小筑,位置天然,不啻秦淮水榭",又营造出山塘"特佳"的风景。③

至于苏州地方的龙舟竞渡,仍以山塘为胜,似乎所有的苏州城士女都会到这里来,就像元和县人袁学澜(1804—1879)所说的"倾城士女斗新妆,投黍江心酹渌觞"④。对此,时人还有更细的刻画:

土人于月杪,即起龙舟开演,画舫箫鼓,已陆续聚于冶芳渌水间矣。至端阳前后十余日,观者倾城,万船云集,远郡士女,结伴纷来,鬓影衣香,雾迷七里。百工废业,小户倾家,甚至雷雨不能阻,

---

① 〔明〕张岱:《陶庵梦忆》卷五,"虎丘中秋夜"条,第46—47页。
② 〔清〕顾禄:《清嘉录》卷八《八月》,"走月亮"条,第165页。
③ 〔清〕陈去病:《五石脂》,江苏古籍出版社1985年版,第353—354页。
④ 〔清〕袁景澜:《吴郡岁华纪丽》卷五《五月》,"山塘竞渡"条,江苏古籍出版社1998年版,第183页。

父兄不能禁。①

虎丘山塘如此繁华的节日生活,聚合了社会各个阶层人们的热情参与,但若不是在苏州,可能不会出现这样的盛景,所以更让外乡人艳羡不已。

至于平常时节,虎丘山塘的闲适与美好,也常常见诸不同时期文人的笔端。譬如,清初著名文士余怀(1616—1696),长期侨居南京,生性好游,行为放荡不羁;家居不乐时,就驾车乘舟出游至苏州等地。他在顺治七年写的《三吴游览志》,"凡江山花鸟、洞壑烟云、画舫朱楼、绮琴锦瑟、美人名士、丽客高僧,以及荒榭遗台、残碑寒驿",都囊括其中②,令人感觉美好。这种闲游所带来的身心之愉悦,自非一般人所能轻易获得。例如,该年四月十一日,天气晴朗,余怀重游苏州半塘,见舟中多丽人;余怀弃舟登岸,回来时,将采择的花插入胆瓶,使馨香之气溢满几案间。次日天气更暖,余怀来到昆山,在船上偶遇一女郎,"鬓发如绿云,美姿容,衣罗绽,弄手腕荡桨,翩若惊鸿"。后杳不知去处,给余怀留下了美好的遗憾,所谓"可恨亦可怜也"。③像余怀这样的偶遇和美好回忆,在苏州地区应该是最容易发生的。

其次是舟船交通的绵密与生活的便利。

水乡地区这些生活逸乐的建构,十分依赖河道水运的畅通、舟船的便利以及桥梁的布织,并使城乡的各种联系变得紧密起来,也成为人们对"水乡泽国"观念形成的一个构因。

在乾隆年间徐扬所绘的《姑苏繁华图》(又称《盛世滋生图》)中,重点描绘了一城、一村、一镇、一街,对苏州城市形象与地景作了生动的形塑。④其中的一街就是山塘街。如果仔细观察,还能看到三家船

---

① 〔清〕箇中生:《吴门画舫续录》,"纪事",收入王稼句编:《苏州文献丛钞初编》,第792页。
② 〔清〕余怀:《三吴游览志》,附于氏著《板桥杂记》之后,上海古籍出版社2000年版,第83页。
③ 〔清〕余怀:《三吴游览志》,第90页。
④ 参王正华:《乾隆朝苏州城市图像:政治权力、文化消费与地景塑造》,《近代史研究所集刊》2005年第50期,第115—184页。

行,其中两家设在货物集中地枣市街,一家在阊门,主要为商家承揽运输工作①,应该都是当时在苏州比较重要而信誉良好的船行。但从日常生活所需的交通网络来看,则格局完备而成熟。江南区域内的舟船行程,将绵密的城乡交通网点精心地编织起来。例如,苏州由湖州至孝丰县的水路驿程,就堪为代表:苏州阊门新开河搭湖州夜航船,每人舆银2分,沿京杭运河南下50里至吴江县,40里至平望,12里至梅堰,24里至震泽,12里至南浔,换船,每人舆银8厘,12里至东迁,15里至旧馆,18里至升山,西行8里至湖州府。从湖州府西门外搭夜航船,每人舆银1分,西行9里至杨家庄,9里至严家坟,由此西北沿泗安塘往四安,自严家坟沿西苕溪西南行45里至吴山湾,9里到小溪口,9里至安吉县金湾(荆湾),9里至梅溪,30里至安吉州,40里至孝丰县。②类似这样以苏州为起点的商路,在明代人统计的全国水陆行程100条路线中,就占了6条。③成书于乾隆三十九年(1774)的清代旅程书《天下路程示我周行》中的《从苏州府经双塔至松江府的水路》,呈现了江南大运河从镇江到杭州中的重要一段,即苏州阊门到松江的水路干线,共计长153里,途中有需要停靠的13个泊船码头:新工河塔、双塔、盘门、葑门、黄天荡、独树湖、高店、大八间村、大窑、陈湖、淀山湖、谢寨门巡司、柳湖,中间间隔5里到18里不等。这段行程基本上属于传统的驿路。至于速度,苏州与上海间有100多公里的距离,民船需航行四五日;这一速度,是一个常速,与顺水情况下在大运河航行一日50里,而逆流的情况一日30里的速度,基本相符。④这样的水运交通线十分利于各地的人们向苏州聚拢,而以商人的活动最显眼。

云集于苏州城的各地商人,为了贩运的便利,又各自建有不同的码头。像山西、陕西、河南等省的商人,在阊门外南濠设有较为统一的北

---

① 范金民:《清代苏州城市文化繁华的写照——〈盛世滋生图〉》,收入熊月之、熊秉真主编:《明清以来江南社会与文化论集》,上海社会科学院出版社2004年版,第268—289页。
② 详参〔明〕程春宇:《士商类要》卷一,收入杨正泰著《明代驿站考》"附录",上海古籍出版社1994年版,第255页。
③ 陈学文:《中国封建社会晚期的商品经济》,第170页。
④ 〔日〕松浦章:《清代江南内河的水运》,《清史研究》2001年第1期,第35—41页。

货码头。据同治九年《秦晋豫三省创建南濠北货码头碑记》,他们来苏办货,"向从浦口行运,由来久矣。各走各路,听其自便,而按时销贩,从无愆期。故熙来攘往,于吴会为独盛"①。

第三,是桥梁的分布及其中心聚合作用。②

明人所谓"城郭则民萃以居,坊巷别焉;交墟则民涣以处,乡都辨焉",那些广布于城乡地方的河港湖泊,"周迩达遐,以济不通",大量的桥梁因而营建。③桥梁的聚合作用,在山塘生活世界中是十分明显而重要的,也有如吴伟业的诗句"江村茶熟桥成市,溪馆花开树满船"所涵括的意味。④

虎丘山塘的很多桥梁有着悠远的历史,至清代中期,数量已很丰富而稳定。据顾禄的统计,已达53座。⑤

而根据现存桥梁的实地观察,山塘河上的主要古桥,横跨的有七座:山塘桥、通贵桥、星桥、彩云桥(半塘桥)、普济桥、望山桥和西山庙桥。

其中,通贵桥旁是山塘人、明代前期南京吏部尚书吴一鹏的宅第。清初时,苏州人顾公燮曾有记载:"山塘吴文端公一鹏与菩提庵前郭方伯某友善,朝夕过从,造桥以便往来,名曰通贵。"⑥桥在山塘桥西(阊门外西北),隆庆二年(1568)时据说桥上曾出现五色云彩,故又名瑞云桥。⑦

再如,彩云桥横跨山塘河,在半塘寺前,建于宋代政和元年。著名文人赵执信(1662—1744)曾有《月夜过彩云桥》诗道:"湖山寂寞夜迢迢,霜集风中酒易消。还是秋来可怜月,照人独上彩云桥。"而与此桥相接、头东尾西的则是半塘桥,阊门至虎丘有七里山塘,此桥适得其半,故

---

① 冯贤亮:《太湖平原的环境刻画与城乡变迁》,上海人民出版社 2008 年版,第 225 页。
② 对江南城镇乡村桥梁的社会功用与意义的宏观说明,可参[日]川勝守:《明清江南市鎮社会史研究——空間と社会形成の歴史学》第 3 章《長江デルタにおける石造虹橋建造と市鎮の形成——交通経済史からみた都市社会史》,第 190—268 页。
③ 隆庆《长洲县志》卷十二《桥梁》,隆庆五年刻本,页 26b—27a。
④ 〔清〕吴伟业:《梅村家藏稿》卷十诗后集二《七言古诗·西巘顾侍御招同沈山人友圣虎丘夜集作图纪胜因赋长句》,四部丛刊影印宣统武进董氏本,页 8b。
⑤ 〔清〕顾禄:《桐桥倚棹录》卷七《溪桥》,第 96—101 页。
⑥ 〔清〕顾公燮:《丹午笔记》,"通贵桥"条,第 183 页。
⑦ 〔清〕顾禄:《桐桥倚棹录》卷七《溪桥》,第 96 页。

名。张翯的《半塘桥》诗道:"酒帘飘扬处,知是半塘桥。"说明了这里生活的热闹。①此外有一首《姑苏城外》词,对桥边民众生活也有写实性的描画:"姑苏城外有几家,七里山塘广种花。荡湖船内佳人坐,虎邱山上好顽耍。郎问姐姐何方住,奴是半塘桥下是。奴家东边栽种垂杨柳,西首一带竹篱笆,谨防恶犬四个字,庭心有株紫荆花,郎要来时从后面进,轻轻敲门,奴在家,请进吃杯茶。"②当然,诗词仅能反映日常生活的若干侧面,而非诗词作者们丰富多彩的生活中的全部内容。

而普济桥,则位于半塘桥西、怡贤寺南③,因南岸接普济堂得名。④普济堂在康熙四十九年由苏州府人陈明智、顾龙等募建,"以收养病民,供给衣食药饵,略如京师堂制……五十五年圣祖仁皇帝赐'香岩普济'匾额"⑤。

除横跨山塘河的桥梁之外,在山塘河两岸竖贯的古桥还有十六座:白姆桥、毛家桥、胜安桥(即桐桥)、白公桥、青山桥、绿水桥、斟酌桥、万点桥、同善桥、引善桥等等。

例如,胜安桥,也称桐桥,据明人夏玑的说法,位于"苏城西北虎丘山塘之半",建于宋代,后来多次得到重修。李其永的一首《桐桥舟中得句》诗,描述了这一带的优美风光:"桥西七十里,不断往来波。千古峨眉女,此中载得多。三春红烛夜,一片画船歌。自昔成风俗,流波奈若何?"在胜安桥内,属于两水会合的十字洋,南面是俗称的"桐桥圩",属于昔日人们竞渡龙舟的主要场所,后来慢慢蜕化成为纳凉避暑之区,偶尔也有一二小舟停泊,在此休息。⑥

斟酌桥则处于山塘河、东山浜、野芳浜的交汇处,曾是画舫云集、名人频顾的地方。这一带的自然、人文风光,多见诸时人的诗歌。如,顾我乐的诗写道:"白公堤外水迢迢,吴女花船背橹摇。最爱桥名是斟酌,

---

① 乾隆《江南通志》卷二十五《舆地志》,文渊阁四库全书本,页 23a;〔清〕顾禄:《桐桥倚棹录》卷七《溪桥》,第 97—98 页。
② 〔清〕华广生:《白雪遗音》卷三《南词·姑苏城外》,清道光八年玉庆堂刻本,页 150b。
③ 〔清〕顾禄:《桐桥倚棹录》卷七《溪桥》,第 100 页。
④ 乾隆《江南通志》卷二十五《舆地志》,页 23a。
⑤ 〔清〕陆肇域、任兆麟编纂:《虎阜志》卷四《祠祀·义舍》,第 306 页。
⑥ 〔清〕顾禄:《桐桥倚棹录》卷七《溪桥》,第 96—97 页。

也须春酒变春潮。"张大纯的《过斟酌桥》诗称："斟酌桥头花草香,画船载酒醉斜阳。桥边水作鹅黄色,也逐笙歌过半塘。"①再如清人的一首《斟酌桥》诗："半塘春水绿如渑,赢得桥留斟酌名。桥外酒帘轻扬处,画船箫鼓正酣声。"②描画的都是相似的迷人图景。

在虎丘山寺前的万点桥,又称"饭店桥",说明了其周遭环境是以饮食服务业为主的。而在普济堂东的同善桥(又名小普济桥,俗称庄前浜桥),内多卖鱼为生、聚族而居的妇人。在普济堂西的,则是引善桥(即迎恩桥),俗称打柴浜桥,是因"桥畔时有舟艇载树枝停泊于是,分肌辟里,散卖他处"而得名,也与民生相关。③

最后,是山塘的政治文化与生活记忆,也构成了山塘生活的一个重要部分,并使地域景观变得多样。

万历二十九年,因税监孙隆在苏州等地的河港摆渡地方私设税官,对米、盐、果、薪、鸡、猪之类普遍征税,引起了以织工葛成(后被尊称葛贤)为首的数千人的抗议斗争。最终征税因此而止,但葛成被捕入狱达十多年,后来遇赦出狱,就在五人墓傍筑室而居,不久病殁,被葬于西侧,文震孟书"有吴葛贤之墓"碑碣,人称"葛将军墓"。墓记原由松江人陈继儒(1558—1639)撰,但墓碑晚至康熙十二年刻立。④诸暨诸生吴深的诗："买花棚里吊荒茔,古碣岧峣姓氏明。七里山塘人似海,千秋只有五人名。"⑤揭示出了时人的一般游观感受。

发生于天启六年苏州市民的抗暴斗争,主要是反对魏阉残害忠良,其中有五人"急于义而死",即颜佩苇(颜佩韦)、杨念如、马杰、沈扬与周文元。江南士民感念其大义,"以明死生之大,匹夫之有重于社稷",为

---

① 〔清〕顾禄:《桐桥倚棹录》卷七《溪桥》,第 98—99 页。
② 〔清〕姚承绪:《吴趋访古录》卷三《长洲(元和附)》,"斟酌桥"条,第 62 页。
③ 〔清〕顾禄:《桐桥倚棹录》卷七《溪桥》,第 99—100 页。
④ 《吴葛将军墓碑》,收入江苏省博物馆编:《江苏省明清以来碑刻资料选集》,生活·读书·新知三联书店 1959 年版,第 415—417 页;〔清〕姚承绪:《吴趋访古录》卷三《长洲(元和附)》,"葛贤墓"条,第 78 页;〔清〕顾震涛:《吴门表隐》卷八,江苏古籍出版社 1999 年版,第 108 页。
⑤ 〔清〕吴深:《过五人墓》,收入〔清〕潘衍桐编:《两浙輶轩续录》卷十一,清光绪刻本,页 30b。

他们修墓勒碑于山塘街上,"凡四方之士,无不有过而拜且泣者"。五人墓的葬地有一亩二分,原有业户耕种,经由官方的申请,将此地作为"义冢",豁除了原业户的税粮,同时告知五人之家属。①乾隆年间朝廷曾下旨予以旌表,"送五人复圣祠从祀"。②但在后人的观感中,大多是"一坏藁葬山塘路,英魂犹近要离墓"之类。③

至于虎丘山塘的各类寺院、祠宇,如虎丘山寺、天后宫、寿圣禅寺、报恩寺、普福寺、甘露律院、佛华禅院、茅山堂、戒幢律院、水映庵、吉祥庵(即刘猛将军堂)以及苍圣祠、孙武子祠、长泾庙、白公祠、甫里先生祠、周文襄公祠、陈公祠、申文定公祠、五人祠、张公祠、汤文正公祠、九贤祠、郡厉坛等,既体现了具有地域特色的文化,也足士民之游观。④

譬如,在虎丘山寺以东,试剑石的左面,有一花神庙,内中因花草秀石之繁,而成为士人游观的一大胜地。庙中的司花神像与侍列的12位花神,自明代洪武年间以来,成为园客赛愿之地,特别是每年农历二月十二日的"百花生日",庙中极形热闹。时人尤维熊的《花神庙诗》称:"花神庙里赛花神,未到花时花事新。不是此中偏放早,布金地暖易为春。"可为一证。⑤此庙应该属于虎丘梅花楼的花神庙,但顾禄描述的具体情形,则很像桐桥内十二图花神浜的花神庙。在生活于乾隆至道光时期的吴县人顾震涛有关苏州五个花神庙的考证中,则区分得较为清楚一些。⑥

再如,虎丘山南、建于道光五年的柳贞烈祠,是为了纪念扬州人柳依依。在其十八岁守寡后,三年后逢江南乙酉(1645)之变,被乱兵掠去,绝食七日而死。其行为在乾隆五十年被勒石,概括为"捐生完节"四字。而吴周钤的《柳贞烈祠诗》,揭示此类祠宇被人们游观的意义所在:"山塘自古称佳丽,俎豆应存激扬意。银河矢洁定生天,长使人间清节励。"⑦

---

① 〔明〕张溥:《五人墓记》,收入江苏省博物馆编:《江苏省明清以来碑刻资料选集》,第411—414页。
② 〔清〕顾公燮:《丹午笔记》,"五人墓"条,第76页。
③ 〔清〕姚承绪:《吴趋访古录》卷三《长洲(元和附)》,"五人墓"条,第78页。
④ 〔清〕顾禄:《桐桥倚棹录》卷三《寺院》、卷四《祠宇》,第25—57页。
⑤ 〔清〕顾禄:《桐桥倚棹录》卷三《寺院》,第31页。
⑥ 参〔清〕顾震涛:《吴门表隐》卷八,第109页。
⑦ 〔清〕顾禄:《桐桥倚棹录》卷四《祠宇》,第54页。

至于著名的郡厉坛,就在虎丘二山门内。此坛累石而就,纵横各三丈,高四尺。坛侧竖有崇祯十一年巡抚张国维禁杂派虎丘差税碑。相关的祭祀游观活动,就在清明、七月望、十月朔展开,不仅要将府县城隍神抬到这里,而且要祭整个苏州府的无祀鬼神。顾志冲的《吴中岁时竹枝词》描述了彼时虎丘山塘的景况:"会称三节首清明,虎阜游人逐队行。一带珠帘临水映,白公堤畔画船横。"① 潘陆的《十月朔看无祀会》诗描述道:"吴趋人好鬼,风俗自年年。百戏陈通国,群神冠进贤。气喧秋雁后,花晚岭梅先。不断山塘路,香飘游女船。"②

正因上述人文地景的丰富,山塘的生活空间显得更令士人关注,而成为他们休闲的重要选择。一如明代苏州民歌《姑苏风光》(即《大九连环》)所唱的:"上有(呀)天堂下有苏杭,杭州有西湖苏州(末)有山塘(哎呀),两处好风光。"③

四、烟 月 作 坊

在清代中前期,附着山塘的街道、桥梁、河浜等处,热闹的街市、繁盛的生活、奢华的逸乐等,将山塘的中心区域融汇成人们眼中的"烟月作坊",如时人所谓的"时际昌明,地当饶乐,肥鱼大酒之场,纸醉金迷之窟"。④

虎丘山塘的"市廛如酒楼、耍货,工作如捏相、洋人,舟楫如沙飞、镫船,园圃如盆景、折枝",在顾禄看来,都是"虎丘生涯独绝"而他所罕见的。⑤ 顾禄所谓的"独绝",揭示出了山塘生活空间的部分特质。这种在城市之外原本属于"乡野"之区的地方,因市廛、工作、园圃、宅第、祠宇、饮食、交通等生活的繁盛,早已淡化这里的城乡差异感,也使人们对"城

---

① 〔清〕顾禄:《桐桥倚棹录》卷四《祠宇》,第 57 页。
② 〔清〕顾禄:《清嘉录》卷十《十月》,"十月朝"条,第 185—186 页。
③ 中国民间歌曲集成编辑委员会编:《中国民间歌曲集成》(江苏卷),中国 ISBN 中心 1998 年版,第 714 页。
④ 〔清〕西溪山人:《吴门画舫录》,〔清〕郭麐《序》,收入王稼句编:《苏州文献丛钞初编》,第 744 页。
⑤ 〔清〕顾禄:《桐桥倚棹录》,"凡例",第 2 页。

市""乡村"这类传统观念的区分,在这里变得模糊起来,自然也构成了山塘区别于其他乡村地方的重要特征。

依照顾禄的记述,仅在山塘开店出售的"洋人",时称"自走洋人",使用像钟表一样的铜质机轴发条,都是山塘"附近乡人为之",再转售于市面的。产品主要有寿星骑鹿、三换面、老跎少、僧尼会、昭君出塞、刘海洒金钱、长亭分别、麒麟送子、骑马鞑子等。①另外,这里虽然没有阊门外南濠市面百货丛集的那般繁盛,但也有可能流传着来自海外(特别是日本)的洋货。②

再如,这里的花市与花园子,也颇受时人钟爱,其间形成的消费市场十分可观。石韫玉的《山塘种花人歌》说,"江南三月花如烟,艺花人家花里眠",又说"城中富人好游冶,年年载酒行花下"③,赏玩得起的当然是那些有钱有闲者。到清代前期,因花市兴盛,世代经营花业的居民,集中于山塘,形成专门的"花园衖"。清人周凤岐的《山塘花市》诗称:"行尽白公堤七里,万花丛里是青山。"④山塘的花树店,有十多家,主要分布于桐桥以西。这些花店各有独自的数亩养花园圃,称园场,养花人则称"花园子"。⑤

天悔生所著的《金蹄逸史》中写道:"金阊门外南北两濠,附郭临流,旧为闹市,实烟月之作坊,风骚之名迹。"⑥实非虚语。钱塘人张云璈(1747—1829)还描述道:"七里山塘歌吹声,画船兰桨镜中行。劝君莫听吴娘曲,恐有潇潇暮雨生。开尊须得酒如淮,斜倚篷窗恼客怀。茉莉珠兰香满路,晚风吹过井亭街。"⑦在兴盛时期,虎丘山塘"花市则红紫缤纷,古玩则金玉灿烂,孩童弄具、竹器用物、鱼龙杂戏,罗布星列,令人

---

① 〔清〕顾禄:《桐桥倚棹录》卷十《市廛》,第150页。
② 参赖惠敏:《苏州的东洋货与市民生活(1735—1795)》,《近代史研究所集刊》2009年第63期,第1—48页。
③ 〔清〕顾禄:《桐桥倚棹录》卷十二《园圃》,第166—167页。
④ 〔清〕陆肇域、任兆麟编纂:《虎阜志》卷六《物产》,第390—391页。
⑤ 〔清〕顾禄:《桐桥倚棹录》卷十二《园圃》,第165页。
⑥ 〔清〕顾禄:《桐桥倚棹录》附录,"谢国桢题记",第180页。
⑦ 〔清〕张云璈:《简松草堂诗文集》诗集卷二《山塘口号同应叔雅作》,道光刻三景阁丛书本,页17a。

目不暇给。至于红栏水阁,点缀画桥疏柳,斗茶赌酒,肴馔倍于常价,而人愿之者,乐其使也。虽游者不无烦费,而贫民之赖以养生者亦众焉。"①虽然这里的生活会招致所谓"俗浮靡,人夸诈"的批评,而且实际上也确实存在"百工士庶,殚智竭力,以为奇技淫巧"②,以迎合各类人群的要求,但无论有钱有闲者,还是贫民大众,都能在其中获得各自所需。

而就时人于山塘的寓居情况来看,在顾禄统计的 150 处宅第园林中,除部分属于明朝或明朝以前的陈迹外,多数是清代中前期士人的休闲安养之所。③

其中,顾禄看到的通贵桥以东的玉涵堂,是吴一鹏的居所。在他归养故里后,就在山塘"辟堂筑圃,引叠泉山,备游观之娱"。玉涵堂在清代被改作了戏园。另有真趣园,是吴氏的别墅。名士王稚登的寓舍也在半塘,并曾寓居半塘寺,题其所居为"半偈庵"。④被李流芳称为"好是幽人宅,偏于水木便"的陆广明、陆仲和兄弟的宅第,也在半塘。有的人十分喜爱自己的别墅,对其优异处大加称赏,如顾简在竹亭的寓舍,顾氏自题诗赞曰:"渐暖或妨出,微阴宜荡舟。桥东红药好,何必主人幽。"⑤其自傲之情,完全是因占据了地理之便而生活十分优游闲适之故。苏州妓女影娘,"喜读诗,每有会意,辄忘眠食",其居所就在虎丘附近,环境优雅,"筑小楼数椽,碗茗炉香,萧然有出尘之致",入其中者,"几忘为风流渊薮、时世梳妆"。她与侨寓苏州的才子兰陵梦生的相遇,就在七里山塘的舟船之上。⑥

值得注意的是,在这里寓居生活的,大多不是本地人。⑦

像归有光的曾孙、昆山人归庄,"为人嗜酒,豪放不羁",在明亡后就

---

① 乾隆《元和县志》卷十《风俗》,乾隆二十六年刻本,页 8a—8b。
② 〔清〕孙嘉淦:《南游记》(一卷),收入山西省文献委员会编:《山右丛书初编》第九册,页 6a。
③ 〔清〕顾禄:《桐桥倚棹录》卷八《第宅》,第 107—133 页。
④ 同上书,第 112 页。
⑤ 〔清〕顾禄:《桐桥倚棹录》卷八《第宅》,第 111 页。
⑥ 〔清〕百一居士:《壶天录》卷中,光绪间申报馆仿聚珍版印本,页 34a。
⑦ 〔清〕顾禄:《桐桥倚棹录》,"凡例",第 1 页。

寓居于山塘的梅花楼。①

而那些南京的"旧院姝丽","赋性好游",往往因雅慕苏州繁盛生活,即"轻装一舸"移居于此。苏州地方士人因此称她们为"京帮",以示其与土著之不同。其他有名的,还有所谓"维扬帮",在时人眼中只能算是"京帮"的附庸。"京帮"中最著名者,当属卞玉京、董小宛等人,所谓"风流文采,倾倒一时"。②

"秦淮女郎"卞赛(自号"玉京道人"),"知书,工小楷,善画兰、鼓琴",十八岁时即出游吴门,侨居虎丘山塘。在吴伟业的记忆中,卞赛"所居湘帘棐几,严净无纤尘,双眸泓然,日与佳墨良纸相映彻,见客,初亦不甚酬对,少焉,谐谑间作,一坐倾靡"。③他曾作《听女道士卞玉京弹琴歌》赠之,以示爱意。其妹卞敏,也才貌双全,被带到吴门小居,"一时争艳,户外屦恒满"。④

名妓董小宛,"天姿巧慧,容貌娟妍",而且"性爱闲静,遇幽林远涧,片石孤云,则恋恋不忍舍去"。因慕爱苏州山水之美,徙居于此,在山塘边筑了寓舍,虽然只是竹篱茅舍,简朴建筑,但凡是经过其寓宅的人,经常能在户外听到咏歌诗声,或者是鼓琴之音,体现了主人的许多闲趣。⑤她与著名文人冒辟疆的情爱故事⑥,在后世被传为佳话。

另一位南京妓女沙宛在(字嫩儿),自称桃叶女郎,与其姊游苏州后,一起卜居山塘,"名噪一时",时人将她们称作"二赵"或"二乔"。⑦

本来,在清初人的观念中,与其他地方相较,"吴门多妓女"。⑧像上述这样的青楼女子,多选择虎丘山塘一带为寓居之所,而非苏州城内。

---

① 〔清〕陆肇域、任兆麟编纂:《虎阜志》卷七《名贤》,第 415 页;〔清〕顾禄:《桐桥倚棹录》卷八《第宅》,第 118 页。
② 〔清〕陈去病:《五石脂》,第 354 页。
③ 〔清〕吴伟业:《梅村家藏藁》卷十诗后集二《七言古诗·过锦树林玉京道人墓(并传)》,页 2b。
④ 〔清〕余怀:《板桥杂记》卷中《丽品》,第 37—39 页。
⑤ 同上书,第 34—35 页;〔清〕顾禄:《桐桥倚棹录》卷八《第宅》,第 119 页。
⑥ 参〔清〕冒襄:《影梅庵忆语》,收入《美化文学名著丛刊》,上海书店 1982 年据国学整理社 1936 年刊本影印本。
⑦ 〔清〕顾禄:《桐桥倚棹录》卷八《第宅》,第 119 页。
⑧ 〔清〕陆文衡:《啬庵随笔》卷五《鉴戒》,光绪二十三年吴江陆同寿刻本。

主要记述乾隆末至嘉庆初期苏州娼妓史事的《吴门画舫录》,就可以提供很多例证。如"柔情绰态,一时有牡丹之目"的杜凝馥(居下塘)、"丰肌弱骨,雅度翩跹"的崔秀英(居山塘彩云弄)、"颀身玉立,如灵和杨柳"的史文香(居上塘)、"娇丽无双"的余凤箫(居上塘)、"美而艳,面如满月,光彩照人"的钱星娥(居下塘)、"飘逸轻盈"的童某官(居濠上)、"白皙而颀"的李倚玉(居虎丘得月楼)、"性亢爽,善饮酒"的陆沁香(居下塘)、"体貌闲暇,歌辞擅场"的钱梦兰(居上塘)、"姱容修态,靥辅承颧"的徐友兰(居濠上)、"貌温婉圆滑,捷给能得人欢心"的赵某官(居上塘)、"善居积,擅财货,富甲教坊中"的徐素琴(居下塘)、"丰神骀荡,鬒发如云"的李响云(居濠上)、"略具资色"的陆氏顺卿、眉卿姐妹(居濠上)、"貌清羸,细骨轻躯,可作掌上舞"的陈佛奴(居上塘)、"体闲仪静,举止端妍,无教坊嚣张习气"的孙素芳(居上塘)、"肌肤冰雪,曼睩腾光,调笑无双,妖情宛转"的沈笑霞(居山塘)、"蛾眉淡扫,丰韵天然"的陆小玉(居山塘)、"纤腰微步,罗袜生尘"的张凤龄(居上塘)、"工度曲"的徐爱珍(居上塘)、"貌黑而津"有"墨牡丹"之称的周新官(居山塘)等等①,都堪为代表。

在山塘还有四位能诗工词的"才女"的宅第,散处其中,即沈飞香宅(在绿水桥)、江珠宅(在金粟庵旁)、潘冷香寓舍(在虎丘下塘)和张荣华宅(在白姆桥)。②

而东山浜的抱绿山庄(或称抱绿渔庄),就是顾禄的寓所。顾氏"恃才华,纵情声色",娶妾后,从塔影山馆移居此地③,将其装修成东溪别业,所谓"挈蟾姬、鳌儿辈吟诗读画,消遣岁月"。这个别业的东、北两面都靠河,"为竞渡游船争集之区"。这样的居所,自令时人羡慕不已。韦光黻赠给顾氏的对联就这样称道:"如此烟波,只应名士美人消受溪山清福;无边风月,好借琼楼玉宇勾留诗画因缘。"④因为在清人眼中,龙

---

① 〔清〕西溪山人:《吴门画舫录》,收入王稼句编:《苏州文献丛钞初编》,第 751—764 页。
② 〔清〕顾禄:《桐桥倚棹录》卷八《第宅》,第 132—133 页。
③ 〔清〕顾禄:《桐桥倚棹录》附录,"谢国桢题记",第 179 页。
④ 〔清〕顾禄:《桐桥倚棹录》卷八《第宅》,第 130 页。

舟竞渡时节,实际上呈现出的是"画船弦管醉飞觞,此是人间酒色场。任向桥边费斟酌,也教倾尽富家囊"的生活图景。①

除宅第园林外,山塘地区的服务业堪称繁盛。

在斟酌桥一带,还有不少酒楼,时人大概是看中这一地段适合举行宴饮,有巨利可图。这里有三大酒楼,曾鼎足而峙。

首先是三山馆,旧称白堤老店,历史最长,清初就已创建,不过那时"壶觞有限,只一饭歇铺而已"。凡是往来过客途经虎丘,遇到风雨阻路,赶不及入苏州城的,就在这里住宿。酒楼的主人姓赵,历数代经营,厨师的"烹饪之技,为时所称",吸引了大量的顾客;后来又建设了凉亭、暖阁,更使游客们喜欢在这里聚饮作乐。酒楼提供的满汉大餐与汤炒小吃达上百味,风味独特,闻名遐迩。盆碟有十二、十六之分;菜有八盆四菜、四大八小、五菜、四荤八拆,以及五簋、六菜、八菜、十大碗之别。每桌酒席必须在七折钱一两以上,到十余两不等,价格显然不菲。其次,是乾隆年间戴大伦在引善桥旁、接驾楼遗址上所建的山景园,设计得如园林一般,具林亭之胜,酒楼中提供"冰盘牙箸,美酒精肴",客人一到即先馈以佳茶,开了吴市酒楼之先。以上两个酒楼,离虎丘较近,址连塔影园,点缀着溪山景致,可以说有"润色太平"的味道,而且地当孔道,"凡宴会祖饯,春秋览古,尤便驻足"。第三大酒楼,是嘉庆二年间有李姓者在塔影桥附近所建的李家馆,道光时期更名聚景园,地理位置与人文风光俱佳。比较而言,山景园与聚景园"只招市会游屐",而三山馆一年四季,不断烹炮,凡虎丘山前后居民有婚丧宴会之事的,都前来订餐,生意极旺。对这些酒楼,时人的《忆江南》词写道"苏州好,酒肆半朱楼",赵翼的《山塘酒楼》则称"承平光景风流地,灯火山塘旧酒楼",以及顾我乐的诗"斟酌桥边旧酒楼,昔年曾此数觥筹"等句,都有不同的描摹,凸现出彼时虎丘山塘的饮宴风尚。②

---

① 〔清〕袁景澜:《吴郡岁华纪丽》卷五《五月》,"山塘竞渡"条,第184页。
② 〔清〕顾禄:《桐桥倚棹录》卷十《市廛》,第143—145页。

七里山塘中的白公堤、半塘桥与冶坊浜等名迹

（据〔清〕吴泰来绘《虎丘山全图》）

此外，虎丘的茶坊也很多，清代多属四方游手、商人、农民等人群的聚居休闲之地①，为人们提供了档次各别的饮料。这些茶楼都依着山塘河而造，有十多家，所谓危楼杰阁，装潢极好。斟酌楼以东的情园茶楼，最受时人欢迎，在春秋花市和龙舟竞渡时节，"裙衩争集"；倘逢木樨花开之时，则香满茶楼，更加令人流连忘返②，别有一番烟花风月的感受："小妓垂髻解弄笙，秋风桄触旧游情。琵琶低唱玲珑月，好是秦淮水上声。"③

所以，从某种程度而言，更令清代文人怀念的，就是这里的风流韵事。当然，狎妓寻芳早已是士人生活圈中的风尚。④吴江县人叶楚伧有过生动的描画：

　　风华少年，挟艳买桨，游虎丘山塘间。夕阳欲下，缓缓归来，辄

---

① 陈学文：《苏州的商业》，收入氏著《中国封建社会晚期的商品经济》，第159页。
② 〔清〕顾禄：《桐桥倚棹录》卷十《市廛》，第146页。
③ 〔清〕袁景澜：《吴郡岁华纪丽》卷五《五月》，"山塘竞渡"条，第184页。
④ 巫仁恕：《品味奢华：晚明的消费社会与士大夫》，中华书局2008年版，第178—179页。

集于方基。野水上杯,名茶列坐,笙歌隔水,珠玉回波。星转露稀,则两行红烛,扶醉而归。洵夜景之解人,欢场之韵迹也。①

在普济桥下塘,有一个野芳浜,俗称冶芳浜或冶坊浜。浜之本意,乃是泊船的河沟,所谓纳舟之所。因河东岸曾为染坊漂布场,故又被讹作"染坊浜",但实际上就是一个"粉黛迷津之所",故一般以"野芳"为名了。据《任心斋笔记》称,"吴人常时游虎阜,每于山塘泊舟宴乐,多不登山。冶春避暑,吴娘棹船者咸集野芳浜口"。可见,这里是当时一个娱乐的好所在。不过与其他地方略有不同的是,这里以男女寻欢为主。姜实节的诗称:"野芳浜口南头岸,君住红阑第几桥。此日相思不相见,小楼春望雨潇潇。"揽云居士(即箇中生)的诗更为直白:"蔷薇新露贮清羹,桂楫兰桡茉莉棚。觅得百花深处泊,销魂只在冶芳浜。"顾禄解释道,这个销魂之处也就是"销金之窝"。虽然这里只是"荡子销金窟",但为"贫儿"们创造了谋食的机会。②

由于地局水乡,人们的出行与游玩都爱坐船。在船上不仅能品赏湖光山色,还可以与朋友把酒言欢,其中乐趣非陆上行走者所能得享。在虎丘山塘一带,有许多有名的舟船,可供人们游玩之用,主要有沙飞船、郡城灯船、快船、虎丘游船、卖水果子船、杂耍船、摆渡船、小艇(俗称"关快")等。比如快船,俗称"摇杀船",大的堪与灯船相匹,用双橹驾摇,行驶迅速;小的只能容纳三四位客人,故又叫"小快船",行动更为疾速,所谓"吴儿驶船如驶马";至于停泊的地方,也有专称,叫"船涡";掌橹的一般都是妇女,当时有人作诗称:"理楫吴娘年二九,玉立人前花不偶。步摇两朵压香云,跳脱一双垂素手。"有的船类似于扬州画舫,专门蓄养歌妓以招引顾客,还有的船上与岸上共建歌院,顾客可以登岸寻欢。这样的船,大多散泊于山塘桥、杨安浜、方基口、头摆渡等处,行船时故意开得很慢,好像逆水行舟,歌妓们"分眉写黛,量鬓安花",据说很

---

① 叶楚伧:《金昌三月记》,收入王稼句编:《苏州文献丛钞初编》,第804页。
② 〔清〕箇中生:《吴门画舫续录》,"纪事",收入王稼句编:《苏州文献丛钞初编》,第791页;〔清〕顾禄:《桐桥倚棹录》卷七《溪桥》,第93页。

令人销魂。此外,船中弦索侑酒,还有辫发雏姬女扮男装,多方取悦客人,俗称"鼻烟壶",言其年幼未解风情,只堪一嗅而已。所以,这类船一时被人呼为"色界之仙航,柔乡之宝筏"。①

一些富民豪商,竞买灯舫,行至虎丘山浜,占据柳阴深处,所谓赌酒征歌,"四窗八拓,放乎中流,往而复回,篙橹相应,谓之水崟头,日晡络绎于冶芳浜中"。王冈龄的《山塘灯船行》写道:"江南夙号佳丽地,金阊习尚尤豪奢。山塘七里箫管沸,绮罗镇日争喧哗。"②而在冶坊浜的得月楼上,可以居高临下,俯瞰这种"歌吹遏云,画桡动地,红妆与乌帽相掩映"的迷人图景。③这些地方下层百姓一般不敢光顾,如果要坐船去虎丘、浒墅关等地游赏,他们就到小普陀、花园弄口、快口五场、桐桥、缸甏河头、白姆桥、新桥、通贵桥、山塘桥这九个地方雇乘;驾船的都是西郭桥八都、九都地方的农民,早出晚归,驶船捷如飞凫,俗称"关快",但价格极为低廉。④

显然,在经济上发展到一定水平,自然会导向更高的休闲生活追求。⑤虎丘山塘四时不绝的画舫笙歌的烟月生涯⑥,是"掠钱买醉穷繁华"⑦,也可以俞平伯的一首绝句概括之:"水乡随处可停桡,斟酌桥楼旧酒招。岂独莼鲈樱笋好,儿歌滋味够魂消。"⑧

五、地 域 转 移

晚明以来文人士大夫对于苏州山塘生活空间的文字记述或图画描绘,既反映出人们对山塘图景转换的不同感受,也在一定程度上映射出

---

① 〔清〕顾禄:《桐桥倚棹录》卷十二《舟楫》,第160—164页。
② 〔清〕顾禄:《清嘉录》卷六《六月》,"虎丘灯船"条,第135—137页。
③ 〔清〕西溪山人:《吴门画舫录》,收入王稼句编:《苏州文献丛钞初编》,第753页。
④ 〔清〕顾禄:《桐桥倚棹录》卷十二《舟楫》,第164页。
⑤ 参巫仁恕:《优游坊厢:明清江南城市的休闲消费与空间变迁》,台北:"中研院"近代史研究所2013年版,特别是第26—53页。
⑥ 〔清〕西溪山人:《吴门画舫录》,收入王稼句编:《苏州文献丛钞初编》,第750页。
⑦ 〔清〕顾禄:《清嘉录》卷六《六月》,"虎丘灯船"条,第137页。
⑧ 〔清〕顾禄:《桐桥倚棹录》附录,"俞平伯题顾颉刚藏桐桥倚棹录兼感吴下旧惊绝句十八首",第175页。

官、绅、民对这个独特空间的不同感觉。不同时代的不同人群对地景的感觉,当然是不一样的。从历史文献的记载来看,明代以降到清代中前期,山塘地景应该是有一个层积、丰富的过程。其间呈现出来的人们对于生活空间的感觉、想象以及对美好事物的评判,都有趋同性,无论官绅士庶,都有可能在这些层面上获致一定的认同感。但从清代后期开始,山塘地景发生了巨变,原有的生活图景及其人群表现出了地域转移之势。

在顾禄描摹山塘生活空间的《桐桥倚棹录》于道光二十二年刊行后的十余年间,江南地区已经历了鸦片战争、太平天国战乱等祸:"凡不忍见、不忍闻之事,怵心刿目,罄笔难书,所谓铁人见之,亦当堕泪也!"①顾禄等人记忆中的昔日繁华,已然不再。

1862年来到上海的日本人有着清楚的感受:远离上海三百余里的苏州城,受灾严重,寒山寺即因"发贼之乱"而被损坏。②谢国桢指出,随着太平天国军队的到来,清军于退出苏州之际,又举火一焚,七里山塘繁盛之区随之变为焦土。这也是俞樾(1821—1907)所亲历的巨变。而在这样的大变化的时代,像宁波杨坊、杭州胡雪岩与苏州的显宦们,都携带巨资趋往上海。最终,苏州由消费城市变成了工业城市,旧观顿改。③

石渠作于战争时期(咸丰十年)的诗,对山塘生活前后境况有深刻的比照:"咫尺山塘路,今来万里难。况当除夕过,竟作异乡看。兵燹留余烬,民风失旧观。一樽茅屋低,此味最辛酸。"④旧观不再、景象残破的七里山塘,竟让苏州人有"异乡"之感。吴县人吴嘉淦(1790—1865)就说:"吾苏盛时,端午前后,山塘七里间,盛作竞渡戏,画船箫鼓,喧阗杂沓,入夜则灯舫络绎往来,野芳浜中有烟月扬州之盛。意谓此乐吾生所常有,不意粤寇陷城,奸宄盘踞有垂四年有余……凡苏之士民及四方

---

① 〔清〕寄云山人:《江南铁泪图》,台北:学生书局1969年版,第3页。
② [日]名仓信敦:《中国闻见录》,收入[日]日比野辉宽、高杉晋作等:《1862年上海日记》,中华书局2012年版,第361页。
③ 〔清〕顾禄:《桐桥倚棹录》附录,"谢国桢题记",第180—181页。
④ 〔清〕石渠:《山塘除夕》,收入徐文高、夏冰编注:《山塘古诗词》,上海古籍出版社2007年版,第41页。

贵人名流，莫不宴乐于此……收复之后，民力凋敝，……徒令游者感念，盛衰之际，有不禁慨然不置者。"①吴氏对于苏州山塘全盛时期的生活逸乐在战后的丧失，而在其游记中充满的哀伤感，也可以代表那个时代江南士民的普遍情绪。

到同治三年(1864)，时人仍未从饱受战患而残破的江南感觉中摆脱出来，称"自沪至昆，炊烟缕缕，时起颓垣破屋中。而自昆至苏境转荒落。金阊门外瓦砾盈途……由是而无锡，而常州，而丹阳，蔓草荒烟，所见一律。"②袁学澜指出："自粤寇浡氛潢池，盗弄几及四年，洎乎王师克复，……举目有河山之异焉。夫以虎阜一隅，地当孔当……一时歌楼舞馆，莽成丘墟，衣冠散逐鬼楼，台榭化为壁垒。昔之脂香涨川，血流红矣；罗绮藻野，草蔓青矣。"③同样，叶楚伧也将山塘繁丽生活空间变为丘墟的根本原因，都归于这场战争，因兵变事起，"市廛栉比几尽付劫灰，燕梁莺屋，大受创损。"④直到光绪年间，战争带来的创伤依然没有平灭，昔日的繁华更难以遽复。⑤苏州地区的所谓"神女生涯之中心地"，像盘门之青阳地，阊门之仓桥浜，已成绝迹，无从寻觅了。⑥天悔生在《金蹄逸史》中写道："庚申之役，景物一变。昔之列屋连云，今则荒丘蔓草矣！昔之燕舞春风，今则狐嗥夜月矣！盛衰转眼，过客兴悲。"⑦

内藤湖南认为："长发贼之乱的时候，江苏一省大半变成战场，惟独这里(指上海)因为有外国人租界而免受兵祸之患。避难的人们，无论富豪还是流民，争先恐后聚集到这里，突然之间就变成了一个大都市。所以到了今天，省会苏州的繁华几乎都转移到了上海。"⑧战争导致了

---

① 〔清〕吴嘉洤：《虎丘游记》，收入王稼句编：《苏州山水名胜历代文钞》，第373页。
② 〔清〕毛祥麟：《甲子冬闱赴金陵书见》，收入谢兴尧辑：《太平天国丛书》第十三种第1辑《洪杨遗事》，"中华文史丛书之十六"1968年(台北)影印本，第16页。
③ 〔清〕袁学澜：《游虎丘山记》，收入王稼句编：《苏州山水名胜历代文钞》，第382页。
④ 叶楚伧：《金昌三月记》，收入王稼句编：《苏州文献丛钞初编》，第808页。
⑤ 刘石吉：《明清时代江南市镇研究》，第74—80页。
⑥ 周振鹤：《苏州风俗》，上海文艺出版社1989年影印国立中山大学语言历史研究所1928年印行本，第91页。
⑦ 〔清〕顾禄：《桐桥倚棹录》附录，"谢国桢题记"，第181页。
⑧ 〔日〕内藤湖南：《燕山楚水》，中华书局2007年版，第90页。内藤湖南(1866—1934)，1899年9—11月第一次来华，本书是此次旅华的游记、杂感和评论合集，1900年博文馆出版。

人口、文化、经济等方面的地域转移之势,于兹体现得相当明显。

与江南其他城乡地区的人们一样,苏州山塘士民的生活有了新的选择。除了那些没法逃移或不愿远徙他乡而留居本地的人们之外,很多苏州人移往上海。这个刚开埠不久的小城,迎来了外来移民的第一次高潮。可是为躲避"贼乱"而至上海的"难民",均居无定所,"或伫立路旁,或以船为栖处,风餐露宿,饥渴交加,只为谋一日一日之生计"。其命仿佛悬丝,令外国人也颇觉堪怜;在这些"难民"中,"多苏州之人,约有十余万众。且官府无救彼等之能,饿死者日日增多"①。到民国年间,大量底层民众居住的生活空间仍相当简陋。就像时人调侃式地讲道:"在下所住的弄堂,房屋不过二十幢,而家家都是支棚搭阁,每一个门口只少有四五个不同姓氏的户口。"②

尽管如此,江南的繁华与生活的重心最后都转移到了上海,也促动了江南士人对于历史大变动下人生的新选择,无论是思想观念,还是生活方式。

---

① [日]纳富介次郎:《上海杂记》,收入[日]日比野辉宽、高杉晋作等:《1862年上海日记》,第24页。
② 平民:《弄堂小史》,《社会月报》1935年第10期,第1页。

第六章 区乡体系：民国时期江南行政区划的调整

一、行政区建置的变动

1911年辛亥革命后,上海、宝山、松江、青浦、崇明、嘉定等地相继光复独立,新旧政权因此出现更迭,也给当时的城乡社会生活带来了新期盼。封建帝制的崩溃,为城乡民众摆脱苛税的压力、专制统治的束缚、解放思想、移风易俗带来了新的契机。①1912年民国肇建,江南地区的行政管理与区划建置有过一些改革和调整。不过,从总体上看,还是较多地沿袭了传统区划方式。这当中,最大的变化就是取消了府。为了便于解明这种变化,有必要将明清至民国的政区变革情况,作一个整理对比。

其中,需要特别指明的是,松江地区为今天上海市的主体,清代的太仓州后来有不少地区归入上海市。为方便说明这种传承变化,这里就按清代的府州县格局进行排列统计。详参表1。

表1 1368—1949年太湖周边地区行政建置变化

地区	明初	明宣德五年以后	清初	清雍正二年以后	民国前期	民国后期
杭州	仁和县	仁和县	仁和县	仁和县	杭县	杭州市
	钱塘县	钱塘县	钱塘县	钱塘县		杭县
	海宁县	海宁县	海宁州	海宁州	海宁县	海宁县
	余杭县	余杭县	余杭县	余杭县	余杭县	余杭县
	临安县	临安县	临安县	临安县	临安县	临安县
	富阳县	富阳县	富阳县	富阳县	富阳县	富阳县
	於潜县	於潜县	於潜县	於潜县	於潜县	於潜县
	新城县	新城县	新城县	新城县	新登县	新登县
	昌化县	昌化县	昌化县	昌化县	昌化县	昌化县

① 戴鞍钢、杨立强:《辛亥革命后的上海农村》,上海社会科学院《学术季刊》2002年第1期。

续表

地区	明初	明宣德五年以后	清初	清雍正二年以后	民国前期	民国后期
嘉兴	嘉兴县	嘉兴县	嘉兴县	嘉兴县	嘉兴县	嘉兴县
		秀水县	秀水县	秀水县		
		嘉善县	嘉善县	嘉善县	嘉善县	嘉善县
	海盐县	海盐县	海盐县	海盐县	海盐县	海盐县
		平湖县	平湖县	平湖县	平湖县	平湖县
	崇德县	桐乡县	桐乡县	桐乡县	桐乡县	桐乡县
		崇德县	石门县	石门县	崇德县	崇德县
湖州	乌程县	乌程县	乌程县	乌程县	吴兴县	吴兴县
	归安县	归安县	归安县	归安县		
	长兴县	长兴县	长兴县	长兴县	长兴县	长兴县
	德清县	德清县	德清县	德清县	德清县	德清县
	武康县	武康县	武康县	武康县	武康县	武康县
	安吉州	安吉州	安吉县	安吉县	安吉县	安吉县
		孝丰县	孝丰县	孝丰县	孝丰县	孝丰县
苏州	吴县	吴县	吴县	吴江县	吴县	吴县
	长洲县	长洲县	长洲县	长洲县		
				元和县		
	常熟县	常熟县	常熟县	常熟县	常熟县	常熟县
				昭文县		
	昆山县	昆山县	昆山县	昆山县	昆山县	昆山县
				新阳县		
	吴江县	吴江县	吴江县	吴江县	吴江县	吴江县
				震泽县		
太仓		太仓州	太仓州	太仓州	太仓县	太仓县
			镇洋县	镇洋县		
	嘉定县	嘉定县	嘉定县	嘉定县	嘉定县	嘉定县
			宝山县	宝山县	宝山县	宝山县
	崇明县	崇明县	崇明县	崇明县	崇明县	崇明县

续表

地区	明初	明宣德五年以后	清初	清雍正二年以后	民国前期	民国后期
松江	华亭	华亭	华亭县	华亭县	华亭县	松江县
				奉贤县	奉贤县	奉贤县
			娄县	娄县	金山县	金山县
				金山县		
	上海县	上海县	上海县	上海县	上海特别市	上海市
				南汇县	南汇县	南汇县
				川沙厅	川沙县	川沙县
		青浦县	青浦县	青浦县	青浦县	青浦县
				福泉县		
常州	武进县	武进县	武进县	武进县	武进县	武进县
				阳湖县		
	无锡县	无锡县	无锡县	无锡县	无锡县	无锡县
				金匮县		
	宜兴县	宜兴县	宜兴县	宜兴县	宜兴县	宜兴县
				荆溪县		
	江阴县	江阴县	江阴县	江阴县	江阴县	江阴县
		靖江县	靖江县	靖江县	靖江县	靖江县

资料来源：〔清〕宗源瀚等纂、徐则恂等修订：《浙江全省舆图并水陆道里记》，1915年石印本；牛平汉编：《明代政区沿革综表》，中国地图出版社1997年版，第22—23、218—220页；牛平汉主编：《清代政区沿革综表》，中国地图出版社1990年版，第123—124、142—143页；冯贤亮：《明清江南地区的环境变动与社会控制》，上海人民出版社2002年版，第60—65页；傅林祥、郑宝恒：《中国行政区划通史·中华民国卷》，复旦大学出版社2007年版，第639—643页。

说明：太仓州是明弘治十年析昆山、常熟、嘉定三县地置；青浦县于嘉靖二十一年分上海、华亭两地始建；海宁县，清乾隆三十八年升为州；崇德县曾在康熙元年后改称石门；安吉州自乾隆三十八年后改为县；孝丰县于弘治元年正式自安吉析出；川沙厅是在嘉庆十七年析上海、南汇两县地置。

清末的时候，因筹办所谓的"地方自治"，对当时的政区规划又进行了一些调整。

根据这个调整，可以了解彼时行政区的大概情况，以及与民国时代新变化之间的不同所在。下面表2是上海县地区在清末的区划名称及基层行政管辖情况，可作这方面的一个参考。

表2　1906年上海县基层区划

城乡别	区划	管辖图数	乡　保　关　系
城厢	城厢区	9	均隶高昌乡二十五保
城厢	老闸区	3	均隶高昌乡二十五保
北乡	江境庙区	9	一图属二十四保、三图属二十五保、五图属二十七保，均隶高昌乡
北乡	漕河泾区	10	一图属二十四保、九图属二十六保，均隶高昌乡
北乡	塘湾区	8	二图属十八保、六图属二十一保，均隶长人乡
北乡	曹行区	9	七图属长人乡十八保、二图属高昌乡二十六保
北乡	新闸区	9	一图属二十五保、八图属二十八保，均隶高昌乡
北乡	引翔港区	15	一图属二十二保、十四图属二十三保，均隶高昌乡
西乡	法华区	6	均隶高昌乡二十八保
西乡	虹桥区	7	四图属二十八保、三图属二十九保，均隶高昌乡
西乡	新泾区	8	四图属二十八保、三图属二十九保、一图属三十保，均隶高昌乡
西乡	诸翟区	7	均隶高昌乡三十保
西乡	江桥区	7	一图二十七保、二图属二十八保、四图属三十保，均隶高昌乡
东乡	塘桥区	8	均隶高昌乡二十四保
东乡	洋泾区	13	一图属二十三保、十二图属二十四保，均隶高昌乡
东乡	高行区	13	均隶高昌乡二十二保
东乡	陆行区	10	均隶高昌乡二十二保
东南乡	三林塘区	10	均隶高昌乡二十四保
东南乡	陈行区	7	均隶长人乡二十一保
东南乡	杨思桥区	9	均隶高昌乡二十四保

续表

城乡别	区划	管辖图数	乡保关系
西南乡	闵行区	17	十四图属十六保、三图属二十一保,均隶长人乡
	北桥区	8	均隶长人乡十八保
	颛桥区	5	
	马桥区	10	

资料来源:韦息予编著:《上海》,上海大江书铺1932年版,第47—50页。

1912年,《江苏省暂行市乡》的规章公布,省议会决定"改城为市",对上海县的自治区域作了重新规划,设定为4市15乡,具体如下:①

上海市、闸北市、蒲淞市、洋泾市;

法华乡、引翔乡、漕泾乡、曹行乡、塘湾乡、颛桥乡、北桥乡、马桥乡、闵行乡、陈行乡、三林乡、杨思乡、塘桥乡、陆行乡、高行乡。

此后,行政区划的变更还在持续。民国前期在政区方面所作的改动,一是体现在重要地区治所的归并上,二是表现在相关政区名称的改变上。

1945年抗战胜利后,上海市区行政分作32个区,具体名称依先后次序分别是:黄浦区、老闸区、邑庙区、蓬莱区、泰山区、卢家湾区、常熟区、徐家汇区、长宁区、静安区、新成区、江宁区、普陀区、闸北区、北站区、虹口区、北四川路区、提篮桥区、榆林区、杨树浦区、新市街区、江湾区、吴淞区、大场区、新泾区、龙华区、马桥区、塘湾区、杨思区、洋泾区、高桥区、真如区。②

二、区乡体系的设立

早在清末各地推行"改革"的过程中,宣统三年九月十五日江苏巡抚程德全在苏州宣布独立。同日,在苏州成立了中华民国苏军都督府

---

① 韦息予编著:《上海》,上海大江书铺1932年版,第51—52页。
② 冷省吾:《最新上海指南》,上海文化研究社1946年刊本,第5—10页。

及苏州军政府,程德全自任苏军都督。到9月27日,苏军都督府颁布《暂行地方制》,"同城州县均截并为一"。于是到十月初四,撤苏州府及附郭的长洲、元和、吴县三县,设置苏州民政长署,管辖长、元、吴三县县境,其余原苏州府属的各县、厅,均由苏军都督府直接管辖。1912年1月,经过江苏临时省议会的决议,江苏都督府通令颁布《江苏暂行地方制》,各地废府、州,并县、厅。苏州即改称吴县,县署仍称苏州民政长署。同月,又废除太湖、靖湖二厅,设立太湖县,不久即易名为洞庭县,但至7月就被裁撤了,归属吴县。南京国民政府统一全国后,遵照市组织法,根据江苏省政府训令,1928年12月正式成立苏州市政府。至1933年,在苏州设立江苏省第三区行政督察专员公署,下辖吴县、常熟、昆山、吴江四县。抗战爆发后,苏州地区为汪伪清乡委员会第一区清乡督察专员公署。抗战结束后,1946年9月,江苏省第二区行政督察专员公署移驻苏州,下辖范围较大,包括了吴县、武进、江阴、无锡、常熟、太仓、昆山、吴江八县。到1949年4月,苏州被共产党接管,苏州市及吴县、常熟、昆山、吴江、太仓五县并为苏州行政区。①

1912年5月,清代分设的金匮、无锡两县合并为无锡一县,下辖10市7乡。至1929年,改定为17区,以序数为区名。区以下分设乡、镇,全县共设110镇、442乡。1934年全县17区缩编为10个区,乡、镇同时裁并,分设78镇、121乡。到1948年1月,裁区设署,合并乡镇,全县分设5个区署、6个指导区和1个玉祁自治实验乡,共辖53镇、17乡。②

其间,仍有行政督察专员公署的分划。1932年始,无锡就归入以武进作为首县的江苏省第二行政督察专区,同时属于这个区的还有宜兴、江阴与溧阳三县。此后又有所变化。1936年3月,第二区保安司令部无锡区专员公署成立,下辖无锡、吴县、武进、常熟、吴江、太仓、昆

---

① 苏州市地方志编纂委员会编:《苏州市志》,江苏人民出版社1995年版,第101—103页。
② 无锡县志编纂委员会编:《无锡县志》,上海社会科学院出版社1994年版,第72、76—80页。

山、江阴 8 个县。①1945 年之后，这个专员公署就移驻吴县了。专员公署的设置，完全打破了传统区划的格局。

在浙西的吴兴县，原属明清时期湖州府的附郭县乌程与归安的地域，其行政区划在民国初期，均依据当时政府颁布的《县自治组织法》暨《乡镇自治施行法》办理。村、里改编为乡、镇，这样全县被划分作 10 个区，成立了区公所；每个区之下再分设镇、乡。乡镇构成所谓地方自治之基础。有关吴兴县区划及乡镇概况，可参下表 3。

表 3　吴兴县乡镇区划概况

区　别	镇数	乡数	区公所所在地
第一区	2	41	北门外大通桥
第二区	3	50	织里镇
第三区	6	27	南浔镇
第四区	6	33	练市镇
第五区	9	55	菱湖镇
第六区	6	41	双林镇
第七区	2	24	袁家荡
第八区	2	30	埭溪镇
第九区	3	24	西门外龙溪口
第十区	20	—	城内安仓前
总　计	59	325	

资料来源：刘大钧：《吴兴农村经济》，上海中国经济统计研究所 1939 年版，第 5 页。

每个区设有区长 1 人、助理员若干人。区之下设有镇、乡、闾、邻各组织。以南浔而言，属于第三区，其下分 6 镇、27 乡、622 闾、3 214 邻；各乡村落大的有数百户，小的仅三四十户。②

长兴县的变化也挺复杂。在 1928 年，全县划分成 11 个自治区，到

---

① 王培棠：《江苏省乡土志》，商务印书馆 1938 年刊本，第 12 页。
② 周子美纂修：《南浔镇志稿》卷二《农商》，华东师范大学图书馆藏稿本。

1932年就改成了7个区、23个镇、155个乡、2 215个闾、11 063个邻这样的体系。详参下表4。但到1941年，全部改设成6个区(即四安、和平、虹溪、合溪、鼎新、鸿桥)、50个乡镇，废闾、邻制，全面推行保甲，共辖496保、4 971甲。1948年6月底，则调整至26个乡镇，共计348保、3 688甲。①

表4　1932年长兴县的行政区划

区署名称	镇数	乡数	闾数	邻数	备　注
第一区县城内	6	12	265	1 306	即前雉城镇
第二区虹星桥	3	31	437	2 206	前虹溪乡
第三区鼎甲桥	4	24	325	1 602	即前辰安、安吉乡
第四区合溪镇	2	12	212	1 083	即前合溪、白阜乡
第五区四安镇	7	44	522	2 570	即前四安、林城乡
第六区和平镇	1	18	172	844	即前和平乡
第七区鸿桥镇	0	14	282	1 452	即前鸿桥乡

资料来源：长兴县志编纂委员会编：《长兴县志》，上海人民出版社1992年版，第19页。

在辛亥革命后，原来的太仓州与镇洋县合并，行政区划改为1市(原城厢)25乡。1929年8月依照《县组织法》，太仓县下的行政区划改为区—乡镇建制，全县共设9区、358乡、50镇、2 332闾、11 430邻。1935年，乡镇以下基层设立群众自治组织，推行保甲制度，全县行政区划改为6区、93乡镇、694保、7 363甲。抗战胜利后，县政府于1945年9月恢复了抗战前6区93乡镇的区划，但在次年10月改为6区、50乡镇、335保、4 567甲。②

武进县在1929年8月以后，开始实行新的《县组织法》，在县以下分区，区以下改村、街为乡、镇，乡镇以下设闾、邻，这样规划下来，全县

---

① 长兴县志编纂委员会编：《长兴县志》，第19—21页。
② 太仓县县志编纂委员会编：《太仓县志》，江苏人民出版社1991年版，第76、69页。

共被分成了 10 个区、363 个乡、83 个镇、5 134 闾与 26 237 个邻。①此后的变化就是撤闾、邻制。

在江阴,1934 年江苏省曾颁发了《各县整理自治区划办法》,当地很快作了调整,全县划并为 7 个自治区,128 乡镇(其中镇 36 乡、乡 92),撤闾、邻制,推行保甲,有保 1 498 个、甲 15 694 个。②

金山县到民国时,全县行政被划分为 6 个区:第一区辖朱泾及西乡等处;第二区辖泖港及北乡等处;第三区辖松隐及东乡等处;第四区辖张堰、干巷、钱圩等处;第五区辖吕巷、廊下等处;第六区辖金山卫沿海等处。在抗战后这个区划体系仍被承继下来。不过就在 1946 年,按新的要求,这个体系重新调整,将原来的 63 乡镇合并为 32 乡镇;裁撤各区公所,只在张堰镇设区署一所;其他各乡镇公所与县政府之间直接行文,地方行政管理由县—区公所—乡镇这样的三级制,开始简易为县—乡镇的二级制。③

宣统三年到民国初的桐乡、崇德两县,也实行乡镇自治,但 1913 年底就废止了。此后实行区自治制,崇德县分为 5 个区,桐乡县划为 6 个区。1931 年筹设乡镇制,乡镇以下编成闾、邻制,每 25 户为一闾、5 户为一邻。这样,崇德县所辖有 5 区、1 703 闾、8 505 邻;桐乡县所辖有 4 区、658 闾、3 315 邻。1933 年后推行保甲制,其基层区划就变成了区—乡镇—保甲体系。④

黄浦江以东地区的情况稍有不同。例如,在民国前期的南汇县北蔡镇地方,推行的基层体系仍与清代一致,即乡—保—图制,地方由董事(即乡董、经董与图董)掌理,催征地赋由地保负责,而维护治安则有汛地官。到 1934 年,开始推行区—乡—保—甲制,一直到 1949 年。⑤

---

① 江苏省武进县县志编纂委员会编:《武进县志》,上海人民出版社 1988 年版,第 75—76 页。
② 江苏省江阴市地方志编纂委员会编:《江阴市志》,上海人民出版社 1992 年版,第 69 页。
③ 金山县鉴社编:《金山县鉴》第三期第一章《总说》,1947 年铅印本,第 2 页。
④ 桐乡市桐乡县志编纂委员会编:《桐乡县志》,第 54—56 页。
⑤ 北蔡镇人民政府编:《北蔡镇志》,1993 年 12 月印行本,第 21 页。

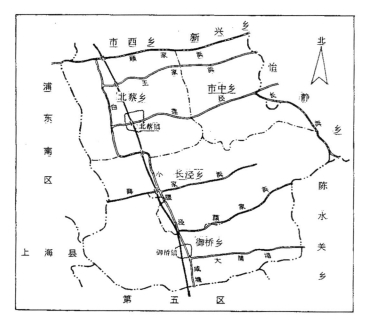

图 1　1931—1946 年间的北蔡地区

（据北蔡镇人民政府编：《北蔡镇志》，1993 年 12 月印行本，第 25 页）

这种行政层级上的变化，在江南基本趋于一致。1930 年 7 月 7 日由国民政府修正公布的《县组织法》规定：凡县内百户以上之村庄地方为乡，百户以上之街市为镇，乡镇均不得超过千户；乡镇居民以 25 户为闾、5 户为邻。①基层组织从最初的街村制，即在城镇为街、乡间为村，到 1929 年，被改为村里制，县以下设区和村、里；1930 年，县以下设区公所，以下改设乡、镇。到 1948 年，据《浙江民政手册》所载，乡镇管理又有了新变化。当时要求按照人口多寡和商业发达情形分为乡与镇，即商铺在百户以上的可设为镇，其余一律为乡。②因而总的来说，除了其间曾有行政督察的专员公署分划外，县以下的区划层级，大概都经历了市—乡制到区—乡镇、闾邻制，再到区—乡镇—保甲制的变化。

---

① 徐秀丽编：《中国近代乡村自治法规选编》，中华书局 2004 年版，第 131—132 页。
② 朱俊瑞、李涛：《民国浙江乡镇组织变迁研究——以"新县制"为中心的分析》，中国社会科学出版社 2007 年版，第 40—41、220 页。

三、汪伪时期的"清乡"规划

但是抗战的爆发,终结了南京政府十年来所开创的现代化进程。江南在 1937 年以后,基本成为了沦陷区,特别是在苏南,日汪的控制比较深入一些,在行政区划与管理上,曾以"清乡"工作的名目作过一番整顿。①例如在上海县,1938 年 2 月成立了"上海县治安维持会",6 月即改称"上海县自治会",隶于伪上海市大道政府。1939 年 3 月,这个上海县被一分为三,上海县浦西部分设伪北桥区,浦东部分分别划入伪浦东南区和伪南汇区,均隶于伪上海特别市。到 1942 年 9 月,伪北桥区改为伪北桥特别区,1944 年 8 月又改为伪申江县。直至抗战胜利后,才重新恢复战前原状。②

1941 年,日汪为了将政治力量渗透并强化至江南地方农村,决定自 7 月 1 日起开始实施"清乡"工作。第一期"清乡"为期五个月,实行地区就在昆山、苏州、无锡、常州一线。③

在"清乡"前,日汪曾做了不少准备与组织工作。据陈毅等人的报告,早在 1941 年六月份,"敌伪"即动员了镇、丹、郿、武、锡、苏、阴、常、太、昆、吴等十一县,"合一万五千名对我六师地区举行扫荡清乡。组织四个清乡专署。武进以东为一专署,武进以西为二专署,其余在苏北。"时间为四个半月,自七月份起,分期分区地"清乡"。第一期为两个月,于苏常太区(苏州、常州、太仓);第二期为一个月,于江锡常区(江阴、无锡、常熟);第三期为一个半月,于武金镇丹区(武进、金坛、镇江、丹阳)。而在各铁路公路之大据点,另驻有重兵镇守,并有大批"清乡"人员。④

以下则是"清乡"警察总队长宗志强致"清乡"委员会的一份呈文,

---

① 相关研究可参潘敏:《江苏日伪基层政权研究(1937—1945)》,上海人民出版社 2006 年版。
② 上海县志编纂委员会编:《上海县志》,上海人民出版社 1993 年版,第 87 页。
③ 原载《满洲评论》第 21 卷第 3 号,1941 年 7 月 19 日,引自中央档案馆、中国第二历史档案馆、吉林省社会科学院合编:《日汪的清乡》,第 58—59 页。
④ 《陈毅、刘少奇、赖传珠关于苏南敌人扫荡清乡略况的电报》(1941 年 8 月),引自中央档案馆、中国第二历史档案馆、吉林省社会科学院合编:《日汪的清乡》,第 322 页。

可以展现当时"清乡"具体工作的一些情况：

> 查职队于本月二日，奉令出发，开抵苏、昆情形，业于江日代电呈报在案。兹据各队先后报称，第一大队于本月四日，随同友军金泽部队开赴支塘镇驻扎（常熟县境）。第二大队随同友军明田部队开赴巴城镇一带驻扎（昆山县境）。第三大队于本月四日，随同友军尾越部队开赴沙溪镇驻扎（太仓县境）。理合将各队分驻地点，汇列总表，送请鉴核备查。谨呈
> 清乡委员会委员长汪
> 　　副委员长陈、周
> 　附呈总队及各队驻扎地点表一份。
> 　　　　　　　　　清乡警察总队长宗志强（印）
> 中华民国三十年七月十四日①

"清乡"工作中的一个内容，就是要实施"特种教育"。这是"思想清乡"的一个主要内容。②具体工作，是将"清乡"的区域划分成若干"学区"。每个学区设"建国中心民众学校"一所及"建国民众学校"若干所。这个划分从教育控制的层面，呈现出了区划之间的差异。详参下表5。

表5　"清乡"区各县实施特种教育区域暨设校数量

县别	暂定区数	暂定建国中心民校数	暂定建国民校数	校数合计
吴县	3	3	8	11
昆山	2	2	9	11
太仓	6	6	10	16
常熟	6	6	24	30
无锡	7	7	28	35

---

① 《清乡警察总队长宗志强致清乡委员会呈文》（1941年7月14日），引自中央档案馆、中国第二历史档案馆、吉林省社会科学院合编：《日汪的清乡》，第413—414页。
② 余子道：《日伪在沦陷区的"清乡"活动》，《近代史研究》1982年第2期，第133页。

续表

县别	暂定区数	暂定建国中心民校数	暂定建国民校数	校数合计
武进	4	4	18	22
江阴	5	5	20	25
总计	33	33	117	150

资料来源:《清乡区各县实施特种教育暂行办法草案》(1941 年 8 月 1 日),引自中央档案馆、中国第二历史档案馆、吉林省社会科学院合编:《日汪的清乡》,中华书局 1995 年版,第 144 页。

当然,"清乡"工作中为配合汪伪政权对于江南的基层控制,保甲制度仍是首要的,所谓"清乡要政之核心工作",并贯穿其始终。就其保甲制的内容来说,则与其他时间并无二致,也是以户为单位,户设户长,十户为甲,甲设甲长,十甲为保,保设保长。推行保甲的目的,当然仍是抽取沦陷区的人力物力。①

1942 年,为了完成所谓地方自治行政的基础保甲制度,汪伪政权派遣保甲指导员到各区,倾注全力在 10 月 23 日大体完成这项工作。据统计,到 10 月末在"清乡"区已完成了这些工作:决定自治区域;保甲的编组;清查户口;结成联保;协定保甲规约;调查民间武器;调查保甲的变动;训练保甲。② 从第一期"清乡"开始到第三期,苏南地区的保甲编查工作比较全面,"清乡"工作也逐步完成。有关吴县等七县的保甲编查情况,详参下表 6。

表 6　吴县、昆山、常熟、太仓、无锡、江阴、武进各县保甲编查情况统计

| 县别 | 区数 | 乡镇数 | 保数 | 甲数 | 户数 | 人口数 | | 壮丁数 |
						男	女	
吴县	11	241	1 961	20 961	218 395	487 150	432 528	181 061
昆山	9	65	446	4 829	—	118 082	124 096	46 196
常熟	10	229	2 233	2 204	234 876	499 894	643 891	160 781

① 潘敏:《江苏日伪基层政权研究(1937—1945)》,第 87—88 页。
② 《无锡地区第二期清乡工作进展状况》(1942 年 2 月 2 日),引自中央档案馆、中国第二历史档案馆、吉林省社会科学院合编:《日汪的清乡》,第 297 页。

续表

县别	区数	乡镇数	保数	甲数	户数	人口数		壮丁数
						男	女	
太仓	6	94	701	6 887	72 297	155 076	151 444	57 742
无锡	8	181	1 852	19 581	218 251	505 056	466 997	148 985
江阴	8	125	1 506	15 612	177 717	425 286	3 808 871	141 630
武进	3	67	773	8 042	91 099	218 841	195 266	77 843
合计	55	1 002	9 472	78 116	1 012 635	2 409 385	5 823 093	814 238

资料来源:《〈江苏省一年来的清乡及省政〉》节录(1942年),引自中央档案馆、中国第二历史档案馆、吉林省社会科学院合编:《日汪的清乡》,中华书局1995年版,第363—364页。

而有关具体的城乡保甲的成立状况,可以无锡区为例说明。详参下图2。

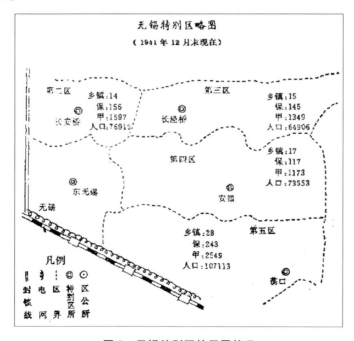

图2 无锡特别区的保甲状况

(据《无锡地区第二期清乡工作进展状况》,引自中央档案馆、中国第二历史档案馆、吉林省社会科学院合编:《日汪的清乡》,中华书局1995年版,第298页)

到 1943 年,根据所谓"清乡委员会"的报告,这些"清乡"地区的工作划定与分期实施内容,主要如下:

> 本会于三十年七月开始实施清乡,当即划定江苏省吴县、昆山二县京沪铁路线以北地区,及太仓、常熟二县全县辖境,为江苏省第一期清乡地区。自三十年七月起至九月底,该地区清乡工作,全部完成。旋即西展至无锡县京沪铁路线以北地区,及江阴县全县辖境,继续举办清乡,是为江苏省第二期清乡地区,自十月起至十二月底,该地区清乡工作,亦告完成。自三十一年一月起,复划定武进县辖境,及吴县、昆山、无锡京沪铁路线以南地区,为江苏省第三期清乡地区,至六月底,该地区清乡工作,相继完成。七月一日起,清乡地区,更扩展至太湖东南地区。该太湖东南地区清乡工作,计分二期实施。太湖东南第一期清乡工作,经划定为苏嘉公路以东(包括苏嘉铁路线在内),嘉兴以东之沪杭铁路线以北(包括沪杭铁路线在内),至上海特别市辖境西端,及沿京沪铁路线,江苏省第三期清乡地区吴县、昆山二县封锁线以南,即包括青浦县全部,吴江、松江二县各大部,及嘉兴、嘉善、吴县、昆山四县之各一部分辖境,为太湖东南第一期清乡地区,自七月一日起至九月底,该地区清乡工作,即已完成。同时自十月一日起,开始太湖东南第二期清乡工作,并经划定嘉兴以东,沪杭铁路线以南(沪杭铁路线不在内),嘉兴以南,沪杭铁路线以东,及围绕上海特别市地区,即包括金山、平湖、海盐三县各全部,及嘉兴、嘉善、松江、海宁四县之各一部分辖境,为太湖东南第二期清乡地区。至于上海市方面,别自三十一年九月一日起,实施南汇、奉贤、川沙等县各地区清乡工作,现均正在紧张阶段积极进行中。①

在"清乡"期间,汪伪政权在苏州地区暨太湖东南地区各县分设所

---

① 《清乡委员会工作报告节录》(1943 年 1 月),引自中央档案馆、中国第二历史档案馆、吉林省社会科学院合编:《日汪的清乡》,第 233 页。

谓的"大检问所",大多是城乡间处于重要交通干道的市镇。大检问所的具体驻地名称如下:

吴县:唯亭、甪直、车场、尹山、蠡墅、胥口、光福、金墅、横泾、苏州站、官渎里、相门站、外跨塘、浒墅关、望亭;
昆山:真仪、安亭、泗江口、茜墩、天福庵、陆家浜、昆山站;
常熟:十一圩港、浒浦、福山、白茆;
太仓:南码头、葛隆镇、浏河镇、浏新镇、七丫口;
无锡:东无锡、大庄桥、南方泉、五里湖、石蒋里、石塘湾、洛社、周泾巷、无锡站;
江阴:黄田港、张家港、护漕港、申港;
武进:常州南、常州东、常州西、戚墅堰、圩塘、横林、连江桥、魏村、戚墅堰站、横林站、新闸站、常州站;
松江:枫泾、石湖荡站、三七号桥、三一号桥、松江站、松江东门、明星桥、新桥、新桥站、莘庄、莘庄站、北沙、欢庵、盛梓庙;
青浦:七宝、吴家巷、陈思桥、纪王庙、万家宅、黄渡;
吴江:吴江、吴江站、八坼站、平望水路、平望陆路、平望站、盛泽、盛泽站、南厍、溪江;
金山:金山卫。①

在城市管理中,为了缓和矛盾,对统制政策作了一定的改善。1944年10月,日军对杭州市城门的经济管制进行了调整,主要如下:

一、米量每人在八公斤以内者可自由搬入;
二、香烟量每人在五十支以内者可自由搬出;
三、其他物资仍依以前之规定。
至于搬出、搬入之时间,是从午前七时至午后六时,其他时间

---

① 《江苏省宣传处关于该省两年来的清乡工作报告节录》(1943年7月),引自中央档案馆、中国第二历史档案馆、吉林省社会科学院合编:《日汪的清乡》,第377页。

及其他不合规范的行为,都将受到严格控制与惩治。①

总之,1941年至1945年的"清乡",就是对沦陷区城乡民众的经济封锁和经济掠夺,直接指向即为苏南的纺织业与面粉业、杭嘉湖一带的蚕丝业等。②毕竟日军对江南的侵夺与政治控制的成本还是很高的,而且"巩固与强化征服"的成本更高,农村的动荡与经济不稳定同样不利于统治。③

四、县级区划的等第

与明清时代一样,民国时期的县同样也有不同的等第区分。④据1936年刊布的资料,按照各县的人口、富力、面积等条件,并参照交通及地位的冲要情形,具体分为三等。

在浙江省,列入一等县的共有25个,包括杭县、海宁、嘉兴、吴兴、长兴、鄞县、绍兴、萧山、诸暨、余姚、嵊县、临海、黄岩、宁海、兰溪、东阳、衢县、江山、淳安、永嘉、青田、遂昌、龙泉、瑞安、平阳;二等县共有29个,有富阳、嘉善、海盐、平湖、慈溪、奉化、镇海、象山、定海、上虞、新昌、天台、仙居、温岭、金华、义乌、永康、浦江、龙游、常山、开化、建德、遂安、乐清、泰顺、玉环、缙云、庆元、景宁;三等县共有21个,包括余杭、临安、於潜、新登、昌化、崇德、桐乡、德清、武康、安吉、孝丰、南田、武义、汤溪、桐庐、寿昌、分水、丽水、松阳、云和、宣平。⑤传统的浙西地区在三个等级中,占了20个县,约占整个省75个县的27%。后来的县级分等更细。到1939年,浙江省方面认为各县情形复杂,本非三等所能归纳,于是决定改设六等。这样,一等县有嘉兴、吴兴;二等县杭县、长兴;三等

---

① 《日军关于杭州城门经济封锁的布告》(1944年10月),收入上海市档案馆编:《日本在华中经济掠夺史料(1937—1945)》,第494—495页。
② 余子道:《日伪在沦陷区的"清乡"活动》,《近代史研究》1982年第2期,第109—135页。
③ [加]卜正民:《秩序的沦陷:抗战初期的江南五城》,潘敏译,第146页。
④ 有关明清时代江南州县等第的说明,参冯贤亮:《明清江南州县的衙署》,《传统中国研究集刊》第四辑,上海人民出版社2008年版,第381—407页。
⑤ 姜卿云编:《浙江新志》上卷,杭州正中书局1936年刊本,第10页。

县海宁；四等县富阳、於潜、嘉善、海盐、平湖；五等县临安、昌化、崇德、安吉、孝丰、余杭；六等县新登、桐乡、德清、武康。①到1941年，安吉、孝丰仍然还是五等县。②

同样也是据1936年的公布资料，江苏省南京市与上海市因比较特殊③，直接归行政院管辖外，江苏省其他地方被分作61个县，县级地方再分作若干区，即所谓"自治之基础"。④

依照行政区的面积、人口、财政情况，这61个县也有三个等级的划分。在长江沿线及其以南的江苏省地方，具体情况据1930年与1936年刊布的资料，可以作出一个简单的对比，并示其间的细微变化。详参下表7。须特别指出，国民政府奠都南京后，与江苏省政府同处一城，时人觉得省政难于建设，故于1929年将省政府治所迁往镇江，而丹徒就改称镇江县了。⑤

表7 苏南地区各县等级及变化

等　级	1930年	1936年
一等县	江宁、镇江、武进、无锡、宜兴、吴县、吴江、上海、松江	江宁、镇江、吴县、常熟、吴江、武进、无锡、南通
二等县	丹阳、溧阳、江阴、常熟、昆山、嘉定、青浦、宝山、南汇、南通	丹阳、溧阳、松江、南汇、昆山、宜兴、江阴
三等县	句容、溧水、高淳、金坛、金山、奉贤、川沙、崇明、靖江	句容、溧水、高淳、江浦、六合、金坛、上海、青浦、奉贤、金山、川沙、太仓、嘉定、宝山、崇明、靖江

资料来源：柳肇嘉编著：《江苏人文地理》，上海大东书局1930年版，第133—137页；李长傅编著：《江苏省地志》，上海中华书局1936年铅印本，第198页。

综上所示，无论是浙江还是江苏，各地的县级分等，既有传统的因素，也有当时政府重视程度的区分意思。

---

① 朱俊瑞、李涛：《民国浙江乡镇组织变迁研究——以"新县制"为中心的分析》，第39、97页。
② 安吉县地方志编纂委员会编：《安吉县志》，浙江人民出版社1994年版，第374页。
③ 至晚在1930年，江宁与上海两县仍是列为一等县。参柳肇嘉编著：《江苏人文地理》，上海：大东书局1930年版，第133页。
④ 李长傅编著：《江苏省地志》，第196页。
⑤ 柳肇嘉编著：《江苏人文地理》，上海大东书局1930年版，第59—60页。

第七章 江南城镇的空间、形态与管理

一、江南城镇系统及其比较

与前民国时代相比,江南地区的城市在1912年以后出现了许多新的变化。江南城市整体上出现的变化,固然与政治与社会变迁有着莫大的关系,但实际上一直受到清末以来西方现代科技与文明的导入、沿海开埠城市(特别其中的租界区)的"近代化"或"现代化"的持续性影响。

如果以太湖流域平原为核心,江南地区可以区分为苏南与浙西两大部分。[①]

就民国时期而言,浙西杭嘉湖地区城市的数量以及城市的空间形态,与以往区别并不太大。在抗日战争全面爆发前,已有学者对此作过简单的排比分析,堪为说明。详参表1。

表1 民国浙西城镇基本情况统计

县别	城市空间形态	下辖市镇
杭县	原有城垣,已划归杭州市,县政府设于市区	临平镇、塘栖镇、丁山街、上纤埠、勾庄镇、三墩镇、良渚镇、长命桥、七贤桥、瓶窑镇、乔司镇、笕桥镇、留下镇、转塘、周家浦、亭址、永和市、星桥镇、前村市、白白市、菩萨桥、将村市
海宁	周围七里九十步,高一丈五尺;城门有五,东曰春熙,西曰安成,南曰镇海,北曰拱宸,东北曰宣德;水门有三,一在拱宸门西,一在宣德门北,一在安成门南	周王庙镇、八字桥镇、石镇、马桥镇、江上镇、春富镇、石林镇、许村镇、郭店镇、黄湾镇、新仓镇、旧仓镇、卢湾镇、丁桥镇、诸桥镇、鄞镇、马牧镇

---

① 有关浙西与苏南地域的说明,可参冯贤亮:《太湖平原的环境刻画与城乡变迁(1368—1912)》,第344—349页。

续表

县别	城市空间形态	下辖市镇
余杭	县城在南苕溪南岸,周回七百三十丈,高二丈五尺,周广一丈六尺;城门有四,南曰对薰,北曰拱极,东曰宾阳,西曰秩成;临溪南城有水门二	仓前镇、闲林镇、双溪镇、横湖镇、石濑镇、高桥镇、曹桥镇
临安	县城在东苕溪南岸,周围五里,城高一丈(城系土垣,土垣内外俱民产,各随业修葺,几以为常),城门有四,东曰会锦,西曰聚金,南曰迎薰,北曰拱极,各树木棚	横畈镇、化龙镇、青山镇、鹤山镇、山口镇、横潭镇、青云镇、碧淙街、西墅街、亭子头、青岭镇
於潜	县城周围五里,高一丈五尺,厚一丈;城门有三,西曰锦江,南曰迎恩,北曰仰山;其东则以山势逼阻,故不置门	藻溪镇、太阳镇、方元镇、印渚镇、后渚镇、麻车埠、紫溪渡、对石浦
昌化	县城周围七里有余,高一丈五尺,厚一丈八尺;城门有三,东趋京、西三瑞、南登龙,其北则以负山不设门;又有东西二关	白牛镇、洲永镇、河桥镇、赤石镇、湍口镇、汤家湾、颊口溪、手字司、株柳镇、星桥浦
富阳	县城在富春江南岸东南,广六里,延袤一千丈有奇,厚二寻;城门有四,东升平、南萃和、西康阜、北达顺,又有门曰文明,壕东南以长江为险(县城东跨观山,西临苋浦,南俯大江,北带后河)	新桥镇、灵桥镇、大源镇、场口镇、高桥镇、柏树镇、贬口镇、里山镇、渔山镇、汤家埠、青云桥
新登	县城在鼍江南岸,周围三里,高一丈六尺,厚一丈;城门有四,东元始、南亨通、西利遂、北贞成	永昌镇、松溪镇、渌川镇、岘口镇、三溪镇、洞桥镇、罗宅镇、万氏镇
嘉兴	县城周围一千八百余丈,高一丈五尺;城门有四,东澄霁、西阜成、北拱宸、南迎薰,有水门二,一南水门,一小西水门	南汇镇、东栅镇、坡平镇、钟埭镇、新丰镇、曹庄镇、凤嘴桥市、徐婆寺市、十八里桥市、石佛寺市、兴圣寺市、大桥头市、马蝗塘市、池湾市、马库汇市、盘家廊市、南堰市、油车港市、塘汇、王店、新塍、新篁、王江泾、余贤埭
嘉善	县城周围六里三百七十步,高二丈三尺五寸,厚二丈二尺;城门有四,东大胜、西太平、南庆丰、北熙宁,有水门五,其南一门,今塞	枫泾镇、陶庄镇、三塘镇、千窑镇、洪家滩镇、丁家栅镇、杨庙镇、天凝市、西塘市、张泾渭市、大云寺市、姚庄桥市、清凉庵市

续表

县别	城市空间形态	下辖市镇
桐乡	县城在运河南岸,周围一千二百丈,外高三丈一尺,内高一丈四尺,面阔一丈八尺,脚阔二丈二尺;城门有四,南时薰、东青阳、西兑悦、北来远,有水门四	濮院镇、青县、屠甸城、石湾镇、日晖市、炉头镇、陈庄镇、青镇、小乌镇、亭子镇、皂林桥、登云桥
崇德	县城在运河西北岸,周围七里余,高二丈余,阔一丈,城门水陆各五	洲泉镇、高桥镇、灵安镇、石湾镇、张渚镇、常乐寺、八里亭
平湖	县城在杭州湾北岸,周围九里,高二丈;城门有五,东启元、西毓秀、南豫泰、北丰亨、西南小南门,水门西、南、北各一	四顾桥市、路桥市、山塘桥市、青莲寺市、斜桥市、马厩桥寺、新庙寺、新仓镇、乍浦镇、新埭镇、全公亭镇、广陈镇、街前镇、虎啸桥镇、林家埭镇、兴兴镇、秀平桥镇、四里桥镇、南庙桥镇、周家墟镇、徐家埭镇、虹霓镇、大通桥镇、金丝娘桥镇
海盐	县城在杭州湾南岸,周围六里三十五步,高二丈五尺,有门四:靖海、望吴、来薰、镇朔;水门南西北三,跨壕门各有桥	角里堰市、茶院市、澉浦市、沈塘市、石泉市、钦城市、通元市、长川坝、西塘桥、海沙场
吴兴	县城当东西苕溪总汇,周围十三里一百三十八步,门有六:东迎春,通运河;西清源,通苕溪;南定安,通余不溪;北奉胜,俗呼霸王门;止有水门,霅水流所出;东北曰临湖,出霅溪,通太湖;西北曰迎禧,俗呼清塘门,止有陆门	妙喜市、陈溇市、大涉市、昇山市、旧馆市、骥村市、新兴港市、袁家汇市、长超市、义皋市、菁山市、石冢市、重兆市、思溪市、东林市、南双林市、轧村市、后林市、南皋桥市、含山市、千金市、竹墩市、路村市、东泊市、元通桥市、荻港镇、善连镇、晟舍镇、下昂镇、莱溪镇、戴山镇、大钱镇、长安镇、霅水桥镇
长兴	县城周围一千一百七十丈,高一丈七尺,广二丈八尺五寸;城门有六,东神武、南嘉会、西南承恩、西长安、北吉祥、东北宜春,各有瓮城;水门二,东清河关,通郡城及太湖,西大雄关,通合溪,上有门亭	桥山市、新塘市、槐花市、吕山市、画溪市、下源市、李家港市、林城桥市、白镇、夹浦镇、合溪镇、鸿桥镇、泗安镇、虹星桥镇、水口镇、和平镇、白阜埠、天平桥、潼桥、小岘渎、钮店桥、胥昌桥、鼎甲桥
武康	县城于汉初平间置,在今县治西五里之银山,今徙乌回山,累土为缭垣,今尚无城,市廛不盛,县前铺有千秋桥	长安市、二都市、四都市、三桥埠、九都埠、篦头镇、下柏镇、上柏镇、杨坟镇、塘泾镇

续表

县别	城市空间形态	下辖市镇
德清	县城在东苕溪西岸,周围七百七十三丈五尺,高二丈三尺,阔二丈,城门有五,东拱乾、南峻明、西宾尘、北礼辰,又称迎薰	下舍市、漵村市、雷甸市、新市、洛舍镇、钟管镇、白彪镇、博鹿镇
安吉	县城周围六里,高二丈二尺,广一丈,门有四,东宾阳、西宾成、南丽正、北拱宸	小溪镇(即晓墅)、梅溪镇、递铺市、荆湾市、钱杭市、曹埠小市
孝丰	县城周围六百七十九丈,高二丈,厚半之,城门有四,东威凤、西通德、南灵龙、北迎安	杭扦市、磻溪市、章村市、报福市、西亩市、赤里市、障吴市、港口市、景乌市、飯山市、荡口镇、唐福镇、山河镇

资料来源:姜卿云编:《浙江新志》,杭州正中书局民国二十五年刊本,第67—108页。

表1中的统计,一方面能反映出民国时代浙西城乡市镇的大概情况,但显示城市变化的内容极为有限。另一方面也存在着不合理的地方。例如,在吴兴县的统计材料中,就没有罗列出南浔镇,这是最不应该遗漏的。不过在讲到吴兴的商业情况时说:"本县市镇,以南浔为最大,菱湖及双林次之,乌镇、善连、陈市等又次之。"①这与明清时代的情况也较一致。

以苏南地方而言,这个范围极小的所谓"江南平原区",含有镇江所属三县、常州所属四县及苏州、太仓、松江所属各县,共计22个县。②其中,苏州、无锡与常州三个城市,人口都在二十万至三十万之间,规模不小,聚落最密。下属每个镇集,人口甚至较淮北一个县城为多,文化发达,乡农生活相对优裕。③

根据民国时期有关学者在地方志书中的表达,可以将这些地方的城市及若干发达的市镇的文化生活情况,作出一个初步的统计。详参表2。

---

① 姜卿云编:《浙江新志》上卷《地方志》第二十六章《吴兴县》,第97页。需要说明的是,乌镇在明清时期一直是属湖州的,与之一河之隔的青镇则属于嘉兴。清初之后两镇混称乌镇,但在许多地方文献的记录中却一直分得比较清楚。
② 李长傅编著:《江苏省地志》,第268页。
③ 同上书,第271页。

第七章 江南城镇的空间、形态与管理

表 2　民国时期苏南地区城市经济与生活景象的统计

城　市	商业状况	电灯、电话及马路设施	旅游胜地
丹阳县城	市街以城中央贤桥附近大街为繁盛,商业以衣庄业为最发达	有电灯设备	
金坛县城	商业不盛		
溧阳县城	城内西门、南门及西门外大街,市廛颇盛;附近之农产物集中于此,商业颇盛	有电灯、电话设备	
武进县城	工商业均发达,市街以城内大街及西瀛里一带,市廛最盛		城内之公园,东门外之天宁寺为江南古刹,风景颇佳
无锡县城	为米、丝之大集散场;工商业均发达,工厂不下百余家,烟突林立,颇有工业城气象;商业以米市最盛,附近武进、宜兴、溧阳以及皖省之米,均集中于此,运往苏、沪、浙江等地。全城米行不下百余家,其次为丝,全城茧行不下三百余家,所收之丝,除供给本城外,则运往上海,故市况甚盛,人口有十七万五千,俗有小上海之称焉		惠山;锡山;梅园;西南五里湖滨有万顷堂、鼋头渚诸胜,湖光山色,别饶风趣
江阴县城	城内及北门外有市廛		城外有君山、黄山要塞,黄山临江,而大角山、小角山、鹅鼻嘴尤称险要,称长江门户
宜兴县城	城中心蛟桥附近为繁盛	有电灯之设备	
吴县城	市街以城内观前大街为最繁盛,此外如临顿路、养育巷、东西中市及阊门外亦甚热闹	市街以石铺街为主,也有新筑马路	为一游览城市,名园特多,如城内之公园,狮子林、怡园,城外之留园等;城内之北寺塔、沧浪亭、阊门外之虎丘、枫桥之寒山寺,均为游览胜地。西郊之天平、灵岩、邓尉(以观梅著名)及东西洞庭均以风景秀丽见称

续表

城　市	商业状况	电灯、电话及马路设施	旅游胜地
昆山县城		有电灯之设备	城门西北隅有马鞍山，一名昆山，上有华藏寺及塔，为游览胜地
常熟县城	城内之寺前街与南门外为最繁盛，贸易以米布为大宗		城西北虞山跨城之内外，有言子墓、兴福寺等古迹，与城西之尚湖（一名西湖）、城东之昆城湖同为游览胜地
吴江县城	商业方面不及县属诸镇之盛		
太仓县城	商业不盛		
崇明县城	市廛不盛		城东五里有金鳌山为一人造土丘，现辟公园，为游览地
嘉定县城	商业不盛	有电灯、电话之设备	南翔镇有古猗园，其中水木清华，点缀颇胜，为游览胜地。
宝山县城	市廛寂寞		
松江县城	城内以岳庙大街为繁盛，商业以米、布之贸易为巨，市廛以西门街一带为盛	有电灯、电话之设备	
奉贤县城	城小而荒寂		
金山县城	市廛颇盛	有电灯之设备	
川沙县城	商业不振		
南汇县城	商业颇盛		

资料来源：李长傅编著：《江苏省地志》，民国二十五年铅印本，第274—313页。

表2中展示了各个城市的商业经济状况、旅游名胜，对现代化生活设施的应用予以特别强调。这些能够显现出从传统帝制时代到现代国家建立后，江南城市变化的一些主要侧面。然而，表中所列的资料，仅限于李长傅所编的《江苏省地志》，统计显然不够完整。像武进、无锡两

城,远较宜兴、丹阳等县为繁盛,不可能没有电灯或电话设备。再如青浦县城,居然没有表格上所列各项的说明。更值得注意的是,在所统计的资料中,只有一处专门指出有新式马路的设施,即吴县,显然也非全面。

二、城市的形态

要探究江南的城镇,"空间"作为首要分析对象是颇为有益的,"空间"既是一个容器,也是社会产物与人类实践,也有可能揭示出社会权力关系的运作过程。①江南的城市一般都位于水陆交通的网点上,畅通的水运和便捷的用水环境,是其赖以长期延续发展的根本。城市形态必须与水网环境相协调,因而就出现了与传统所谓的方形结构迥异的情况。由于民国时代江南的绝大多数城市的空间形态,与清代的情况基本一致,故清代文献中有关城市形态的说明,也可以揭示此后江南城市的一般情形。

一般城市的内部,水道往往纵横交错,即便是清代后期有着较大变化的上海县城,城内的河道也几乎可直达每一户住宅和商号。②一些形态上不大规整的城市,正是契合了河道弯曲分布的要求,如嘉兴府城(含嘉兴、秀水两县附郭)③、湖州府城(含乌程、归安两县附郭)④、常州府城⑤等较典型。

在苏州城内部,"三横四直"为纲的水网与一条环城河道的水系结构⑥,从宋代以来即十分有名,且常为世人所称道;城内建筑、桥梁都精

---

① 〔美〕柯必德:《天堂与现代性之间:建设苏州(1895—1937)》,何方昱译,第 17 页。
② 〔英〕伊懋可(Mark Elvin):《市镇与水道:1840—1910 年的上海县》("Market Towns and Waterways: The County of Shanghai from 1480 to 1910"),收入氏著:《另一种历史:欧洲学者看中国》(*Another History: Essays on China from a European Perspective*),芍药出版社(Wild Peony PTY Ltd.),1996 年,第 101—139 页。
③ 光绪《嘉兴府志》卷一《图说》,光绪五年刊本。
④ 同治《湖州府志》卷一《图》,同治十三年刊本。
⑤ 康熙《常州府志》卷一《图考》,康熙三十四年刻本。
⑥ 详参〔清〕盛林基:《苏州城河三横四直图说》(嘉庆二年),收入苏州博物馆、江苏师范学院历史系、南京大学明清史研究室合编:《明清苏州工商业碑刻集》,第 307—309 页。

致优雅,而到处可以饮用的河水,更让外国人认为超出了威尼斯。①

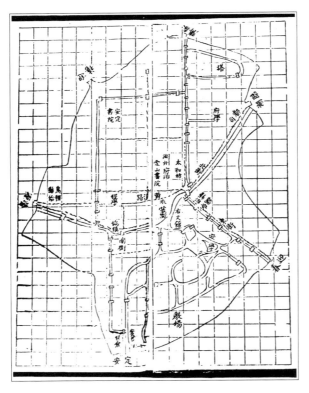

图 1　同治《湖州府志》所绘的不规整的湖州城

民国年间铅印的《吴县志》中,所绘的"苏城全图",完全与明清时代苏州府城的范围一致,清晰地标明了城内的水网情况,以及苏州府治与长洲、元和、吴县三县治同城的形态;整个城市的构造,是比较典型的长方形。②这种类方形的城市构造,在中国是相当普遍的。

再如太仓城,也属于这种类方形的空间结构。参下图 2。

---

① 参[英]阿瑟·哈罗德·希思:《画里中国》,见《港督话神州》"附",北京图书馆出版社 2006 年版,第 215 页;[比]高华士:《清初耶稣会士鲁日满常熟账本及灵修笔记研究》,大象出版社 2007 年版,第 162 页。
② 民国《吴县志》附图,民国二十二年刊本。

第七章　江南城镇的空间、形态与管理 / 183

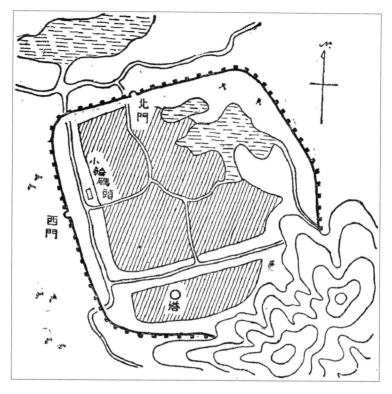

图 2　太仓城的形态

（据东亚同文会编：《支那省别全志》第 15 卷《江苏省》，东京东亚同文会 1920 年版，第 154 页）

但是江南水乡城市很多难以合乎这种类方形的形态。

像常熟县城，如果说是类方形，仍然显得牵强。详参下图 3。同时应该注意到，明清时代一直在竭力维持的城垣体系正在废弛。约至 1924 年，常熟县城的城楼失修坍塌，因无力修复，就一一予以拆除。1929 年，拆除了南门月城，改建总马桥；接着拆除大东门、小东门两座月城，改建泰安、阜安两座吊桥。次年，建新公园（即今天的虞山公园）时，就拆除了公园范围内的城墙，又拆了西门、旱北门的月城，以便交通往来。此后对于新式交通有所障碍的南门与旱北门城门，也进行拆除。① 传统城市

---

① 常熟市地方志编纂委员会编：《常熟市志》，上海人民出版社 1990 年版，第 79 页。

的空间形态被逐渐改变。

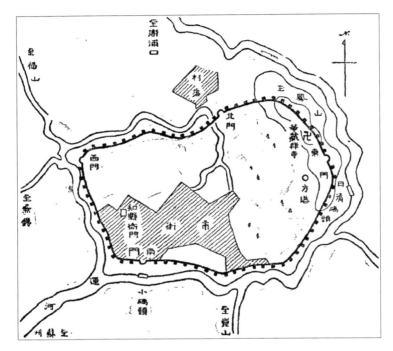

图 3　常熟县城的空间结构

（据东亚同文会编：《支那省别全志》第 15 卷《江苏省》，东京东亚同文会 1920 年版，第 153 页）

同治年间刻印的《上海县志》之县城图，则接近圆形。①但它在江南也不是唯一的，像松江府城②、青浦县城③、海盐县城④、嘉定县城⑤、安吉县城⑥、长兴县城⑦、无锡县城⑧、基本呈圆形的石门县城⑨与常熟县

---

① 同治《上海县志》卷首《图说》，同治十一年刊本。
② 嘉庆《松江府志》"图经"，嘉庆二十二年刊本
③ 光绪《青浦县志》"图说"，光绪五年刊本。
④ 光绪《海盐县志》卷首《图》，光绪二年刊本。
⑤ 光绪《嘉定县志》卷首《县境水利旧图》，光绪六年重修、尊经阁藏版。
⑥ 同治《安吉县志》卷首《图》，同治十二年刊本。
⑦ 同治《长兴县志》卷一上《图》，同治十三年修、光绪十八年增补刊本。
⑧ 康熙《无锡县志》卷一《图》，康熙二十九年刻本。
⑨ 光绪《石门县志》"城市图"，光绪五年刊本。

城①等,也属于这种形态。

　　常州的城河系统和苏州的三横四直的水系截然不同,其城河是环状的,而且一环套一环,构成四层环状。最外一环是城外的新城东南濠(现为穿过常州市区的运河)、东北濠、西北濠(现在的关河)。第二环是西兴河、前河和后河。第三环是子城河。最内的一环是玉带河和惠明河。除了几小段南北直河外,主要河道都是东西贯通,这就影响到常州的街道,使之不像中国一般城市有一条强烈的南北中轴线。②

　　比较特殊的当属金山县城。乾隆年间开始,金山县从金山卫迁入朱泾镇,直至清末,新县治一直无城。③这个所谓的县城所在地显得太过平凡,也让人觉得有些不合常规。

三、地域规模与城门设置

　　在江南,上海城因有租界的存在,其发展变化是最显著而独特的。从1843年正式开埠以来,上海旧县城之外的租界地区在不断扩张,形成了"城外城"。公共租界到1906年还希图将宝山县境纳入其中,虽然在这方面没有成功,但法租界在1914年终于扩充至徐家汇,较原有的范围大二十倍。租界范围经过多次扩大,总面积已达32.8平方公里。另一方面,上海的工商业十分繁荣,人口在快速增长。从1852年上海县人口的54万,1910年的129万,1930年时上海市人口的314万(含租界人口144万),1940年的400万,至1948年的540万,百年之中人口增长约达十倍。这样,城区范围也随之逐渐扩大,除旧城区、旧租界地区仍在发展外,闸北、南市、沪西、浦东一带开始形成新的城市区与平民居住区。到1946年,周边的大场、七宝、莘庄三个镇区划入上海市区,连同旧租界全市共划为30个区,全市面积达到639平方公里。④

---

　　① 光绪《常照合志稿》卷首《图》,光绪三十年刊本。
　　② 万灵:《常州的近代化道路——江南非条约口岸城市近代化的个案研究》,第16页。
　　③ 光绪《金山县志》"图"、卷七《建置志上》,光绪四年刊本。
　　④ 褚绍唐:《上海历史地理》,华东师范大学出版社1996年版,第12—14页。

除了上海城有惊人的发展外,绝大多数的江南城市,直到民国年间,在空间形态与地域结构上实际并没有太过明显的变化。

与北方相比,太湖地区的城市都沿河而建,规模一般较小,没有外城,城内街道狭窄,市街往往扩张至城外。所以出现了城内为政治区、城外为商业区(码头)的形态,苏州之阊门外、镇江之西门外就是其中的典型。①平原地区高度水网化的自然背景,与城镇空间格局与民生习尚的奠定有着必然的联系。长期依赖水路交通的城镇,在近世新式交通如铁路与公路系统的兴建后,生活上保持着传统常规的同时,多少发生着些改变。

苏州在1229年(南宋绍定二年)曾有一幅石刻城市平面全图传世,与1945年的航空摄影图相比照,足证其城市形态异常稳定,两者所示的城墙、城濠、街道与运河都极其接近一致,除了城门的数目与位置稍有不同外,唯一的大变化,就是拆除了原来围护衙署而建的内城。②

嘉兴城也不大,周围仅八里。城墙晚至北伐之后,才先后被拆除。东门和北门先拆,最后才拆到西门,拆除后建造环城马路。③地域结构尚属稳定。

以嘉善县而言,其城市空间与形态长期较为稳定。④早在明代正德五年(1510),嘉善知县胡浩在魏塘镇日晖桥之东建宾阳门、太平桥之西建平城门,日启夜闭。⑤这大概是城市形态初具之时。真正的兴建,要晚至嘉靖三十三年。那时为了抗倭的需要,才开始兴筑,基本规模与相关配套设施得以完善:城垣周1 502丈,高3丈,广2丈,壕阔6丈;周围方9里;濠周于城,阔6丈;设有水门5座、陆门4座,各因其坊名,城

---

① 李长傅编著:《江苏省地志》,第101页。
② [美]施坚雅:《中华帝国的城市发展》,收入氏编《中华帝国晚期的城市》,叶光庭等译,第17页。
③ 台北嘉兴同乡会:《嘉兴今昔》,嘉兴市政协学习和文史资料委员会编:《嘉兴市文史资料通讯》第34期,2003年1月2日,收入《嘉兴文史汇编》第4册,当代中国出版社2011年版,第68页。
④ 参冯贤亮:《魏塘:明代以降一个江南城镇的空间形态与社会变革》,收入《复旦史学集刊》第四辑"明清以来江南城市发展与文化交流",复旦大学出版社2011年版,第192—206页。
⑤ 嘉善县志编纂委员会办公室编:《嘉善县志》(送审稿),1993年4月,第24页,第一编,"建置区划"。

楼亦如之；城墙垛凡 2 664，月城 144 丈，望楼 4 座，水门旁台 5 座，墩台 12 座，窝铺 36 间。①据统计，筑城共占地 353 亩。②这样的建设，完全是从军事防御的目的出发的。

在江南地区，既有陆门又有水门的城墙，是最普通不过的建置了。明代嘉靖年间嘉善县城初建的这一形态，到清代仍然没有大变，城墙仍分四门：北有熙宁门，西为太平门，南为庆丰门，东为大胜门。康熙二十二年，知县崔维华修了城墙五段，合计达 30 丈；又修造城垛 83，小修城垛 151。康熙二十五年，知县严宏祖重建了西城楼。康熙二十八年，知县李之藻重建东城楼。康熙四十三年，知县于舜枚重葺东水门。康熙五十八年，知县孙锦重修西水门。雍正三年，知县张镛倡修南门城隅，又督修东北城墙 20 多丈。雍正五年，接到中央要求在杭嘉湖统一修城的命令，知县李天桂负责修城垛 21 座，费银 48.93 两，动用的是去年受雨水之灾的贫民，使其出力而得糊口。后来又陆续增修城墙，费银达 750 多两。雍正八年，知县郜煜重建东、西两个城楼。③这是清代前期的修城史，根据需要，不定期地修护城墙应是地方政府的一项基本工作。这样一座被城墙环绕的城市④，大概是最符合人们对中国城市的印象。但从总体来看，城市的空间并未得到扩张。

至民国年间，嘉善县城的规制大致如是：周围六里三百七十步，高二丈三尺五寸，厚二丈二尺；城门有四，东大胜，西太平，南庆丰，北熙宁；有水门五，其南一门已堙塞。⑤这表明，明代以来的县城格局，基本没有什么变化。1949 年以后，特别是 60 年代开始的大规模拆城运动，再次使这个县城成为了无城墙的城市。

所以，中国城市的形态，并非如一些学者所云，在长江下游占大多数

---

① 冯贤亮：《城市重建及其防护体系的构成——十六世纪倭乱在江南的影响》，《中国历史地理论丛》2002 年第 1 期，第 11—29 页。
② 嘉善县志编纂委员会办公室编：《嘉善县志》（送审稿），1993 年 4 月，第 24 页，第一编，"建置区划"。
③ 雍正《嘉善县志》卷二《区域志下·城池》，雍正十二年刊本。
④ ［瑞］阿道夫·克莱尔：《时光追忆——19 世纪一个瑞士商人眼中的江南旧影》，陈壮鹰译，东方出版中心 2005 年版，第 75 页。
⑤ 姜卿云编：《浙江新志》上卷《地方志》第二十一章《嘉善县》，第 87 页。

的行政首府所在的城市,正好有4座城门;而且,城市在行政层级体系中的地位,与城门(旱门)数目之间有直接联系的观点①,也是不正确的。

比如,武进县城门有7座、吴县城门有6座(即阊、胥、盘、葑、娄、齐门)以及民国时期新辟的3座(即新阊门、平门、金门)、昆山县城门有6座、太仓城门有7座(即大东、小南、大南、小西、大西、大北、小北)、松江城门有5座,等等。②其他邻近的浙江地区的情况,也各有不同。详参表3。

表3 民国时期浙西杭嘉湖地区县级城市空间范围与城门统计

县级城市	空间范围	城门数目	水门数目	备 注
海宁	周围七里九十步,高一丈五尺	5	3	城门东曰春熙,西曰安成,南曰镇海,北曰拱宸,东北曰宣德;水门一在拱宸门西,一在宣德门北,一在安成门南
余杭	在南苕溪南岸,周回七百三十丈,高二丈五尺,周广一丈六尺	4	2	城门南曰对薰,北曰拱极,东曰宾阳,西曰秩成;临溪南城有水门二
临安	在东苕溪南岸,周围五里,城高一丈	4	—	城门东曰会锦,西曰聚金,南曰迎薰,北曰拱极,各树木棚
於潜	周围五里,高一丈五尺,厚一丈	3	—	城门西曰锦江,南曰迎恩,北曰仰山;其东则以山势逼阻,故不置门
昌化	周围七里有余,高一丈五尺,厚一丈八尺	3	—	城门东曰趋京,西曰三瑞,南曰登龙,其北则以负山不设门
富阳	在富春江南岸东南,广六里,延袤一千丈有奇,厚二寻	4	—	城门东曰升平,南曰萃和,西曰康阜,北曰达顺
新登	在鼍江南岸,周围三里,高一丈六尺,厚一丈	4	—	城门东曰元始,南曰亨通,西曰利遂,北曰贞成
嘉兴	周围一千八百余丈,高一丈五尺	4	2	城门东曰澄霁,西曰阜成,北曰拱宸,南曰迎薰;有水门二,一南水门,一小西水门

① 章生道:《城治的形态与结构研究》,载[美]施坚雅主编:《中华帝国晚期的城市》,叶光庭等译,第105页。
② 李长傅编著:《江苏省地志》,第280、293—295、297、301—302、308页。

续表

县级城市	空间范围	城门数目	水门数目	备注
嘉善	周围六里三百七十步,高二丈三尺五寸,厚二丈二尺	4	5	城门东曰大胜,西曰太平,南曰庆丰,北曰熙宁;有水门五,其南一门今塞
桐乡	在运河南岸,周围一千二百丈,外高三丈一尺,内高一丈四尺,面阔一丈八尺,脚阔二丈二尺	4	4	城门南曰时薰,东曰青阳,西曰兑悦,北曰来远
崇德	在运河西北岸,周围七里余,高二丈余,阔一丈	5	5	
平湖	在杭州湾北岸,周围九里,高二丈	5	3	城门东曰启元,西曰毓秀,南曰豫泰,北曰丰亨,西南曰小南门;水门西、南、北各一
海盐	杭州湾南岸,周围六里三十五步,高二丈五尺	4	3	四个城门各称靖海、望吴、来薰、镇朔;水门有南、西、北各一
吴兴	当东西苕溪总汇,周围13里138步	5	5	城门东曰迎春,西曰清源,南曰定安,北曰奉胜(止有水门),东北曰临湖,西北曰迎禧(止有陆门)
长兴	周围一千一百七十丈,高一丈七尺,广二丈八尺五寸	6	2	城门东曰神武,南曰嘉会,西南曰承恩,西曰长安,北曰吉祥,东北曰宜春;水门东曰清河关,西曰大雄关
德清	在东苕溪西岸,周围七百七十三丈五尺,高二丈三尺,阔二丈	5	—	城门东曰拱乾,南曰峻明,西曰宾尘,北曰礼辰(又称迎薰)
安吉	周围六里,高二丈二尺,广一丈	4	—	城门东曰宾阳,西曰宾成,南曰丽正,北曰拱宸
孝丰	周围六百七十九丈,高二丈,厚半之	4	—	城门东曰威凤,西曰通德,南曰灵龙,北曰迎安

资料来源:姜卿云编:《浙江新志》上卷,杭州正中书局民国二十五年刊本。

说明:资料记录中有的城市没有特别指明水门,多数是水陆城门合一,表格中也不作标示;但在低丘山区的县城,有的城门只是旱门而已。湖州地区的武康县城原来在银山附近,民国时迁至乌回山,没有城垣。

民国时期的县有着不同的等第区分。例如在浙西的杭嘉湖地区，一等县有杭县、海宁、嘉兴、吴兴、长兴，二等县有富阳、嘉善、海盐、平湖；三等县有余杭、临安、於潜、新登、昌化、崇德、桐乡、德清、武康、安吉、孝丰。①后来的县级分等更细。到1939年，浙江省方面认为各县情形复杂，本非三等所能归纳，于是决定改设六等。这样，一等县有嘉兴、吴兴；二等县杭县、长兴；三等县海宁；四等县富阳、於潜、嘉善、海盐、平湖；五等县临安、昌化、崇德、安吉、孝丰、余杭；六等县新登、桐乡、德清、武康。②到1941年，安吉、孝丰仍然还是五等县。③

在1941年，安吉、孝丰都被定为了五等县。④但可以发现，从上述城市及其城门数量的统计比较来看，这种行政层级的分等，与城门数量的多寡显然并无必然的联系。

四、市镇的空间结构

至于数量庞大的乡村市镇，大多依水而建，同样具有较为便捷的水陆交通。许多市镇的繁荣状况，完全超过了北方一般的县城。⑤据统计，居住民超过千户的超级市镇，过去至少有54个。⑥所以在江南的很多地方文献中，常有将市镇规模（主要在经济与生活繁荣程度方面）与府县级城市作攀比的事例。湖州的超级大镇南浔，湖州与嘉兴交界的乌青镇，在文献记载中与民间谣语中多有与府级城市相仿的描述⑦，即如嘉善北乡的西塘镇，时人也说"市况之盛，相埒于城邑"。⑧原来与南

---

① 姜卿云编：《浙江新志》上卷，第10页。
② 朱俊瑞、李涛：《民国浙江乡镇组织变迁研究——以"新县制"为中心的分析》，第39、97页。
③④ 安吉县地方志编纂委员会编：《安吉县志》，第374页。
⑤ 有关明清时期江南市镇及其经济的详细考察，可参樊树志：《江南市镇：传统的变革》。
⑥ 刘石吉：《明清时代江南市镇研究》，第130—134页。
⑦ 冯贤亮：《明清时期中国的城乡关系》，《华东师范大学学报（哲社版）》2005年第3期，第113—120页。
⑧ 心莲：《西塘农工商业之概况》，《钱业月报》1922年第2期，第6页。

浔、菱湖、双林并称湖州地区四大镇的新市,"比(德清)县治要繁荣得多"。①其实这些都是着眼于经济发展层面来说的。

江南地区的市镇空间结构差别颇大,但多与水乡环境的塑造有关。

在濮院镇内外,四周均属河道,全镇分作东、西、南、北四市,即俗称的"河头"。由于濮院是一大镇,工商繁荣,地理上又由嘉兴、桐乡两县分辖,所以"南河头"与"西河头"归桐乡县,"东河头"与"北河头"属嘉兴县管辖。②这种由不同行政区兼辖的市镇,在江南还有不少。

江南巨镇乌青镇,在民国年间编的镇志中有这样一段描述:"统方隅而总其界域则曰'乡',由乡而析其聚落则曰'村'。乌青镇市河以东三栅为清风乡,属桐邑;西三栅为崇孝、移风二乡,属程邑。其间有庄有都有图,而村亦相因而附见。"③这段话作为《乌青镇志》卷十四《乡村》部分的总叙,将乌青镇完全系于乡村的概念之内,且明确地将乌青镇以市河为界限作了乡级区划,东面属于桐乡县清风乡,西面则属于乌程县的崇孝与移风二乡。

据清人的记载,乌镇的市街纵有七里、横为四里,而青镇为纵七里、横二里,设有四门,南曰南昌,北曰澄江,东曰朝宗,西曰通雪;又在镇的四面通水要道处,设有东、西、南、北四栅。④这显然是一个规模庞大的镇,所以民国年间的人们甚至认为该镇是"浙西唯一巨镇"。⑤

嘉兴的新塍镇,形似"十"字,从东市梢到西市梢,全长约三华里,中有一条市河和几条支流。市河南北两岸称港北、港南,形成两条街道。⑥

南浔镇的空间规模更为庞大。镇中心地带有一个"十字港":"在中

---

① 心真:《水乡市景(新市通讯)》,《杂志》1944年第6期,第169页。
② 台北嘉兴同乡会:《嘉兴今昔》,嘉兴市政协学习和文史资料委员会编:《嘉兴市文史资料通讯》第34期,2003年1月2日,收入《嘉兴文史汇编》第4册,第87页。
③ 卢学溥修、朱辛彝等纂:《乌青镇志》卷十四《乡村》。
④ 〔清〕董世宁纂:《乌青镇志》卷一《疆域》,民国七年铅印本。
⑤ 非我:《乌镇各业之概况》,《钱业月报》1922年第10号,第6页。
⑥ 邵寿璇:《回忆童年时代的新塍镇》,嘉兴市政协学习和文史资料委员会编:《嘉兴市文史资料通讯》第31期,2001年3月20日,收入《嘉兴文史汇编》第3册,当代中国出版社2011年版,第396页。

市通津桥西、清风桥南、明月桥北、运河与南北二市交午相贯处。"北面有一个"十字港":"在北栅栅椿桥北、莲界桥西,西木行港西来百间楼港,东出与市河交午相贯处。"南面还有一个"十字港":"在南栅便民桥北,东西两交界坝桥之间,城壕西来司前港,东出与市河交午相贯处。"① 直到民国年间,那时的经济调查者还能听到"湖州整个城,不及南浔半个镇"之语②,反映了一个江南大镇的鼎盛之态。

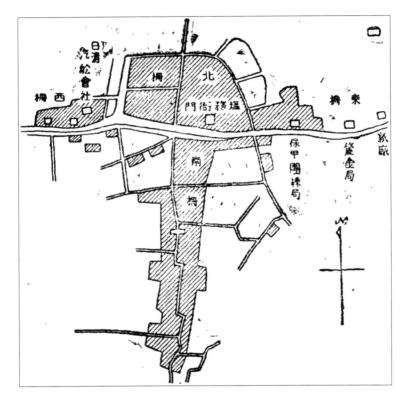

图 4　南浔镇的空间形态

（据东亚同文会编:《支那省别全志》第 13 卷《浙江省》,东京东亚同文会 1919 年版,第 98 页）

不过大多数江南市镇的地域规模并没有上述乌镇、南浔那样庞大,

---

① 周庆云纂:《南浔志》卷四《河渠》,民国十一年刻本。
② 刘大钧:《吴兴农村经济》,第 122 页。

像周庄镇,市街长三里、宽二里;临平镇,镇区东西三里、南北二里;娄塘镇,镇区四面方广各三里;王店镇,市街长约四里;硖石镇,镇区南北狭长四里;璜泾镇,镇区东西二里、南北一里;月浦镇,镇区南北二里、东西一里;方泰镇,镇区东西一里、南北一里;马陆镇,镇区东西不及一里。①市集与生活空间的规模都不大。

市镇的地理结构与空间规模,由小而大,一般可划分为一河二街型(一条河流横穿于镇中)、丁字港型(两条河流丁字型相交于镇中)、十字港型(有两条河流十字相交,镇中心为"十字港")。②实际上,很多市镇的结构,不可能完全符合这些模型,仍是不规整的。

朱家角镇位于青浦县城以西六公里,旧称珠溪、珠街阁或珠里,从明代万历年间形成村落以来,至清末民初成为当地的大镇。镇内河港交错,现今仍保留有桥梁约 30 座,水路与陆路交通都很发达。镇上的北大街、大新街与漕河街都是重要的商业中心,在过去有"长街三里,店铺千家"之说。民国年间镇上米市极盛,在漕港两岸的米厂、米行与米店就有上百家。③从地理结构上看,朱家角镇的市街沿河港集聚,以镇北部东西向的漕港河与差不多南北向的市河(包括沿河的北大街部分)、与市河几成丁字形的西栅河为主,构成了明显的"大"字形河道骨架。这个镇的空间几乎是以城隍庙为中心集聚的。④

而长期保留城墙的乍浦镇,完全就是一个有城垣的小城市。整个城呈正方形,市区通衢四达,纵横交叉,"街各有巷,由巷度小街,又有子巷"(参图 5)。直到 1956 年,乍浦的部分城墙才被拆除,拆下的砖石用于修建乍嘉公路。至 1989 年底,还保留有南城门附近和东、西两部分土城。⑤目前保存的一段城墙,位于镇南大街居委会北河滩小区,东西

---

① 参樊树志:《江南市镇:传统的变革》,第 188 页。
② 樊树志:《明清江南市镇探微》,第 109—111 页。
③ 上海市青浦县县志编纂委员会编:《青浦县志》,上海人民出版社 1990 年版,第 85—86 页。
④ 段进、季松、王海宁:《城镇空间解析——太湖流域古镇空间结构与形态》,中国建筑工业出版社 2002 年版,第 176 页。
⑤ 平湖市乍浦镇志编纂委员会编:《乍浦镇志》,中国文史出版社 2011 年版,第 68、355 页。

长还有约 200 米,高约 4 米。

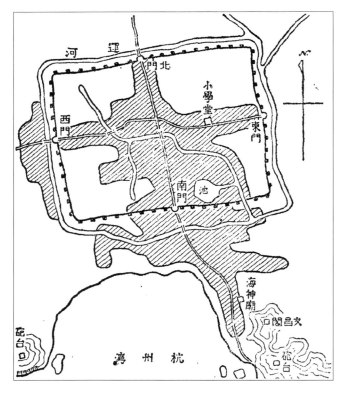

图 5 民国前期乍浦镇的空间格局

(据东亚同文会编:《支那省别全志》第 13 卷《浙江省》,东京东亚同文会 1919 年版,第 89 页)

如果以拓扑网络法来分析,江南一些著名市镇的形态与规模也差别较多。下表 4 是江南地区一些市镇的案例,以示大概。

表 4 江南市镇之拓扑网络分析结果

镇别	拓扑等级	市镇形态	市镇规模
周庄	三级	团形	小
同里	四级	团形	大
芦墟	二级	带形	小

续表

镇别	拓扑等级	市镇形态	市镇规模
黎里	二级	带形	中等
朱家角	三级	星形	大
西塘	三级	星形	中等
乌镇	三级	星形	大
新市	三级	星形	中等

资料来源：段进、季松、王海宁：《城镇空间解析——太湖流域古镇空间结构与形态》，中国建筑工业出版社2002年版，第62—63页。

说明：团形镇是河道成网络状，平面形态呈团状；带形镇是以一条明显的主河道为主轴，平面形态呈一字长蛇形；星形镇则以多条河道为轴发展，主次不明显，平面形态呈多触角式向外伸展。

总之，没有一种固定的模型结构可以概括中国城镇的空间形态，那种希望以二三种模型进行的总结也存在很大的局限性，也不宜普适化。这当中，除了地理环境的决定性因素外，传统的建筑观念、政治制度以及商品经济的演变等，都会对城镇的形态格局产生重要的影响。

五、水栅的设置与功能

从市镇的边界设定来看，一般都有"水栅"的设置。水栅是江南地区常见的水利设施，明人将其与堰坝并列，称"甃石筑土为壩，列木通水为栅"，设置的主要目的是为防"盐盗"。由于这个原因，水栅往往都由巡检司负责。起初，水栅的建置因出于地方乡村"自卫"的需要，或出于地方政府讲求防备的需要，设置的地方都非险要地带。嘉靖年间，海寇肆虐横行，水栅的设置大大增加。在倭乱平息后，这种水上防护设施出现了荒废，而且常被地方豪强擅自占为"江湖之利"。当然，地方也可以借此钳制"逋逃"、勾摄违法逃亡人员，所以保存到后世的水栅仍有很多。①

---

① 〔明〕沈棨：《吴江水考》卷二《水栅考》，天津图书馆藏清乾隆五年沈守义刻本。

这种水栅的防卫设施,在政区边界曾起过很大的作用。江南市镇一般不建城郭,仅设置木栅或关坝作为安全防卫设施,比较简单。由于水域面积的比重在江南地区占据了绝对优势,运河、市河以及其他河流的桥洞往往设有水栅;有些城镇在其外围也有此设施。①

从自然环境的角度看,嘉善县地方南边稍高,北边极低。县境内"一望皆水泽,支河干派,湖荡连接,芦苇兼葭,旷野无际,轻舟小舫,倐往忽来,鼓浪乘风,瞬息万里"。因此舟船商贾遭受掳掠之事不断发生,政府只好严行禁戢,树立栅坝,不许夜行。堰坝作为水栅建设的基础,其作用主要在于水利防护。但是在某些情况下,它体现了明显的防盗功用。所以,在各处河道关隘设立水口总栅,是防盗的一大重要措施。根据水源特点,其源"必自大水分来,分多必合下流",然后又归于大水,"而去大水者为湖、为荡、为蒲、为漾",渺茫千百余里。这些地方显然是盗匪啸聚出没之渊薮。早在明代嘉靖年间就有人提出,"禾郡之防盗,不当防之于陆,而当防之于水"。若各水口有栅栏,即使盗贼能入一口,要出入别口之栅也非易事。盗匪一旦陷于栅围之中,就很容易被生擒。过去,只不过是在城市桥梁之下横木一根,圈围不过一尺,长短不过二丈;上虽有锁链,也不坚固;看守的栅夫也是从下户贫民中选任的,这些只能"阻遏里中往来",而经过的小船常常成为其要索的对象。遇上大盗强贼,这些设施是不堪应付的。因此,明末李日华就提出了"总栅议":在嘉兴府境的四周,有小水接连大水的地方,其两边密密钉上桩木四、五层,桩木必须牢固;栅栏中间开口作门一扇或两扇,以便通船往来。官船或运艘因船身较大,栅门可特别开大;其余的只许容一船通过。栅栏上用铁链锁住,于晨昏时启闭。同时挑选附近殷实人家,编定工食,在栅之左右置造官房,由督检居住,以便看守水口。在总栅以内的各处桥梁依旧安置横木,按时启闭。即使有大盗斩栅而入,看栅之人力不能敌的,也可从陆路奔入第二层内栅,叫集乡民御盗。这道防护当时号称"重门之险"。嘉兴府境内的水栅,总计有 20 多处,大栅也有七

---

① 冯贤亮:《明清江南地区的环境变动与社会控制》,第 345—348 页。

八处,如嘉善县的淀山湖栅,桐乡、秀水二县的辟柴栅,石门县的语溪等栅,嘉兴府城的杉青栅,等等。在每年冬季水位低时,由捕官逐一验看各地水栅,有损坏的即行修补。①

在万历以前,嘉善县于主要渡口桥梁都设有木栅,由当地塘长协同附近总甲,轮流调拨伙夫,负责早晚启闭之责,其功用自然在"御寇安民"。水栅在魏塘镇共有4座,斜塘镇(即西塘镇)有3座,风泾镇(即枫泾镇,今属上海市)有2座。有朽坏的,年年要加以修葺。万历时,县境村落之中有桥梁356座,水栅坍塌废圮,大多已不存在。因此,水乡舟楫可以"宵行达旦,蹉徒出没,肆无阻遏"。由于各镇都设置了常平仓以积贮粮食,故建立水栅以防盗窃发生,则势在必行。②

至清康熙年间,仍以"盗案"为首务,嘉善县等地"当湖泖之际,奸宄出没,有非临时所能备者"。因此明后期以水栅防盗的方法,仍被沿袭下来;并又仿效石门县的"结甲之法",推行各处。③

因此,在江南市镇中,带有方位指向的东、西、南、北等栅,也早已成为了地方民众判别镇区的长期记忆。

例如,青浦县的西岑镇,在1918年时仍保留着东北、西北、西南与东南四栅。④(参图6)盛泽镇在东、西、南、北四栅外,另有东南栅、西北栅,共计6栅;枫泾镇设有7栅。水栅的管理主要由巡检司负责,从明末以来,巡检司的功能有所缩小,水栅的维护和管理便逐渐纳入了市镇自治机能中。⑤

再如,黎里镇的水栅设置过去较多,曾有9座,多在镇区的外围,由营汛管守。集中于镇区内围的主要是4栅,由市镇管守,颇能体现地方"自治"的意味。⑥这4栅即清末人所言的东栅(在傅家浜)、西栅(在古

---

① 〔明〕李日华:《建郡城各处水口总栅议》,收入康熙《嘉兴府志》卷十四《官师下·兵政》,康熙二十一年刻本。
② 〔明〕章士雅:《置栅议》,收入光绪《嘉兴府志》卷八十三《艺文》,光绪五年刊本。
③ 康熙《嘉兴府志》卷十四《官师下·兵政》。
④ 〔清〕唐宝淦编、葛沖增补:《西岑乡土志》,附图,上海图书馆藏"葛氏丛书"第十二集钞本。
⑤ 参[日]川胜守著:《明清江南市镇社会史研究——空间与社会形成的歴史学》,第544—571页。
⑥ 樊树志:《江南市镇:传统的变革》,第156页。

木桥)、南栅(在通秀桥西堍)、北栅(在王家花园)。①

图6 青浦县西岑镇的四栅(1918年)

(据〔清〕唐宝淦编、葛冲增补:《西岑乡土志》,上海图书馆藏"葛氏丛书"第十二集钞本)

在角直镇,过去因处元和、昆山、新阳三县交界之地,镇市范围东西有5里、南北3里,曾设有9座水栅,控制了镇区内外的水上交通,加强治安管理。清末的人们就说过:"置水栅,所以备寇盗也。镇之四隅设立之,以司启闭。其于防御之法,实有裨益。里中共有九栅:一在西美桥,一在洋泾桥,一在安桥,一在南通桥,一在寿康桥,一在金鞍浜桥,一在北港,一在正阳桥,一在通浦桥。"这9座水栅在道光年间已经创建,

---

① 〔清〕蔡丙圻纂:《黎里续志》卷二《里巷》,光绪二十五年禊湖书院刻本。

嗣后屡经修葺，一直不废。①

六、城镇废弃物的处置与管理

至于城镇废弃物的处置，是关系城镇生态循环与民众生活方式的重要内容。其具体的举措与官方管理，多因人口聚居状况、产业经济发展程度，城镇之间存在不少差异。

江南城镇重要的传统手工业，以丝织业与棉纺业为主。根据统计，以丝绸业为主要专业的乡村市镇，主要分布在太湖东南面不大的扇形地面，包括盛泽、王江泾、南浔、震泽、濮院、乌青、菱湖、新市、石门、塘栖、临平、黄溪、王店、双林、长安、硖石等镇。②这些乡村市镇丝绸业的兴盛及其相伴的染织工艺，多少会污染当地水源，但如果规模不大，应该不会招致就近居民太多的抵制。毕竟，当地居民的绝大多数都会参与这一行业，以给生活之需。

其中，染坊的重要用料蓝靛，俗称"青"，每年二三月下种后，收获时取汁成靛，"获其价值，数倍于谷、麦"③；而且乡民在培植上比种五谷要省力得多，每年还可收获三四次，江、浙一带的染坊都很需要。太湖流域产蓝的地方，以嘉定县较为集中，所产蓝靛畅销浙江的嘉兴、湖州、杭州、绍兴等地，是当地乡民生计大宗。④在诸翟一带，就盛产棉花与蓝靛，棉花种植本来就很盛行，而蓝靛"向年种植犹少，故其利厚，今则种渐广，而利寝薄"，不但丝绸坊用之，布坊也多用之，五六月间嘉、湖、苏、松客商骈集，都来贩卖靛青，"民资以给"。⑤湖州双林镇上的绢庄收绢后，须加工后出售，时称"染皂"，以耕坞桥一带为代表的染皂作坊工作，规模曾达数百人，进行煮、漂、敷蕨粉等操作；还有黑坊，染练绫绸；另有

---

① 〔清〕佚名纂：《甫里志稿》(不分卷)，"疆里""水栅"，约纂于光绪间，抄本。
② 参樊树志：《明清江南市镇探微》，第200—207页。
③ 光绪《海盐县志》卷八《舆地考·风土》，光绪三年蔚文书院刻本。
④ 〔清〕黄世荣：《嘉定物产表》卷上，民国五年光明社聚版。
⑤ 〔清〕汪永安原纂、侯承庆续纂、沈葵增补：《紫隄村志》卷二《风俗》《土产》，康熙五十七年修，咸丰六年增修，上海图书馆藏传抄本。

胶坊，专门染练五色裱绫。在嘉庆、道光年间，这一行业十分兴盛。[1]再如桐乡县的濮院镇上，曾有 4 个染坊，资本额达 320 元[2]，完全是应丝绸所需而兴。在太平天国战乱后，大量客民涌入乡村地区，种蓝的人群由此大增[3]，染坊藉此提供给棉布业与丝绸业更为丰沛的加工业务。比较而言，丝织业更需要洁净的水源，双林镇四乡因水质清冽，缫出的丝洁润异常，极受欢迎。[4]曾经水域广阔的嘉兴范蠡湖，据说"湖水缫丝甚白"。[5]但无论缫丝还是染坊，都会对水源产生污染。早在清代乾隆二年政府刻立的《苏州府永禁虎丘开设染坊污染河道碑》中，就指出了苏州等地在这方面出现的问题。官府特别强调在风景名胜区虎丘地段染坊流出的污水，对附近农田禾苗、花园胜景的损害；那些"青红黑紫"的污水，已严重危及到居民的日常生活。[6]而在非名胜地区的染织业，政府对其污染问题，也许就不会那么重视了。

因而也可以说，水环境污染严重的时期，恰恰是地方工业的发达阶段。晚清以来新式机器的使用和工厂的营建，自然会加剧城乡环境的污染程度。由于传统时代生产用水与生活用水长期是不作严格区分的，对城乡河流的污染，就意味着对人身健康的侵害。

民国年间费孝通的乡村调查，已经指出地方民众对于此类污染的清醒意识："丝厂不得不建在河的下游，否则脏水就会污染河水，使得他人无法饮用。"[7]

而据《申报》报导，1923 年宝山县江湾一带，因"威士制革厂"将秽水直接排于河中，污染河水，迫使江湾沿河居民诉请地方会同淞沪警厅卫生科检验水质，结果是"此水实有毒质，不能为饮料"。1928 年，上海

---

① 〔清〕蔡蓉升纂、蔡蒙续纂：《双林镇志》卷八《公所》、卷十五《风俗》，上海商务印书馆民国六年铅印本。
② 民国《嘉兴新志》上编，民国十八年刊本，第 82 页。
③ 傅衣凌：《明清社会经济史论文集》，人民出版社 1982 年版，第 147、154 页。
④ 〔清〕蔡蓉升纂、蔡蒙续纂：《双林镇志》卷二《水道》。
⑤ 光绪《嘉兴府志》卷十二《山川一》，光绪五年刊本。
⑥ 乾隆二年《苏州府永禁虎丘开设染坊污染河道碑》，收入苏州博物馆、江苏师范学院历史系、南京大学明清史研究室合编：《明清苏州工商业碑刻集》，第 71—73 页。
⑦ 费孝通：《江村经济——中国农民的生活》，第 155 页。

市政府社会局对市郊农村的一份调查表明,沪南的小木桥附近因通铁路后,煤气污染当地所产的桃子,"皆黑而味涩";沪北的蒲淞乡村,接近工厂的农田,也是受煤气毒水的影响,"每次减少生产力"。①

吴淞江两旁的硝皮厂、丝厂、造纸厂等颇多,所有的工业废水,"每乘潮来时放出,由潭子港流入梨园浜,水秽且臭,色黑如墨"②,这些都给附近的乡村市镇民众的生活与生产带来很大损害。

上海市内的苏州河,因直接与间接排入的污水及工业废水的漫无标准与限制,以致水质日趋恶劣。其他市内的中小河浜,也因上述原因,情况更为严重。制造铁钉之类的小型工场,由于任意排放废水,居然将自来水公司的地下水管腐蚀,发生了伤害他人财物的纠纷事件;也有制造皮革的工厂,将制革废水排入地面水沟,致使臭气四溢,妨碍公共卫生,影响了居民生活。③

而人口的过度密集,给城乡地区带来了各方面的压力。就连水乡地区被认为有安全之虞的夜航船,也是"行人拥挤"④,夜间已是如此,遑论白天的航船。内藤湖南从杭州前往苏州的水程中,船舱中挤着四个中国人,已令他十分难受:"平时和中国人擦肩而过的时候,连衣服袖子的接触都使我心中不快,如今不得不硬挤到他们中间睡一个晚上,让我感到很窝囊";船上的寂寞无聊已让他感到心烦,更使他不快的是:"中国旅客不用说被褥,连碗碟、便器都在旅行时随身携带,船上供旅客喝水的茶碗也没有一个,我不断要开水却没有盛水的东西,不得已,只好向同船的中国人借用。"⑤夜航船中的被子又多跳蚤、虱子,一个晚上的租金还需3钱,船上的食物也一样糟糕。⑥

舟船上的拥挤之况,仿佛就是江南城镇狭窄街道路面上那些"稠密

---

① 戴鞍钢:《口岸城市与农村经济演变——以近代上海和长江三角洲为中心》,《社会科学》2010年第2期,第128—137页。
② 中孚:《真如区的观感》,《新真如》1937年第20期,第6页。
③ 赵福基:《工业废水问题》,《工程界》1949年第四卷第11—12期合刊,第46页。
④ 〔清〕袁景澜:《吴郡岁华纪丽》卷十一"十一月","夜航船"条,第329页。
⑤ [日]内藤湖南:《燕山楚水》,第102页。
⑥ [日]清野长太郎编:《1921年浙江社会经济调查》,丁贤勇、陈浩译编,北京图书馆出版社2008年版,第223页。

拥挤的人群"的缩影。①生活废弃物的排泄及处理的问题，显得突出起来。

在杭州城内，街道的窄狭与肮脏同样令人极不愉快。居民家中扫出的砖灰泥土、洗鸡鱼菜的水等，都随意地泼在墙角路侧。这不但对行人有碍，而且秽污浊气熏蒸，令人难受。这种情况虽然几经整治，最后也无大的改观。②把街头当成垃圾场，似乎成了人们的一种习惯，甚至并不在乎自家门前的垃圾会堆积如山。③

苏州城内的情况也差不多，据说大大小小至少有五十个"土堆"。堆中的主要成分是砖头碎瓦，当然还会有死猫死狗、死猪甚至死小孩等，没有人来禁止。有人就说："上海虽然比苏州大，从没有这种事情见过的。"苏州街巷的两口，一般都置有尿桶和粪坑，"撒尿的人一定不肯撒在桶，沿路撒去，到了热天，臭气熏天，比阿摩尼亚不知要臭上几倍。走过的人，都掩着鼻子；红头苍蝇还嗡嗡的飞来飞去，嗜他的好滋味。"④

江南城镇中一般没有固定的厕所，人畜大小便都是随意随地。⑤芥川龙之介曾讲过一个事例。在1921年时，他来到上海豫园前面的湖心亭游玩。他说："(湖心亭)名字挺漂亮，可实际是个随时都可能倒塌的、破旧不堪的茶馆。而且亭外的池子里，水面上浮满了蓝色的水藻，几乎看不到池水的颜色。"一个中国人居然"正在悠悠然地向池子里撒尿"⑥。

到过苏州、杭州、上海的德富苏峰曾感慨道："世界上再也没有像中国人那样为了一饱口福而费心竭虑的了，可是单单对厕所的要求却很低，真是让人不能理解。"⑦直到1930年代，中国的一般家庭都是没有厕所的，即便有，也是用马桶来取代。⑧日比野辉宽曾说，虽然上海人已

---

① 〔俄〕D.马克戈万：《尘埃：百年前一个俄国外交官眼中的中国》，第173—175页。
② 〔清〕不著撰人：《杭俗怡情碎锦》"乐善类"，"扫除垃圾"条，清代稿本。
③ 〔日〕德富苏峰：《七十八日游记》，中华书局2008年版，第477—478页。作者曾于1906年5—8月来中国游历，本书作为此次的游记，由东京民友社于1906年出版。
④ 繄千：《苏州与上海》，《新上海》1925年第1期，第186页。
⑤ 〔日〕曾根俊虎：《北中国纪行后编》，收入《北中国纪行·清国漫游志》附录，中华书局2007年版，第192页。
⑥ 〔日〕芥川龙之介：《中国游记》，十月文艺出版社2006年版，第15—16页。
⑦ 〔日〕德富苏峰：《中国漫游记》，第145页。
⑧ 〔韩〕金光彦：《东亚的厕所》，译林出版社2008年版，第122页。

用马桶解手,但马桶早晚都是拿到黄浦江水中去清洗,可知黄浦江水有多脏。①

为了防止粪便随意倒在街道上,不少城市开始建起了露天公厕。上公厕形成了中国城市的一个有趣景观:"一到早晨,要上厕所的人们就像是在火车站排队买票一样排了好长的队。"上公厕的基本是男性,女性很难看到,所以可以认为"还有一部分人是在路边或家中解决的"。有的中国人就说:"与其在那又窄又臭味儿的地方大小便,还不如在宽阔的蓝天下随便大小便来得痛快!"②

在上海出现的这样的情况,可能是所谓"马路上的男女不平等""重男轻女",即"男子有厕所,女子没有厕所"。③

在沈家行的街道上,民国时代已有公用的厕所,可是"厕所的构造,容易使苍蝇占据";除此,到处粪缸排列,对公众健康显然不利;而街道隔二三天才清扫一次,经常污秽不洁。④

常熟的东张市上,街道上的垃圾已设专人管理,积秽较少,但"坑厕林立,臭秽难堪,装门固托空言,迁地更无办法,推厥原由,基于商业兼农肥料需要,视市坑为生产利源;然臭味四射,不可向迩,炎夏尤觉难堪。霍乱症,难保不由此发生"⑤。

民国年间费孝通调查的吴江县开弦弓村的居民房后,都有些存放粪尿的陶缸,半埋在土地里面;河边的道路边,也有一排粪缸;政府虽然出于卫生的考虑要求居民撤走,但都没有实行。⑥

上述这类情景,在太湖地区的城乡生活中随处可见。自清末民初以来,卫生意识似乎得到了政府的普遍关注,相关活动得以推进。就像陈邦贤说的,粪便问题与下水道的处理,饮食物品及饮食店铺的管理,

---

① [日]日比野辉宽:《赘肬录》,收入冯天瑜:《"千岁丸"上海行——日本人1862年的中国观察》,商务印书馆2001年版,第352—353页。
② [韩]金光彦:《东亚的厕所》,第122页。
③ 听冰生:《马路上的男女不平等》,《新上海》1925年第6期,第132页。
④ 张镜予等:《社会调查:沈家行实况》,商务印书馆1924年,第86、99页。
⑤ 王鸿飞纂:《双浜小志》卷一《市镇》,民国未完稿本。双浜,又名东张市。
⑥ 费孝通:《江村经济——中国农民的生活》,第113页。

理发铺、澡堂、公共游泳场的管理,臭味及烟尘的取缔,蚊蝇蚤虱的灭除,公共娱乐场所的管理,公墓的设置及管理等,各省市都在那里积极进行。①城镇环境卫生开始由警察所卫生警统一管理,出现了与传统时代生活面貌不同的新局面,也是生活文明化的一个重要表现。

---

① 陈邦贤:《中国医学史》,上海商务印书馆1937年初版、1954年修订版,第266页。

第八章 江南城镇的日常生活和社会习尚

一、日常生活的论述

"江南"的核心在太湖平原,地跨江苏与浙江两省。像浙西的杭、嘉、湖,被目为"浙江精华所聚",到1920年代,引人注意的长途电话已遍及各城镇,电灯在各县小镇也往往所在多有。这种繁荣发展的程度,"较之西北甘各省,真有天渊之别","不愧是人间的天堂"。苏南同样是江苏的精华所聚,苏州、常州、无锡、常熟、吴江、松江等与浙西的情形相像,一直是比较富足的地方。①虽然这样的生活多被战争(特别是抗日战争)所打断,但短暂的平静期仍让人们感觉美好。

在许多其他地区的人看来,江南的生活确实有让外人艳羡的地方。1926年冬天,河南辉县人马员生经由沪宁铁路从南京到上海,他说,沪宁火车干净、舒适,车上的男女旅客都很文明,衣服整齐,秩序也好;天也不太冷,车走得很平稳。车窗外树木还绿,不时看到溪水缓流,小船荡漾,农民住宅,几家成一个村子,"江南风光真是名不虚传"。②

抗战前比较偏僻些的金山县虹桥镇,在传教士们看来,这里的居民"大概都是小康之家,能够自给自足;生活情形比了旁地的农民,要宽裕得多"。③

再如苏州,人们的生活都很会"享受",饮食衣饰、居室园林,"无不讲究精美",但若无经济基础和文化积累,也是办不到的。④有人谈及周庄镇的生活,论作是一种"极度的安闲状态":"老者是茶叙,认真得风雨

---

① 朱其华:《中国农村经济的透视》,上海中国研究书店1936年版,第76—77、91页。
② 马员生:《旅苏纪事》,群众出版社1987年版,第55页。
③ 振华:《金山虹桥的日军暴行》,《圣心报》1945年第11期,第272页。
④ 周邵:《蚪溪寻梦》,第73页。

无阻;少者是烟赌,认真得卜昼卜夜;这种机械的日常生活,不要说榆关的警报,不能改变他的常态,就是天坍下来,也不在他们的心上!"① 对北方人来说,像江南乌镇这样的小镇,就感觉有北方的二等县城那么热闹了,而且很摩登:

> 镇里有的是长途电话(后来你就知道它的用处了),电灯,剪发而且把发烫曲了的姑娘,抽大烟的少爷,上海流行过三个月的新妆,还有——周乡绅六年前盖造的"烟囱装在墙壁里"的洋房。②

1936年,《新运月刊》载文评论说:

> 世界动向不管是在巴黎或是在英伦,只要发生了能够波到中国来,江南人的生活,马上就有了一个适应;而且他们的适应,是具着创造的模仿,造成独立一格的风尚,从思想,学术,工作,物质的建设,私生活的爱美,各方面里,都在在给内地人们,一个莫大的兴奋与刺激,所以江南人民一部分的生活,是紧张的,进步的,新陈代谢的,而能够影响成中国全社会的新动向。③

确实,从外在表现来看,江南城镇的生活似乎风光华美,社会有序,生活安逸,给人以"家给人足"的感受。有一首"南浔山歌",生动地描画了南浔镇居民一年四季的日常生活景象:

> 正月梅花报立春,南浔好似小南京。盐商典当行行有,单少戏馆女堂名。
>
> 二月杏花白如银,垂虹桥对分水墩。官塘大路真闹热,来往行

---

① 紫羔:《周庄素描》,《珊瑚》1933年第7期,第2页。
② 茅盾:《大旱》(1934年9月),收入氏著《茅盾全集》第十一卷《散文一集》,人民文学出版社1986年版,第270页。
③ 刘翔:《江南社会的解剖与再造》,《新运月刊》1936年第34期,第53页。

人数不清。

三月桃花树树红,分水墩前闹冲冲。两岸划船叫摆渡,踏青仕女密重重。

四月蔷薇叶正青,西木巷口像阊门。卖丝乡人无其数,终朝吃得醉醺醺。

五月石榴似火红,贤圣盛会古遗风。神行太保刽子手,监押犯人不容松。

六月荷花透水放,大桥湾里毛猪行。炎炎夏天难行走,臭气冲人不可当。

七月鸡冠遍地栽,张王庙里任徘徊。凤凰池边无心立,前面去看总管会。

八月中秋桂花香,土地堂前正闹忙。耍货摊头西洋景,看完戏法听滩簧。

九月菊花瓣瓣黄,邀伴同游土地堂。便相只有四五日,遇上重阳已散场。

十月芙蓉闰小春,新庵荡北桂花坟。嘉应庙前行人少,董家厅上冷清清。

十一月花开紫薇红,宝善街上闹轰轰。大庄小号俱看备,电报传信不通风。

十二月腊梅开得浓,各家收账急冲冲。手提钞码回头看,恐忘经折破灯笼。①

这样的生活,大概从晚清到民国前期都是一致的。商人、市民、伙计、香客等人保持着生活的常轨,一年忙碌不停。

茅盾曾多次谈到其家乡乌镇的"香市",即长达十天左右的土地庙的"庙会"式临时市场,给乡镇地方生活带来的喜庆与热闹感。他还提到随着"香市"里的把戏班子一同来的"桑秧客人":"说话听不懂;他们

---

① 周子美纂修:《南浔镇志稿》卷四《杂录》。

全是外路口音。装束也有点不顺眼:他们大半穿一件土蓝布的,说它是长衫就太短,说是马褂又太长,镇上没人穿的褂子;他们又有满身全是袋的,又长又大,看上去又挺厚的土蓝布做的背心;年纪大一点的,脚上是一双土布鞋,浅浅的鞋帮面,双梁,配着白布的袜子,裤管塞在袜统里。镇上只有几个老和尚是这么打扮的。"客人是来卖桑秧的,桑秧船与戏班子船都停在一处。在当地人看来,他们的到来,就意味着"香市"快到了。①这是乌镇地方生活中的一个重要记忆。

著名翻译家、嘉兴人朱生豪(1912—1944),在1935年4月30日致女友宋清如的信中,描绘了其家居嘉兴南门一带的风光与生活日常,也十分生动:

> (我)一生中最幸福的时间,便是在自己家内过的最初几个年头。我家在店门前的街道很不漂亮,那全然是乡下人的市集,补救这缺点的幸亏门前有一条小河,通向南湖和运河,常常可以望那些乡下人上城下乡的船只,当蚕桑季节我们每喜成天在河边数着一天有多少只桑叶船摇过。也有渔船,是往南湖捕捉鱼虾蟹类去的,一只只黑羽的水老鸦齐整整地分列在船的两旁,有时有成群的鸭子游过。也有往南湖去的游船,船内有卖弄风情的船娘。进香时节,则很大的香客船有时也停在我们的河埠前。也有唑唑敲着小锣寄信载客的脚划船,每天早晨,便有人在街上喊叫"王店开船"。也有载着货色的大舢板船,载着大批的油、席子、炭等等的东西。一到朔望烧香或迎神赛会的节期,则门前挤得不堪,店堂内也挤满了人。乡下老婆婆和娘娘们都头上插着花打扮着出来,谈媳妇讲家常,有时也要到我家来喝杯茶。往年是常有瓜果之类从乡下送来的。但我的家里终年是很静的,因为前门有一爿店,后门住着人家,居在中心,把门关起来,可以听不到一点点市廛的声音。我家全部面积,房屋和庭园各占一半,因此空气真是非常好,有一个爽

---

① 茅盾:《桑树》(1934年9月),《茅盾全集》第十一卷《散文一集》,第284页。

朗的庭心和两个较大的园,几个小天井,前后门都有小河通着南湖,就是走到南湖边上也只有一箭之遥。想起来,曾有过怎样的记忆啊。前园中的大柿树每年产量最高纪录曾在一千只以上,因为太高采不着给鸟雀吃了的也不知多少,看着红起来了时,便忙着采烘,可是我已五六年不曾吃到自己园中的柿子了。有几株柑树,所产的柑子虽酸却鲜美,枇杷就太酸不能吃。桂花树下,石榴树下,我们都曾替死了的蟋蟀蜻蜓叫哥哥们做着坟。后园的门是常关的,是跟后门租户人家的分界线。园内有时种些南瓜大豆青菜玉蜀黍之类。后园的井中曾死过人,禁用了多年,但近来有时也汲用着,不过乘着高兴而已。有时在想象中觉得我的家简直有如在童话中一般可爱,虽然实际一到家,也只有颓丧之感,唤不起一点兴奋来。①

不过,正如日本学者内山完造在1930年代所说:"支那的生活者,仍一如日本,多可区分出一流生活,二流生活,和三流生活来。"②江南城镇居民的实际生活,并不都是安逸和舒适的。1920年,陈独秀在《新青年》上撰文,对上海社会专门作了分析:

> 上海社会,分析起来,一大部分是困苦卖力毫无知识的劳动者;一部分是直接或间接在外国资本势(力)底下讨生活的奸商;一部分是卖伪造的西洋药品、卖发财票的诈欺取财者;一部分是淫业妇人;一部分是无恶不作的流氓、包打听、拆白党;一部分是做红男绿女小说、做种种宝鉴秘诀、做冒牌新杂志骗钱的黑幕文人和书贾;一部分是流氓政客;青年有志的学生只居一小部分,——处在这种环境里,仅仅有自保的力量,还没有征服的力量。③

---

① 宋清如编:《寄在信封里的灵魂——朱生豪书信集》,东方出版社1995年版,第200—201页。
② [日]内山完造:《活中国的姿态》,敦煌文艺出版社1995年版,第59页。
③ [美]裴宜理:《上海罢工——中国工人政治研究》,第104页。

在传统与现代双重交织的影响下，沪语中不少称谓很能体现当时社会生活的人群分划或生计行当，并透露出强烈的时代感。如公司或洋行经理称"大班"或"买办"；店主叫"老板"；老板之子称"小开"；商店雇佣在外接洽交易的售货员叫"跑街"；店中代客搬送货物的工役叫"出店"；以口头说合双方之买卖而居间赚取佣金者的是"捐客"；妓女之假母仍称"老鸨"，游妓叫"野鸡"，地皮屋捐客称"白蚂蚁"，妇人老而淫猾者曰"老蟹"，外行则称"死蟹"，类似野鸡之荡妇叫"淌白"，接应西人之妓称"咸水妹"等，在民国时期都成了特定的专有名词。而导源于英文而沿用成习的沪语，也有不少，如买办叫"刚白度"（compradore），跑街称"式老夫"（shroff），汽车叫"摩托卡"（motorcar），电话称"德律风"（telephone），睡椅曰"沙发"（sofa），钢琴称"批霞娜"（piano），银圆叫"达拉司"（dollars），佣金称"康密纯"（commission）等等，都很能体现时代特色。①

上海被称为富人的天堂，穷人的地狱。娱乐业的社会分层就相当明显：外国总会、租界公园、租界跑马厅主要是外国人的天地；舞厅、溜冰场、运动场、游泳池、酒吧、咖啡馆，也不是穷人所敢问津的。一般以苦力赚钱的下层社会，既看不懂电影，又没有那么多的闲钱逛公园（乐园），他们唯一的娱乐场所就是小戏院。②对下层民众来说，内山完造所言的一流、二流人的生活，就很让人艳羡了。《良友》画报从第 109 期起至第 113 期止，特别设置了"上海地方生活素描"专栏，约请一些名人写述上海的日常生活。例如曹聚仁的《回力球场》（第 109 期）、穆木天的《弄堂》（第 110 期）、洪深的《大饭店》（第 111 期）、郁达夫的《上海的茶楼》（第 112 期）、茅盾的《证券交易所》（第 113 期）等，从中所呈现出来的大都会之声色犬马、纸醉金迷的生活方式，实迥异于当时普通大众的日常景况。③

当然，普通人家倘若经营得法，生活上的差别就会显得小一些。在 1920 年代前期，由于蚕茧价格上涨的刺激，崇德县蚕桑生产不断发展，

---

① 沈伯经、陈怀圃编：《上海市指南》，上海中华书局 1934 年版，第 143—144、148—149 页。
② 熊月之：《乡村里的都市与都市里的乡村——论近代上海民众文化特点》，《史林》2006 年第 2 期，第 70—76 页。
③ 吴果中：《〈良友〉画报与上海都市文化》，湖南师范大学出版社 2007 年版，第 286 页。

蚕桑户收入增加,购买力兴旺,还普遍盖造新房。这与邻近地区常有战争的困苦之状相比,显得有些畸形繁荣。城中的一些银楼,新制了些妇女的金银饰物,一担茧子正好可以打一双花条的金镯。在城市商品市场上,东洋花布、西欧钟表,以及翔云斋的哔叽布、美华祥的自由裙、公昶的文明伞、沈源隆的手摇袜等,都成了时人乐道的时髦货。①吴兴县(湖州)的民众,主要依赖丝绸生产,遍地皆桑、户户育蚕,"一年的温饱系于春秋两蚕期"。在第一次世界大战前后,吴兴的辑里丝非常有名,在国际市场上列居首位,丝织户的生活较为安逸。一般的乡镇中产阶级,本来就有田产房屋,因丝业经营而无不家给户裕,其子弟娇弱成性,游惰视为故常,且衣必丝绸、食必鱼虾,生活上的安定是附近地区所不及的。逢年过节,都要送礼饮宴,日常的雀战(赌博)、吸烟(鸦片)、听书、看戏,优游闲散,尤为湖州人的生活常轨。遇到婚嫁丧吊,大多崇尚奢靡,铺张扬厉。当地流传的民谣称:"丝行店伙真写意!头发梳得光,咸蛋吃个黄,鱼虾喝点汤。"②

确实,不论从事什么工作,靠什么谋生,江南城镇都能提供各种各样的机会,不仅是给当地人,也提供给外来移民。内山完造有一个有趣的观察,他说:从上海算起,不论到什么地方去看,茶馆,饭馆,旅馆,酒店,点心店等等众客所集的地方,不论楼下,二楼,三楼,四楼,小贩行商可以完全在里面自由往来兜揽生意的。卖花的,卖瓜子的,卖落花生的,卖烟卷的,卖药的,卖化妆品的,看八卦的,歌女等等小贩行商,杂在客人和看热闹的人之间,粗声儿、细嗓儿地吆喝着兜揽生意。其中椅子桌子,只要是空着的话,不妨暂时借用,虽然只是暂时,他们能够自由出入,自由营商。③

大城市和小城镇的生活毕竟是不同的。丰子恺曾说:"我住居上海,前后共有三十多年了。往日常常感到上海生活特点之一,是出门无相识,街上成千成万的都是陌路人。如果遇见一个相识的人,当作一件

---

① 蔡一:《乡史拾遗》,香港:天马图书有限公司1993年版,第134页。
② 刘大钧:《吴兴农村经济》,第127页。
③ [日]内山完造:《活中国的姿态》,第49页。

怪事。这和乡间完全相反：在乡间，例如我在故乡石门湾，出门遇见的个个是熟人。倘有一只陌生面孔，一定被十目所视，大家研究这个外来人是谁。"①城市生活中存在的陌生感，与乡镇的熟人社会的差异，应该在很多人的生活中都有着鲜明的感受。

城镇间的生活差异，还体现在闹市区。丰子恺对上海"新市场"的印象很深。他说：

> 新市场的市街的平广的景象，容易使人看了生出快适之感。杭州还没有摩天楼出现，现有的房屋大多数是二三层的。远望市街的夜景，只见一片灯火平铺在广大的地上，好像一条灿烂的宝带。……上海市街的灯火，当然比杭州更多。然而没有这般快适之感，却使人感到一种压迫。这得市街形式不同的关系，上海的市街形式是直的，杭州的市街形式是横的。……上海近来高层建筑日渐增多，虽然没有像森林一般密，也可谓"林立"了。我们身在高不可仰的大建筑物下面行走，觉得自己的身体在相形之下非常邈小，自然地感到一种恐怖。②

号称人间"天堂"的苏州城，最热闹、最有名的地方是在玄妙观一带，但在民国时期已远不如上海的商业街那样热闹。芥川龙之介描述说，玄妙观"尽管地摊上同样摆着时髦富丽的袜子，开了水的锅里同样冒出韭菜的香气。唉，你看还有两三个年轻女人，头发梳得油光锃亮，还故意把罩着黄绿色和淡紫色衣服的屁股，一扭一扭地走路，可仍旧给人一种土里土气的寂寥感。"③其实，苏州的生活也在发展。在工商业街区，从传统的到新式的西方生活用品，各类营业十分齐全，满足了人们的日常生活需求。如典当行、银行钱庄、金号银楼、丝纱厂、火柴厂、

---

① 丰子恺：《新的欢喜》（1962年），收入《丰子恺自述》，大象出版社2003年版，第200页。
② 丰子恺：《车箱社会》，"市街形式"篇，上海良友图书印刷公司1935年版，第58—59页。
③ ［日］芥川龙之介：《中国游记》，第111页。

纸板厂、绸缎庄、珠宝店、米行、酱园、布厂、木行板栈、布店、洋货店、冶坊桐油、豆行、酒行、煤油、油行、电灯厂、药房、麦粉厂、碾米厂、汽水厂、烛皂厂、保险公司、颜料行、漆店、洋机公司、绣货行、水泥行、眼镜钟表店、香烟公司、绍酒店、书坊、纸店、粮果行、转运公司、彩票业等，遍布苏州城中。①

在"人间天堂"的杭州，按照郁达夫的描述，城里人的生活多以"风俗""仪式"为重。他说：

> 一年四季，杭州人所忙的，除了生死两件大事之外，差不多全是为了空的仪式；就是婚丧生死，一大半也重在仪式。丧事人家可以出钱去雇人来哭。喜事人家也有专门说好话的人雇在那里借讨采头。祭天地，祀祖宗，拜鬼神等等，无非是为了一个架子；甚至于四时的游逛，都列在仪式之内，到了时候，若不去一定的地方走一遭，仿佛是犯了什么大罪，生怕被人家看不起似的。②

值得一提的是，有不少地方以模仿苏州或杭州之生活为尚。根据时人的观察，在浙江，苏、杭城市生活的影响与作用是明显的。例如在昔日的处州府、后来的丽水县，抗战之后因苏杭移民的麇集，江南文物随之输了进来，于是丽水县城"苏杭化"了，"冷寂的山城，一变而为繁华的都市"，有五光十色的百货商店，有甜香酥美的嘉湖细点；有京菜馆子聚丰园，美酒佳肴，咄嗟可办；有绸布呢绒齐备的高义泰，花花绿绿，摆满橱窗；有烫发艳装的摩登女郎，有西装革履的漂亮绅士。府前街头，肩摩毂击，丽阳门外，车水马龙，从而使丽水仅次于温州、金华，而甲于浙南各县。③从这个层面来看，人作为文化的载体，其移动确乎有传播风俗文化的重要作用。

---

① 陆璇卿、颜大圭：《旅苏必读》二集，吴县市乡公报社1922年刊本，第38—51页。
② 郁达夫：《杭州》，收入《郁达夫文集》第三卷《散文》，广州花城出版社、香港三联书店1982年版，第273—274页。
③ 骆憬甫：《1886—1954 浮生手记——一个平民知识分子的纪实》，上海古籍出版社2004年版，第251—252页。

相对而言,上海人的"生活"更有着巨大的诱惑力,不仅吸引人们到上海去,而且以模仿上海人的衣着服饰、生活方式为尚。时人说,上海的妇女很是奇怪,"竟有极大的魔力足以左右全中国的妇女",其他地方妇女的装饰、习惯、言行,"几乎都以上海妇女为标准"。在交通便利、可以就近到达上海的江南城镇,"妇女们吃饱了没事做,差不多专在学上海的妇女",有时就跟着丈夫到上海来一次,逛逛十里洋场,回去后就把上海妇女的装饰、习惯和一切言行都学了去了。而上海的娼妓,更是"宣传上海妇女风气的使者",每到一些码头地方,"多少就在那里留下些上海妇女的风气"。①

应该说,江南城镇生活中存在的差异是多种多样的。虽然已开始进入现代工业社会,生活上的差异有时常体现在地域背景上,很难根除。如上海的丝织业人员,来自苏州、浙西杭嘉湖等地与来自浙东嵊县、东阳、义乌等地不同籍贯的人们,生活上有不少差别。根据1930年代后期的调查,来自浙东的丝织工人大多数是青年,颇易接受现代都市文明,在手头有钱的日子,衣食住行等有些带资产阶级色彩,西装革履,坐电车或黄包车,吃包饭,类似学生生活;当中较为节俭的,平日也穿布衣,房子是几人合租一间。他们的进取心较强,相信社会需要改革,希望把自己的生活改好一点。至于嗜好,百分之五十的人抽卷烟,而平时喜欢打麻将、押牌九赌博的人,约有百分之四十,不过吃酒嫖妓的较少,日常娱乐多以唱歌、踢球、吹箫、弹琴、玩公园、看电影为主。湖州、杭州、苏州籍的工人,生活上相比较为落后,旧习惯的传统很深,很多人染上点"流派",服装多着蓝布褂裤,扎起裤脚,穿双缎面鞋子,打扮得像上海人所称的"白相人",食、住、行大概与前一种工人相仿,但不注意卫生,滥吃酒肉,往往在一间小房子里,"着地铺"上住了许多人,不够整洁。大多嗜好烟、酒、赌,一般娱乐主要是逛游艺场、看舞台、打麻将等。②

如果从"风俗"的角度来看,江南城镇生活整体呈现出由俭入奢的

---

① 沧海客:《上海观察谈》,《新上海》1925年第2期,第65页。
② 朱邦兴等编:《上海产业与上海职工》,上海人民出版社1984年据远东出版社1939年版校订本,第141—144、589页。

变化态势。导致这种生活风气变化的原因,一是在于时代的进步,昔日的珍品往往变为常品,特别是在衣着服饰方面;二是在江南,奢风由来已久;三是上海地方的物质生活水平高,生活繁华,影响了其他城镇的民众生活与观念。①

二、娱神活动的繁盛

民间信仰、宗教崇拜复杂多样,既反映了城镇乡村的精神生活形式,也在很大程度上折射出城乡地区的经济开发与生活水平状况。江南地区自古以来就有信巫好鬼的风俗传统,从城市到乡村,散处着名目各异的神灵及其庙宇,供奉的神主们都有着悠远的历史,对民间的风俗文化、生产活动与经济生活等多有程度不同的影响。

江南城乡民众对天地神灵的信仰活动,有很多是与社会生产直接相关的。在手工业技术方面,过去通称"百工",大多各有一神作为祖师爷。根据民俗学者的调查,在太湖流域地区,各行业的祖师神非常多,且与民间流行的诸种节日活动有密切的关系。其中,主要有:木匠业祖师鲁班,竹匠业祖师泰山,铁匠业祖师李老君与尉迟恭,石匠业祖师鲁班,中医业祖师吕纯阳与华佗,中药业祖师李时珍与药王菩萨,酿酒业祖师杜康,茶叶业祖师陆羽,染坊业祖师葛洪,理发业祖师罗祖与吕洞宾,裁缝业祖师轩辕氏,烧炭业祖师陈老相公,糕饼业祖师雷公菩萨,雕刻业祖师邱弥陀,砖瓦业祖师鲁班,织绸业祖师伯余,水作业祖师乐毅,湖笔业祖师蒙恬,纺织业祖师织女,鞋匠业祖师孙膑,哥窑业祖师章生一,炼剑业祖师欧冶子,油漆业祖师吴道真人、葛洪与普庵老祖,眼镜业祖师黄帝与鬼谷先师,纸工业祖师韩愈、朱熹,箍头业祖师陈七子,成衣业祖师黄帝,茶馆业祖师范阳仙师,馒头业祖师诸葛亮,命馆业祖师鬼谷仙师,航运业祖师市舶圣王,糖人担祖师刘伯温,屠宰业祖师张飞,茹民业祖师茹神刘老三,梨园业祖师唐明皇与老郎,火腿业祖师宗泽,剃

---

① 王树槐:《中国现代化的区域研究:江苏省,1860—1916》,台北:"中研院"近代史研究所1984年版,第630—631页。

头、修脚、乞丐祖师罗祖真人。①

不仅是行业神崇拜,其他各类神灵也都可以纳入民众的经济生活中,并以庙会的外在表现形式连接起来。江南城镇丰富的庙会活动,正是以神灵的祭祀活动为契机,结合传统的节庆仪式,构成了民间的重要娱乐形式,并逐渐固化为地方经济生活中不可或缺的内容。

城隍庙会是正统性的神灵信仰与节庆相结合的活动中最有名的。在德清县,传统的城隍庙会主要在夏初,"三班六房"、衣裳齐楚故事以及抬阁皆颇为盛行。进入民国时期,虽然夏初的庙会停办,但九月初在城隍庙举行香市的活动仍然保留,跟过去一样。②苏州黄埭镇每年四月间举行赛"城隍会",又称"三巡会""解天饷",活动持续三天:第一天巡行本地,为"演会";第二天到管山解东岳饷,为"正会";第三天移到琳桥,为"末会"。按照当地人的说法,该镇城隍庙会的导从之盛、仪仗之丰,非他乡所能比。如正会活动,有许愿作囚徒者,枷锁银铐,赭衣被体,被时人形容为"桁杨充罪隶,箫鼓导神牌";又专门选取貌美的小孩儿,装束鲜艳,跨马前行,称"马太保";还有扮戏踏高跷,其状不一。③据1919年6月《常熟日日报》报道,常熟县莫城镇赛城隍会原定于旧历初五、初六两日举行,因适逢阴雨,就顺延一天,乡民以鸡黍款客,因而费用加多,"甚有典钗质衣,以尽地主之情者"。上海县的城隍庙会更为热闹。1820年出版的英文《上海导游手册》说:"在节日里要想穿过庙那是困难的,祈祷的人群在神像前燃烧着香烛,巨大的炉子里发出的热力逼迫人赶快退出,那代表银银锭的纸钱正在炉子里燃烧。"④1936年,作家阿英描述了上海城隍庙会热闹场景:

> 熟悉上海的人,都知道城隍庙,每天到那里去的人是很多很

---

① 姜彬主编:《吴越民间信仰民俗——吴越地区民间信仰与民间文艺关系的考察和研究》,上海文艺出版社1992年版,第145—147页。
② 民国《德清县新志》卷二《舆地志二·风俗》,民国十二年(1923)修、二十一年(1932)铅印本。
③ 朱福熙等修、程锦熙纂:《黄埭志》,"风俗补遗",苏州振新书社1922年石印本,上海图书馆藏。
④ 阮仁泽、高振农主编:《上海宗教史》,上海人民出版社1992年版,"绪论",第8页。

多,有的带了子女,买了香烛,到菩萨面前求财乞福。有的却因为那里是一个百货杂陈、价钱特别公道的地方,去买便宜货。还有的,可说是闲得无聊,跑去散散心,喝喝茶。至于帝国主义者,当然也要去,特别是初到中国来的,他们要在这里考察中国老百姓的落后风俗习惯,以便在"印象记"一类书里进行嘲笑、侮辱。我也常常的到城隍庙,可是我却另有一种不同于他们的目的,说典雅一点,就是到旧书铺里和旧书摊上去"访书"。①

除了城隍庙会,江南各地还有众多其他形式的娱神活动。如在上海,静安寺每年农历四月初一至初九日要举行传统的"浴佛"节,香火极盛,每天上午四五点到晚间十二点,香客络绎不绝。特别是在中午前后的三四小时内,电车与公共汽车差不多都没有办法在这里通行。②在七宝镇,人们经常在秋季群相召集,举行猛将社、土地社、关帝社、城隍社等,热闹非凡。③中秋节前后,当地百姓习惯在夜间往南北城隍庙看"待神"戏、听音乐等。④朱泾镇除保留与其他地方相同的祠神祀先活动外,在上下塘的赌赛神会显得别具特色。每值清明、中元、十月朔日祭坛之期,镇上流行在手指般粗的铁柱上扎小孩童,并抬高伸出楼檐,以赌出抬阁。当时有谚云"忙做忙,莫忘朱泾赛城隍",可以想见其俗盛行的大概。⑤在龙华镇,明末就已形成庙会,最初在三月三,后改为三月半,号称沪上一大盛事。1926年有报道称,三月半举行龙华香汛(庙会)时,至龙华的几达万人。1935年庙会时,龙华街道每日不下3万人。⑥

在上海以外的苏南地区,崇明县在三月二十八日有东岳帝诞日,城隍神要诣贺,俗称"朝王"。⑦青浦县除了六月初九日的城隍神社活动,

---

① 阿英:《城隍庙的书市》,收入《阿英全集》第七卷《小说闲谈》,安徽教育出版社2003年版,第171页。
② 陈子展:《记静安寺的"庙会"》,《国民》1937年第3期,第66页。
③ 王钟纂、胡人凤续纂:《法华乡志》卷二《岁时》,民国十一年(1922)铅印本。
④ 顾传金辑:《蒲谿小志》卷一《风俗》,收入上海市文物保管委员会编:《上海史料丛编》,1961年铅印本,第15—16页。
⑤ 朱栋纂:《朱泾小志》卷一《疆域志·风俗》,民国五年(1916)铅印本。
⑥ 上海县志编纂委员会编:《上海县志》,第687页。
⑦ 民国《崇明县志》卷四《风俗》,民国十三年(1924)修、十九年(1930)刊本。

在三月、九月祠神活动期间还有"玄帝胜会""佛会""杨老爷会"等,百姓扮演神灵,"穷极诞谩",商贾由之市利什倍。①嘉定县城乡居民十分崇信释、道二教,在城厢,以妇女居多。他们表示信仰的方法,一是"烧香",每逢朔望或神佛诞辰,备好香烛、纸锭入寺庙膜拜;其中三月十九、四月初八、九月十九等日,往往要在社庙诵经,有焚纸扎之船者,谓之"化莲船",又称"做佛会";每年还醵资雇航赴杭州拜佛,俗称"朝山进香"。一是"吃斋",如二月十九日为观音诞日,从二月朔开始持斋至这一天,称作"观音素"。②太仓的迎神赛会都是由民间自发敛钱举办,赛会时,往往男女聚观、拥塞街衢,故而遭到当地政府的强烈反对。③奉贤县庙会活动与迎神赛会十分频繁,每年的庙会多达50个以上(参见表1)。镇江民众有"畏远出,喜清谈,好奢华,嗜赌博"的风习,无论城乡地区,"均有迎神赛会之事",特别是"都天会"为娱神活动中最突出的,举行时连邻县也为之哄动。④

表1 奉贤县每年庙会活动

农历日期	庙会名称	崇拜神像	持续时间	活动地区
二月十九	小普陀庙会	观音	3天	柘林一带
二月十九	邬桥观音会	观音	1天	邬桥镇
三月廿八	戚港横庙会	观音	1天	继光村
四月十四	纯阳堂庙会	吕祖仙	1天	南桥镇
五月初五	小九华庙会	蛇神	1天	江海乡九华村
五月十三	泰日桥庙会	关云长	1天	泰日镇
六月十九	邬桥庙会	观音	1天	光耀村一带
六月十九	观音会	观音	1天	江海乡人民村一带
七月三十	邬家桥庙会	地藏王	1天	邬桥镇

① 民国《青浦县续志》卷二《疆域下·风俗》,民国二十三年(1934)刻本。
② 民国《嘉定县续志》卷五《风俗》,民国十九年(1930)铅印本。
③ 民国《太仓州志》卷三《风土》,民国八年(1919)刊本。
④ 朱瑾如、童西苹著:《镇江指南》,镇江指南社1922年刊本,第9页。

续表

农历日期	庙会名称	崇拜神像	持续时间	活动地区
八月十五	道院庙会	城隍	3天	道院、柘林
八月十八	崇缺庙会	海龙王	1天	崇缺一带
八月廿四	李匠桥庙会	施相公	1天	庄行、华严一带
八月廿四	胡桥庙会	施相公	1天	胡桥镇
八月廿四	蒋和庵庙会	观音	3天	泰日桥镇
九月初二	奉城庙会	周中宏	3天	奉城镇
九月初九	钱家桥庙会	朱朝阳	1天	钱桥镇
九月十三	潼泉寺庙会	施相公	3天	光明镇
九月十三	法华庙会	关云长	3天	法华桥一带
九月十五	头桥庙会	施相公	3天	头桥镇
九月十八	金汇桥庙会	鲁班	3天	金汇镇
九月十九	邬桥庙会	观音	1天	邬桥镇
十月初一	牛郎庙庙会	李若水	1天	南张村一带
十月初一	资福寺庙会	李若水	1天	泰日桥镇
十月初一	四团庙会	李若水	15天	柴场、龙尖、茅镇、分水墩、头桥一带
十月初一	三阳庙会	李若水	3天	塘外、三解漾
十月初一	十月朝庙会	李若水	3天	二桥村一带
十月初一	柴场庙会	李若水	5天	柴场、龙尖、茅镇、分水墩一带
十月初一	分墩庙会	李若水	3天	分水墩一带
十月初一	褚泾庙会	褚澄	3天	庄行镇
十月初一	西庙庙会	周中宏	3天	萧塘镇
十月初二	陆家桥庙会	猛将	3天	陆桥一带
十月初三	高桥庙会	朱朝阳	2天	高桥、塘外一带
十月初三	亭子头庙会	施相公	1天	头桥幸福村
十月初四	甘露庵庙会	猛将	1天	光明乡工农村
十月初六	罗神庙庙会	潘九相	1天	罗神村一带

续表

农历日期	庙会名称	崇拜神像	持续时间	活动地区
十月初八	圆通庵庙会	观音	1天	圆通村一带
十月初九	杨老爷庙会	杨真人	1天	张弄村一带
十月初九	杨家埭庙会	杨真人	1天	青村一带
十月初十	轧煞鸡庙会	李若水	1天	泰日镇
十月初十	三团庙会	杨真人	3天	柴场一带
十月十四	屠家庙会	施相公	3天	李窑一带
十月十四	白沙庙会	施相公	3天	南汇、萧塘、刘行、金汇、齐贤
十月十四	阮仙庙会	施相公	3天	青村、头桥、泰日、齐贤、金汇
十月十四	朝阳庙会	朱朝阳	1天	罗神村一带
十月十五	周家弄庙会	猛将	1天	周家弄一带
十月十五	西港庙会	施相公	1天	西湾、南桥
十月十八	盐行庙会	城隍	3天	盐行桥
十月十八	三阳庙会	猛将	3天	头桥
十月十八	猛将庙会	猛将	3天	江海乡
十月十八	亦庵庙会	猛将	3天	工农村
十月廿四	白沙庙庙会	施相公	4天	三官、青村、泰日、金汇、齐贤

资料来源：姜彬主编：《吴越民间信仰民俗——吴越地区民间信仰与民间文艺关系的考察和研究》，上海文艺出版社1992年版，第152—154页。

在浙西地区，桐乡县各地举办的传统庙会数量众多（参见表2），一般是在农忙（蚕汛）之前，或者是在收获之后农闲之时。庙会期间，赶集、游乐者络绎于途，远近商人以及流动艺人，纷纷云集，极大地带动了地方的商品交易活动，所谓商业购销两旺、营业倍增。这种情形在抗战前曾经十分鼎盛。[①]这当中，活动时间最长、影响很大的庙会是乌镇烧香会，俗称"香市"。茅盾曾说，这个"香市"其实在农历三月初一就开始

---

① 杨之飞：《桐乡县庙会简介》，浙江省桐乡县政协文史资料工作委员会编：《桐乡县文史资料》第八辑，1989年11月印行本，第213页。

准备了,到十五日结束,是以土地庙(社庙)的"庙会"为中心的临时市场活动。①他认为:"从'清明'到'谷雨'这二十天内,风暖日丽,正是'行乐'的时令,并且又是'蚕忙'的前夜",所以到"香市"来的农民一半是为祈神赐福(蚕花二十四分),一半是为预酬蚕节的辛苦劳作。"香市"中的主要内容无非是吃和玩:

> 临时的茶棚,戏法场,弄缸弄甏,走绳索,三上吊的武技班,老虎,矮子,提线戏,髦儿戏,西洋镜,——将社庙前五六十亩地的大广场挤得满满的。庙里的主人公是百草梨膏糖,花纸,各式各样泥的纸的金属的玩具,灿如繁星的"烛山",熏得眼睛流泪的檀香烟,木拜垫上成排的磕头者。庙里庙外,人声和锣鼓声,还有孩子们手里的小喇叭、哨子的声音,混合成一片骚音,三里路外也听得见。②

表 2　民国时期桐乡县主要庙会活动

庙会时期(农历)	庙会名称	活动时间
二月十三日	炉头宝塔庙会(大庙庙会)	为期一天
清明后至谷雨前	乌镇烧香会(香市)	为期十天左右
清明节后第三日	崇福芝村水会	为期四五天
清明节后第七日	崇福芦母桥旱会	为期三四天
清明节日起	梧桐迎神赛会	连续三天
清明节日	洲泉蚕花胜会	为期一天
清明节日起	洲泉马鸣庙会	连续三天
三月廿八日	濮院东岳会(珠宝会)	为期一天
清明节日	炉头关帝庙会	为期一天
三月十五日	乌镇瘟元帅会	为期一天

---

① 茅盾:《故乡杂记》(1932 年),收入氏著《茅盾全集》第十一卷《散文一集》,第 122—123 页。
② 茅盾:《香市》(1933 年 7 月),收入氏著《茅盾全集》第十一卷《散文一集》,第 168 页。

续表

庙会时期（农历）	庙会名称	活动时间
五月十四至十五日	石门元帅会	为期两天
五月	大麻东岳庙会（吴王庙）	-
五月廿四至廿六日	崇福五猖会	为期三天
五月二十至廿一日	屠甸龙王庙会	为期两天
六月二十八日	福严寺庙会	前后三天
七月二十八日	屠甸东岳大帝庙会	为期一天
七月十五日	乌镇城隍庙会	一至二天
十月廿一至廿三日	崇福城隍庙会	前后三天
十月廿五至廿七日	梧桐城隍庙会	为期三天或持续至月底
十月廿五至廿六日	屠甸观音庙会	为期两天

资料来源：杨之飞：《桐乡县庙会简介》，浙江省桐乡县政协文史资料工作委员会编《桐乡县文史资料》第八辑，1989年11月印行本，第214—215页。

在湖州南浔镇，娱神活动也十分丰富。如二月份有初三日的"文昌帝君生日"，十二日的"花朝"节，十九日的"观音大士生日"等；三月份有初三日的"上巳"节和"真武生日"；二十八日的"东岳生日"等；六月份有初四日、十四日和二十四日三次"祀灶"节，初六日的"浴猫狗"节，十九日的"观音大士成道日"，二十四日的雷祖生日等。① 节日期间，都有大型的迎神赛会活动，以及各种祭祀习俗。

茅盾曾提及1933年江南普遍大旱时，祈雨及其相关的迎神赛会应运而生的情景：

> 一个乡镇的四条街各自举行了一次数十年来未有的大规模的迎神赛会。一位"会首"说："我们不是迷信，借此振兴市面而已！"……迎神赛会总共闹了一个月光景。而且一次比一次"更见精彩"。听说也花了万把块钱呢。然而茶馆酒店的"市面"却也振

---

① 周庆云纂：《南浔志》卷三十三《风俗》，民国十一年刻本。

兴了些。有人估计,赛会的一个月中,邻近乡镇来看热闹的人,总共也有万把人,每人花费二元,就有二万元,也就是"市面"上多做了二万元的生意。这在市面清淡的现今,真所谓不无小补。

有一位"躬与其盛"的先生对我说:"最热闹的一夜,四条街都挤满了人,约有十万的看客。轮船局临时添了夜班,航船和快班船也添了夜班,甚至有一夜两班的。有几个邻镇向来没有轮船交通,此时也都开了临时特班轮。"①

其实,在1920—1930年代,受经济大环境的影响,江南城镇经济多有衰败、萧条的情形,已影响到了民间的娱神活动。1935年刘大钧等人在湖州乡镇的调查发现,南浔镇过去在每年五月盛行的"贤圣会""财神会"与七月的"总管会",已是久未听闻。②费孝通则指出,在1936年,其家乡吴江县以往每年盛行的"刘皇会"及相关的酬神活动,作为当地的宗教活动和娱乐消遣,已停止近十年了,原因就在于"村庄经济萧条的加深"。③

庙会一般与当地的民俗结合在一起,因而在地域上体现出一定的差异性。如在浙江,杭、嘉、湖、宁、绍地区,蚕神、潮神、航运保护神、财神等地方性神灵特别流行;金华、衢州、严州地区,胡则、徐偃王、周雄等信仰十分昌盛,温州、处州、台州等地,主要盛行马夫人、陈夫人等女性神灵崇拜。④每个区域都有与地方特质相符合的神灵故事与娱神仪式,都可以成为当地民众生活中娱乐的依托。正如1930年乔启明所指出的:"我国农民,多无正当娱乐,迎神赛会,可说稍含娱乐性质。"⑤从这个层面讲,娱神活动堪称民间的狂欢了。但所有这些信仰活动与迎神赛会仍与明清时代一样,都会消耗民间的大量财力。清人早已对此提出批评,认为人们对这种活动过度热衷,所谓"迎神赛会则乐趋,醵钱演

---

① 茅盾:《谈迷信之类》(1933年),《茅盾全集》第十一卷《散文一集》,第192—193页。
② 刘大钧:《吴兴农村经济》,第133—134页。
③ 费孝通:《江村经济——中国农民的生活》,第99—100页。
④ 朱海滨:《祭祀政策与民间信仰变迁——近世浙江民间信仰研究》,第177页。
⑤ 朱小田:《传统庙会与乡土江南之闲暇生活》,《东南文化》1997年第2期,第100—105页。

剧则不吝"。①

但从另一方面来看,庙会活动可以提供城乡商品交流的许多契机,确实也能给地方经济带来一定的活力,甚至在城乡产业经济凋敝之时,成为地方政府"振兴经济"的重要举措。例如,桐乡县在农历十月二十五日举行的"城隍庙会",也称"香汛",时长三天。期间各路行商摊贩,流动艺人,纷纷云集,使桐乡的市场大为活跃。②1932年时地方经济不景气,当地商会提出取消对乌镇"香市"的禁令,利用香市来"引诱乡下人多花几文",从中谋利,以对付所谓的"国难捐"。③1940年代后期,从农历二月二十日开始的嘉兴王江泾镇刘王庙会,或称刘王会、网船会,仍是相当兴盛,成为包括上海、崇明、浦东、溧阳、苏州、吴江、巢湖、杭州以及苏北不同地区的民众的一个大集会。平时冷落的王江泾镇,顿时热闹起来,"如同一个都市的闹区",镇上每家商店的营业,每天都在数百万以上,"利市百倍"。④

三、茶馆书场

江南城镇的休闲逸乐,除娱神活动外,还有茶馆消遣、书场听书等。日本作家村松稍风(1889—1961)在游历江南等地后的感受中指出,"无论是都市还是乡村,哪儿都有茶馆。茶馆的规模都很大,一般都是大房子,楼下楼上放置着数十张上百的桌子。从一早就有客人进来。茶钱哪儿都是每人十文钱。像上海一带的大茶馆,大可容纳数千人,这种地方到了晚上大抵变成了卖春妇营生的场所了,你无法神闲气定地悠然喝茶了。"⑤

"吃茶"被认为是"苏州人消闲生活的第一必修课"。⑥有人这样描

---

① 陶煦纂:《周庄镇志》卷四《风俗》。
② 沈振声:《桐乡的城隍庙会》,《桐乡县文史资料》第八辑,第216—217页。
③ 茅盾:《故乡杂记》(1932年),《茅盾全集》第十一卷《散文一集》,第122—123页。
④ 《王江泾的刘王会》,《水产月刊》1947年第2期,第90页。
⑤ [日]村松稍风:《魔都》,徐静波译,上海人民出版社2018年版,第208页。
⑥ 金艺:《苏州人的消闲艺术》,《上海半月刊》1942年第43期,第14页。

述道,每天清晨,苏州全城笼罩在淡雾之中,"小巷里发生了气湿醉人的味道,阳光无力的射在深灰色的建筑上,同时更有一块闪烁的光,反映在被磨光的砖头路,人们开始蠕动了,在小巷中穿行着,闲散的步子,散漫的神情,他们多半是到茶馆去——吃茶"。①周作人曾短暂地到过苏州游玩,他感觉苏州城里特别有趣味的,是在"吴苑茶社"所见的情形:茶食清洁,布置简易,没有洋派气味,固已很好,而吃茶的人那么多,有的像祖母老太太,带领家人妇子,围着方桌,悠悠地享用,看了很有意思。②这个吴苑茶社时称"吴苑深处",与"小仓别墅"属于苏州城内茶肆中最有名的③,是当时很多人对于苏州茶馆的一个共同记忆。在郑逸梅的印象中,苏州人平常的消遣,就是喝茶:

> 好得有闲阶级,大都把吴苑深处,作为俱乐部,尽可谈天说地,不愁寂寞。他们谈话的资料,有下列的几种:一、赌经,二、风月闲情,三、电影明星的服装姿态,四、强奸新闻,五、讽刺社会。……一切世界潮流,国家大计,失业恐慌,经济压迫,这些溢出谈话范围以外的,他们决不愿加以讨论。④

茶馆"虽然是奢侈性质的玩意,可是价钱却十分的大众化"。普通一壶茶卖十一二文,讲究些也不过四十文,不限时间、不限人数,大概从早上六点开门营业时一直坐到晚上八点关门为止。⑤这就吸引了三教九流各色人等,从而构成城乡民众娱乐消遣的一个重要空间。人们在周期性的劳作之余,大多很愿意到茶馆稍事休闲。在桐乡乌镇,生意最好的茶馆是访庐阁,其他还有同安茶园,虽历史久一些,但生意不好。新设的迎宾、畅乐园、升平园、升平楼则都很热闹。至于镇上的小茶馆,

---

① 翁传庆:《苏州的茶馆》,《实报》1937年第7期,第36页。
② 周作人:《苏州的回忆》(1944年3月),收入《苦口甘口》,上海太平书局1944年版,第115页。
③ 周振鹤:《苏州风俗》,第87页。
④ 郑逸梅:《苏州的茶居》,收入《味灯漫笔》,苏州古吴轩出版社1999年版,第242—243页。
⑤ 翁传庆:《苏州的茶馆》,《实报》1937年第7期,第36页。

就不计其数了。①茶馆成了普通民众和过往客商憩息之处,议行市、谈家常之所,也是民间艺人、江湖杂耍谋生之地。②费孝通指出:"男人们利用这段时间在茶馆里消遣。茶馆在镇里,它聚集了从各村来的人,在茶馆里谈生意,商议婚姻大事,调解纠纷等等。"但茶馆基本上算是男人的"俱乐部",因为很少有妇女和她们的男人一起在茶馆露面。③当然也不可否认,一些小茶肆确实成了民众的"销金窟",其间的烟、赌、毒三项消费,往往使有的人一年所得"丧失于一转瞬间"。④

江南城镇的很多茶馆往往兼有书场的功能。苏州人上半天消磨于吃茶的话,下半天就主要沉浸在书场中了。⑤吴江县的盛泽镇有"书码头"之称,最盛时,镇上的书场有 10 多家,多由茶馆兼营,如登椿园、畅乐园、岳园、凤园、中央书场、三景园、万泉楼、隆兴园、明泉楼、龙园、才喜苑、步瀛等。⑥到抗战期间,该镇的茶馆书场渐有衰落之势。在平湖县乍浦镇,茶馆书场自清末到民国年间一直极为活跃,且形式多样(参见表 3)。青浦县的茶馆书场作为当地民众的主要娱乐场所,始于清末民初,集中分布在县城、朱家角镇、练塘镇、金泽镇等地,以演唱评弹为主,一般都是上午卖茶,下午、晚上作为书场。如练塘有长春园书场,建于民国初年;县城有金谷园;金泽有状元楼、万福楼等。1905 年出生于练塘镇下塘街的陈云,幼年时舅舅常带他到离家不远的长春园书场听书。他后来回忆说:"我 10 岁前就听书,先是跟我舅舅去听,听上瘾了,有时候大人不去,就一个人自己去听,到现在 60 多年了。"又诙谐地说:"我是听戤壁书(指在书场不花钱或花不起钱,听白书,一般都是站在墙边,将身靠在墙上听书)出身,听'英烈'(指悄悄地站在阴暗处听,取'阴立'的谐音)的。"⑦1930 年代,朱家角的民乐书场,在江浙沪一带颇具影

---

① 非我:《乌镇各业之概况》,《钱业月报》1922 年第 10 号,第 9 页。
② 平湖市乍浦镇志编纂委员会编:《乍浦镇志》,第 413 页。
③ 费孝通:《江村经济——中国农民的生活》,第 119 页。
④ 黄柳泉:《崇明》,《东方杂志》1927 年第 16 号,第 126 页。
⑤ 金艺:《苏州人的消闲艺术》,《上海半月刊》1942 年第 43 期,第 14 页。
⑥ 盛泽镇地方志办公室编:《盛泽镇志》,江苏古籍出版社 1991 年版,第 363—364 页。
⑦ 中共中央文献研究室编:《陈云年谱》下卷,1977 年 6 月 19 日条,中央文献出版社 2000 年版,第 209 页;余玮:《陈云:从下塘街到中南海》,中国青年出版社 2009 年版,第 6 页。

响。到1949年,青浦全县还有大小茶馆书场20余家,其中较有影响的评弹书场有花园、大众、民乐、长春园、状元楼等。①余杭塘栖镇在民国早期最繁华的商业街多集中在市东,1928年后经过市容建设,新开各店,基本上以服务业为主,聚集了照相馆、茶店、饭店、旅馆、大戏园、西药房以及电厂、电报局等。许多酒楼、茶馆设有书场,有评弹、滩簧、独角戏,还有弹子房、娱乐室等,以吸引顾客。②

抗战爆发后,茶馆受到较大的影响。苏州的茶馆为求生存与营利,开始转型,提供新的娱乐与服务,像上海流行的茶室,在苏州地方也被模仿开张,这样的茶室还兼营西餐,兼开咖啡厅,甚至有的从上海请来乐队与歌女,以吸引顾客,增加营业收益。③

1950年代中期以前,上海的大小城镇遍布茶馆,多以楼、馆、园、阁、居、社为名。人们上镇都习惯到小茶馆歇脚,而老茶客、地方士绅、商界人士与过往客商,多往大茶馆。集镇的茶馆中,大多设有书台、书场,供艺人演出说唱。上海县以沪书、宣卷居多,新泾、龙华地区则流行评话、弹词。以七宝镇而言,镇上的13家茶馆中,有6家设有评弹和评话书场,其中的泉兴茶馆还附设有剧场,上演越、沪、锡剧和皮影戏等。④

表3 平湖县乍浦镇茶馆书场情况

茶馆书场	兴 衰 情 况
德园	清光绪年间开设于南河滩郭家地,1915年停业。
松风台书场	清末设于南外大街海盐弄口,1919年停业。
明景园	清末设于四牌楼,后迁海盐弄口原松风台旧址,1937年后停业。
蓬莱园	设在南吊桥北,埠头弄口,一度停业,1926年复业,以说书为主,兼演戏剧,1937年被焚。
大观园茶楼	南门吊桥南塊东侧,民国初年开设,1937年停业。

---

① 上海市青浦县县志编纂委员会编:《青浦县志》,第661页。
② 李晓亮、虞铭主编:《余杭商贸老字号》,中国轻工业出版社2011年版,第180—181页。
③ 巫仁恕:《劫后"天堂":抗战沦陷后的苏州城市生活》,第122页。
④ 上海县志编纂委员会编:《上海县志》,第721、723页。

续表

茶馆书场	兴衰情况
明华楼	在南大街中段,1941年开业,次年停业。
五德书场	在总管弄周家堰,1941年开设,1943年停业。
逸乐书社	俗称逸乐园,1921年开业,始设于城内西平桥东,后因业务清淡迁至沪杭公路萧山街交会处东南侧民宅,后又并入东方书场。
海滨书场	1947年底开设于南城门处丁家大宅,营业仅一年即转让给了平湖三益书场,至1949年停业。
东方书场	1945年开设于南大街庚姓大厅,合并逸乐园后更名东方逸乐书场,1949年停业。

资料来源:平湖市乍浦镇志编纂委员会编:《乍浦镇志》,中国文史出版社2011年版,第601—602页。

四、卖淫业的兴隆

民国时期有人认为,大众的生计问题是与"风纪"有关的。对社会风纪或风化有着较大影响的,主要就是卖淫业:"'娼妓'到处皆有,尤其是在大都会中,不论是私娼,或是公娼,假使严格的调查,或是精确的统计,其数目定可惊人!"[①]

清末包天笑从苏州来到上海,他们一家除了坐马车外,又到"四马路"去游玩:

> 那个地方是吃喝游玩之区,宜于夜而不宜于昼的。有一个很大的茶肆,叫做青莲阁,是个三层。二层楼上,前楼卖茶,后楼卖烟(鸦片烟,那时候吸鸦片烟是公开的),一张张的红木烟榻,并列在那里。还有女堂倌(现在称之为女侍应生);还有专给人家装鸦片烟馆伙计;还有川流不息的卖小吃和零食的;热闹非凡。此外,广东茶馆也去吃过茶,女书场也去听过书。[②]

---

① 刘砚青:《苏州市的公娼管理》,《市政评论》1936年第4期,第31页。
② 包天笑:《钏影楼回忆录》,香港:大华出版社1971年版,第31页。

在包天笑的记忆中,上海的休闲生活十分诱人,特别是青莲阁,那里除了喝茶抽鸦片,还有性服务。后来郁达夫不无讥讽地说,上海的青莲阁,"非但饮食俱全,并且人肉也在贱卖",像中国这样"文明的茶馆",真是二十世纪的世界之光了,外国人若要来调查中国的事情,只须上茶馆去就可以解决。①显然,在上海的许多休闲场所,妓女随处可见。如果到"青莲阁"之类的茶馆休闲,大致上从傍晚起,便可见到大批的妓女云集于此,上海人称她们为"野鸡"。一眼扫去,年纪看来都不超过二十岁。"不知是出自一种什么想法,这些野鸡大多戴着一副眼镜",他们一见日本人,便嘴里叫着"ANATA、ANATA"(日语"您"),一下子围了过来。除了青莲阁等地,晚上的四马路一带,也常有"野鸡"坐在黄包车上转悠着拉客。这些人一旦拉到客人,便让客人坐在自己的车上,自己徒步走着把客人带回家。②不过,有人提及野鸡拉客给人造成的恐慌感,让人印象更深。那种情形,犹如老鹰抓小鸡:"若被它们诱进了暗弄堂,那是野鸡老鸨一窝蜂的上前,将他围困垓心,他若还要倔强,那就实行绑票手段……四脚朝天的抬进鸡窝,乡下人常常被她们摆布得唤救命。"很多情况下,野鸡若拉不到客人,还会遭受老鸨的虐待或毒打。③

确实,1949年前上海的卖淫业,在江南地区应该是最"兴旺"的,所谓"南朝金粉"与"北地胭脂",无不麋集,"卖笑生涯之发达,遂为全国各埠冠"。上海妓女名目极多,如果不是"老于花丛的",就根本弄不清楚。民间容易辨别的,就是所谓的长三、么二、野鸡、花烟间等。"长三"是地位最高的,后来大都改称"书寓",多经特别训练,周知礼节,雅善应酬,一般的客人几乎没有机会与之结识,故"书寓"也被认为是娼门中的"超等"。"么二"属于中等,一般人都可以招之陪酒或过夜。此外,还有雉妓(俗称野鸡,多属稚年幼女或迟暮佳人)、私娼(或称咸肉庄、韩庄,以广东妓女为主,俗呼咸水妹),这些都属于下等者。妓女大都集中在沪

---

① 郁达夫:《苏州烟雨记》,收入《郁达夫文集》第三卷《散文》,第69页。
② [日]芥川龙之介:《中国游记》,第42—43页。
③ [美]贺萧:《危险的愉悦——20世纪上海的娼妓问题与现代性》,韩敏中、盛宁译,江苏人民出版社2003年版,第47—48页。

头路一带,广西路、贵州路、浙江路以及西藏中路等地则野鸡林立,各类游艺场中更是野鸡聚集之处;林森中路一带,经常有外国妓女,像白俄、犹太、德国、法国人均有;虹口地方,则有朝鲜与日本妓女。①

1915 年时,上海的妓女人数,在公共租界的统计中已有近 1 万人。按工部局"淫业调查委员会"在 1920 年的统计,公共租界有 663 家妓院、法租界有 114 家妓院,妓女人数近 14 000 人;如果加上那些逃避官方登记者,人数总计应在 15 000 至 20 000 人之间。②所以有人估算,在公共租界中,每 147 个中国居民中就有一个妓女,整个上海每 300 个中国居民中有一个女子卖身为生,这个估算并不包括那些偷偷摸摸的妓女们。③而按 1920 年上海市的一份调查报告称,上海全市约有 6 万多名妓女,并按身价和服务性质分成很多等级。④其中就有数量不少的雏妓,待遇既好,地位又高。同在 1920 年代,一位美国的社会学者还想象说,雏妓的经历,很像社交界初次露面的青年女子所感受到的那种眩晕:"此后四五年,她们生活在持续的亢奋之中。晚上和夜间她们忙着赶场,一处处奔波,一个个地应酬。走红的姑娘从下午晚些时候就开始奔忙,一直要到深夜,到各种娱乐场所应短短的堂差,在男人们的饭桌或椅子边上短暂地停留,说上几分钟话。"⑤进入 1930 年代,上海妓女的数量进一步增加。根据有关调查统计,上海全埠的女子不下 40 万,其中从事产业劳动约 5 万人,有职业工作与专职家庭妇女约 15 万人,直接卖淫的约 5 万人,另 15 万人是所谓"食必膏粱,衣必文绣,处必华居,出必高车"的"太太",她们没有固定的男子为之供给,消费程度却处于"极上"层次,其取得"资财之手段,可想而知",实际是充当达官贵人

---

① 醉里颓唐生:《上海之妓》,《新上海》1926 年第 12 期,第 35 页;东南文化服务社编:《大上海指南》,上海光明书局 1947 年刊本,第 191—192 页;冷省吾:《最新上海指南》,第 142—143 页。
② [法]安克强:《上海妓女——19—20 世纪中国的卖淫与性》,袁燮铭、夏俊霞译,上海古籍出版社 2004 年版,第 130—131 页。
③ [美]贺萧:《危险的愉悦——20 世纪上海的娼妓问题与现代性》,第 39 页。
④ [美]裴宜理:《上海罢工——中国工人政治研究》,第 67 页。
⑤ [美]贺萧:《危险的愉悦——20 世纪上海的娼妓问题与现代性》,第 107 页。

和豪富的"情人"或"陪女"。① 另据 1935 年公布的 10 万名妓女的数字推算，大概 13 名妇女中就有一个妓女。1945 年开始的国内战争期间，上海的卖淫业更空前发展，到 1948 年，上海每 15—20 名妇女中就有一个妓女。直到 1949 年上海解放时，估计还有 3 万名妇女在靠卖淫为生。②

当然，卖淫活动并非只兴盛于上海这样的大都市，在江南各地城镇，卖淫现象相当普遍，只不过兴盛程度有所差别而已。

苏州娼妓很多，一向"颇著盛名"。虽有一段时间当地政府实行"禁娼"，但不久又恢复了"公娼"。每家"公娼"按等缴纳营业证费：一等 20 元，二等 10 元，三等 5 元。每名妓女每月缴捐税也是按等进行：一等 5 元，二等 3 元，三等 1 元。"公娼"的服饰有统一规范，限用黑色国产的绸布，并于衣服之右襟之下，绣一朵桃花，以为特殊标示。花色据等而定：一等深黄，二等蓝色，三等白色。同时还规定，"公娼"在茶肆、酒馆、旅馆内，"不准出局侑酒及上宿"，违者以"暗娼"论。③ 根据 1936 年苏州地方政府的统计，在划区创办"公娼"时，登记的头等妓院有 18 家，妓女 39 人，地点在东西民庆里等处；二等的 31 家，妓女 194 人，地点在同春、同安等坊及长春坊各里；三等的 20 家，妓女 52 人。④ 这些都是纳入官方记录的"公娼"，数量自然是有限的。实际上未被统计的私娼数量较此要多得多。

在镇江城内，妓女为数不少，主要分布于前街与后街。前街的妓女是专依客栈生活的，其中有常住客栈营业的，有每晚至客栈营业的，东西坞街等处最多；后街的妓女则自己租房营业，以万家巷、贾家巷一带为最多。很多妓女常常故抬身价，任意敲剥狎客。时人说："苟为所迷，绝难脱其牢范，不至倾家荡产、废业伤身不止。"在后街，当地政府还设

---

① 沈伯经、陈怀圃编：《上海市指南》，第 140—141 页。
② ［美］贺萧：《危险的愉悦——20 世纪上海的娼妓问题与现代性》，第 40 页；［法］安克强：《上海妓女——19—20 世纪中国的卖淫与性》，第 132 页。
③ 刘砚青：《苏州市的公娼管理》，《市政评论》1936 年第 4 期，第 31 页。
④ 佚名：《苏州娼妓登记完毕》，《妇女月报》1936 年第 3 期，第 21 页。

有一个"妓捐事务所",负责办理相关税收事务。①

嘉兴城的"土娼"大多"隐居东门外八角井一带",白天不见踪影,晚间开门纳客,"如见乡人过此,马上拖他进房,百般来引诱宣淫"。②由于私娼太多,县政府在实行"公娼"的同时,决定"严厉取缔私娼",主要措施有五项:一是运用保甲严禁娼妓;二是旅馆容留娼妓如被查获应予严办;三是设办"济良所"以作劝化改造之地;四是妓女被查获后讯明为被拐者应设法遣返原籍;五是公安局查获妓女老鸨应一律处以拘留。③邻近的嘉善县,最初也实行"公娼"制度,后来当政府提倡禁娼行动,"公娼"亦遭禁止,但卖淫业却并未消失,而是由公开走向隐蔽,于是"私娼满城的狼藉着"。④

五、多样化的逸乐

由于交通选择的便利与多样化,江南城镇的旅游者很多,有的是外来的,有的纯粹是当地人,大多以领略都市风貌、乡土风情、名胜古迹为目的,而城市观光的选择,仍是苏州、杭州、上海等这样的名城。

据马员生的回忆,1926年底,他坐火车初次到上海,雇了人力车,穿过繁华的街道,到大东旅馆租了一个便宜的房间。但当天晚上就被强令去花钱听唱,洗澡时买的雪花膏是假的,而在坐人力车时被多要了钱等。他也不敢乱跑,像大世界、新世界、公园、戏院等地都没去,只是逛了南京路、先施公司、永安公司以及几间书局。⑤马员生的身份背景比较特殊一些,他眼中的上海城,固然有着多样的诱惑,但对他而言,又不无欺诈及凶险的存在,就像后来的《上海指南》中专门刊示的"金玉良言"所告诫的:

---

① 朱瑾如、童西苹著:《镇江指南》,第13—14、62页。
② 佚名:《嘉兴的妇女生活》,《玲珑》1936年第42期,第3315页。
③ 佚名:《嘉兴严厉取缔私娼》,《妇女月报》1935年第12期,第21页。
④ 蘋蘩:《嘉善的回忆》,《珊瑚》1933年第10期,第10页。
⑤ 马员生:《旅苏纪事》,第56、58页。

花天酒地应适可而止：上海地方引诱青年之机会甚多，且其结果均甚不幸，如跳舞场、妓院、游戏场等等，或则以色迷惑，或则以财迷惑，在彼商贾，原以谋利为目的，并不强人上钩，愿者自投，固亦不足厚非之。此种场所，最是成事不足，败事有余，故有为少壮之断送于此者，其数何千万。①

民国时代的江南城镇，大多已经通行火车、汽车、轮船等比较现代化的交通工具，但是在丰子恺看来，要想领略江南水乡的闲暇逸致，还是需要通过乘坐传统的舟船来获得。他以其家乡石门湾的生活体会说：

到嘉兴或杭州的人，倘有余闲与逸兴，可屏除这些近代式的交通工具，而雇客船走运河。这条运河南达杭州，北通嘉兴、上海、苏州、南京，直至河北。经过我们石门湾的时候，转了一个大弯。石门湾由此得名。无数朱漆栏杆玻璃窗的客船，麇集在这湾里，等候你去雇。你可挑选最中意的一只，一天到嘉兴，一天半到杭州，船价不过三五元。倘有三四个人同舟，旅费并不比乘轮船火车贵。胜于乘轮船火车者有三：开船时间由你定，不像轮船火车的要你去恭候。一也。行李不必用力捆扎，用心检点，但把被、褥、枕头、书册、烟袋、茶壶、热水瓶，甚至酒壶、菜榼……往船舱里送，船家自会给你布置在玻璃窗下的小榻及四仙桌上，你下船时仿佛走进自己的房间一样。二也。经过码头，你可关照船暂时停泊，上岸去眺瞩或买物，这是轮船火车所办不到的。三也。倘到杭州，你可以在塘栖一宿，上岸买些本地名产的糖枇杷、糖佛手；再到靠河边的小酒店里去找一个幽静的座位，点几个小盆：冬笋、茭白、荠菜、毛豆、鲜菱、良乡栗子、熟荸荠……烫两碗花雕。你尽管浅斟细酌，迟迟回船歇息。天下雨也可不管，因为塘栖街上全是凉棚，下雨不相干

---

① 东南文化服务社编：《大上海指南》，第151页。

的。这样,半路上多游了一个码头,而且非常从容自由。这种富有诗趣的旅行,靠近火车站地方的人不易做到,只有我们石门湾的人可以自由享受。①

对于经济上条件较好的人家来说,休闲生活的追求与享受可以是多方面的,其中就有当时十分时髦的代步工具脚踏车,可以说是有钱人追求的一种玩物。在所谓的纨绔子弟手中,脚踏车主要用来"出风头""摆阔气"。上海"八一三"战事后,直到沦陷时期,日常生活中脚踏车的数量开始激增,差不多多数人家都有具备。②

上海脚踏车的使用,较江南普通城镇要普遍得多。在其他城镇,像长兴县,脚踏车就很少。到1936年,全县有私人自用的脚踏车仅18辆,营业使用的有20辆。在雉城镇米行弄等,有兴华、协兴、云飞三家车行,供租用或学习。1947年的时候,还登记发照,雉城镇上的营业车行有谔记、新大、利众等3家。在泗安镇、小溪口等地,也有出租和修理脚踏车的店摊。到1949年以后,民间私用的仍然很少,脚踏车多为公用交通工具。直到1978年以后,私用的脚踏车才大量激增。③

在现代科技成果与西方文明日渐普及的城镇中,生活自然远较乡村奢靡得多了。1938年2月,日本人荻岛静夫坐汽车来到上海时,上海虽已是"孤岛",但生活上的繁华瑰丽仍让他感到些震撼。他在日记中描述了自己的感受:

> 车驶过租界区,这是我初次看到旧英租界,我想这才无愧为大上海,大型巴士、无线电车、三人坐的人力车等等,世界各国的人,中国的姑娘是非常漂亮的。在南京路和静安寺路还看见有火星旅馆,这些新奇的东西都令人感到惊奇。后来,我看了电影、吃了饭、

---

① 丰子恺:《辞缘缘堂》(1939年8月),收入《丰子恺自述》,第96—97页。
② 张荫祖编纂:《大场里志》卷一《脚踏车》,上海市宝山区档案馆藏稿本,收入上海市地方志办公室编:《上海乡镇旧志丛书》第11卷,上海社会科学院出版社2006年版,第94页。
③ 长兴县志编纂委员会编:《长兴县志》,第332页。

去了舞厅,傍晚六点去花月旅馆。①

在日本人聚居较多的虹口区,密密地散布着日本人的酒馆、茶楼、跳舞场,以及其他的夜间娱乐处所。②在上海城内的名胜豫园九曲桥附近,空间范围虽然不大,却是很多人喜欢的一个"国际性"的公共游览场,当然也是一个小市场,给大众提供了比较简单的逸乐。时人描述:

> 天气热的时候,一个人闲着无事,到湖心亭的楼上,在靠近湖的窗口,拣一个座位,俯眺九曲桥上来往不息的游人,也是一种消遣的方法。在东西两架九曲桥上,各色人物都有,尽可以供给你当作观察上海社会的活动材料。有闲的小商店老板,手里提了鸟笼,在桥上展览他的心爱的金雀儿;烧香的老太太小奶奶,来探望湖上放生的鲤鱼,她们都说:"九曲桥底下的鱼,比松州玉泉的来得写意。"小孩子们围在桥口,看大小乌龟们在湖边晒太阳;小贩们在桥的每一个转角,兜卖眼镜,扇子,香烟咬嘴,陈皮梅,西瓜子;蓝眼睛黄头发的外国人,拿着照相机,东一张,西一张拍取湖心亭的风景;穿洋装的黄脸黑眼日本人,神气活现,摇摇摆摆在人堆里舞着手杖,说着不伦不类的上海话,和小贩们还价买东西……③

1926 年 2 月 1 日,大新舞台(即后来的天蟾舞台)在上海正式揭幕,这意味着近代上海的戏曲进入了黄金时期。整个城市生活的繁荣,为上海戏曲的勃兴创造了条件。那时上海的剧场无论是数量、规模,还是设备等方面,在全国的城市中都是首屈一指的。④很多人在这个娱乐

---

① 四川建川博物馆藏:《荻岛静夫日记》,人民文学出版社 2005 年版,第 58—59 页。
② [德]基希(Kisch, E. E.):《秘密的中国》,立波译,东方出版中心 2001 年校订版,第 27 页。
③ 张若谷:《上海的湖心亭面面观》(1936 年 8 月),收入程德培、郜元宝、杨扬编:《1926—1945 良友散文》,上海社会科学院出版社 2004 年版,第 135 页。
④ 唐振常主编:《近代上海繁华录》,香港:商务印书馆国际有限公司 1997 年版,第 277 页。

大都会中,时常消磨光阴于纸醉金迷之场。①那众多的游艺中心与娱乐场所,是江南其他城市所无法比拟的。(参见表4)其中"大世界"和"新世界"是著名的游戏场,里面有花园、剧场,走索的表演,赌博台,小孩子的跳舞表演,掷椰子戏,抽彩,射击房,自动影戏机,歪曲镜和其他一切从欧洲游戏场学来的有吸引力的玩意,令很多人神往。②

另外,还有使很多人感到稀奇的动物园,在上海就有三大处:一在中山公园内,规模最大;二在复兴公园内;三在南市。③这些地方,也成了人们游乐的场所。

表4 民国时期上海游戏场及游艺一览

名　称	地　址	门票价格	游艺内容
大世界	法租界爱多亚路	小洋二角	京剧,新剧,南方瓯剧,滑稽戏,四明文戏,扬州戏,昆剧,电影,苏滩,申曲,锡曲,群花会唱,说书,跑冰场,弹子房
大千世界	福煕路圣母院路	小洋二角	跳舞,话剧,平剧,昆剧,扬州戏,电影
新世界	西藏路南京路口	小洋二角	京剧,新剧,话剧,滑稽戏,绍兴戏,影戏,申曲,苏滩,名花会唱,说书,弹子房
小世界	福佑路	大洋一角	京剧,新剧,话剧,滑稽戏,新戏,申曲,苏滩,说书
福安游艺场	小东门中华路东门路	大洋一角	京剧,绍兴戏,滑稽戏,新戏,苏滩,申曲,扬州戏,说书,四明戏,群花会唱,弹子房
永安天韵楼	南京路	小洋二角	京剧,话剧,平剧,昆剧,苏滩,申曲,扬州戏,电影,群芳会唱,魔术,四明戏等
先施乐园	南京路	小洋三角	同上
新新花园	南京路	小洋二角	同上

资料来源:沈伯经、陈怀圃编:《上海市指南》,上海中华书局1934年版,第159页。

---

① 沈伯经、陈怀圃编:《上海市指南》,第156页。
② [德]基希(Kisch, E. E.):《秘密的中国》,第176页。
③ 东南文化服务社编:《大上海指南》,第42页。

沪宁铁路开通后,无锡到上海往返很方便,一些豪绅巨贾常常结伴去上海消遣,吃花酒,看角儿。当看到上海的丹桂第一台、新舞台等正式戏院,他们就对无锡的庙宇戏台感到不满足了。民国初年,上海出现了春柳社、民鸣社等新剧团体,很快流传到无锡。在新式马路(工运路、汉昌路)一带的"新秋声""警钟""天声""景先第一台",圆通路的"启明",公园路的"西西"等戏院,相继开设。这些戏院大都上演"新剧",也就是早期话剧。①

电影娱乐业自1896年传入中国后,也是以上海为中心迅速地发展起来。进入民国时期,嘉兴作为商业繁荣的水陆码头,其城内的"寄园"首先放映电影这种"西洋影戏"。从1917年起,上海人不时携带电影放映机来嘉兴,在露天或租用场地放映中外影片。1927年国民革命军底定浙江,上海人蒋伯英等在嘉兴鸣阳门内的国货陈列馆游艺部设立电影场,正式经营,先后放映了《火烧红莲寺》《荒江女侠》等多集武侠片,票价中座大洋三角,边座二角,营业极好,热闹一时。《火烧红莲寺》共映18集,曾多次更换放映场地,分别在寄园、文明戏院和安乐桥天妃宫内放映。由于赚钱甚多,一些商界人士遂有建造电影院的设想。1932年1月27日的《嘉兴民报》报道了"银星大戏院明日开业"的消息:"本城张家弄钟家桥直街之银星大戏院现已建筑竣工,内部布置亦告就绪,该院本系模仿各大埠之新式戏院建造,故建筑装置达贰万金,因此一切布置极为精美,座位宽畅,不受挤轧,视线正确,一无遮隔,开映时不但光线充足,且用二机换映,换本不停休,并装有发音机,能开映中外有声影片。"显然,这个影院是模仿了上海的样式,还能放映有声电影,在嘉兴城内属于先进之列。1937年2月22日的《嘉区民国日报》登载了两则银星大戏院的电影广告,可谓珍贵有趣。其一是天一公司出品的所谓有声对白、歌唱哀艳之巨片《黄浦江边》,为迎合人们对上海生活的新奇心理,作了这样的广告:

黄浦江水奔流,冲不尽社会污浊;黄浦江水滚滚,洗不尽人间

---

① 许忆和:《无锡最早的一批戏院和影院》,《无锡地方资料汇编》第八辑,1986年刊本,第128页。

恨事！哀感热艳,扣人心弦！上海滩头众生相,黄浦江畔风月史。这里有荒淫逸乐的富家子,有饥饿线上挣扎的大众,有过着糜烂生活的阔小姐,有饱受压迫摧残的老头儿,有困苦搏斗的好青年,还有一切一切,包罗万象,应有尽有。春申江上写生画,歇浦潮中繁华梦！每一个镜头,生动美丽,每一寸胶片,十分精彩,题材新,人才新,导演好,表演好,收音清晰,光线明亮,允称十全十美的无上巨片。势必客满,请早来院,保证满意,请勿错过！①

看电影,甚至模仿电影人物的行为举止、穿着打扮,成为江南城镇有钱有闲阶层生活中的一种逸乐或时髦。作为电影娱乐业的重要平台电影院,数量也在增加,其中最多的当然是上海。上海早期的电影院,大多由外资经营,比较集中于城市东北部的虹口区一带,著名的有四川北路虬江路口的上海大戏院、东熙华德路(今长治路)的万国大戏院与静安寺路(今南京西路)的夏令配克影戏馆等。在1920年代中后期,上海开始大规模建造和翻新电影院,到1930年代达到高峰。仅以1928年至1932年计,就开设有28家之多;到1939年,全市的影剧院有50多家,包括大光明、光陆、南京、新光、兰心、国泰等,其中的大光明影院时有"远东第一影院"之称。电影院是一种新型的公共文化空间,也成了一般人的重要嗜好。②影院的营业状况大多良好,票价低廉、占时不长,很适合一般市民之喜好。③但是,对绝大多数的人们来说,经济条件、生活方式和文化基础等的不同,使电影院辐射的人群仍局限于相对窄小的范围之内。④

当然,江南不同城镇的生活情况与消费水平,差别是明显的。譬如,镇江要比苏州低廉,上海要比杭州高昂,但是,人们在生活追求与消

---

① 马加泽:《嘉兴电影史话》,《嘉禾春秋》第4辑,嘉兴日报印刷厂2001年印行本,第204—205、213—214、218页。
② 冷省吾:《最新上海指南》,第133页。
③ 东南文化服务社编:《大上海指南》,第202页。
④ 参姜玢:《20世纪30年代上海电影院与社会文化》,《学术月刊》2002年第11期,第67—71页。

费的倾向上,大体是一致的。如经济发展水平逊于其他城市的镇江,人们也大多"好奢华,嗜赌博"①。再如真如镇僻处上海市之西南,经济并不发达,所谓"少奢靡越礼之举"。自中外互市以来,洋货充斥市场,对当地生活带来不少影响,世风就显得有些浇漓了。②松江在江苏省的政治、军事、经济地位,虽然"比不上无锡、苏州、镇江、徐州",但在东南各县中,应列前茅。到1932年县道修成后,"风气特变","人民更习于奢侈","青年学生终日逛游于街市者,触目皆是"。在时人看来,这就是"风化之败坏"的表现了。③

六、结　语

新型城市的生活方式与休闲逸致,对传统乡村中的年轻人一直有着较多的诱惑力。城市中新式马路上的风光与新奇景象,更是十分诱人。都市生活的逸乐,提供了许多彼时"现代化"生活的实例。但这种"现代化"仍是有局限的。以电灯的使用而言,从1931到1933年,城市生活中虽然多了起来,但大多数人家仍被局限着。在嘉善县城,店铺可以安装电灯,但民居之中却被电厂限制,"不许装",所以照明还得依赖"洋油灯",晚上出门上街仍需要点灯笼。④

城镇居民的生活状态,除了经济上的差异,总的来说仍比较平稳,并不因为进入了现代国家,人们的习俗、文化、生活、观念都必须随之大改。像时兴的卫生观念,在普通民众的心目中是不大以为然的。丰子恺指出,"卫生""实因与乡村生活的'马虎'习惯和环境不合",他举例说:"常见小市镇上狭狭的一条市河里,上流有人洗马桶,下流有淘米,或者挑饮水"⑤,并没有令当地人感到怎么不舒服。

---

① 朱瑾如、童西苹著:《镇江指南》,第9页。
② 洪兰祥编:《上海特别市真如区调查统计报告》,1929年铅印本,收入上海市地方志办公室编《上海乡镇旧志丛书》第4卷,上海社会科学院出版社2004年版,第5页。
③ 许亚杰:《松江一瞥》,《新女性》1935年第5期,第37、46页。
④ 蘋蘩:《嘉善的回忆》,《珊瑚》1933年第10期,第9页。
⑤ 丰子恺:《车箱社会》,"都会之音"篇,第207—208页。

城市文明与现代科技的影响,对每一个人的影响程度是不一样的,甚至变革不大,有时简直是漠然。因为人们认为,没有这些东西,生活并不会变坏。生活在上海大都市的普通人,那些狭小弄堂中的民生常态,在富人们看来就很有些"地狱"的景象:"穷人们在三层阁上,亭子间里,闷热得像在火炕上,臭虫蚊子,向你总攻击,大便在这里,烧饭在这里,洗浴与卧室也在这里。"①这些在普通民众而言都是当时的生活常态,但与摩登大都市的现代化与文明生活完全是不协调的。

---

① 杜鹃:《上海的夏夜弄堂》,《社会日报》1936 年 7 月 24 日。转引自熊月之:《万川集》,上海辞书出版社 2004 年版,第 111 页。

第九章 江南城镇工业的发展与同业组织

一、工业化时代的开启

由于地理条件的局限,江南地区较缺乏重要的矿冶产业与相应的重工业。支持地方经济与民生的,主要是以城镇为中心的传统手工业与新型的轻工业。从总体上看,江南工业依凭传统经营的地理与人文优势,基本以丝绸业与棉纺业为主导,构建起江南极为重要的经济产业。在现代化的进程中,城乡生活中原来稳定的经济形态被打破,无论是自觉的还是被迫的,传统产业都在逐步改革之中。

与明清时代一样,至民国时期,由于地理的原因,江南棉花产地仍多局限于沿海高阜的沙壤一带,包括长江入海口附近。①相应地,棉纺厂一般都会设在产棉区,以就近获取原料。而且,产棉地又有大量从事传统家庭手工业纺织的熟练女工,由此易于获得较为廉价的工人。从上海来看,周边的南通(大生一厂及其同名附属厂)、启东(大生二厂)、海门(大生三厂)、崇明(大通、富安)、太仓(利泰)、嘉定(嘉丰)、苏州(苏纶)、无锡(振业、振新、广勤、庆丰、豫康、申新三厂、丽新)、常州(民丰、通成、大成)、江阴(利用)等纺织工厂区,均散布于以上海为中心的产棉区,或为棉花的上市地。②所以,纱厂业最发达的区域,往往也是棉花贸易的发达之地。

至于丝绸业,江、浙两省一直号称全国蚕丝最发达的地区,产地就集中于太湖周边地带。这里生产的丝绸堪称是世界上最精致、最美丽

---

① 东亚同文会对这一地区的棉种也有统计,具体包括南北市棉(主要产地在南汇、奉贤、川沙、上海、华亭、金山、平湖、宝山)、太仓棉、通州棉、常阴沙棉、宁波棉。参东亚同文会编:《支那省别全志》第15卷《江苏省》,东京东亚同文会1920年版,第447页。

② 满铁上海事务所调查室编:《江苏省常熟县农村实态调查报告书》,常熟市档案馆、承载据1939年日文版编译,中共党史出版社2006年版,第50—51页。

的纺织品。丝绸业的历史,已有4 000多年。到清末,每次运往美国西海岸的丝绸价值都超过了100万美元。人们还会用快艇将大量丝绸运往纽约,以满足圣诞节的需求。①江苏与浙江相比,虽然在丝的产量上有所不及,但是丝织品的产量超过了浙江。②

在1920年代,江南蚕桑区重要的市镇,不少都建立了新式缫丝厂。其中有的规模很大,超过了城市。如余杭县的塘栖镇,各缫丝厂在盛时有工人5 000余人③,十分可观。

从整个江苏地区而言,手工业品方面,苏州的绣画斫玉、上海的顾绣、常州的梳篦、无锡的泥人、嘉定的竹刻、扬州的漆器,以及镇江的醋、常州的酿、嘉定的郁金香酒,也一样远近驰名。这些都是传统工业产品,并非由新式工业造就。④当然,新式工厂的建设,曾对传统工业有较好的结合。

在苏州,就有丝厂、织布厂、火柴厂、纸板厂、冰厂、印刷局等⑤,种类还不是太多。以工业并不十分昌盛的松江城来说,那里从明代以来最著名的传统工业是布袜生产。在民国前期,城内新式的工厂已经有电灯厂、福寿挂面公司、瑞大袜厂、华阳袜厂、履和袜厂、西林织布厂、明星布厂、县立工场、新华印刷公司、振华印刷公司、美华石印局。⑥

新式工业发展程度与苏州有些类似的,还有常熟。布厂是当地的重要工业,经营机器制造的就有30多家,规模大的布机在400架以上。这些工厂主要散布于城厢内外,包括厚生织布厂、勤生布厂、恒兴织布厂、振兴布厂、协记织布厂、民利布厂、新大布厂、勤华织布厂、永新织布厂、华利布厂、天生织布工厂、厚生织布厂分厂、宏康织布厂、中兴布厂、业勤织布厂、新华布厂、永华布厂、元通布厂、仁大织布厂、昭勤布厂、繁

---

① [美]富兰克林·H.金:《四千年农夫:中国、朝鲜和日本的永续农业》,东方出版社2011年版,第195页。
② 王树槐:《中国现代化的区域研究:江苏省,1860—1916》,第259—260页。
③ 包伟民主编:《江南市镇及其近代命运:1840—1949》,第58—59页。
④ 柳肇嘉编著:《江苏人文地理》,第31—32页。
⑤ 商务印书馆编译所编:《中国旅行指南》,"苏州",上海商务印书馆1929年版,第2页。
⑥ 商务印书馆编译所编:《中国旅行指南》,"松江",上海商务印书馆1929年版,第1页。

荣昌盛昌织布厂、辛丰布厂、华丰织布厂、尚技织布工厂、永华第三分厂、益新森记布厂、业勤织布厂西厂、德泰织布厂、庆成布厂、竞新布厂等。①根据日本人的调查，抗战前常熟的各类工厂主要集中于棉纺织、碾米与印刷行业。②

常州的新式工厂种类也很丰富，包括纺织、电气、电镀、肥皂、面粉、包箱、皮鞋、毛巾、生铁、碾米、印刷、线袜、制冰、造纸、造绳、制碱、汽油船制造等。③

比较起来，无锡在民国时期的工业比较发达，工厂种类繁多，总计有100多家，大概是当时除上海之外工厂最多的城市④，从而构成了苏南地区的一大工业中心。

据1920年代的统计，无锡工厂主要分成丝、纱、面粉、油饼、翻砂、肥皂、织布、印刷、教育用品等这样几大类，规模都很可观。⑤特别是面粉工业，发展迅速。民国前期主要的面粉加工厂，有茂新、九丰、惠元、恒丰、保新、泰隆。⑥其中，茂新（原名保兴）面粉厂出品的兵船牌面粉，远销欧洲，颇为有名。随着面粉工业的发展，资金方面的积累间接推动了其他地区工业的发展。荣氏兄弟在茂新面粉厂发展的基础上，相继创办了上海等地的福新面粉厂、申新纺织厂。所以，在无锡的地方工业中，除纺织业外，面粉工业长期居于重要地位，而且在整个江苏面粉工业中也占据首位，就全国而论，仅次于上海。到1949年，无锡的大、中、小型面粉厂还有18家。⑦除面粉厂外，到1930年代，城内还有纺纱厂6家、丝厂15家、榨油厂10家、织布厂15家、碾米厂7家。⑧

另外，无锡十分出名的还有"米市"，其形成除有传统的历史条件甚

---

① 佚名：《常熟之经济状况》，《中外经济周刊》1927年第214号，第13—14页。
② 参满铁上海事务所调查室编：《江苏省常熟县农村实态调查报告书》，常熟市档案馆、承载据1939年日文版编译，第50页。
③ 商务印书馆编译所编：《中国旅行指南》，"常州"，上海商务印书馆1929年版，第3页。
④ 周君奇：《无锡鸟瞰》，《国讯》1935年第113期，第140页。
⑤ 商务印书馆编译所编：《中国旅行指南》，"无锡"，上海商务印书馆1929年版，第4页。
⑥ 东亚同文会编：《支那省别全志》第15卷《江苏省》，第822—823页。
⑦ 无锡地方志编纂委员会办公室、无锡县志编纂委员会办公室编：《无锡地方资料汇编》第八辑，第99—102页。
⑧ 柳肇嘉编著：《江苏人文地理》，第112页。

为重要外,还有这样几个因素:一是无锡为江苏产米各县的出口地点;二是无锡是皖米来江浙的固定转运场所;三是无锡为浙江米粮的主要采办市场;四是无锡为东南各省组织较完备的米市。①所以在无锡的米业加工,十分繁盛。②

苏南地区(包括上海)的旧式工业虽以丝绸、织布与陶器、漆器各种工艺品等为著,但在新式工业中,则以纺织业为最盛。例如,在丝织业方面,有南京的漳缎、玄青缎、建绒、天鹅绒、金银丝绒、宁绸,镇江的江绸、官纱、缣丝,丹阳的绉,常州的绸绢,苏州的绸缎罗纱,盛泽的纺;棉纺业方面,有南通、太仓、松江的布;毛织业方面,有苏州唯亭镇的毯;草织品则有苏州浒墅关的席等,都很著名。③这些当然与南通、无锡、苏州、太仓、常熟、常州、松江等地的新式纺织工厂的持续发展,有不小的关系。上海已成为了这些工业布局的一个重心,主要由华商、日商及英商三大资本经营的新式工厂,影响甚大。④

浙西的各类传统手工业一直兴盛,民国时代新式工业的拓宽,一方面对传统工业有一定的结合,另一方面对新兴工业有很大的推进。浙西杭嘉湖各地工业的特色,特别是更为细密的产业差异,根据抗战前的初步调查统计,也可以略窥一二。详参下表1。

表1 浙西杭嘉湖地区实业及相关物产统计比较

县名	工业种类	工业品
杭县	缫丝业(附土丝业)、榨油业、酿造业、火柴业、藤竹器业、木器业、制伞业、电气业、碾米业、制茶业	肥丝、细丝、火柴、藤竹器、纸伞、丝织品、棉织品、菜油
海宁	棉业(附毛布业)、缫丝业(附土丝业)、针织业、制皂业、草织业、电气业	棉织品、肥皂、丝等

---

① 羊冀成等编:《无锡米市调查》,上海社会经济经济调查所1935年刊《粮食调查丛刊》第八号,第2—3页。
② 顾毓方:《无锡之工业》(1933),收入无锡地方志编纂委员会办公室、无锡县志编纂委员会办公室编:《无锡地方资料汇编》第一辑,1984年刊本,第25—28页。
③ 柳肇嘉编著:《江苏人文地理》,第31页。
④ 李长傅编著:《江苏省地志》,第154页。

续表

县名	工业种类	工业品
余杭	碾米业、酿造业、制茶业、手工造纸业、电气业	茶叶、黄酒、糟烧、各种手工制造纸张
临安	制茶业、手工造纸业	纸张、肥丝、细丝、黄酒、糟烧
於潜	榨油业、制茶业、手工造纸业	桐油、桃花纸等
昌化	榨油业、制茶业、手工造纸业	茶叶、桐油、三连毛边桃花、毛草纸、茶箱纸、大参皮、白料、七印参等纸
富阳	碾米业、榨油业、酿造业、制茶业、陶瓷业、手工造纸业、火柴业、其他铁工业、制伞业、印刷业、电气业	桐油、黄酒、糟烧、土烧、茶叶、砖瓦、纸张、火柴、纸伞
新登	碾米业、手工造纸业、漂染印花业、电气业、石灰业、伞业、酿造业	纸张、石灰、纸伞、黄酒、糟烧、土烧
嘉兴	棉织业（附毛巾业）、缫丝业（附土丝业）、针织业、制皂业、电气业、机器造纸业、铜锡业	棉织品、肥皂、肥丝、细丝、铜器、锡器、各种机制纸张
嘉善	棉织业（附毛巾业）、针织业、酿造业、漂染印花业、电气业	棉织品、黄酒、糟烧、砖瓦
桐乡	棉织业（附毛巾业）、陶瓷业、电气业	棉织品、砖瓦
崇德	电气业	肥丝、细丝
平湖	棉织业（附毛巾业）、针织业、碾米业、酿造业、电气业	棉织品、黄酒、漕烧、土烧、糟蛋
海盐	缫丝业（附土丝业）、电气业	肥丝、细丝
吴兴	缫丝业（附土丝业）、丝织业、碾米业、制茶业、铁工业、其他铁工业、电气业	丝织品、细丝、肥丝、茶叶
长兴	碾米业、制茶业、陶瓷业、铜锡业、制伞业、电气业、石灰业	茶叶、铜器、锡器、纸伞、缸坛
武康	制茶业、陶瓷业、电气业	茶叶、砂缸
德清	缫丝业（附土丝业）、电气业	肥丝、细丝
安吉	制茶业、电气业	茶叶
孝丰	制茶业、手工造纸业	茶叶、手制各种纸张

资料来源：姜卿云编：《浙江新志》上卷《地方志》，杭州正中书局1936年刊本，第67—109页。

从表1中统计的情况,可以了解当时的"实业"或工业种类。像嘉兴城内,电灯厂、布厂、丝厂、袜厂、碾米厂、印刷厂等①,都带有新工业的味道。海宁硖石镇的米市远近闻名,镇上的新式碾米厂因而很兴隆,主要有泰顺福、开泰、泰昌、泰丰、泰隆、泰和、康泰、万有余、裕和成、顾永盛等10家。②同时,硖石镇在改用洋纱后,就进入了土布生产的全盛期。硖石附近四乡以织布为副业的农户,发展到三万多,有织机二万三四千台;镇上的土布庄多达二十余家,商业堪称繁盛。③吴兴城内的印刷厂、丝厂、机器厂、丝袜厂、袜厂、电机厂、织绸厂等,都很新式,颇具现代性。④数量较多的还是丝织工厂,据1924年的统计,吴兴县地区主要有丽生、大丰、义成、又成、祥华、丽华协、德丰、丽和、勤业、达昌、咸章永、悦来、锦成、祥余、永昌、云锦、裕和、中华、惠通、裕盛、增华、永纶昌、信成源、瑞翔、庆云、振新、振成、刘仲记、纬纶、广丰、四丰、乐纶、日新盛等。其他的大通丝厂、和兴织布厂、公宜冰厂、吴兴城厢电气公司(电厂)以及县城北门外的和丰、盛同、盛义三家新式碾米厂⑤,都较有名。

而所谓"工业品",既有现代化制造工业的产物,也有传统产业的成果。而这些成果的存在和维续,多赖各地悠久的地方性特产这个招牌。

"新式"工厂的制造品方面,丝绸、纱布、罐头食物是最著名的,盛销海内外,成了浙江省的特产。⑥像湖州的菱湖镇,是湖丝集散的一个大本营,丝行是沟通生产者与贸易者之间的重要媒介,大量的湖丝通过丝行,将农民们生产的丝,转售至京、杭各地的丝织厂或国外的洋行,而转销至全球。⑦民国年间菱湖镇上新增的丝行远较晚清时为多,包括同丰祥、同裕祥、杨连昌、源长久、生昌成、吴同泰、上林裕、永源、王启丰、永

---

① 商务印书馆编译所编:《中国旅行指南》,"嘉兴",上海商务印书馆1929年版,第2页。
② 孙晓村、羊冀成等编:《浙江粮食调查》,上海社会经济经济调查所1935年刊《粮食调查丛刊》第六号,第22页。
③ 包伟民主编:《江南市镇及其近代命运:1840—1949》,第64页。
④ 商务印书馆编译所编:《中国旅行指南》,"湖州",商务印书馆1929年版,第1—2页。
⑤ 佚名:《湖州实业》,《无锡杂志》1924年第6期,第28页。
⑥ 姜卿云编:《浙江新志》上卷《史地篇》第八章《浙江省之经济》,第26页。
⑦ 倪丙业:《菱湖旧事》,无出版社,2002年刊本,第53页。

源、俞成记、泰康祥、许源昌、吴福记、恒丰、潘集成、王恒康、陆记、杨荣记、吉泰祥、张瑞斋、金阿三、姚万昌、罗锦记等[①]，也反映了当地丝业的兴盛之况。

二、商业贸易的活跃

与各类传统行业与新式工厂发展变化相应的，就是商业贸易的变迁。在民国时期，经历了抗战前的繁荣发展、抗战期间的破坏、抗战后的短暂恢复，总计不到四十年的时间内，江南商业的贸易变化显得比较复杂。

民国年间，有人将江南市镇经济归纳为"丝、绸、米、茶、木、布六业"[②]，这些方面的变化可以体现江南商业经济的大概内容。但就整体而言，江南商业的集中之地，或因交通发达之关系，或为政治文化之中心，情形各不相同，但大都与聚落之分布构成正比例关系。

有不少江南市镇，在商业上确实较淮北的县城为发达，传统集市贸易的习俗中，多有居民定期而集的惯例，从而使当地生产者与购买者得以集合。这恰恰是一种交通上不便利、人口相对较少，而货币未通时的一种临时商业制度。这种制度，江北较江南更为流行。至于传统江南地方为生产者与购买者直接交易而形成的中间商，在民国时期仍很盛行。例如丹阳之牛行、猪行等，都有各自的规定，买卖牛、猪，按头计算，都需要付给中间商若干佣金。[③]这是一种比较成熟的市场制度。

以无锡县为例，该县城沿着运河及京沪铁路，城垣东西长约二里许，南北长约三里许，分为五门，即东门、西门、南门、北门、光复门（民国元年新辟之北门）。城中街道有新辟的马路与旧有的石子路街。无锡城中的人口不少，有十七万五千。[④]作为一个以纺织、面粉、碾米、缫丝

---

① 李惠民主编：《菱湖镇志》，昆仑出版社 2009 年版，第 449—450 页。
② 包伟民主编：《江南市镇及其近代命运：1840—1949》，第 184 页。
③ 李长傅编著：《江苏省地志》，第 159 页。
④ 同上书，第 282 页。

为主的轻纺工业城市,无锡的商业很发达①,因而有所谓"小上海"之称。②同时随着沪宁铁路的建成,以及现代工业的兴建,使苏州的工商业受到了一定程度的影响。③

无锡城内的工厂不下百余家,烟突林立,颇有工业城的气象。城内的商业繁华街区,主要分布于大市桥、寺巷内、寺后门、公园路、仓桥、打铁桥;北城门、北门外、北大街、大桥街至三里桥;南门外黄泥埯、黄泥桥、跨塘桥至清明桥;西门外吊桥下至西仓桥。这一带的夜市一般到十点为止,新北门外汉昌路至递运路,夜市一般要到十二点才结束。规模较大的商店都带有专业化,包括五金、银楼、绸缎、布、纱、丝、茧、夏葛、茶食蜜饯、南货、纸、药材、洋广货、鞋帽、药房、酒栈、衣、书、眼镜、照相、铜锡等行业。④在夜市时间,街道上"红绿霓虹灯交相辉映",市面十分繁盛。⑤在抗战时期,据1940年左右无锡县各职业工会的统计情况,无锡的主要行业有鞋帽业、硬木作业、油麻业、翻砂业、西式木器业、缫丝业、馄饨业、油漆器业、堆栈业、柏烛业、驳船缝包业、机砻碾米业、香作业、轮业、账簿信帖业、备舱业、印刷业、驳运业、人力车夫、理发业、漆作业、造船厂业、派报业、旅业、冬夏制帽业、估衣业等⑥,可以反映出日据时代无锡工商业的大概。而无锡主要的工厂,则有业勤、广勤、申新第三、豫康、庆丰等纱厂,茂新、大丰、泰隆等面粉厂,太湖水泥厂,第一制罐厂,利用造纸厂,以及其他丝厂,油厂,碾米厂,织布厂等,蔚然大观。⑦值得一提的是,在传统手工业或家庭副业中,泥人是当地的著名特产⑧,品质精良,颇有艺术风味,已具有三百多年的历史,每年营业额总在十万

---

① 王维屏、罗辑:《无锡历史地理》,载南京师范学院地理系江苏地理研究室编:《江苏城市历史地理》,第42页。
② 柳肇嘉编著:《江苏人文地理》,第112页。
③ 汪永泽:《苏州的变迁和发展》,载南京师范学院地理系江苏地理研究室编:《江苏城市历史地理》,第88页。
④ 商务印书馆编译所编:《中国旅行指南》,"无锡",商务印书馆1929年版,第4—5页。
⑤ 周君奇:《无锡鸟瞰》,《国讯》1935年第113期,第140页。
⑥ 满铁上海事务所调查室第八系:《中支惯行调查参考资料》第一辑,1941年9月,第77—79页。
⑦ 李长傅编著:《江苏省地志》,第282—285页。
⑧ 佚名:《无锡之泥人业》,《工商半月刊》1933年第10期,第39页。

元以上，依此为生者何止千人。在惠山镇，共有三四百户，以制作泥人作为主要副业，几乎每户人家都有泥人作坊。①

穿过无锡城区的运河，当地人习称"塘河"。北门外沿河一带的叫"北塘"、西门外则叫"西塘"、南门外称"南塘"。其中，以北塘一带，长期显得比较兴盛热闹。这里的塘河上岸，各业俱全，店面连街；塘河下岸，则是粮食堆栈密集之地。②故而商业活动中就以米市最盛，附近的武进、宜兴、溧阳以及皖省各地的米，均集散于此，再转运苏、沪、浙等地。③具体而言，无锡米的销路，以上海为主，其次杭州硖石，再次南京，最少的是绍兴与苏州。④在米行兴盛时，曾达到200多家。1930年代的调查时还有131家。这些米行，主要集中在无锡城区，包括北面的北栅口有15家、北塘29家、三里桥32家、外黄泥桥11家，南面的伯渎港有17家、南上塘8家、黄泥桥11家，西面的西塘有9家；至于无锡的东面门外，因水道交通不便，没有一家米行。⑤在1932年，无锡已拥有粮栈30所，米粮的销路仍以上海为主。无锡城南门外伯渎港两岸原是主要的粮食集散中心，由于河道拥挤，北门外的三里桥附近的运河宽广，又有缸尖、小尖等地可供粮食储存，因此，大部分粮店、堆栈，就从南门外移向北门外的运河沿岸。而随之兴起的服务性行业，也大多分布于北门外的大市桥一带与火车站附近。⑥另外，在乡间各市镇的米行，大多仅收农民少数米谷，性质上不甚重要。⑦无锡地方米行的一般情形可参下表2。

---

① 石万里：《无锡泥人》(1936年11月)，收入程德培、郜元宝、杨扬编：《1926—1945良友散文》，第124—125页。
② 无锡地方志编纂委员会办公室、无锡县志编纂委员会办公室编：《无锡地方资料汇编》第四辑，1985年刊本，第153页。
③ 李长傅编著：《江苏省地志》，第282—285页。
④ 羊冀成等编：《无锡米市调查》，上海社会经济经济调查所1935年刊《粮食调查丛刊》第八号，第52页。
⑤ 同上书，第12—13页。
⑥ 王维屏、罗辑：《无锡历史地理》，载南京师范学院地理系江苏地理研究室编：《江苏城市历史地理》，第39页。
⑦ 羊冀成等编：《无锡米市调查》，上海社会经济经济调查所1935年刊《粮食调查丛刊》第八号，第12页。

表 2　无锡市各乡镇米行统计

乡镇	米行（家）	乡镇	米行（家）
新安	1	杨墅园	4
荡口	9	玉祁	9
甘露	8	礼社	3
南桥	2	安镇	4
周新镇	2	张泾	4
南方泉	2	八士桥	3
钱桥	2		
洛社	3	总计	56

资料来源:羊冀成等编:《无锡米市调查》,上海社会经济经济调查所1935年刊《粮食调查丛刊》第八号,第19页。

粮食经营号称无锡百业之冠。到抗战前,无锡已是全国四大米市之一。较米业稍逊的是丝业,"丝市"颇负盛名,每年五六月间,乡民将自缫的土丝带至集市出售,无锡北门外的北塘、南门外的黄泥垱、鸿山西阳的唐家等地,都是十分兴旺的"丝市"中心。①

再如吴兴县(湖州),贸易习惯过去以放账为主,逢节结算;现今则以信用关系为主,放账少而现金交易多。城内最繁华的市街,就分布于骆驼桥、彩凤街、鱼巷口一带,其次在上下北街、衣裳街、太和街等。②大商店(商行)包括了书、纸、丝行、绸、绸庄、绸缎布、衣、鞋、金珠首饰、嫁妆、笔、洋广货、京货、颜料、煤油、南食、茶食、烟、参、药材、药房等。③以著名的丝行为例,城内有姚大仁、久仁、庆丰、大顺、乾藤、恒隆、恒大、永丰、乾丰、正丰等多家。④而县境内主要的贸易中心地,以南浔为最大,菱湖及双林次之,乌镇、善连(善琏)、练市等又次之,主要的商业都是丝业,其次是笔业、棉织业、碾米业、机器铁工业、梭子业等。总计吴兴全县较大的

---

① 无锡地方志编纂委员会办公室、无锡县志编纂委员会办公室编:《无锡地方资料汇编》第一辑,第3页。
② 东亚同文会编:《支那省别全志》第13卷《浙江省》,东京东亚同文会1919年版,第95页。
③ 商务印书馆编译所编:《中国旅行指南》,"湖州",第2页。
④ 东亚同文会编:《支那省别全志》第13卷《浙江省》,第97页。

26处市镇,商店共计有6 655家,全年营业总额可达1亿元以上。①

在嘉兴,商品交易习惯一般是端午、中秋、年底三节清账,批发业的多按月清算;期票则分长期、短期,长期为三个月,短期时间不定,大约一月以内、三日以上。主要的贸易中心区,以城内的塘湾街最盛,北大街次之,中街及丝行街又次之;②据1934年的统计,城内的商户主要有皮货业5户、席业8户、钟表眼镜业17户、鲜肉业18户、鲜鱼业13户、菜馆10户、点心业68户、铜锡商13户、藤竹商14户、茶食18户、煤炭17户、树柴业17户、图书文具5户、茶店82户、浴室2户、旅店业28户、新药5户、砖灰业14户、炒货8户、理发业29户、照相业7户、车行2户、什货业30户、制面业20户、猪行4户、陶瓷业5户、船厂船行10户、五金电料10户、丝线业17户、鞋箱业27户、西服业7户、成衣业20户、豆腐业30户、糖果糕作10户、铁店5户、白铁业10户、棉絮7户等。其他尚有竹器、木器、泥水、神袍换衣、制香、制伞、制绳、秤斗栲栳、制橹、油漆等手工业,多数系个体户,面广人众,无法细述。③

吴江县城则介于运河与太湖间,城市规模不大,人口一万,城垣狭小,商业方面不及县属诸镇之盛。这一带地形平坦,湖荡密布。湖荡的面积几占当地面积之一半。农产品较为丰富,以稻米、蚕丝为主,鱼类颇多,菱藕等出产更不少。当地的工业品以盛泽的丝织品最著名,有纺绨、小纺绫纱等与杭州、湖州相鼎足;此外有酒、酱油等。县域内的市集基本聚于八坼、平望、震泽、盛泽、黎里、芦墟、同里等镇。其中,盛泽是绸业中心,所谓绸行林立、机声阗耳;震泽是丝业中心;同里则为米业中心;芦墟为窑业中心,米业也盛。④

---

① 佚名:《浙江吴兴县经济调查》,《工商半月刊》1933年第4号,第76页。
② 据1920年代的介绍,嘉兴城内的繁华街区,主要分布于北门外塘湾街、端平桥、西堰桥及由北丽桥横穿中街。夜市都开到九点。如遇鱼行街戏馆开演,各街夜市都要延长到十一点。另外,南门外大街东米棚下,商业也较繁盛。城内的大商店分别有绸缎、布、金珠首饰、酱园、南货、烧酒行、野味、咸肉、药材、颜料、书、玻璃五金、烟、煤油等。详参商务印书馆编译所编:《中国旅行指南》,"嘉兴",第2页。
③ 邵寿璇:《旧中国嘉兴工商业概况》,嘉兴市政协学习和文史资料委员会编:《嘉兴市文史资料通讯》第49期,2007年4月5日,收入《嘉兴文史汇编》第5册,当代中国出版社2011年版,第377页。
④ 李长傅编著:《江苏省地志》,第299—300页。

就同里而言，镇上市肆繁盛，号称吴江县"各属市乡之冠"。镇上的工厂有电灯厂、碾米厂；商业经济方面主要有典当、米行、盐公堂。电灯厂是所谓同里市乡的特色；而典当行被当地人认为是人民通财的地方。至于镇上的米行，大者有20家，小者30多家，多不依门市，米粮全部直接贩往上海。每年全镇的营业额在百万以上。所以在上海的米市中，专门立有"同里米市价"。另外，盐公堂的盐，主要运销吴江县各区。①

三、商业组织的兴盛与变化

在工业发展、商业活跃的同时，本地与外来的商人整合起新的群体，活跃于江南城镇之中，对工业品的流通与商品经济的发展，起到很重要的催化作用。

对大多数商人而言，都在异籍地有着相当的影响力，有的以地域为表征，形成了个性鲜明的各类商帮。为了加强联系、规范行业活动、维护群体利益，各种商业组织或机构在各类城镇中纷纷建立。

譬如，海宁县的徽州旅浙硖石同乡会，觉得"旅外同乡，屡受人亏，同乡事业，日渐衰落"，所以才有这个组织的成立；从1926年开始筹备，到次年会员即达数百人，可见徽商群体之大。当然，这个旅浙硖石同乡会，是以"沪上阿拉同乡会"（即宁波旅沪同乡会）为仿效对象的，目的就要是加强徽州人的凝聚力，以谋桑梓福利、保障侨民之权益。②

就江苏人而言，在外经营商业的，大概以镇江帮、无锡帮、东山帮（苏州洞庭东山）等为代表。上海帮多经营洋服业，镇江帮则以理发业为主，各有产业的主要取向。外省人在江苏各城市中，以上海（中国第一大商埠）为最多，南京（全国政治中心）其次，其余则散布各地，数目不大。从籍贯上讲，商人中大概以宁波籍为最多，广东人则次之。他们的

---

① 教育研究会编：《同里乡土志》，范烟桥等校订，民国十年铅印本，第3页；钱小云：《吴江同里杂记》，《国风》1934年第3期，第45页。

② 王振忠：《徽州社会文化史探微》，上海社会科学院出版社2002年版，第456—458页。

聚集地，仍以上海为中心，苏州、镇江、南京等通商口岸则次之，从事的商业种类较多。宁波人中，还有从事船员、工匠等工作的。此外，徽州人、江西人又次之。徽州人从事传统的典当、茶、墨等商业，江西人则从事桐油、夏布、磁器等商业，分布于各个城市。比较明显的是，北方诸省人来江苏地区的，多从事苦力、军警职业；湖北人则多为船户。①这些产业工人与商人队伍的地域区分，一直令人记忆深刻。

尽管民国时期的工商业已趋现代化，但传统的地域观念及其造成的业帮、乡帮区分，仍很顽强地存在着。上海各类产业发达，地域区分更细。详参下表3。

表3 上海商界乡帮统计

乡　帮	业　帮
山东帮	茧绸、劳动界
徽宁帮	茶木、墨、典当
江西帮	药材、磁器、夏布、纸
四川帮	药材、白蜡
无锡帮	丝、鲜腌肉
金华帮	火腿
镇江帮	绸缎
绍兴帮	钱庄、酒、煤炭、染坊
宁波帮	棉花、杂货、煤炭、钱庄、药材、鱼、贸易商、劳动界
福建帮	木材、漆、烟
广东帮	丝布、杂货、糖、贸易商、买办、粤菜
苏州帮	笺扇、装池、茶食
浦东帮	营造
温州帮	席、伞

资料来源：沈伯经、陈怀圃编：《上海市指南》，中华书局1934年版，第347页。

---

① 李长傅编著：《江苏省地志》，第97页。

同时也应注意的是，商业方面除了外国人的经营外，上海华商的贡献是很大的。这些华商从事着各种各样的商业活动，同时又以地域为纽带，可以区分出十三帮，主要包括：宁波帮，人数过十万，势力雄厚，多从事洋货买卖；广东帮，人数约有五万，也多业洋货，兼营蔗糖广货；绍兴帮，人数约三万，主要从事钱业及酒店；杭州帮，从事丝绸业；锡金帮，从事丝业；徽州帮，从事茶业；江西帮，经营茶瓷夏布业；两湖帮，经营茶油兽皮业；山东帮，从事豆油、豆饼、绢绸业；山西帮，经营票号；天津帮与四川帮，都以当地土产来置换洋货；镇江帮，经营钱业、银行、绸业。上海的大宗商品中，进口货以棉纱、棉布、石炭为大宗，而出口则以丝、茶为大宗。其中镇江的钱商，涉及地域广大，东至上海，西到汉口，北达天津，消息灵通，汇兑称便，所谓"各大银行，无不有镇江人踪迹"。而宁、苏绸缎商，北至关东，南到闽粤，"衣被之广，遍于禹域"。比较起来，长江以北的江苏各县，除南通之外，"风气闭塞，商业尚无足观"。①

上海城内的同业聚集有着明显的倾向，不同的城区或街区，同业的聚居性颇强。详参下表4。

表4　上海各业同业聚集地统计

地　　址	区别	行　　业
小东门大街	城内	绸缎、皮货、银楼、花粉、乐器、鞋帽
新北门大街	城内	磁器、珠宝、木梳、竹器、牙器、红木
城隍庙	城内	珠宝、扇、字画
外马路	南市	木行、米行
十六铺	南市	水果、咸鲜鱼、船票局
咸瓜街	南市	参燕、药材、桂圆、咸货
豆市街	南市	豆麦
吉祥弄	南市	钱庄
汉口路	公中	旅馆、酒店、菜馆、洋行

①　柳肇嘉编著：《江苏人文地理》，第32—33页。

续表

地址	区别	行业
浙江路	公中	旅馆、帽鞋
河南路	公中	书、绸缎
福州路	公中	旅馆、酒店、菜馆
福建路	公中	衣庄、绸缎
黄浦滩路	公中	银行、保险、轮船公司、外资旅馆、洋行
北京路	公中	银行、旧货、木器、票号、钱庄
江西路	公中	银行、洋行
山东路	公中	报馆
山西路	公中	香粉、女鞋
杨树浦	公中	工厂
四川路	公中	洋行
九江路	公中	洋行
天津路	公中	绸缎

资料来源：沈伯经、陈怀圃编：《上海市指南》，中华书局1934年版，第348页。

至于外国侨民，以城市而论，聚集地也以上海为中心，南京、镇江、苏州等通商口岸则次之，主要从事商业；而散布于各县城的，主要是传教士。①

总之，明清以来江南城镇的商人或行业组织，即各类会馆、公所等，在民国年间依然所在多有。城镇的工商管理工作，一般由同业会馆、公所来公议行规，进行约束，商品价格由同业公议。②因而会馆公所大多被视为一种正式的在地方政府笼罩下的组织或机构，也就是时人所谓的"公署"，与政府机关并列其中。

在苏州，根据官方编撰的方志，那些公所、会馆全部被纳入"公署"的体系。但其中的大部分，都是在清代创设的。主要如下：

七襄公所，在文衙里，清道光十九年纱缎绸绫同业公建；

---

① 李长傅编著：《江苏省地志》，第99页。
② 平湖市乍浦镇志编纂委员会编：《乍浦镇志》，第418页。

咏勤公所，在宝林寺前，清嘉庆间洋货同业公建；

嘉凝公所，在合村坊巷，清道光十四年金线同业公建；

玉业公所，在石塔头宝珠庵，清嘉庆二十五年琢玉同业公建；

承善公所，在郡庙神道街，清道光十七年装修置器同业公建并筹；

永和公所，在盘门城桥北下岸，清道光二十年木柴同业公建；

剞劂公所，在教场南，清乾隆四年刻字同业公建；

裘业公所，在梵门桥衖；

太和公所，在旧学前，药材同业公建；

履源公所，在东海岛；

惟勤公所，在禾家衖；

浙右公所，在南濠；

茶叶公所，在神道街；

两宜公所，在宝林寺前；

醴泉公所，在胥门；

梨园公所，在三乐湾；

梓义公所，在洙泗巷，木匠公建；

秀兰公所，在杨安浜；

瑞云公所，在李继宗巷；

酱业公所，在颜家巷；

五丰公所，在菜葭巷，米豆同业公建；

霞章公所，在乔司空巷，织缎工匠公建；

安怀公所，在紫兰巷；

农务总会，在阊门外枫桥，清宣统二年夏五月陶惟坻、倪开鼎等奉文创设；

岭南会馆，在虎邱山塘桥西，明万历间广州商人创建，清康熙五年重建；

宝安会馆，在岭南馆东，清康熙十六年东莞商人建；

冈州会馆，在宝安馆东，清康熙十七年义宁商人建；

全秦会馆，在山塘毛家桥西，清乾隆六年西安商人邓廷试、刘辉扬倡建；

　　东齐会馆，在全秦馆西，清顺治间山东胶州、青州、登州商人建；

　　全晋会馆，在虎邱半塘桥，清乾隆三十年山西商人建；

　　安徽会馆，在南显子巷；

　　江西会馆，在九都二十九图杨安浜；

　　浙江会馆，在九都三啚西园西；

　　广东会馆，在阊门外李继宗巷口；

　　八旗奉直会馆，在北街；

　　云贵会馆，在仁二啚西石皮衖；

　　钱江会馆，在桃花坞；

　　全浙会馆，在长春巷；

　　湖南会馆，在通和坊；

　　江西会馆，在西美巷；

　　两广会馆，在侍其巷；

　　浙绍会馆，在盘门新桥巷；

　　新安会馆，在阊五啚义慈巷东；

　　潮州会馆，在义慈巷西；

　　武林会馆，在上津桥石排巷口；

　　金华会馆，在南濠大街；

　　浙宁会馆，同上；

　　震泽会馆，同上；

　　三山会馆，同上；

　　嘉应会馆，在胥门外枣市上；

　　中州会馆，在天启桥西；

　　漳州会馆，在胥门外小日晖桥，清康熙间建，毁于咸丰庚申兵燹，后陆续重建；

　　汀州会馆，在阊门外上津桥，清康熙五十七年福建上杭县六串纸帮建，咸丰庚申毁，光绪丁亥秋重行修复。①

---

① 民国《吴县志》卷三十《公署三》，民国二十二年铅印本。

再如，崇德县的商会组织，创始于光绪三十年（1904），以财神庙内为会所，各行业推举领袖二人为基本成员。到民国年间，一直受县政府的管理。而源于商会形式的同业公会，包括新安会馆、宁绍会馆、江西会馆和金华会馆等，既是外籍人联络乡谊、商议事务之处，又是同行业集会之所，地域观念较强。如新安会馆为皖籍客商所建，崇德的茶漆业清一色为徽州人所开，雇用人员都是从家乡带来，外籍人不能涉足；木行业也是如此，宾主大都为皖人。①

据"东亚同文会"的调查，湖州城内的会馆公所，主要有徽州会馆、丝业会馆、绸业会馆、金华会馆、江华会馆、旌德会馆、宁绍会馆、南京会馆、布业会馆、新安会馆、茶业公所、稼业公所、丝业公所②，数量尚属可观。

民国时期编修的江南各县地方志中，大多会将这类商业组织或行业团体予以记载。根据各县记录数量的多寡，可以概见各地商业活动的差异。下面聊举数县以作比较说明。

在江阴县，根据记载，各类行业团体和商业组织，数量并不少；其中有三个比较特别，并非设在江阴当地，为京都江阴会馆（在北京的米市胡同中路东）、南京江阴试馆（在江宁县石坝街白塔巷临字铺地方，坐北朝南）、上海江阴公所（在上海新西门外十三图北石街），余则都在江阴城内，罗列如下：

徽州会馆，在北内五保庙巷律字四十四号；

典业公所，附设徽州会馆内；

商会，假保婴局后轩为会所，光绪三十一年始设；

农会，假设于保婴局，宣统二年成立；

八邑公所，在学使署东辕门外；

东南乡试馆，清代创建；

南外试馆，附设南外义塾内，光绪十七年建；

---

① 张冰华、李蓉汀：《民国时期的崇德县商会》，收入浙江省桐乡县政协文史资料工作委员会编：《桐乡县文史资料》第八辑，第71—74页。

② 东亚同文会编：《支那省别全志》第13卷《浙江省》，第96页。

绸布业集裕公所，在北内二保余字号，光绪二年建；

衣业锦云公所，在北外三保，市房大厅、小楼各三间，余屋两间，光绪十四年倡设；

钱纱公所，在北外三保浮字号，光绪年间建；

茧业公所，江阴茧事始光绪十七年，至二十七年大盛，假青旸乐善堂为公所；

药业公所，在北内一保广福寺怀楼，光绪十四年由同业集款建设；

油业公所，在北内十保腾字六十五号，光绪二十二年同业集资购建；

饼业公所，在西内七保，光绪二十七年由同业集资建前后房屋二十间；

澄布通惠公所，在东内二保地字三十四号，宣统二年禀县立案；

东外米业公所，道咸间设于乘愿庵，兵燹毁废，光绪十三年重建；

北外米业公所，光绪年间由北外同业筹款购基，禀县立案。①

嘉定县地方的会所记载，在方志中并不多，主要如下：

嘉定米业公所，光绪十四年徐锡江、潘仲儒发起，假西门外西隅南圣司祠北出一图天圩内建设，为米业集议之所；

南翔酒业公所，同治年间以古猗园中之清磐山房为酒业祀神集议之所，光绪五年重修；

纪王镇布业公所，在镇北街；

沈溪会馆，在回春桥南，嘉庆八年闽商建，已废；

宁绍会馆，在北城圆通寺桥东；

新安公所，俗称徽州会馆，在南翔镇芥二十七图，同治季年徽商方云岩、陈东生等募建。②

宝山县的会馆公所数量也不是太多，大多分布于所辖的市镇。根据县志编撰者的补注，这里的公所、山庄，"性质等于会馆"，而会馆建设的目的，也与其他地方无别，就是要联络乡谊、结集同业兼办慈

---

① 民国《江阴县续志》卷三《建置》，民国九年刊本。
② 民国《嘉定县续志》卷二《营建志·会所》，民国十九年铅印本。

善教育，尤以"寄厝"（停放棺柩）为多。具体的会馆公所情况，主要如下：

南海会馆，在江湾结一图虬江路，光绪三十三年粤商筹建；

湖州会馆，在江湾结一图，民国元年浙商筹建；

北长生公所，在江湾结一图，光绪二十四年王洪忠筹建；

延绪山庄，在江湾结一图，原名华众公所，光绪二十年浙商筹建；

广肇山庄，在江湾结一图，光绪五年筹建；

广肇分庄，同上；

普善山庄，在彭浦金二图西剑圩，沪商捐建；

蜀商公所，在江湾结九一图，一名川主宫，光绪二十三年蜀商创建；

蓬瀛公所，在江湾殷四图，光绪三十年建；

江宁公所，在江湾阙三图；

长生会馆，在彭浦金二图；

锡金分所，在彭浦金二图中兴路，民国六年无锡周廷弼等建；附近又有锡金公所，属上海界内；

江淮公所，在彭浦金二图，民国元年丁宝铨筹建；

扬州公所，在彭浦金二图，民国六年沈林成筹建。①

除城市外，江南各类小镇上的会馆公所比较常见。南浔镇上最著名的是丝业会馆，位于南栅定心桥。该馆初名丝业公所，光绪二十六年创设，经始于宣统二年，落成于民国元年。会馆的中间是大厅"端义堂"，北为丝业先辈祠，左为丝业小学校舍。全馆面积为5亩。1937年抗战爆发后就停废了。此外，镇上重要的会馆还有：

宁绍会馆：在北栅下坝梅家桥，抗战爆发后部分房屋被毁；

金陵会馆：在南栅广胜桥东北，沦陷后被毁；

新安会馆：在南栅莲界弄，沦陷后略有损失。②

而在"旅沪南浔公会"的自立章程中，曾说明了该会的部分职任，包括安宁秩序之维护、慈善公益之设施、教育实业之补助、地方市政之改

---

① 《宝山县续志》卷十六《名胜志·会馆》，民国十年刊本。
② 周子美纂修：《南浔镇志稿》卷一《公署》，稿本。

进、乡人争议之调解、乡人职业之维持以及其他一切公共事宜,呈现出当时商会组织的一般功能及其可能产生的社会影响。

在桐乡的丝绸业名镇濮院,主要的商业组织如下:

机业公会:在翔云观机皇殿后,民国三年建;

丝业公会:在北横街租赁沈氏房屋为会所,民国十九年组建,咨请农商部注册时名为"濮院镇丝业公会";

绸业工会:清光绪间成立,民国十年改组,地址与丝业公会同;

米业公所:在翔云观蒋相殿,清光绪十二年集资建造;

穑陈公所:清光绪间成立,借保元堂为会所。①

江南丝绸业名镇盛泽,早在清代中后期,至少有 10 个行会组织(公所),包括培元公所、丝业公所、米业公所、领业公所(汇锦公所)、钱业公所、茶业公所、剃发公所、鲜肉公所、饭业公所等。1923 年 6 月 1 日《新黎里》报的通讯就指出:盛泽镇上原有会馆众多,如山西、济东、绍兴、徽州、华阳、金陵等,大多规模宏大,建筑华美。但到 1923 年,会馆大多衰落,只有绍兴、徽州二会馆保存较好,也是因为绍兴、徽州两地人群在镇上谋生较多之故。②到 1929 年,据《工商同业公会法》规定,所有工商业组织改成同业公所。1930 年 1 月至 8 月,盛泽镇建立了丝业、绸业、绸领业、钱业、米业、烟纸蜡烛业、糖北货茶食业、洋广杂货业、线业、鲜肉业、煤炭业、绸布业、国药业、银楼业、面饭业、蜡线业等 16 个同业公会。1934 年 7 至 8 月,又先后成立了成衣业、挂面业同业公所。由于经受了抗战的影响,盛泽镇于 1946 年 6 月重新整顿各行业,重建丝业、绸业、绸领业、米粮业、烟纸烛业、酒酱业、绸布新衣业、百货业、鲜肉业、腌腊、面饭菜馆业、国药业、旅馆业、茶业、油麻织席业、肥料业、切面业、豆腐业、糖北货茶食业、新药业、理发业等 20 个同业公所。到 1949 年后,全镇还有 45 个同业公会,直至 1956 年全部废止。③

---

① 夏辛铭:《濮院志》卷七《公署》,民国十六年刊本。
② 吴江县档案馆、江苏省社会科学院经济史课题组编:《吴江蚕丝业档案资料汇编》,河海大学出版社 1989 年版,第 58 页。
③ 盛泽镇地方志办公室编:《盛泽镇志》,第 284—285 页。

四、余　　论

抗战期间,江南城镇中的米行、棉布行等,成了日军征集大米、棉花等产品的重要媒介。从 1939 年开始,为便于大量收买军用米,日军对主要米产地如芜湖、无锡、常熟、昆山、松江、嘉兴、嘉善等县,实行禁止新米搬运出境的措施,并指定米谷收买商三井物产、三菱商事、大丸兴业、一郡商会等日本大商委托收购。这样,在松江、青浦、嘉兴、金山、昆山、苏州、常熟、无锡等地所设的日本商行,就会通过各地的中国米行,向江南城乡各地的农民、米贩子或地方米行收买米谷。至于棉花,则由 1940 年 12 月成立的"华中棉花协会"统制收购。该机构是由日本方面的"在华纺织同业会上海支部""日商棉花同业会""上海制棉协会""落棉协会"等四个棉业组织联合成立,并在主要棉产地杭州、南京、安庆、南通、海门、启东、太仓、常熟等八城市,设立支部,划定各支部的收买区域,但向各棉产地直接收买棉花的,仍是中国的棉花商。因此,"中国棉花商的收买活动,就成了决定华中棉花协会收买活动结果的关键"①。正因为这样,江南城镇中的很多行业仍得以维续下来,有的还颇为繁荣。

例如,德清县的新市镇,位置相对偏僻,在抗战爆发后的最初两年间,其他地方的城市相继陷落后,成了所谓"烽火不到的避难所",嘉兴、湖州一带的避难者,一时间都群集于此,显现出"畸形的繁荣"。②

1941 年时的常熟地方(人口约 8 万),物资比较丰富,价格低廉,远比日伪统制得力的地区物资丰富、品种繁多、价钱便宜,这种现象的出现,表明常熟的物资是不通过统制网而大量走私运至上海的。据说常熟附近的某一个村落全是走私者,物资流动活跃,经济反而很繁荣。③

---

① [日]浅田乔二等著:《1937—1945 年日本在中国沦陷区的经济掠夺》,袁愈佺译,复旦大学出版社 1997 年版,第 10、12—13、22 页。
② 心真:《水乡市景(新市通讯)》,《杂志》1944 年第 6 期,第 171 页。
③ 《关于清乡工作》(1941 年 7 月),原载《东亚》第 14 卷第 8 号,1941 年 8 月;引自中央档案馆、中国第二历史档案馆、吉林省社会科学院合编:《日汪的清乡》,第 65—66 页。

战争期间常熟城遭受了日机的轰炸,粮食、花边、木行、皮货等行业损伤惨重,但在城内的客栈、饭店、赌场、烟馆这些消费、娱乐场所,却出现了畸形繁荣。①

1942年进入了日汪"清乡"的第二年,除了镇江、吴江、青浦、松江等县之外,嘉兴、嘉善两县的一部分也进入了"清乡"的新范围。据1943年夏天的报告,"清乡"使一些地方的商业"日趋繁荣"。②

抗战时期的生活,虽然虽充满了危机、动荡、危险,但在不少地方出现了"繁盛"之状,也是那个时代的特殊政治造成的。像苏州城的菜馆业的经营,虽然同样遭受政治与经济两方面的制约、影响,但依然得以维续,甚至繁荣超越战前,显见菜馆业者已发展出一套应付机制,且在物价高涨的大形势下,在苏州的从业者们仍比在物价高过一半以上的上海生活好过。③从1949年前的江南社会经济来说,这一时期的生计问题虽然复杂,但人们的谋生动机与生存方式更为复杂。某些人出于保全生命财产进入了"维持会",有些人被迫与日军合作,还有些人是抱着为地方做点事的想法,甚至还有人想浑水摸鱼,借助日军的势力谋利等④,都值得深入探讨,从而更好地揭示当时江南人民的生活世界。

---

① 常熟市地方志编纂委员会编:《常熟市志》,第445页。
② 《江苏省宣传处关于该省两年来的清乡工作报告节录》(1943年7月),引自中央档案馆、中国第二历史档案馆、吉林省社会科学院合编:《日汪的清乡》,第372页。
③ 巫仁恕:《劫后"天堂":抗战沦陷后的苏州城市生活》,第155页。
④ 参[加]卜正民:《秩序的沦陷:抗战初期的江南五城》。

第十章 内河航运网络:民国江南新式交通的拓展

一、引　　言

水文环境孕育了传统时代江南社会生活的全部内容,水利的重要性,无论是东部的低乡地区,中部的太湖本体与滨湖地域,还是西部的低山丘陵地带,都十分彰显。水利规划与设计,在传统时代就已十分成熟。由于这一地区城乡经济的繁荣与日常生活的兴盛,水利的良好维持,就成了官方与民间时时在意的大事。

有关江南水利与社会的问题,相关的研究论著已相当丰富,论述的内容广及环境与水利变化、水利文献与实地调查、水利文化史、水利史研究与现实水利建设等方面。①而就小尺度的地域社会来说,水利的两大功能中,灌溉史的考察显得相对充分,而航运方面的研究还有待充分展开。

水利事业作为江南至为重要的社会公共工程,包括了排水工程、圩田建设、河网疏导、湖泊整治、水运工作、劳役负担等多方面的内容,都曾引起学者们的广泛注目。②不过,就水乡地区的内河航运而言,研究

---

① 参[日]松田吉郎:《最近の中国水利史研究》,《中国——社会と文化》2011年第二十六号,第193—204页。

② 例如,[日]森田明的《清代水利史研究》(东京:亚纪书房,1974年)是有关清代水利史较为系统的考察;张芳的《明代太湖地区的治水》(载《太湖地区农史论文集》1985年第1辑,第95—105页),专注于明代江南的治水举措及影响;[日]川胜守的《明代江南水利政策的发展》(载《明清史国际学术讨论会论文集》,天津人民出版社,1982年,第536—548页),对明代水利政策历时性特征和江南治水阶段,作了纵观性的描画;潘清的《明代太湖流域水利建设的阶段及其特点》(载《中国农史》1997年第2期),也探讨了这方面的问题,另《明清时期江南的水利建设》一文(载范金民编:《江南社会经济研究(明清卷)》,中国农业出版社,2006年,第940—967页)对江南的农田水利、塘浦、海塘等情况,有全面的考察;而对塘浦圩田史的考察,缪启愉编著《太湖塘浦圩田史研究》(农业出版社,1985年)更是简明精核;彭雨新、张建民著《明清长江流域农业水利研究》(武汉大学出版社,1993年),对明清两代长江流域的水利有较全面的概括;而与水利有关的社会负担与经费分配等内容,[日]滨岛敦俊《明代江南の水利の一考察》(载《东洋文化研究所纪要》第47册)与森田明的《清代水利社会史研究》,都有细致的考述。

相对较少,而且已有的研究中,多着眼于宏观性的论述。倘要细致地解明江南内河的航运情况,还需要更为细致的材料予以支持。

到民国年间,时人很注重水利事业,所谓"江南故泽国也,郡邑之志乘,公私之著述,罔弗注重于水利"①,将城乡地区的灌溉、防洪、航运等建设,作为官方与民间时时在意的大事②,也迎合了彼时江南城镇乡村经济与生活现代化发展的需求。

由于现存民国时期的水利文献很多,但为学者注目、作深入研究者,还比较有限。其中,民国时期开始流行的大量城市导游指南小册,就颇具特色,描述江南城乡生活的内容十分细致,故本章拟以此为基础,结合其他相关史料,对江南城乡的水运交通网络及其变化,试作初步的考察分析。

二、传统交通的延续

大概光绪十年(1884)的时候,九岁的包天笑(1876—1973)与父母离开了苏州:

> 那时从苏州到上海,还没有火车,也没有小火轮,更没有长途汽车,只有民船,雇一民船,自苏州到上海,要经过三天两夜。全部不用机力,只用人力移动的,顺风张帆,逆风背牵。我们那时雇了一条船,叫做"无锡快",在这船里坐卧,倒也舒适。③

这个时代,是传统的人力交通时代。船在江南水乡是最便捷的交通工具。1917 年,英国海军参谋部情报处编的《中国本土手册》指出,江苏南部地区无法利用车辆运输,因为道路与桥梁的状况也很不适于车辆运输;大车,甚至独轮小车几乎都没有;行旅除了徒步,普遍的运输方式

---

① 沈佺编:《民国江南水利志》卷首,沈佺"序",民国十一年木活字刊本。
② 冯贤亮:《民国前期苏南水利的组织规划与实践》,《江苏社会科学》2009 年第 1 期,第 186—193 页。
③ 包天笑:《钏影楼回忆录》,第 28 页。

是小船①,所以也只能用船,船是最好的工具。江南地区一直有所谓男女老幼皆会驶船,驶船如驶马的说法。民间流行的"学摇船"歌谣称"三岁小囝学摇船,断脱链条颠倒穿。跌湿鞋子到娘房里去换,跌湿衣裳天晒干";②平原地区的湖泊与运河,像鱿鱼须似的四通八达,因此连七八岁的小孩子都会撑船。③这些都可以说是江南传统舟船交通兴盛的一个侧面。④

不过,流行城乡间的舟船种类及其具体含义,由于历史的久远和交通方式在近代以来的嬗变,许多已不能尽知。⑤清末民初杭州人徐珂曾作过一些选择性的解释。他认为,在浙西除了航船外,舟船主要有这样几种,较具地区性:一是"班船"(江苏地区则称航船),"往来有定,更番为代";二是"划船","以竿进舟谓之划,而俗以用桨者为划,伸足推之,进行甚速",以绍兴人最精此技,常来往于江浙间;三是"满江红",流行于江淮的船,船门为斜面,大小有一号至五号之别,五号最大;行船时,不论风之顺逆,必定用帆,以舻佐之;四是"无锡快",因无锡人所操而名,往来于苏州、松江、常州、镇江、太仓、杭州、嘉兴、湖州等地,较为广泛。⑥

这类水上交通工具,在民国年间依然是普遍的。根据1921年日本人对于浙江的调查,江河水运多为小型船只,航行区域大多在太湖平原水网地带。详参下表1。但日人的统计当然有不完全的地方。如从钱塘江上游来,以运输棉布、糖果、肥皂、香烟等百货为主的兰溪船,在老杭州人们的记忆中十分深刻⑦,却不见于其统计。

---

① [英]伊懋可(Mark Elvin):《市镇与水道:1840—1910年的上海县》(*Market Towns and Waterways: The County of Shanghai from 1480 to 1910*),收入氏著:《另一种历史:欧洲学者看中国》(*Another History: Essays on China from a European Perspective*),Wild Peony PTY Ltd.,第101—139页。
② 吕舜祥修、武钺纯纂:《嘉定疁东志》(不分卷),"歌谣",1948年云庐油印本。
③ [韩]金九:《白凡逸志》,宣德五、张明惠译,重庆出版社2006年版,第217页。需要说明的是,该书是韩国民族独立运动领导人金九的自传,其1932年4月间避难至嘉兴。
④ 有关传统时代江南内河舟船交通生活的分析,参[日]松浦章的《清代内河水运史研究》(江苏人民出版社2010年中文版)中有关明清江南水运的篇章、冯贤亮的《舟船交通:明清太湖平原的环境与人生》(载《传统中国研究集刊》第五辑,上海人民出版社2008年版,第341—374页)等。
⑤ 朱惠勇的《中国古船与吴越古船》(浙江大学出版社2000年版),曾就江南存在过的一些主要舟船(包括筏类、独木舟、画舫等13门类160余种古船),作了考察和分析。
⑥ [清]徐珂:《清稗类钞》第13册"舟船类",中华书局1986年版,第6072—6075页。
⑦ 李杭育:《江南旧事》,山东画报社1999年版,第167页。

表 1　民国前期浙江地区传统民船种类统计

船种	用途	航行区域	载重量（担）
江船	渡船	钱塘江内	300—400
江山船	客货两用	金华、衢州、严州	300—600
义乌船			400—800
芦鸟船			100—400
开梢船	薪炭兼用渔业	严州	500—800
明塘船			700—1 000
百官船	货客两用	上海、宁波	300—900
乌山船	货物专用		300—800
乌篷船			100—400
菱湖船	米石及客用	嘉兴、湖州	100—200
无锡西庄船	货物专用	苏州、上海	300—700
常州船			100—400
常熟船	货客两用		100—200
江北船			60—100
满江红			300—600
蒲鞋头			200—400
南湾子			200—600
无锡快			200—300
吴江快			70—200
丝网船	搬运丝织品用		50—100
芦墟船	货客两用		70—200
蒋村船			400—1 000
长安船			500—800
湖遍子船			50—100
航船			100—300
驳船	旅客行李用	杭州附近水路	约 10
小摇船	附近往来用		
脚划船	客用邮政用		

资料来源：[日]清野长太郎编：《1921 年浙江社会经济调查》，丁贤勇、陈浩译编，北京图书馆出版社 2008 年版，第 217—218 页。

表1中罗列的,都是传统时代城乡间流行的舟船。像水乡普遍的脚划船,因船身狭小,可行于狭小的港汊,灵活方便,颇受民众欢迎。在宝山县的大场镇,每天从镇内市河西行可至南翔镇,南从市河走马塘经彭浦、到潭子湾、入苏州河而可到新闸;或者从市河走马塘经西弥浦、转荻泾、出刘行镇直达罗店镇。这几处水道都是用航船、脚划船为交通工具。①

在海宁的长安镇,这类船多为绍兴人所经营。到1949年前,脚划船比较集中地停泊在虹桥西侧,至今仍有一临河小弄称为"划船弄"。多的时候有十多只,终日停泊河岸,待客雇用。雇用者大多有特殊需要,如病人就医或医生下乡,年老体弱者或外地旅客,往往也雇以代步,更有以其代替花轿接送新娘等。但在1949年以后,脚划船已逐渐减少。②有意思的是,这种传统的脚划船,在民国时代也被配备了新式引擎。1930年,松江地方的脚划船就开始了这样的改造,使这种再传统不过的舟船变称为"机器脚划船"。③

以上海而言,在1937年前,时人曾统计过这里的传统舟船,名目众多,具体罗列如下:载人搭货的客船,有南湾子(分大、中、小三号)、无锡丝网船(大者双夹弄、中者单夹弄、小者无夹弄,装饰华丽,只能载人,不便运货)、无锡快、江北快、蒲鞋头;停泊与往来有固定地点、时间的,俗称航船,远的来自常熟、苏州、嘉兴、湖州等埠,近的则来自华亭、娄县、金山、奉贤、青浦、南汇、川沙各地等;无帆的小船,有舢舨、划船(有本帮与淮扬帮两帮)、滩船、驳船、摆渡船;上海境内往来载货搭人的,有帐船、码头船。④其中,根据上海市政厅征收船只税章程中的说明,码头船还被分成了21类。⑤

---

① 张荫祖编纂:《大场里志》卷一《航船脚划船》,上海市宝山区档案馆藏稿本,收入上海市地方志办公室编:《上海乡镇旧志丛书》第11卷,第38页。
② 长安镇志编纂领导小组编:《长安镇志》,当代中国出版社1994年版,第212页。
③ 何惠明主编:《松江图志》,汉语大词典出版社2005年版,第52页。
④ 民国《上海县志》卷十二《交通》,民国二十五年铅印本。有关南湾子、无锡丝网船、游艇、舢舨摆渡船等的详细说明,可参看商务印书馆译所编:《上海指南》卷四《交通》,增订十一版,上海商务印书馆1920年刊本,第21—22页。
⑤ 详参民国《上海县志》卷十二《交通》。

在镇江,除客运外,主要从事货运的民船,包括大蕉湖船、宁国府船、南京凉篷子、江浦船、合船、扬州府船、邵北划子、扬州帮船、驳船、开梢大江划、邵伯湖船、小汜船、崇明沙船、宁波船、仙淮船等①,都是传统时代盛行的交通用船。

上述这些舟船系统,十分清楚地显现出江南地区流行的舟船来源以及功能分派。

再看青浦地区的传统船舶,那里主要以航船、划船、班船为交通工具。以乡镇的地方航船而言,存在着比较固定的交通网络体系。在望仙桥乡,本地出发的与外来经停的船都很多。详参下表2。

表2 望仙桥乡地区的航船统计

本地出发		外来经停		
航班名	班次	航班名	班次	备注
嘉定航 苏航支船	间二日一次 二日一次	苏嘉杭(二艘) 昆嘉杭(一艘) 沪杭(二艘) 钱嘉杭 安嘉划船 天嘉划船 外安接班船 钱安接班船	五日一次 三日一次 五日一次 间二日一次 每日二次 每日一次 每日二班 每日二班	专运货物 兼装人货 专趁人,附载行李

资料来源:杨大璋纂:《望仙桥乡志续稿》,"航行",民国十六年稿本,1962年抄本。

说明:本地出发的,当地向来就有;但外来经停的航船,即人货兼装与专门搭人的两类,是民国四年开始才有。

表2中所云的"苏航支船",主要目的是专门接运苏州与杭州的货物,转运至安亭、黄渡等地。苏州、杭州的船都是直达嘉定的,在货船到的时候,安亭、黄渡的货就装到支船上,分道出发。等苏州、杭州的航船要开走的时候,支船也回来了,就可以将安亭、黄渡收到货件交付到苏、杭航船上。②这类船运的作用,在沟通城乡之间、城镇之间、城市与城市

① 东亚同文会编:《支那省别全志》第15卷《江苏省》,第296—298页。
② 杨大璋纂:《望仙桥乡志续稿》,"航行",民国十六年稿本,1962年抄本。

之间的商品交换,活跃城乡经济,满足人们的生活需求方面,都是十分重要的。

　　船不仅是一种极好的水乡代步工具,更是一个可以在水面上提供寝、食、娱乐的好所在。这一类船,以游船、画舫及节日活动用的龙舟等船为主。但在凶荒时节,这些活动会遭到官方的禁革。明代后期的台州人王士性早已指出,如果在娱乐大都会杭州,这样的禁革行为就会导致更多的渔者、舟者、戏者、市者、酤者等的失业①,当然也会给人们的日常活动带来许多不便。因为西湖在当时人眼中,除了游乐,还是水上捷径,如果租不到舟,环西湖步行,会使人相当疲劳。②

　　到民国时期,去杭州游湖雇船的,本来集中在清波、涌金、钱塘三门外,都已转移至新市场(原"旗营"旧地)码头了。坐船的价格视船的设施而有不同。如果是篷座划船,全日雇价为一元,半日约六七角,每次往来约二角;无篷的就便宜多了。这样的船价是有变化的,主要据游事之盛衰,以定价格之多寡。一般是春夏游事较盛,秋冬则稍冷落,价格因而有多少之别。③

三、新式水运交通的普及

　　民国时期的江南,以城市中的新式马路、联系城乡的新式火轮或汽车以及贯通江南地区的火车等为代表,构建起了人们日常出行方式与作息安排的新面貌④,改变了人们的时间观念,并重新塑造了他们的生活世界。

　　江南大小城镇间的河网十分密集,小火轮的普及率极高。⑤对江

---

① 〔明〕王士性《广志绎》卷四《江南诸省》,第 69 页。
② 〔清〕周星誉:《鸥堂日记》卷一,咸丰五年三月初二日,河北教育出版社 2001 年版,第 8 页。
③ 徐珂编:《西湖游览指南》,增订十一版,商务印书馆民国八年刊本,第 95 页。
④ 相关具体研究,可参丁贤勇:《新式交通与社会变迁:以 1930 年代为中心》,中国社会科学出版社 2007 年版。
⑤ 当然小轮的推行,当从晚清始。如在浙江地区,据调查是 1896 年即有小轮航运了。参[日]清野长太郎编:《1921 年浙江社会经济调查》,第 227 页。

南水乡传统交通方式有着明显改变的,就是这些汽轮或火轮的盛行。在很多城市中,都开办有各类轮船公司。到1921年,经营杭州以北运河航运的航运公司,就有戴生昌、招商局、正昌公司、立兴公司(以上四家的总部皆设于上海)、宁绍公司、长杭公司、庆记公司(以上三家的总部设在杭州拱宸桥)、通利公司、久安公司、泰昌公司(以上三家的总部设在嘉兴)、交通公司、通源公司(以上两家的总部设在湖州),共计12家。各条航线如杭州(拱宸桥)上海线、杭州(拱宸桥)苏州线、杭州(拱宸桥)湖州线、嘉兴乍浦线、嘉兴新仓线、嘉兴平湖线、嘉兴苏州线、嘉兴海盐线、嘉兴新塍线、嘉兴湖州线、嘉兴南浔线、嘉兴盛泽线、湖州苏州线、湖州上海线、杭州(南星桥)桐庐线等,将太湖周边的许多城镇,如杭州、塘栖、石门、石门湾、菱湖、荻港、袁家汇、湖州、新市、双林、菱湖、南浔、震泽、平望、吴江、苏州、平湖、乍浦、新仓、新丰、嘉兴、海盐、沈荡、上海等,有机地勾连起来,形成了时间固定的交通网络。①就杭州本身而言,内河航运多以拱宸桥为起点,通往上海、苏州、湖州、嘉兴等处;而循钱塘江逆流,可以通至富阳、桐庐、建德等处;杭州的船运公司已拥有柴油轮二十六艘、汽油轮十二艘。②

从同治九年(1870)创始、规模较大的招商局经营的轮船公司,总公司就设在上海,而在太湖周边的苏州、杭州、湖州、嘉兴、常州、无锡、镇江等城,都有其分公司。③到1928年,公司已有五十多年,经营的轮船主要有28艘,号称中国最大的轮船公司。④

根据韦息予的说法,上海经营内港小汽船通行江南各大城镇与江北一带的公司,与经营外洋与长江航线的很不同,大多存废不常,比较"有历史"的主要有五家。⑤详参下表3。

---

① [日]清野长太郎编:《1921年浙江社会经济调查》,第227—242页。
② 江南问题研究会编印:《杭州概况调查》,1949年3月,第3页。
③ 聂宝璋、朱荫贵编:《中国近代航运史资料》第二辑(下册),中国社会科学出版社2002年版,第901页。
④ 章伯锋等编:《闲话民国》,四川人民出版社1999年版,第364页。
⑤ 韦息予编著:《上海》,上海大江书铺1932年版,第141页。

表3　1932年统计上海经营江南三角洲著名航运公司情况

公　　司	国籍	船只	航　　线
内河轮船招商局	中	5	上海—苏州、上海—杭州、上海—湖州
老公茂轮船局	英	12	上海—苏州、上海—无锡、上海—嘉兴、上海—常熟、上海—松江
戴生昌轮船局	日	5	上海—苏州、上海—杭州、上海—湖州
大达轮步公司	中	4	上海—扬州
立兴内河轮船局	中	6	上海—湖州、上海—平湖

资料来源：韦息予编著：《上海》，上海大江书铺1932年版，第141—142页。

江南城市中各类轮船公司或分公司其实很多，分别从事着水上公共交通方面的服务。

在嘉兴，到1937年前，各地开设的轮船行已有六十七家，总计九十五艘轮船行驶于各大码头，是沟通杭、苏、湖等地的重要依赖。①其中，招商局官办的两个轮船公司最早入驻嘉兴，以后发展到12家私营轮船公司，包括"通源""王清记""永济""宁绍""乍嘉""禾达""泰昌""翔安""新兴""谊兴""老公茂""戴生昌"等；轮船总数约有31—32艘。②

在湖州城经营的轮船公司，主要有招商局、利兴局、源通局、正昌局、立兴局、永顺局、永安局、长杭局、宁绍局、翔安局、交通局、庆记局、通源局、永大局、通商汽轮局、永丰局、兴业局、安孝局、源兴局、新兴局、锡湖轮局等。③

南浔镇上的新式轮船也不少，开往地点主要为上海。据1932年的《南浔研究》，当时乘船地点在西栅的源通、招商，在东栅的利兴、永顺、正昌、通源、永安、立兴。开船时间从上午六点半至下午五点之间，有不少船班。④

德清县新市镇的新式轮船公司，自1909年以后，日渐增多，不少是

---

①　嘉兴市志编纂委员会编：《嘉兴市志》，第1070页。
②　王兆明：《嘉兴地方访谈录》，嘉兴市政协学习和文史资料委员会编：《嘉兴市文史资料通讯》第27期，2000年3月20日，收入《嘉兴文史汇编》第3册，第191页。
③　湖社宣传部编：《吴兴导游》，上海湖社干事处1936年刊本，第59—64页。
④　李学功：《南浔现象——晚清民国江南市镇变迁研究》，第188页。

那些大城市轮船公司或轮船局来经营的,具体包括了新市航班、祥安公司、新兴轮船局、光明轮船局、振兴轮船局、建新轮船局、鹤鸣轮船局、新兴运输公司、永达轮船局、杭震班轮船等。①

平湖主要在抗战胜利后,轮船航运公司成立始多。1946年,在平湖登记注册的就有25家,经营着15条航线。其中,胜利、便利、久安三家经营新仓至平湖线;达昌一家经营嘉兴至平湖线;鹦洲一家经营乍浦至平湖线;联合、乍嘉、顺利、利源四家经营乍浦、平湖、嘉兴线;合兴一家经营平湖至西塘线;永济新、合新、生记三家经营平湖至嘉善线;远东、越靖、便利协记三家经营新埭、平湖、乍浦线;全平一家经营全公亭至平湖线;新生一家经营新埭至嘉善线;永源一家经营新仓、邱移庙、松江线;云飞、发记二家经营平湖至角里堰线;合兴一家经营新庙至平湖线;合利一家经营金山、平湖、乍浦线;正利一家经营新仓、平湖、嘉兴线;新利一家经营平湖至硖石线。同时,还有25班航快船行驶于21条航线,即新埭、朱泾、新仓、吕巷、张堰、周圩、衙前、三叉河、虎啸桥、山阳、全公亭、硖石、新丰、徐婆桥、嘉兴、王店、嘉善、钟埭、徐埭、海盐班及乍浦至嘉兴班。不过为时不长,由于战后再次出现的经济萧条,物价狂涨,使这些航班经营日趋困难,轮行逐渐减少。到1949年初,只剩下了12家轮船公司,经营着6条航线。②

塘栖镇的客货运专用轮船码头,就设在东石塘街。西石塘大街同福永酱园门口的石埠,也是主要的货运码头,水北大街上还有数十处货运石埠。每天运往上海的鱼虾千斤以上,年外运土丝2 000担左右,水果10万担。其时,塘栖与杭州大关、海宁硖石成为水路联结的三大米市。到1932年时,在塘栖镇设埠的轮船公司,已有振兴、内河、源通、宁绍、翔安、长杭、和记、顺兴等多家,辟有杭苏、杭湖、杭震(泽)、杭新(市)、杭塘(栖)等固定的航线。③

---

① 浙江省德清县新市镇人民政府编:《仙潭旧市》,收入《仙潭文史丛书》,2009年8月刊行本,第235页。
② 孙意诚:《百年变迁记航运》,收入浙江省平湖政协文史资料委员会编:《平湖文史资料》第四辑,1992年版,第27页。
③ 李晓亮、虞铭主编:《余杭商贸老字号》,第171—172页。

在许多城市中,各类船运公司一般都习称"转运公司",具体名号各异。例如在无锡,有同益、瑞泰、恒华、盛义、通达、公益、源源、汇通、永泰隆、利兴、运茧处、清记、悦来、宏达、协兴、义兴驳运、通记驳运、鼎通等转运公司。①在上海,据1929年的统计,这类公司有三联、汇通、中国运输、中华捷运、大通转运、悦来、慎大、三济等。②在常州城内,有觅渡桥的华盛义,新马路的公益,织袜坊的悦来与鼎通,车站的清记、汇通、捷运、协兴、运茧处。这些运输公司一般都会在车站附近设立办事处③,以便交接业务。

可以发现,上述各地转运公司中的一些名号是相同的,如捷运、汇通、运茧处、瑞泰、公益等。事实上,这些都是大的轮船公司在各城市中设的分公司。其中,"捷运"公司全称中华捷运股份有限公司(The China Express Co.,Ltd.)就颇为有名。公司经营的宗旨是"承办沪宁、沪杭甬、津浦、陇海、京汉、京奉各路运输事业,所有国内外商埠轮船所到之处,亦可代为通运,并代客商购办一切物品;资本丰足,信用卓著;运货价廉,既妥且速。素蒙海内外所欢迎"。其总公司就设在上海沪宁铁路车站的对面,而分设于江南其他城市车站附近的,有苏州、无锡、常州、丹阳、镇江、南京、松江、嘉善、嘉兴、硖石、长安、临平、杭州、拱宸桥、莫干山、闸口、南星等地④,覆盖范围可谓广大。再如"汇通",全称汇通转运公司,总部设在上海北站,代客商转运货物,其业务主要分布在沪宁、沪杭、津浦、陇海四大铁路干线上。⑤类似的,瑞泰恒转运公司也主要在津浦、沪宁、沪杭甬等铁路线上经营,当时该公司的广告称:"本公司创办有年,于沿线各大车站附近之处均设有分公司,凡代运输货物,素称便捷,至于沿途照料之周妥,亦久蒙各大埠商号所赞许。倘荷贵客有所委托,无不竭诚优待。"⑥既表明公司的能力与运营范围,也申明了其服务信誉。

---

① 商务印书馆编译所编:《中国旅行指南》,"无锡",商务印书馆1929年版,第5页。
② 商务印书馆编译所编:《中国旅行指南》,"上海",商务印书馆1929年版,第8页。
③ 商务印书馆编译所编:《中国旅行指南》,"常州",商务印书馆1929年版,第6页。
④⑤⑥ 沪宁沪杭甬两路编查科编:《沪宁沪杭甬铁路第二期旅行指南》,沪宁沪杭甬铁路管理局1919年版,广告插页。

四、公共航线与水运网络

无论是大型的轮船公司,还是民间的传统航船,在民国时代重新建构了江南水乡的新航线,进而在城镇乡村之间形成全新的交通网络。

就一般而言,江南地区的大城市这类交通航线比较成熟,班次也多。

在杭州城,内河航运多以拱宸桥为起点,航路可以通往上海、苏州、湖州、嘉兴等城;而循钱塘江逆流而上,可以通至富阳、桐庐、建德等地。到1949年时,杭州的船运公司还拥有柴油轮二十六艘、汽油轮十二艘[①],运输能力十分可观。

像这样的公共航线与停泊码头,已经有了比较细致的规范,这就非常有利于人们在出行期间对于时间与地点的把握,更具有操控性。例如在吴兴县,1930年代的调查表明,人们对当时的水路交通航线的"经停"点与具体里程,大致都是可以把握的。详参下表4。

表4 民国吴兴县水路交通航线统计

航线	起讫	经停	里程
湖杭线	湖州—杭州	袁家汇、荻港、菱湖、双林、新市、塘栖	180
湖武线	湖州—武康	袁家汇、荻港	81
湖大线	湖州—大钱		27
湖苏线	湖州—苏州	旧馆、南浔、震泽、平望、八坼、吴江	232
湖夹线	湖州—夹浦	南皋桥、王家桥、横山桥、潼桥、新塘	62
湖锡线	湖州—无锡	大钱、洞庭西山	160
湖申线	湖州—上海	旧馆、南浔、震泽、平望、芦墟、闵行	365
湖乌线	湖州—乌镇	袁家汇、双林	90
湖嘉线	湖州—嘉兴	袁家汇、荻港、双林、乌镇、炉头、双桥埠	150

---

① 江南问题研究会编印:《杭州概况调查》,1949年3月,第3页。

续表

航 线	起 讫	经 停	里程
湖浔线	湖州—南浔	晟舍、旧馆	72
湖长线	湖州—长兴	雪水桥、塘口桥、吕山镇	60
湖泗线	湖州—泗安	虹星桥、林城桥	108
湖散线	湖州—散济桥	塘口、胥仓桥、午源渡、小溪口	90
湖梅线	湖州—梅溪	塘口、胥仓桥、午源渡、小溪口	90
双嘉线	双林—嘉兴	乌镇、桐乡、濮院、陶家笕	114
浔新嘉线	嘉兴—南浔 南浔—新市	王江泾、平望、震泽、南浔、马腰、双林、善琏	169

资料来源：建设委员会经济调查所统计课编：《中国经济志·浙江省吴兴县》，1935年刊本，第16—17页。

嘉兴地方的水运，由于地理平坦、水网更密的关系，较吴兴地方应更为发达些。除了规模较大的航运公司经营的航线外，一般民船的运营也很繁兴。这样的民船码头，主要集中于嘉兴城东门外宣公桥下东塘湾等处。①

依据1928年3月的统计，松江城的民船码头，都在西城门外，集聚了苏州、周浦、嘉兴、嘉善、平湖、南翔、上海外河船与四乡各镇的划船等。②

总体上，江苏地区的航业发达，包括外洋、近海与内河航运三大方面，号称"全国之冠"。③在传统时代，内河水运发达的江南城市系统，一般是以苏州为中心的。民国时期苏州的航运情况依然繁盛。这一点，可以苏州城为中心的城乡轮船运输业得以直观地反映出来。在苏州城中，散布着众多的航班船码头，与远近城镇如常熟、光福、梅里、木渎、横泾、沙头、香山、唐市、石牌、南浔、震泽、盛泽、湖州、新市、硖石、平湖、屠镇、松江、常州、太仓、相城、望亭、嘉定、浏河、西仓、莫城等，都构成了极

① 沪宁沪杭甬两路编查科编：《沪宁沪杭甬铁路第二期旅行指南》，"沪杭甬分站纪要"，第21—22页。
② 商务印书馆编译所编：《中国旅行指南》，"松江"，商务印书馆1929年版，第1页。
③ 柳肇嘉编著：《江苏人文地理》，第79页。

为紧密的运输网。①

可是也在民国时代，江苏的内河航运路线包括了长江线、运河线与始发于上海的各航线，苏州的交通中心地位已被上海取代。以上海为中心点，向外扩散的江南内河航运路线，既已发达，也成为了彼时江南的重心。具体路线，在太湖淞沪之间的，都是小轮航路，有上海苏州线、上海杭州线、上海湖州线、上海无锡线、上海嘉兴线、上海常州线、上海硖石线、上海平湖海盐线。②

除了大城市外，江南一般的乡镇都有比较成熟的水运网络。

以昆山县巴城镇为例，那里的水运系统就十分令人满意，它有到苏州、昆山、常州、上海等地的各类班船，且各有名号，如"常青""常昆""张昆""浒昆""沪锡""沪常"等，起讫航点由之也一目了然；此外还有划船，有"巴昆""唐昆""石苏""常沪"等班次。但一到晚上，小镇四栅即行关闭，停止航运。③

在盛泽镇，除了正规的客轮运输网络外，还有航快班船，以客运为主、兼营货运。每船一般可载客 20 人左右、载货 20 担左右。据 1936 年的船舶登记，盛泽曾有航船 35 艘。④

浦东的北蔡镇，水运便利，有来自川沙、南汇、陈家桥、张江栅与周浦等地驶来的航轮，在镇区多处地方停靠。前往上海市区购物的，一天即可往返。但在抗战开始时各条航线全部停止了，很长时间后才陆续复航。⑤

在桐乡与吴兴交界的乌镇，民国年间曾编有一部《乌青镇志》，其中保留有一份地方"航业"表，内容颇为详细，为考察近世江南市镇的贸易与网络沟通，特别是处于行政区域交界地带市镇的交通情况，提供了很好的参考。详参下表 5。

---

① 陆璇卿、颜大圭：《旅苏必读》补遗，吴县市乡公报社 1922 年刊本，第 4—5 页。
② 柳肇嘉编著：《江苏人文地理》，第 90—92 页。
③ 朱保熙纂修：《巴溪志》（不分卷），"交通"，1935 年铅印本。
④ 盛泽镇地方志办公室编：《盛泽镇志》，第 292 页。
⑤ 北蔡镇人民政府编：《北蔡镇志》，第 202 页。

表 5　民国乌青镇的航业交通统计

	轮船局名	码头	航线	班期	轮别
轮船交通	招商局	西栅高桥下	菱湖、双林、乌镇、盛泽、平望、上海	每日1次	煤轮
			上海、平望、盛泽、乌镇、双林、菱湖		
	源通局	南栅浮澜桥	嘉兴、陶笕、濮院、桐乡、炉头、乌镇、双林、袁家汇、湖州		
			双林、乌镇、炉头、桐乡、濮院、陶笕、嘉兴		煤轮、汽轮并用
	王清记局	嵇家汇	乌镇、宗扬庙、石湾、石门、长安	每日来往2次	汽轮
	公大局		乌镇、梓市、善练、石家、袁家汇、湖州		
	鸿大局		南浔、乌镇、炉头、桐乡、屠甸镇、硖石		
	翔安局		德清、新市、梓市、乌镇、嘉兴		
	宁新局	夏家新桥	菱湖、双林、南浔、震泽、严墓、乌镇		
	船别	经过地点	本镇停泊地埠头	班次	
快船	王店船	濮院	印家桥塊	每日1次	
	湖州船	马腰横街			
	震泽船	严墓	二井桥		
	湖州船	双林、梓市			
	嘉兴船	新塍、梓市			
	塘栖船	新市、梓市			
	南浔船	乌镇、炉头、桐乡、屠甸镇、硖石	宫桥北	一来一往	
	长安船	南浔、乌镇、炉头、石湾、崇德	经过乌镇不停,遇乘客傍岸	每日来往	
	桐乡船	炉头	浮澜桥塊		
	崇德船	石湾			

续表

	船别	经过地点	本镇停泊地埠头	班 次
快船	硖石船	乌镇、炉头、桐乡、屠甸镇	二井桥	隔日1次
	善练船	梽市		每日1次
	濮院船	石谷庙	印家桥堍	
	湖州船	马腰横街	二井桥	

	船别	本镇停泊码头	班 期
航船	上海船	北栅油车汇	10日1班
		南栅浮澜桥	
	苏州船	北栅白娘子桥	7日1班
	震泽船	中市印家桥堍	每日1班
	硖石船	修真观前	
	双林船	中市印家桥堍	
	南浔船		
	嘉兴船	修真观前	隔日1班
	南浔船	西栅花园头	每日1班
	湖州船		
	梽市船	南栅嵇家汇	
	桐乡船	颜家巷口	
	新市船	祝家巷口	隔日1班
	崇德船		
	杭州船	浮澜桥外	4日1班
	海宁船	浮澜桥堍	每日1班
	新塍船	卖鱼桥堍	
	盛泽船		隔日1班

资料来源：卢学溥修，朱辛彝、张惟骧等纂：《乌青镇志》卷二十一《工商·航业》，民国二十五年刊本。

平湖沿海的重要港口乍浦，在孙中山1921年所撰的《建国方略》

中,曾有将其建设成"东方大港"的宏伟设想,交通地位显得十分重要。当地的内河客运中,主要有嘉兴班、嘉善班、平湖班、新埭班;货运则有不定期的平湖班、海盐班、嘉兴班、嘉善班、松江班、苏州班、硖石班、沈荡班、王店班、凤喈桥班、新篁班、徐婆桥班①,航班比较繁密,这些航线班船都有相应的时间规范。但由于各种原因,也常有不能按时发船的情况出现。比如在镇江地方,内河航行开班时间虽有规定,却因旅客上下的延误,以致发船常常不能遵守时间。而且镇江是一个水运大码头,每天乘船往来的旅客颇多,"至清江者,约五百余人,至扬州者约二百余人,至仙女庙者约三百余,至小河口者约二百余人,至六合者约六七十人",这都会影响开船。而且,据当时人的说法,"各船水手,颇多恶习",也让旅客啧有烦言,认为还有需要改良的地方。②

水乡河道密布,一些河道由于疏于管理,会有淤涩不畅的情况,影响到水上的正常航行。在抗战时期,金山县的许多河道因失于疏浚,淤泥日积,河身渐高,对水上船舶的通行造成了许多不便。到抗战后,地方政府提出要进行重新整治,以使航运再趋畅通。③

五、余　　论

茅盾在《春蚕》中,颇具写实性地描述了江南乡村农民对上述这种新式交通工具的态度,多少有些"敌意"。④新式的小火轮以其强劲的拖力,在船后可以拖带数条大船,从效率上看,显然远胜人力驾驶的木船。在乡下人眼里,这就属于"世界"变化的标志了。因为这样的船,是洋人带来的,似乎也应该加个洋字,是新奇的事物。

无论怎样,新式的汽船与传统舟船一样,都将江南城乡的水运交通

---

　①　孙意诚:《乍浦港史话》,载中国人民政协浙江省平湖县委员会文史资料工作委员会编:《平湖文史资料》第二辑,1989年刊本,第5—6页。
　②　朱瑾如、童西苹著:《镇江指南》,第49页。
　③　金山县鉴社编:《金山县鉴》第三期第六章《建设》,1947年铅印本,第21页。
　④　茅盾:《春蚕》(1932年),收入氏著《茅盾选集》,人民文学出版社1959年版,第5—6页。

网充分构建了起来。像嘉兴县的濮院镇,那里的轮船与航船,在地域上将周边的城镇紧密地联系在一起,东北可到嘉兴新塍镇、南至王店镇、西至桐乡、西北到乌镇,每天都有班船往来。①在吴兴县,民国十五年以前,新式轮船不多,各地客货往来多赖航船;此后新式汽轮增多,航船搭客因而大为减少。②农民们则多自备小船往返于城乡之间,划船的数量似比其他县为多。这里的水运干线有湖锡、湖苏、湖申、湖杭、湖长、嘉湖六条。③

在嘉定县的黄渡镇地方,清朝同治末年已有内河小轮驶行于吴淞江上,开始只不过专供雇用,后来就出现了兼有搭客与装货的小轮,都是从上海到苏州,在黄渡经过,但途中没有停泊点。直到光绪二十一年,青浦商人创办了上海至朱家角镇的轮船,经过黄渡,在镇上的千秋桥旁设立了经停码头,每天一班。④从光绪二十九年秋季起,从上海到嘉定已有临云轮船公司经营的轮船航运了;次年,在这条航线上,又出现了上海招商局办的轮船,双方在业务上产生了竞争。到民国十五年,由于新式公路"沪宁路"的出现,有珠安汽船公司从安亭车站开往太仓,每天两班,且有上海联票,使旅客感觉十分便利。⑤这些都对传统航运形成了很大冲击。

在上海,原来兴盛的沙船业⑥,是最占优势的,主要有南通、宁波与本埠三个帮口。沙船的航线有三条:一是北线,走山东、天津、营口、大连各口岸;二是南线,走宁波、绍兴、温州、福州、潮汕各埠;三是中线,溯长江而上,一直到四川万县等地。⑦但也早因汽船的盛行而衰落,清末上海的沙船业已是寥若晨星。⑧到民国时,已不到原来的十分之一二了。⑨

---

① 阎幼甫等纂修:《嘉兴新志》第一章,嘉兴建设委员会1929年铅印本,第82页。
② 建设委员会经济调查所统计课编:《中国经济志·浙江省吴兴县》,1935年刊本,第20页。
③ 刘大钧:《吴兴农村经济》,第7页。
④ 章圭璲纂:《黄渡续志》卷一《疆域·交通》,宣统三年修,1923年铅印本。
⑤ 杨大璋纂:《望仙桥乡志续稿》,"航行",1927年稿本,1962年抄本。
⑥ 详参[日]松浦章:《清代上海沙船航運業的研究》,关西大学出版部2004年版;辛元欧:《上海沙船》,上海书店2004年版。
⑦ 朱梦华:《上海的沙船业》,收入上海市文史馆、上海市人民政府参事室文史资料工作委员会编:《上海地方史资料》(三),上海社会科学院出版社1984年版,第64页。
⑧ 〔清〕李维清编:《上海乡土志》第一百五十课《沙船》,光绪三十三年铅印本。
⑨ 胡祥翰:《上海小志》卷三《交通·航业》,1930年上海传经堂书店刊本,上海古籍出版社1989年点校本,第12页。

对新式小火轮水运交通冲击较大的,还是铁路。就城镇地方百姓的感觉来说,火车尽管没有轮船、汽车灵活,但在时间上相对稳定,而且价格也比较便宜。例如在松江,自沪杭铁路开车后,松江城到上海市的小轮船已经无法营业,乡村地方的百姓因其价格低廉,十分乐意乘坐。①其实,火车、汽车与轮船交互换乘,以达目的地的方式,在民国时期是人们极其普遍的选择。从节省旅费的角度来说,从杭州至南京,先可以步行到拱宸桥,乘内河轮船前往苏州,再从苏州乘火车去南京。②在无锡,从火车站下来后,可乘锡澄公共汽车往江阴,再乘船过江至靖江、南通;锡沪公路建成后,可转道常熟再往上海;苏锡公路完成后,从无锡到苏州就可以与火车并行了。③这些都为人们的出行提供了许多便利,并重新认识时间与效率问题,使人们的生活趋于现代化。

---

① 雷君曜撰、杜诗庭节钞:《松江志料》,交通类,抄本。转引自戴鞍钢、黄苇编:《中国地方志经济资料汇编》,汉语大词典出版社1999年版,第896页。
② 骆憬甫:《1886—1954浮生手记——一个平民知识分子的纪实》,第63页。
③ 薛明剑等编:《无锡指南》,1919年初版、1947年十七版,收入无锡市史志办公室、无锡市档案馆、无锡市政协文史委员会编:《梁溪屐痕:无锡近代风土游览著作辑录》,方志出版社2006年版,第12页。

第十一章 江南陆路交通形态及其变化

一、铁路的贯通与时间感觉的变化

江南地区的铁路,主要有上海至杭州的沪杭线、上海至南京的沪宁线(后改称京沪线)、杭州至宁波的杭甬线、杭州至江西的浙赣线,以及上海至吴淞的淞沪线等。对于江南城镇来说,最重要的是沪杭线和沪宁(京沪)线。这些新式交通的出现,是机械力克服了自然力时代的局限,使得原先的经济与交通地理空间结构发生巨变,对城乡空间结构也有很大的影响。①

就火车交通站点的最重要者而言,当为杭州与上海两地;苏州的位置因处上海与南京一线上的停留站点,地位稍逊。从铁路运输的比较来看,上海最为发达,网络辐射比较成熟。以上海为中心,铁路基干网络就由沪宁、沪杭甬与淞沪三条主干线构成。②

当中的沪杭铁路,自上海经过松江、嘉兴至杭州闸口,全长达202公里。在江苏省境内的,只有73.63公里,其具体站点及其区间的公里数是:上海北站$^{9.13}$徐家汇站$^{3.32}$上海南站(与京沪接轨后南北两站车统开至新龙华站衔接)龙华站$^{5.41}$新龙华站$^{1.68}$梅陇站$^{3.65}$莘庄站$^{5.11}$新桥站$^{7.47}$明新桥站$^{8.83}$松江站$^{2.92}$石湖荡站$^{10.83}$枫泾站$^{15.28}$嘉善站。这段车程占沪杭铁路全程的三分之一,营业状况并不十分发达,同时也非南北要径,所以与水运交通的竞争就显得有些激烈。③但水运网络相对灵活得多,时间上更为随意。

至于沪杭段干线的旅客列车,是指从龙华新车站到上海北站,或者

---

① 丁贤勇:《新式交通与近代江南交通格局的变动》,《史学月刊》2016年第8期。
② 陶凤子编:《上海快览》第三编"上海之交通",世界书局1924年刊本,第1页。
③ 李长傅编著:《江苏省地志》,第180—181页。

到上海南站,二者可以分开也可以连接到一起。而浙江方面的江墅铁路,指的是从闸口车站到拱宸桥车站之间的铁路,从闸口车站到艮山门车站这段铁路,就属于沪杭铁路的干线。据1921年日本人的调查,这两条主线可以分成三段,其具体运营的旅客列车情况,主要如下:

1) 上海至闸口间

慢车(各站均停靠,一日上下各1班次,杭州至上海北站全程6小时10分)

快车(停靠7站,一日上下各1班次,杭州至上海北站全程5小时5分)

特别快车(停靠3站,一日上下各1班次,杭州至上海北站全程4小时10分)

夜快车(停靠2站,一日上下各1班次,杭州至上海北站全程4小时30分)

四等车(停靠24站,一日上下各1班次,杭州至上海北站全程7小时30分至8小时30分。本车专门为贫民劳动者开驶,但也有其他身份的人乘坐)

区间车(闸口至嘉兴和嘉兴至上海,各站均停,一日各1个班次。杭州至嘉兴4小时40分,嘉兴至上海北站4小时15分)

2) 闸口至拱宸桥

普通列车(一日上下各6个班次,全程55分至1小时)

3) 宁波至曹娥江

慢车(各站均停靠,一日上下各1班次,全程需要2小时37分)

快车(停靠上行2站,下行1站,一日上下各1班次,全程2小时27分)

区间车(是宁波至余姚的三四等区间车所经各站均停靠,一日上下1班次,全程50分钟。另外,宁波至慈溪的普通区间车所经各站均停靠,一日上下各2班次,全程35分)①

---

① [日]清野长太郎编:《1921年浙江社会经济调查》,第253—254页。

从上海出发的各条铁路,经过的车站,大多是当时比较重要的城市或市镇。兹分述如下:

京沪线:昆山、苏州、无锡、常州、丹徒、镇江、南京;

沪杭线:松江、嘉善、嘉兴、硖石、长安、临平、杭州;

淞沪线:宝兴路、天通庵、江湾、高境庙、蕰藻浜、吴淞、炮台湾。①

通过这些干线及站点,江南地区建构起比较密切的城市网络与城乡交通,改变了城乡社会的许多生活面貌。

在上海市内,设有四大车站,即沪宁车站、淞沪车站、沪杭甬南车站、沪杭甬北车站。②以沪杭普通铁路上的站点里程及乘坐价格为例,大致也可以窥见其交通发展程度。详参下表1。

表1 沪杭铁路停靠站点里程及乘坐价格

站 名	座位差别及价格（元）			距离（公里）
	头等	二等	三等	
梵玉渡	0.35	0.25	0.15	10
徐家汇	0.45	0.30	0.20	13
新龙华	0.60	0.40	0.25	17
龙 华	0.65	0.45	0.25	19
上海南站	0.80	0.55	0.30	24
梅家弄	0.70	0.50	0.30	21
莘 庄	0.85	0.60	0.35	26
新 桥	1.10	0.75	0.40	33
明星桥	1.40	0.95	0.55	42
松 江	1.50	1.00	0.55	45
石湖荡	1.80	1.20	0.70	56
枫 泾	2.30	1.55	0.85	71

① 冷省吾:《最新上海指南》,第61页。
② 商务印书馆编译所编:《上海指南》卷四《交通》,增订十一版,第24页。

续表

站 名	座位差别及价格（元）			距离（公里）
	头等	二等	三等	
嘉 善	2.60	1.75	0.95	81
嘉 兴	3.15	2.10	1.20	99
王 店	3.60	2.40	1.35	116
硖 石	3.95	2.65	1.45	126
斜 桥	4.35	2.90	1.60	139
周王庙	4.50	3.00	1.70	145
长 安	4.60	3.05	1.70	151
许 村	4.85	3.25	1.80	160
临 平	5.05	3.35	1.90	166
笕 桥	5.45	3.65	2.05	179
艮山门	5.65	3.80	2.10	186
拱宸桥	5.85	3.90	2.15	192
杭 州	5.80	3.85	2.15	190
南星桥	5.85	3.90	2.20	193
闸 口	5.95	4.00	2.20	196

资料来源：林震编：《上海指南》（增订版）卷四《交通》，商务印书馆1930年第23版，第25页之插页。

说明：火车始发站为上海北站。

从上海北上至南京有沪宁线（后为京沪线），从上海北站开始，中经昆山、苏州、无锡、常州、丹阳、镇江，可达南京等地，每天发车的班次多达14次。[①]依照1936年的统计，京沪铁路上从上海至南京的车站及其间距（公里）主要如次：上海北站 7.56 南翔站 9.6 黄渡站 6.16 安亭站 7.58 天福庵站 5.68 陆家浜站 5.69 青阳港站 5.88 昆山站 5.44 正仪站 10.7 唯亭站 6.48 外跨塘站 8.8

———
① 申报馆编：《上海市民手册》，"交通指南"，申报馆1946年刊本，第31—32页。

官渎里站5.75苏州站11.86浒墅关站12.32望亭站8.68周泾港站10.49无锡旗站5.85无锡站4.87石塘湾站10.69洛社站2.76横林站8.27戚墅堰站68常州站11.11新闸镇站18.85奔牛站8.86吕城站7.52陵口站10.09丹阳站10.71新丰站8.15渣泽站12.63镇江旗站15.08镇江站4.6高资站12.73桥头镇站5.13下蜀站6.58龙潭站11.09栖霞山站9.99尧化门站8.84太平门站7.02和平门站2.86南京联站3.56南京站。①

除了苏州,中间的大站之一就是无锡。沪宁铁路经过无锡地区的车站,就有周泾港、南门旗站、石塘湾、洛社等站。② 而有关无锡至上海、南京各站的车票价格情况,可参表2。

表2 无锡至上海南京各处车费统计

站 点	价格(角)	站 点	价格(角)	站 点	价格(角)	站 点	价格(角)
无锡旗站	0.5	周泾巷	1	望 亭	1.5	浒墅关	2
苏 州	3	官渎里	3	外跨塘	4	唯 亭	4.5
正 仪	5	昆 山	6	陆家浜	6.5	安 亭	7.5
黄 渡	8	南 翔	8.5	真 如	9.5	上 海	10
石塘湾	1	洛 社	1	横 林	1.5	戚墅堰	1.5
常 州	2.5	奔 牛	3	吕 城	3.5	陵 口	4
丹 阳	4	新 丰	5.5	镇江旗站	6.5	镇 江	7.5
高 资	8	下 蜀	8.5	龙 潭	9	孤树村	9.5
尧化门	10.5	太平门	11	南 京	12.5	—	

资料来源:华洪涛等编:《无锡指南》,"交通"篇,无锡杂志社1936年刊本,第1—2页。

说明:如果是特别快车,须另加五分。

沪宁铁路上的另一个重要交通站点,当然是镇江。详细的乘车时刻与快慢车选择,当时都有固定的安排。详参表3。

---

① 李长傅编著:《江苏省地志》,第179—180页。
② 华洪涛等编:《无锡指南》"交通"篇,无锡杂志社1936年刊本,第1页。

表3　1922年沪宁铁路镇江站乘车时刻

行车	午别	镇江至上海	午别	镇江至南京
快车	上	9:30	下	12:49
三四等慢车	上	10:25	下	5:34
快车	上	12:54	下	6:23
特别快车	下	5:29	下	2:22
宁锡客车	下	6:27	上	10:31
夜快车	上	5:12	上	5:34

资料来源：朱瑾如、童西苹著：《镇江指南》，镇江指南社1922年刊本，第47页。

如果从发展阶段上来看，涉及江南地区的重要铁路建设，1904—1911年的有沪宁铁路、沪杭铁路、京沪铁路；1912—1949年的有浙赣铁路、沪杭甬铁路。铁路的建设，一方面改变了原有交通路线货物的流量与流向，使原有的交通性城市停滞乃至衰落，如上海附近的浏河、嘉定与浙江湖州的南浔等；① 另一方面，带动了铁路沿线城镇的新发展。无锡在1908年因沪宁铁路通车，交通较以往更为便利，许多外地粮商也到这里来贩运，粮食行从光绪初年的80多家发展到140多家，从而与长沙、九江、芜湖并称全国四大米市。② 这与交通业的拓展，有着必然的联系。

再如，杭州城北十里的拱宸桥，是跨越运河的小镇，本来就因便捷的水运条件而集聚成为商业中心，沪杭铁路支线江墅路在此设站后，工商业更为繁盛，并很快发展成为杭州城的一部分了。③ 因交通发展而导致的"城市化"，于此明晰可见。

后来从沪杭铁路扩张的沪杭甬铁路，可以说已发展成为江南经济的大动脉，把沿线重要城镇连接成为一个以上海为龙头，沪宁、沪杭线为两翼的整体，也巩固了杭州作为区域中心的地位。④

---

① 顾朝林：《中国城镇体系——历史·现状·展望》，第139—140页。
② 王维屏、罗辑：《无锡历史地理》，收入南京师范学院地理系江苏地理研究室编：《江苏城市历史地理》，第39页。
③ 李国祁：《中国现代化的区域研究：闽浙台地区，1860—1916》，台北："中研院"近代史研究所1982年版，第446页。
④ 丁贤勇：《近代交通与市场空间结构的嬗变——以浙江为中心》，《中国经济史研究》，2010年第3期，第84页。

铁路运输的发展，自然也推动了江南各城镇的人口流动，尤其是大中城市之间的人口流动。据1928年的统计，从上海乘京沪特别快车，约一小时三十八分到苏州；快车约需二小时；三四等慢车约二小时五十五分。如果乘小轮，约一个晚上到。从杭州乘沪杭甬转京沪特别快车，约四小时二十分到上海北站，再乘夜快车约二小时就到苏州了；快车约需七小时四十五分。中途如至嘉兴转的，只能改乘小轮转至苏州。① 路程耗时的大大缩短，使出行的效率极大提高。

　　不过，由于有时刻的限制，一般人乘车出行就不能很随意，需要注意固定的时间表。1935年到苏州短暂生活的海宁人周邵，有一次坐人力车赶往火车站，因离发车只有十分钟，显得十分紧张。当时苏州车站的生意极好，火车上更是人挤人，"特别快车"只得另备一节车厢，专供苏州客人乘坐。尽管这样，仍要拼命挤上去才有机会抢得座位。②

　　而里程不长的苏嘉铁路的建成，使苏州以西、嘉兴以南之间的客货运输不需再绕道上海，运输距离缩短了110多公里，节省了3小时的行程，并使沿线城乡居民可以直接乘车至京、沪、杭各地。如震泽的民众，可乘轮船或公共汽车到达苏嘉线的平望站，再换火车，就可以在8小时以内到上海。③ 如果早上6点登车，9时许就可到嘉兴了。④

　　在当时人看来，在新式火轮推行开始，每小时可行六七十里的高效率，如有"缩地之术"，是令人惊奇的事。⑤

二、公路运输网的布织

　　城乡之间新式的汽车公路系统正在拓展。在浙江，抗战前的公路

---

① 商务印书馆编译所编：《中国旅行指南》，"苏州"，第1页。
② 周邵：《由苏至沪杂记》(1935年冬)，《莳溪寻梦》，第159—160页。
③ 张根福、岳钦韬：《抗战时期浙江省社会变迁研究》，上海人民出版社2009年版，第234页。
④ 沈宗埰：《抗战开始后第一年我的亲历》，嘉兴市政协学习和文史资料工作委员会编：《嘉兴市文史资料通讯》第1期，1984年9月，收入《嘉兴文史汇编》第1册，当代中国出版社2011年版，第23页。
⑤ 阿英：《火轮船(机械诗话)》(一九三九年十月十三日)，收入《阿英全集》第六卷《杂文》，安徽教育出版社2003年版，第382页。

建设已很成规模。从 1928 年至抗战前,浙江全省共增加了公路通车里程 3 300 多公里。①

江南许多城市的长途汽车公司陆续建立。1933 年 10 月,松江的上松长途汽车公司开始营业,于松江、北桥至上海之间运营通车。②

上海市的长途公共汽车规划的行驶路线上,重要站点主要包括罗店、浏河、青浦、松江、闵行、嘉定、太仓、无锡等处,大都属于上海市周边的城镇。相应地,在上海城内,为将这些站点有效地串联起来,设有多家长途汽车公司,具体可参下表 4。

表 4　上海长途汽车公司之统计

名　称	路　线	地　点
沪锡长途汽车公司	上海—常熟—无锡	宝山路清河路
沪太长途汽车公司	上海—太仓	宝山路虬江路
沪青长途汽车公司	上海—青浦	泰山路警察分局后
沪闵长途汽车公司	上海—闵行	吴淞江路
上松长途汽车公司	上海—松江	中正东路中南饭店

资料来源:东南文化服务社编:《大上海指南》,上海光明书局 1947 年刊本,第 224 页。

无锡的公共汽车,最早为 1929 年创办的锡澄长途汽车公司运营。次年正式通车时,拥有客车 5 辆、小汽车 2 辆。到 1937 年秋,客车已增至 35 辆,运营能力大为增强。后来受抗战爆发影响,汽车运输业的发展被阻滞,直到 1949 年初,该公司仍只有客车 35 辆、小汽车 2 辆。③

在常熟,建成的主要公路交通网,主要由苏常路(苏州—常熟)、锡沪路(无锡—常熟—上海)、羊福路(羊尖—福山镇)、常支路(常熟—支塘—太仓)等构成。其中,苏常路与常支路都有定期的大客车往返,大

---

① 浙江省汽车运输总公司编史组编:《浙江公路运输史》第一册《近代公路运输》,人民交通出版社 1988 年版,第 30 页。
② 何惠明主编:《松江图志》,第 54 页。
③ 无锡地方志编纂委员会办公室、无锡县志编纂委员会办公室编:《无锡地方资料汇编》第一辑,第 138 页。

大方便前往苏州、太仓的旅客乘坐。①

1933年10月,松江的上松长途汽车公司开始营业,经营松江、北桥至上海线路。②

在浙西地区,新式的汽车公路系统也有较大发展。浙江在抗战前的建设已很成规模,从1928年至抗战前,浙江全省共增加了公路通车里程3 300多公里。③

根据不完全统计,以杭州为中心的主要公路运输线有:1.杭沪线:经乔司、海宁、乍浦而达上海;2.杭徽线:经余杭、临安、昌化而达徽州;3.杭象线:经绍兴、余姚、宁波而至象山;4.杭善线:经崇德、桐乡、嘉兴到嘉善;5.杭京线:经武康、长兴而达南京;6.杭闽线:经诸暨、天台、温州而达福州;7.杭临线:经萧山而达临浦;8.杭浦线:经富阳、寿昌、龙游、江山而达浦江。另外,在杭州的各类公私经营的长途汽车公司,共有客货车189辆。④

余杭县应武康县上柏镇商会的要求,于1925年7月修筑开通了潘板至上柏的余武公路,设有余杭、彭公、上柏等8个公共汽车停靠点。1927年,民营的"杭海(宁)汽车股份有限公司"承建了乔司经临平至塘栖的公路,长达23.6公里,通车后设有乔司、临平、超山、塘栖等七个站点。1935年,为军事需要,驻防当地的国军21师筑了军用便道,在翠紫湖上(今一号桥址)建造洋桥;后来在沦陷期间,日军在里仁桥上铺设木板以通军车。从此,塘栖汽车可直通德清县境。1936年时,杭善公路(临平至嘉善段)建成,每天固定有7个车次,可达崇德、桐乡、嘉兴、嘉善等地。到抗战爆发前,余杭境内已有7家汽车运输公司。沦陷后,国民政府撤到太平乡,为防日军进犯,炸桥毁路,杭余、余临、余武诸线停驶多年。到1949年,在战后恢复的情势下,仅存余杭、瓶窑长途汽车站,但有货车22辆⑤,陆路交通已较便利。

---

① 满铁上海事务所调查室编:《江苏省常熟县农村实态调查报告书》,常熟市档案馆、承载据1939年日文版编译,第27—28页。
② 何惠明主编:《松江图志》,第54页。
③ 浙江省汽车运输总公司编史组编:《浙江公路运输史》第一册《近代公路运输》,第30页。
④ 江南问题研究会印:《杭州概况调查》,第1—2页。
⑤ 李晓亮、虞铭主编:《余杭商贸老字号》,第173—174页。

在 1921 年,吴兴西境的京杭国道已经通车;1935 年的时候,长泗公路完成通车;而湖(州)(南)浔公路正在计划修筑。公路的兴建将使湖州地区的城镇交通更为便捷。①

1934 年,新的乍嘉公路建成通车,与沪杭公路交汇于平湖乍浦镇,使当地交通显得更加便利。②

到抗战前,在江苏、浙江、安徽、南京、上海五省市互通汽车后,都订有暂行章程,以为共同规范。具体内容较多,共计 22 条,主要包括五省市之各种自用汽车,都可互通,"不论所经为公私道路,毋须另行纳费";营业汽车(公共及长途汽车除外)要求相同,但经过私路以及商办路时,仍得照章交费,等等。③

有意思的是,民国时期城乡之间的新式公路上,当时已注意绿化工作。1949 年前,无锡就曾发动过几次绿化工作,先后完成了锡澄、锡宜、锡沪等公路上行道树的种植。④

三、新式马路和城市生活中的公共交通

除了普通市镇外,江南城市内部陆续出现了所谓的"马路"。马路建设在江南各个城市之间是有差异的,总体上与所在城市的现代化进程和经济发展水平相适应。

常州从 1912 年开始就改良城内街道,统一分作三等:大街宽 1 丈 6 尺,中街 1 丈 2 尺,小街 8 尺。不足上述标准的,街道旁各让出一半,沿河的则一边独让。⑤

在常熟,据鸿运楼厨师温永涛的回忆,在 1935 年某月,发生了一件轰动全城的大事,锡沪公路常熟段正式通车,从上海、无锡来到常熟的

---

① 建设委员会经济调查所统计课编:《中国经济志·浙江省吴兴县》,第 11 页。
② 孙意诚:《乍浦港史话》,《平湖文史资料》第二辑,第 6 页。
③ 柳培潜:《大上海指南》,上海中华书局 1936 年刊本,第 378 页。
④ 无锡地方志编纂委员会办公室、无锡县志编纂委员会办公室编:《无锡地方资料汇编》第五辑,第 25 页。
⑤ 王树槐:《中国现代化的区域研究:江苏省,1860—1916》,第 506 页。

游客和嘉宾当时达 2 000 多人,堪称盛况。①

　　无锡在光复后辟增的马路建设,发展较快。②城中的大市桥、仓桥、打铁桥、崇安寺一带,北门外北大街、北塘、三里桥,南门外黄泥桥、清名桥、西门外吊桥下、太保墩,光复门(即新北门)外的通运路、交际路、汉昌路,是比较新式的交通干道,也都形成了繁盛的商业区,其中以北大街、三里桥一带最盛。夜市一般持续至晚上十点,而马路通行则迟至十二点以后。③到 1949 年初,城厢较阔的马路,只有工运路、汉昌路、新生路、中山路等几条,路面较阔的有 6—8 米,都是石子路,高低不平。④

　　但杭州就不同了。仅以城东的羊市街地区而言,那里原本极为荒僻,后来因沪杭铁路经此设站,形成新的交通中心,出现了所谓马路纵横、商旅云集的局面,从而构成了杭州的一个重要市场。⑤

　　杭州毕竟是旅游名城,城内马路的建设较为迅速,宽广平坦的地方,道路两旁都已种树。具体而言,城站方面有城站路、羊市路、福缘路、新福缘路、灵芝路、新灵芝路、新开路;新市场方面,经有湖滨路、延龄路、吴山路、杭县路、嘉兴路、纬曰兴武路、迎紫路、花市路、仁和路、平海路(最宽广)、江学士路、长生路、法院路等。⑥这种城内的道路,尽管人行道与行车道已有了区分,但大多比较传统,雨天时有的地方仍很泥泞,让行人感到不便。所以,要依赖风景名胜来吸引更多的游客时,道路的改造就显得十分重要,政府也有计划在西湖附近修筑可以行驶汽车的道路。⑦

　　相对而言,公共汽车在城市中的出现较晚。1922 年时,有个叫董杏生的人准备从静安寺路圣乔治饭店,沿愚园路至兆丰公园,经营行驶

---

　　①　温永涛口述,李炎锟、于文红撰文:《山景园的故事》,收入常熟日报社编:《江南记忆——常熟的那些人和事》,古吴轩出版社 2011 年版,第 183 页。
　　②　薛明剑等编:《无锡指南》,1919 年初版,1947 年十七版,收入无锡市史志办公室、无锡市档案馆、无锡市政协文史委员会编:《梁溪履痕:无锡近代风土游览著作辑录》,第 8 页。
　　③　华洪涛等编:《无锡指南》"交通"篇,第 7 页。
　　④　无锡地方志编纂委员会办公室、无锡县志编纂委员会办公室编:《无锡地方资料汇编》第一辑,第 134 页。
　　⑤　李国祁:《中国现代化的区域研究:闽浙台地区,1860—1916》,台北:"中研究"近代史研究所 1982 年版,第 439 页。
　　⑥　徐珂编:《西湖游览指南》,增订十一版,第 95 页。
　　⑦　[日]清野长太郎编:《1921 年浙江社会经济调查》,第 263 页。

能容 30 人的公共汽车 2 辆,经工部局核准后,次年二月就施行了。据说这是上海有公共汽车之始。"中国公共汽车公司"在 1924 年就正式成立了,主要行驶于公共租界。法租界则由法商电车公司兼营,上海的华界由华商公司专营。至于双层的公共汽车,直到 1935 年才出现于公共租界,但如昙花一现,在"孤岛"时期尽被日寇劫去。①不过在杭州,1922 年第一家经营公共汽车的永华公司开始建立,将汽车开过了断桥。②

上海的马路交通以"租界"地区建设较好。晚清工部局曾将租界马路管理的诸多细则汇编,形成了上海最早的马路交通法规。1872 年 6 月,这些管理条例被译成中文,张贴于租界。主要规定:有过往车轿必须靠马路左侧通行、独轮车必须紧靠在马路左侧人行道依次通行而不准乱窜③、租界内骑马或驾车均不准超速、在十字路口行驶车辆必须谨防冲撞等等。直到 1930 年,工部局陆续颁行的交通规则,一般在 60 条以上,增加了限制车辆鸣喇叭、限时停车、禁止酒后驾车等内容。④所以在当时,马路上乘车颇提倡"文明",讲求规范。在公共租界列出的乘车禁令中,还包括:车行动时不准上下车、伸出车外、车内吸烟、出言无耻、擅动车内器具、酒醉乘车、服装不洁、患传染病、携带物件超重、携带狗及其他兽类登车、身带实弹器火、电车开动时与开车人谈话等;同时也提醒乘客在上下车时注意路上汽车、防备扒手。⑤

此外,南市与闸北的道路交通问题,就令居民们和市政府都感到麻烦。在城乡接合部,没有过多的车流,但也没有现代化的道路。在 1927 年,华界总计只有 172 公里的马路。相比之下,公共租界有 171 公里,法租界有 92 公里。到 1931 年,上海投入了巨大力量建设道路和改善路况后,已有较多改观。⑥例如,1935 年公共租界道路总长 295 公

---

① 许金城:《汽车物语》,收入章伯锋等编:《闲话民国》,第 383 页。
② 李杭育:《老杭州:湖山人间》,江苏美术出版社 2000 年版,第 201 页。
③ 据当时公开张贴于公共汽车上的告示称,1946 年元旦起,则一律改由靠右行驶。参刘海粟美术馆编:《逝影流光——张才摄影集》,上海锦绣文章出版社 2010 年版,第 51 页。
④ 罗苏文:《上海:一座近代都市的小传》,上海人民出版社 2009 年版,第 117—119 页。
⑤ 陶凤子编:《上海快览》第三编《上海之交通·电车》,第 17—18 页。
⑥ [法]安克强:《1927—1937 的上海——市政权、地方性和现代化》,张培德等译,上海古籍出版社 2004 年版,第 125 页。

里,其中沥青混凝土路面约为86公里。公共租界有所谓"模范租界"之称,当与马路工程推进、确立交通规则的权威性直接有关。①从总体上看,上海的马路弯曲而又狭窄,有的电车路没有轨道,汽车就在黄包车中间飞驶,有时甚至还可见12个苦力拖着一辆笨重的货车在马路上行走。②

1940年代上海城内的电车

(据刘海粟美术馆编:《逝影流光——张才摄影集》,上海锦绣文章出版社2010年版,第51页)

在这样的新式马路上,通行的汽车已然不少。早在光绪二十七年,由匈牙利人李时恩运入上海的汽车,有2辆。工部局因为无成案可循,就按马车交通的标准征税。宣统二年版的《上海指南》则说:"汽车向为医生乘坐,现在市上渐多。"次年,工部局开始颁发汽车执照,牌照1号至500号规定为自备车,501号至600号为营业车。到民国初年已打破此限,私人汽车增至千辆以上,营业汽车则另发白牌子。齐(燮元)卢(永祥)之战后,随着江浙寓公在上海居住生活的日增,汽车更多。1927

---

① 罗苏文:《上海:一座近代都市的小传》,第119页。
② [德]基希(Kisch, E. E.):《秘密的中国》,立波译,第23页。

年,私人汽车已有 13 000 多辆,到 1937 年又翻倍了。① 内山完造(1885—1959)曾说:"上海的街道上,有各种各色的车子往来着。仅就我亲自立在店头计数所得,已足有六十种了。"②

上海马路上最主要的公共性交通工具是电车、无轨电车与汽车三大类,其次才是人力车、汽车及卡车。出租车行繁多,甚至在夏天有人租来在马路上"兜风纳凉"。③ 除火车外,上海市内的交通工具种类应该是最多的。时人将其分成电车、汽车、自由车、马车、救火车、包车、新式脚踏车、榻车、牛头车等类。④ 在马路上还曾实行过宵禁,从半夜到次日早晨 5 点钟,在马路上行走是违法的。⑤ 这应该属于特殊时期的状况。但在马路上行走,当时确实已有比较规范的行路须知:

> 上海马路,车辆甚多,行人欲免危险,须遵守下列数点:一在人行道上走;二靠右边走;三如欲穿过马路,须先看明左右有无车辆驶来;四如欲穿过十字路口,则须俟开绿灯时;若见红灯,则应稍等;如见警察举手亦然。⑥

在 1947 年出版的《大上海指南》中,仍在告诫人们"马路如虎口小心车辆",像汽车、电车、马车、机器脚踏车等,"皆风驰电掣之高速器具也,偶不当心,即有杀身之祸"。⑦

上海租界区的马路建设和管理,在当时是最先进的。除了一般的马路建置外,上海地方管理章程中,有对在沪旅客于马路出行时的特别规定:"马路不能大小便,弄内之无大小便处者,亦不得大小便,否则拘送捕房,大便罚一元,小便罚三角。"⑧

---

① 许金城:《汽车物语》,收入章伯锋等编:《闲话民国》,第 381—382 页。
② [日]内山完造:《活中国的姿态》,第 36 页。
③ 东南文化服务社编:《大上海指南》,第 70、213 页。
④ 鲁南子:《上海之车》,《新上海》1925 年第 8 期,第 101 页。
⑤ [德]基希(Kisch, E. E.):《秘密的中国》,立波译,第 3 页。
⑥ 冷省吾:《最新上海指南》,第 43 页。
⑦ 东南文化服务社编:《大上海指南》,第 152 页。
⑧ 沈伯经、陈怀圃编:《上海市指南》,第 398 页。

上述这些内容都体现了在一个现代化程度较高的城市当中，日常出行所应遵行的公共规则，也是维持城市生活秩序的必要条件。

四、交通服务的现代化

火车、汽车与轮船等的交互换乘，以达目的地的方式，是民国时代的人们极其普遍的选择。陆路交通工具除客车、卡车外，自行车与人力车已经较多。至于水路，舟船的沟通依然发达。像在常熟、无锡及苏州之间的水路，都有小火轮及帆船通航，无论人、畜、货物运输，都赖此运行。①

在无锡，从火车站下来，可乘锡澄公共汽车往江阴，再乘船过江至靖江、南通；锡沪公路建成后，还可以转道常熟，再往上海，已远较水运更为便利而快捷。在苏锡公路建成后，汽车从无锡到苏州就可以与火车并行了。②

而从一般的小城市，像嘉定，到上海、昆山、苏州去，都得先乘小火轮到南翔镇，然后再换乘火车。假使要往安亭、罗店和太仓一带去，在小火轮还未通行的时候，只得依赖脚划船或独轮小车，费时要半天或一天。这样的交通行程，在很多城镇已经扩张现代交通的时期，还是令人有些不太满意。③

从杭州往上江（浙东等处）的交通选择，一般是先乘车至南星站，或闸口，渡江至彼岸，或附钱江小轮，就可以直达桐庐；自杭州往苏州，可选乘汽车至嘉兴，再由嘉兴附小汽船前往，亦可乘汽车至沪，由沪附沪宁汽车专线到苏州。④

当时人认为，从杭州至南京，若从节省旅费的角度来说，先可以步

---

① 满铁上海事务所调查室编：《江苏省常熟县农村实态调查报告书》，常熟市档案馆、承载据1939年日文版编译，第28页。
② 无锡市史志办公室、无锡市档案馆、无锡市政协文史委员会编：《梁溪屐痕：无锡近代风土游览著作辑录》，第12页。
③ 独流：《我的故乡——嘉定》，《旅行杂志》1937年第10号，第11页。
④ 徐珂编：《西湖游览指南》，增订十一版，第94页。

行到拱宸桥,乘内河轮船前往苏州,再从苏州乘火车去南京。①这些略显繁琐的路线选择,比较清楚地呈现出新时代的交通状况以及时人交通习惯的变化。

但前往交通不甚发达的山区,交通方式就要简单些,甚至仍旧比较传统。譬如,1930 年春天,骆憬甫从杭州前往於潜,由杭州松木场乘杭余路商车先去余杭,略游余杭县城后,即改乘余临路商车去临安,然后换乘省公路汽车至离临安县城二十里处的化龙镇。但从此前往於潜县城,因当时公路正在建筑,一般须乘轿。所以此后的行程,就一直是乘轿到达於潜县城的。②

湖州地区最好的县域吴兴县的交通,经过民国年间的大力建设,已是"极为便利",陆路除县道及旧有道路外,还有京杭国道经过县城及西隅的埭溪、菁山、施家桥、杨家埠各地,每天上下行车共计有 21 次。水路因境内河港纵横,四通八达,轮船往来不断。1930 年代初,该县外通的航路共有湖申、湖苏、湖杭等十条线,轮船公司已有 22 家,汽轮有 47 艘,航船 125 艘,快船 6 艘,民船三四百艘,而客船、划船为数就更多了。③在菱湖镇,水陆交通都很便利,水路与铁道的联络运输已相当成熟,构成了三条常规的路线:一是由菱湖至苏州由水路、苏州至上海由铁道;二是菱湖至临平由水路、临平至杭州或上海由铁道;三是菱湖至长安由水路、长安至杭州或上海由铁道。④

丰子恺特别称赏其故乡石门湾镇,说石门湾真是一个好地方:"它位于浙江北部的大平原中,杭州和嘉兴的中间,而离开沪杭铁路三十里。这三十里有小轮船可通。每天早晨从石门湾搭轮船,溯运河走两小时,便到了沪杭铁路上的长安车站。由此搭车,南行一小时到杭州,北行一小时到嘉兴,三小时到上海。"⑤这是嘉兴地区西部生活世界的变化。

---

① 骆憬甫:《1886—1954 浮生手记——一个平民知识分子的纪实》,第 63 页。
② 同上书,第 101 页。
③ 佚名:《浙江吴兴县经济调查》,《工商半月刊》1933 年第 4 号,第 75 页。
④ 洪宾:《菱湖养鱼业调查》,《水产月刊》1946 年第 2 期,第 45 页。
⑤ 丰子恺:《辞缘缘堂》(1939 年 8 月),《丰子恺自述》,第 95—96 页。

在江南各地旅游,需要借助更多的交通手段或方式。1921年日本人的一个调查表明,从上海到莫干山的交通可以用各种方式,但基本还是火车,其提示的具体注意事项包括:1)来回费用不一样,一般情况下从上海出发时乘坐普通列车,返回时乘坐的是快速列车;2)乘船时,大人允许携带100斤的行李,小孩允许携带50斤的行李,超过此重量需另收费用;3)轿子为3人抬的,人的重量加上行李重量不能超过150磅;4)船和轿子不分等级;5)从杭州到莫干山之间的船票为3元,轿费则为2元。①

从上海出发去杭州,再返回到无锡、苏州的常规交通安排中,还包括了莫干山,行程一般在三天之内即可达成。根据1930年代初一位外国人描述的旅游经历,上午六点从上海乘火车出发,十点一刻到杭州,下午可游历西湖景区的各个名胜。次日上午乘汽车去莫干山,中午回杭州城站旅馆吃饭,然后坐汽车前往湖州,晚上入住中国旅社。次日晨起,坐轮船经过运河,穿过太湖,直抵无锡。午饭后乘火车去苏州,下午二点五十八分到。在苏州,或快速游历,或者就住上一晚,如果可能就去游玩双塔寺、无梁寺、虎丘塔等处。②

作家阿英(1900—1977)在1936年与1937年游览江南时,曾记下了交通行程的不少内容。他说:早上七时,在杭州乘杭(州)平(湖)路汽车往澉浦,十时半到;上午七时乘汽车离开澉浦,到乍浦镇换平沪汽车,十一时三刻到上海;③晚上十二点从上海乘火车出发,凌晨二点到苏州,行程2小时。④

新式交通的相关服务,当然也比传统交通时代会有很多不同。乘坐新式轮船的,其服务相对于传统航船要周全得多。尽管船上总是挤满了乘客,但只要能买到卧铺,所能享受的设施与服务就多了。据美国

---

① [日]清野长太郎编:《1921年浙江社会经济调查》,第293页。
② Carl Crow, *Handbook of China*, fifth edition, Kelly & Walsh, Limited, Shanghai, 1933, pp.158—159.
③ 阿英:《浙东访小说记》(一九三六年四月十九日),《阿英全集》第七卷《小说二谈》,安徽教育出版社2003年版,第301、303页。
④ 阿英:《苏常买书记》(一九三七年五月十四日),《阿英全集》第七卷《小说二谈》,第305页。

人富兰克林·H.金的描述,轮船卧铺的安排一般会占据整个船舱,所以船舱内的走道还不到14英寸宽。船舱里的卧铺是一张30英寸宽的木板,卧铺之间用一个6英寸高的床头板隔开,卧铺前面没有栏杆,卧具需要旅客自带,但在卧铺上设有一个吃饭用的小桌子。在没有床头板的一头安有一面小镜子,有床头板的一头则是一盏灯,镶嵌在床头板里面,这样就能照射到相邻的两个卧铺。这些便是船舱里的所有设备了。头等船舱的顶上盖有雨篷,并不是很高,只能保证旅客们坐着的时候不会碰到雨篷。头等舱的卧铺被分成了两个等级,每张卧铺都是30英寸宽,两张卧铺中间是6英寸高的床头板。整个船舱很通风,在暴风雨天气时,旅客还可以将窗帘拉起。①

"座位较为舒适,费时较短"的铁路交通②,自然非水乡传统的航船交通可比了。河南辉县人马员生在1926年底,从南京乘车往上海。沪宁铁路交通的乘坐感受,使他一直记忆深刻。他说:

> 沪宁车完全是另外的样子,干净,舒适,车上的男女旅客,都很文明,衣服整齐,秩序也好,天也不太冷,车走得很平稳。车窗外树木还绿,田间麦子青青的。还有青菜,不时看到溪水缓流,小船荡漾,农民住宅,几家成一小村子。看到这些心里也安静了,感受到今天的江南风景,确实很愉快。③

当然交通生活现代化的表现是多方面的。一些车站的候车室服务已很让人满意。苏州站的候车室条件就很好,有讲究的家具,而且有中西餐供应。④京沪铁路线上的常州车站,在武进县城小北门外半里,相关建设应该也是令人满意的:

---

① [美]富兰克林·H.金:《四千年农夫:中国、朝鲜和日本的永续农业》,第102—103页。
② 陆海鸣:《苏嘉铁路始末》,载《近代史资料》总79号,中国社会科学出版社1991年版,第262页。
③ 马员生:《旅苏纪事》,第55页。
④ 沈宗埂:《抗战开始后第一年我的亲历》,嘉兴市政协学习和文史资料工作委员会编:《嘉兴市文史资料通讯》第1期,1984年9月,收入《嘉兴文史汇编》第1册,第23页。

本路员工家族,尤多集居于此,故市面逐渐兴盛,为居民游览所必至之地。①

在上述的沪宁、沪杭甬铁路等交通中②,即便是硬座,列车员的服务仍非常好;火车上提供的膳食既有中餐也有西餐,提供的饮料有茶、咖啡和热水。另外,车上还提供湿热的擦脸毛巾,会出售当天的新闻报纸。当时通常一个旅客都会购买两份报纸③,以供旅途消遣。

同时在火车上都已比较提倡卫生,并对小孩提供优惠,注意男女乘车时的待遇差别。时人说,患病及传染病者搭乘火客,如未经车务总管特许,是不能擅入客车的。四岁以下小孩乘车可以免费,十二岁以下的实行半价优惠政策。而在沪宁铁路三等车中,当时已特别划分出了女客车座。④

至于一般的乘坐要求及注意点,主要就是:一在时疫流行时代,购买火车票,必须备有防疫证,否则购买不到火车票;二在携带行李时,有一定的限制,头等座位为40公斤、二等30公斤、三等与四等均为20公斤,这些重量范围之内均属免费。⑤有意思的是,当时的注意事项还有"留意窃贼"一条:"当心扒手或剪绺,不可将零星物件置于窗口或门口。"同时如果旅客有意见,可以投函给上海北站的车务总管,以陈述意见。⑥

在城镇各大水陆码头,以装卸为主的职业日渐兴盛起来。就吴江盛泽镇而言,在1936年7月,苏嘉铁路通车后,货运量大增,遂而产生了装卸搬运的组织"脚班"。这个搬运行业队伍随着社会经济的发展在逐渐扩大,且多依商市形成相应的作业地段,而且各地段之间在作业上只能互相接力而不能逾越。具体分段情况如下:⑦

---

① 许英:《武进的工商业》,《京沪沪杭甬铁路日刊》1934年7月份第1015—1039期,第135页。
② 沪杭甬铁路的详细情况,可参姚逸云编:《沪杭甬路旅行指南》,上海世界出版合作社1933年版。
③ [美]富兰克林·H.金:《四千年农夫:中国、朝鲜和日本的永续农业》,第96页。
④ 徐珂编:《西湖游览指南》,增订十一版,第118页;商务印书馆编译所编:《上海指南》卷四《交通》,增订十一版,第24—25页。
⑤ 冷省吾:《最新上海指南》,第61页。
⑥ 陶凤子编:《上海快览》第三编《上海之交通·火车》,第1页。
⑦ 盛泽镇地方志办公室编:《盛泽镇志》,第298页。

轮埠码头脚班：替轮船上卸货，为货客主进货送行李等；

汽车站脚班：为旅客接行李货物等；

火车站脚班：为火车站装卸货物；

米行脚班：翻晒稻米，上砻出米，打堆，为客户运送米面等；

山地货行脚班：为蔬菜果行、栈上卸货，为客户送货；

镇区脚班：为各厂、行、店上卸原料成品，为居民搬运零什物。

另外，在上海还出现了搬场公司。用于搬场的汽车，为租客提供搬家、移运货物至车站及轮船码头等转运服务。据1940年代的统计，上海市内大的出租汽车公司有29家，有名的搬场公司已有6家。①当然搬场公司的营业范围较多，一般还兼营搬送嫁妆、行李，有的备有运柩汽车搬运棺木。上海人因经常搬场，故搬场公司的营业特别发达。搬场汽车以时间计费，每小时取费六元。继上海搬场公司创设后，出现了中国搬场公司、平安搬场公司、永安搬场公司、宁波搬场公司、上天搬场公司等，在各处都有分站。②这些都为人们的外出或生活空间转换等提供了许多便利，使人们的生活趋于现代化。

五、结　　语

民国时期的江南，以城市中的新式马路、联系城乡的新式火轮或汽车以及贯通江南地区的火车等为代表的交通方式，在1930年代有了较大的发展③，也构建起了人们日常出行方式与作息安排的新面貌。尽管大小城镇间的交通仍以河道为主，但小火轮的普及率极高④；至于陆路交通，贯穿太湖平原的，主要以京沪、沪杭铁路为主，汽车交通也已众多。⑤

---

① 东南文化服务社编：《大上海指南》，第70—74页。
② 鸡笼生著、吴漫沙编：《游沪指南》，台北：南方杂志社1942年版，第53页。
③ 相关具体研究，可参丁贤勇：《新式交通与社会变迁：以1930年代为中心》。
④ 当然小轮的推行，当从晚清始。如在浙江地区，据调查1896年就有小轮航运了。参〔日〕清野长太郎编：《1921年浙江社会经济调查》，第227页。
⑤ 李长傅编著：《江苏省地志》，第271页。有关江南地区公路交通的建设与发展情况，可详参伟民主编的《江南市镇及其近代命运（1840—1949）》，第122—126页："近代交通引入及其影响：公路"。

火轮、火车、汽车的日渐兴起与推广,自然会对传统舟船交通方式有较大的冲击。火车、汽车等强势交通工具的发展,极大地改变了城乡社会的交通方式,最终取代了水运,成为内陆交通的主导。①

概括而言,江南地区的现代陆路交通,主要有铁路、公路和新式马路。其中,铁路和公路属于城镇对外交通,后者是城内公共交通。各类新式交通方式之间互有影响。但对新式小火轮水运交通冲击较大的,还是铁路。从城镇地方百姓的感觉来说,火车尽管没有轮船、汽车灵活,但在时间上相对稳定②,而且价格也比较便宜。

总之,在江南这个水乡泽国,上述这些新式交通方式,尽管有时在便利性上仍以轮船交通为首,对传统船运的冲击多局限在主干航线,但在时间与空间感觉上,都给传统中国人的生活以较大的影响,也自然会改变人们的作息与出行安排以及人们对于城市生活的感受。丰子恺认为,交通的发达,"常把都会的面影更整块地显示给乡村人看,对他们作更强的诱惑"③。

---

① 丁贤勇:《新式交通与近代江南交通格局的变动》,《史学月刊》2016 年第 8 期。
② 当然火车晚点也是常事。例如从上海到杭州之间的列车,会因工人操作不熟练等情况,经常会晚点一个小时以上。参[日]清野长太郎编:《1921 年浙江社会经济调查》,第 254 页。
③ 丰子恺:《车箱社会》,"都会之音"篇,第 208 页。

第十二章 食宿：江南公共服务的现代化

一、城镇饮食服务

民国时期的江南,以城市中的新式马路、联系城乡的新式火轮或汽车以及贯通江南地区的火车等为代表,构建起了人们日常出行方式与作息安排的新面貌。尽管大小城镇间的交通仍以河道为主,但小火轮的普及率极高;至于陆路交通,贯穿太湖平原的,主要以京沪、沪杭铁路为主,汽车交通也已众多[①],在时间与空间感觉上,都给传统中国人的生活以较大的冲击,也自然会改变人们的作息与出行安排,江南的旅行者及江南内部人员的流动,显得更加繁密。这就对江南城镇的服务业造成了不少压力。也恰恰是这种压力,刺激了各地服务业的兴隆。这主要体现在饮食与住宿方面。

无论是对外来冶游者、从商者、打工者等人群,还是对土著民众而言,在饮食方面都有一定的需求。除了家居的日常饮食,在城镇中的饭馆、酒店甚至小食摊,是构成日常生活消费的一个主要方面,也成了人们对不同城镇特色饮食区分与记忆的标识。像苏州"松鹤楼"的小菜,无锡的排骨,镇江的锅盖面,杭州的东坡肉、西湖醋鱼、龙井茶,嘉兴的"五芳斋"粽子,湖州的"诸老大"千张包,嘉定南翔镇的小笼包,平湖的糟蛋,嘉善西塘镇的八珍糕,松江的鲈鱼,绍兴的霉干菜、黄酒、茴香豆,宁波的汤圆,甚至金华的火腿,安吉的竹笋,黄岩的橘子,临安的小核桃,等等,从传统时代至今,人们都一直记忆深刻。

---

① 李长傅编著:《江苏省地志》,第271页。有关江南地区公路交通的建设与发展情况,可详参包伟民主编的《江南市镇及其近代命运(1840—1949)》,第122—126页:"近代交通引入及其影响:公路"。

就前民国时代来说,江南核心区最重要的城市当属苏州。苏州既是经济文化中心,又是一个消费中心,对于"吃"向来讲究,凡是蔬果鱼鲜,应时上市,一年四季,应有尽有。而初夏樱笋蚕豆刚出的时节,更极一时之盛,鱼鲜中尤以鲥鱼为个中魁首。①而城中的菜馆,区分甚细,有京菜馆、徽菜馆、粤菜馆、西菜馆、镇江菜馆、教门菜馆、本地菜馆等;至于小饭馆,就更多了。馆中的菜多家常风味,自然很受普通居民的欢迎。其中,酒馆大多由绍兴人所经营,像金瑞兴、章东门、言茂源等,在热闹市廛中都有开设。例如,在观前街一带,若宫巷有元大昌、同福和;太监弄有全城源;大成坊巷城中酒家等,入晚买醉客常常爆满。②类似的情景,在江南的一般城市中,都能见到。就像1921年日本人调查浙江地区所见的,喝茶、饮酒的风气,无论城乡,很是盛行。在各大城市及较大的乡村中显眼的地方,都可以见到茶馆、茶店与称之为酒店的小酒馆,每当黄昏,在店头站立着花钱买醉的劳动者。③

在无锡,菜馆一样众多,一般区分为京馆、锡馆、徽馆、西菜馆四类,且各具特色。京馆以烧烤各菜最佳,徽馆以红烧各菜最佳,而锡馆以清蒸各菜最佳。④至于西菜馆,虽说对一般人多少带有新鲜感,但在江南地区,这类菜馆并非少见,既迎合了海外人们的需求,也能让当地人感受些异国的风味。像镇江的西餐馆,只有"美丽"一家,其他还有中西混合的餐馆,所以营业服务以"美丽"最优。⑤这样的西菜馆,在上海是最多的;⑥而其他各类餐馆更是繁多,不一而足。⑦

作为江南地区最为繁华的都会,民国时期的上海在吃、住、行方面

---

① 周瘦鹃:《苏州游踪》,金陵书画社1981年版,第126页。
② 尤玄父:《新苏州导游》,苏州文怡书局1939年刊本,"序"(1938年冬),第109页。
③ [日]清野长太郎编:《1921年浙江社会经济调查》,丁贤勇、陈浩译编,第27页。
④ 华洪涛等编:《无锡指南》"食宿游乐"篇,第1页。
⑤ 朱瑾如、童西苹:《镇江指南》,第55页。
⑥ 有关这方面的考察,可参熊月之主编:《西制东渐——近代制度的嬗变》,长春出版社2005年版,第177—191页;邹振环:《西餐引入与近代上海城市文化空间的开拓》,《史林》2007年第4期,第137—149页。
⑦ 唐艳香曾以上海为例,对餐饮为主的饭店作过系统的研究。参氏著《饭店与上海城市生活(1843—1949)》,复旦大学博士学位论文,2008年5月。

也很有代表性。在当时人们的意识中,上海的变化是时代的变化,吃、住、行的变化,有时就是时尚的变迁。

上海的菜馆种类,区分更细,北平馆、四川馆、福建馆、广东馆、镇江馆、南京馆、苏州馆、徽州馆、宁波馆、上海馆、教门馆、净素馆等。(参表1)而以海鲜类为主的,以福建馆、广东馆与宁波馆为多。这是沿海城市比较有特色的菜馆。至于说菜价,据1930年的统计,以四川馆、福建馆为最高,最便宜的是北平馆与徽州馆。除了一般的西菜馆外,上海还有专门的日本菜馆,价格从0.5元至3元不等。①至于说上海菜,俗称本地菜,"实则乃一不宁不徽不京之混合菜也"。②在本地菜馆中,最多的要数老正兴馆子,它们的菜以价廉物丰著称,也就是经济实惠。③

表1 上海城内重要菜馆之分布统计

菜别	名　　称	地　　址	电话
粤菜	大三元	南京东路679号	91033
	杏花楼	福州路343至347号	93555
	京华酒家	福州路中市	91099
	金陵酒家	中正东路421号	84647
	南华酒家	南京东路755号	92592
	冠生园饮食部	南京中路中市	97014
	康乐酒楼	南京西路	32684
	新雅	南京东路719号	90080
	新华酒家	广西北路南京东路口	91195
	新都饭店	南京东路720号	98010
	萝蔓饭店	林森中路394号	84899

---

① 林震编:《上海指南》(增订版)卷五《食宿游览》,商务印书馆1930年第23版,第1页。
② 东南文化服务社编:《大上海指南》,第127页。
③ 冷省吾:《最新上海指南》,第110页。

续表

菜别	名称	地址	电话
川菜	金谷饭店	西藏中路439号	90605
	南海花园饭店	南京西路830号	37311
	梅龙镇	南京西路	35353
	蜀腴	广西路235号	98228
	聚丰园	广西路226号	94661
	洁而精	重庆南路	82814
	锦江	宁海西路31号	83040
平菜	大雅楼	福州路580号	91369
	致美楼	福州路519号	94799
	会宾楼	福州路419号	93433
西菜	一家春	福州路266号	93181
	一品春	西藏中路270号	93270
	次加利	北京东路813号	92060
	中央西菜社	中央大厦101号	14982
	永丰饭店	林森中路899弄7号	71846
	印度咖喱饭店	福州路711号	90811
	晋隆	西藏中路400号	91929
	国际大饭店	南京西路	91010
	新利查	广西北路164号	94639
	乐义大饭店	南京西路2004号	21933
中西大菜	上海食堂	四川北路55号	40118
	新生活俱乐部	中正北一路威海卫路口	30070
	水上饭店	中山东一路北京东路口	18480 18546
甬菜	状元楼	九江路525号	91141
	复兴楼	广东路374号	91672
	鸿运楼	金陵东路156号	88677

续表

菜别	名称	地址	电话
清真	南来顺	浙江中路38号	92025
	洪长兴	连云路83号	36066
	精美居	中正中路1144号	—
素菜	功德林	黄河路41弄4号	31313
	素香斋	邑庙九曲桥	—
	道德林	长沙路92号	92962
	觉林	林森中路254号	82551
酒店	王宝和	福州路610号	94768
	言茂源	福州路681号	94494
	高长兴	福州路407号	91293
	马上侯	山东中路102号	93453
	碧壶轩	汉口路499号	97565

资料来源：冷省吾：《最新上海指南》，上海文化研究社1946年刊本，第119—124页。

  为了更多地招徕顾客，菜馆多会发行广告。例如，新雅粤菜馆的广告词为："本馆菜点，材料认真，烹调得法，服务殷勤。"较为简洁。它的总店在南京路，支店在北四川路。① 而西式的咖啡馆成了西方文化输入中国的一道窗口，是上海重要的时尚饮品点。② 传统的茶馆业，在此时就相形见绌。虽然上海的茶馆业算不上发达，但比较著名的，还为数不少。例如，城隍庙有春风得意楼、乐意楼，南京路有五龙日升楼、一乐天、全羽春，福州路有青莲阁、四海升平楼，都很热闹，宾客常常满座；其余的如广东路之怡园，北四川路的会元楼、粤商楼、小壶天、利男居、群芳居，生意亦佳。③ 杭州城内著名的茶馆，主要有新市场的西园、壶春楼、湖山喜雨

---

① 柳培潜：《大上海指南》，中华书局1936年刊本，广告插页。
② 民国时期上海咖啡馆的考察，可参陈文文：《1920—1940年代上海咖啡馆研究》，上海师范大学硕士学位论文，2010年3月。
③ 沈伯经、陈怀圃编：《上海市指南》，第137页。

台,城站的武林第一楼、迎轩,保佑坊的萃芳,丰乐桥的丰乐园,城外拱宸桥的醒狮台与浙江第一楼。至于酒店,杭州城外颇多,大约600家。①

无锡的茶馆比较兴隆。茶价自二三十文至六七十文不等,而榻茶则自六七十文至一角不等。各茶馆都有特别营业,或为茶会,或作书场,或为棋会,或有鸟会。比较著名的茶馆,散布于交通道路或景点之处。例如,通运路中的茶馆,有万阳楼、九龙日升楼、青云阁、梁溪逍遥楼;吉祥桥下有青莲阁、四海升平楼;汉昌路有玉和春;北门外员桥堍有最宜楼;北门外尤诶内有拱北楼;北门外坛头诶有悦心楼;公园路有新逍遥游、丹凤、万花楼、松凤阁;大三里桥有蓉湖楼;观前街有老逍遥游;崇安寺内有听松园、玉和轩。②

饮食方面的丰富多样性,体现了城市经济的繁盛和日常生活的需求状况,而中外交流的频繁,使西菜馆日益增多,为这方面提供了实质性的服务。不过,那些新式的餐饮,如牛奶、咖啡、红茶、柠檬汽水、各类果汁等,主要局限于上层人士中流行。③

二、旅馆业的繁盛

旅馆业的发展,在民国时代已比较现代化。随着近代工业文明的发展,旅馆业极为兴盛。由外资经营的西式旅馆已经很多,数量上以上海为最,占当时中国西式旅馆总量的一半以上。④一般而言,江南城镇中的旅馆、酒店与客栈等,大多会选择开设于交通便捷之地,以便旅客往来。

在苏州,旅馆最初仅荟萃于阊门城外马路一带。⑤这里的旅馆大小不等,距车站最近,离轮埠亦不远。其他像胥门及观前街地方,也有不少。关于旅馆内的设施情况,时人作过细致的介绍:

> 贵者,器具尽用红木定置,西式外国铁床,绉绸被褥,纱罗纹

---

① [日]清野长太郎编:《1921年浙江社会经济调查》,第321—322页。
② 华洪涛等编:《无锡指南》"食宿游乐"篇,无锡杂志社1936年刊本,第1—2页。
③ [日]清野长太郎编:《1921年浙江社会经济调查》,丁贤勇、陈浩译编,第27页。
④ 忻平:《民国时期的旅馆业》,《民国档案》1991年第3期,第106—110页。
⑤ 尤玄父:《新苏州导游》,"序"(1938年冬),第108页。

帐,夜来电灯光明透彻,招呼友朋装有电话,使唤茶房备有电铃。夏有电扇招凉,冬有火炉送暖。一切杂用物件,应有尽有,无美不备。会客大厅亦宽畅异常,常备便客人喜庆之用,房间最贵者约一元七八角,最廉者约二角左右。房间亦爽亮,被褥亦洁净,高高下下,指不胜屈,听客检选。①

据1921年芥川龙之介对其所住的苏州旅馆记忆,房间内撒有许多灭跳蚤的药粉,整个环境确实不错,"比预料的干净"。②至于苏州城内最上等的旅馆名号等情况,详参下表2。

表2 1922年苏州上等旅馆及住房价格统计

名 称	地 址	房间数	最贵房价（元/天）	最廉房价（元/天）	联系电话
第一旅社	大马路	80多	1.3	0.4	164
三新旅社	广济桥堍	100	1.2	0.4	账房:734 前楼:791 后楼:615
新苏台	大马路桃源坊	68	1.2	0.4	账房:813 二层楼:814 三层楼:815
老苏台	大马路	80多	1.4	0.4	356
惠中旅社	大马路	57	1.8	0.6	355
铁路饭店	广济桥堍	26	5	1.5	820
惟盈旅社	钱万里桥				

资料来源:陆璇卿、颜大圭:《旅苏必读》三集,吴县市乡公报社1922年刊本,第16—17页。

说明:铁路饭店与惟盈旅社都是西式旅社,房屋器具全系洋式。其中铁路饭店的房价中有"包吃大餐"的,每人每天需2.5元。

到1930年代,苏州城新辟金门后,城中的干道,像景德路、东西中

---

① 陆璇卿、颜大圭:《旅苏必读》三集,吴县市乡公报社1922年刊本,第16页。
② [日]芥川龙之介:《中国游记》,第135页。芥川龙之介(1892—1927),于1921年3—7月来华,本书是此际的游记。

市、护龙街、观前街又相继拓宽,车马可以直进,而热闹市廛移聚于玄妙观前,以故,观前逆旅如雨后春笋,纷纷设立。旅馆被分作上中下三等:"上等或称饭店,或称大旅社,类皆资本雄厚,设备周密,装饰堂皇;中等设备大致齐全,性好俭约的恒喜寄寓之;下等的即所谓小客栈,极简陋。"城内外的饭店旅社,数目众多。按时人的说法:"较大旅社皆招待周到,房间之中,举凡旅客所需用具若笔、墨、信笺封、毛刷等无不备,不必按铃时索,故寓居其中,大有宾至如归之乐";号称这是"苏州旅馆之特色"。①

同样处于交通要道的镇江,一直是通商要口,所谓"中西杂处,良莠不齐"。②与苏州一样,这里的旅馆,也大约被分成三等:上等旅馆大都设于江边日新街一带,寓客多仕宦及行商;中等则分散于各处,其营业不仅在安寓客商,且兼为一般妇女之幽会场所;下等多设于京畿岭一带,为侉帮香客息宿之地。住宿费用自有差别:上等的由数元至数角不等,中等者由一元多至数角,下等者由数角至铜元数枚。相应的,旅馆房间内的陈设,就视房价之高低而定:上等者有红木家具及洋式家具,中等者大都为普通粗货,下等者最为简单,盖仅有木板床而已。所有住宿费均以日计,若过上午12时,即算一日;其所报之价格,寓客可以商量酌减,多的有六折,少的也有八折。在镇江城内的旅馆中,房间数量最多的为万全楼、佛照楼等,故其营业规模也最大。据时人的看法,从事旅馆业的获利颇多,故而新设的也日见增多。③

表3　镇江主要旅馆统计

名　　称	地　　址	名　　称	地　　址
万全楼	江边	一品香	盆汤巷
新大方	东坞街	铭利栈	日新街
润州旅馆	盆汤巷	三义栈	日新街
瀛洲旅馆	盆汤巷	大观楼	平政桥南

---

① 尤玄父:《新苏州导游》,"序"(1938年冬),第108页。
② 朱瑾如、童西苹:《镇江指南》,第53页。
③ 同上书,第55—56页。

续表

名 称	地 址	名 称	地 址
万亿楼	洋浮桥口	万福楼	义渡局巷
六吉园	平政桥南	万华栈	义渡局巷
三义公	西坞街	秦淮栈	义渡局巷
老祥发栈	东坞街	佛照楼	平政桥南
大庆楼	日新街南底	招商旅馆	小闸口
鹿鸣旅馆	日新街南底	同盛公	天主街
中西旅馆	盆汤巷	三阳栈	洋浮桥西
新三元	盆汤巷	大安栈	西坞街对过
新长发栈	天主街		

资料来源：朱瑾如、童西苹：《镇江指南》，镇江指南社1922年刊本，第56—57页。

无锡城内大小旅馆共有几十家，而最著名的那些旅馆，都距车站较近，房价高低差别较多，但都推出了五折或七折的优惠价，以吸引住客。详细情况，可简单罗列成表，以示当地旅馆服务业之概貌。参下表4。但著名的旅馆，多位于工运桥一带，各馆都有"接手"，前往车站、船埠迎接旅客。①

表4 抗战前无锡著名旅馆统计

名 称	地 址	电话	价 目		折扣	距车站路程
			最高价	最低价		
新世界	通运路	575	4.2	0.45	七折	不到半里
无锡饭店	通运路					
启泰栈	通运路	269	2.4	0.5	五折	不到半里
永兴栈	通运路	41	1.8	0.6	五折	不到半里
新旅社	通运路	540	2.8	0.6	五折	不到半里
中华旅馆	通运路	414	2.4	0.6	五折	不到半里
孟渊旅馆	永安里	243	2	0.6	五折	不到半里

① 薛明剑等编：《无锡指南》，1919年初版、1947年十七版，收入无锡市史志办公室、无锡市档案馆、无锡市政协文史委员会编：《梁溪屐痕：无锡近代风土游览著作辑录》，第16页。

续表

名　称	地　址	电话	价　目		折扣	距车站路程
			最高价	最低价		
惠中旅馆	通运路	317	2.2	0.6	五折	不到半里
梁溪旅馆	通运路	504	2.4	0.65	五折	不到半里
无锡旅馆	通运路	20	2	0.4	五折	不到半里
第一旅馆	汉昌路	319	2	0.6	五折	不到半里
苏台旅馆	汉昌路	352	2.4	0.6	五折	不到半里
义兴旅馆	交际路	无	1.1	0.3	五折	
振兴旅馆	交际路	无	0.7	0.2	五折	
大新旅馆	交际路	237	0.8	0.2	五折	不到半里
金昌旅馆	露华街		0.8	0.3	五折	半里
万安栈	东大街		0.66	0.08		二里半

资料来源：华洪涛等编：《无锡指南》"食宿游乐"篇，无锡杂志社1936年刊本，第2—3页。

在湖州，旅馆业当然不及上海、苏州等地繁盛，但配套设施还较齐全，都有电话，且房间价格相对便宜。城中主要旅馆及相关情况，详参下表5。

表5　1936年吴兴旅馆统计

名　称	地　址	电话	每天每间房价（元）	附　注
中央旅社	同岑路	200	0.3—1.44	实价
东吴旅社	志城路	6	0.32—1.4	实价
湖州大旅社	钦古巷	498	0.4—1.4	
南洋旅社	志城路	328	0.3—1.4	
老公泰旅社	馆驿河	69	0.36—1.2	
振新旅馆	馆驿巷	51	0.26—1.24	
永安旅馆	积善巷	117	0.2—1	
老明利旅馆	钦古巷	110	0.3—1.28	

资料来源：湖社宣传部编：《吴兴导游》，上海湖社干事处1936年刊本，第66—67页。

在杭州,旅馆业相当发达,发展迅速。一方面是因为杭州作为一个旅游名都,吸引了大量的游客,有这方面的很大需求;另一方面,铁路开通之后,交通越益便利,更加刺激了旅馆业的增长。按照地区,可以别为城站、新市场、西湖、江干四大片,作出一个概括性的说明:

> 自沪杭通轨,游客纷来,旅馆之选至为急务。城站方面,则有城站旅馆,层楼复室(楼凡四层,上层为楼外楼,屋顶花园,下三层为卧房,都百数十间),栉次鳞比,布置既精,地点尤胜,汤寿潜有联云:汽笛一声,落梅休谱错中错;层楼更上,瀹茗来看山外山。华兴旅馆,结构精宏,起居惟适。清泰第一旅馆,则开创最早,夙有声誉,其余如大通旅馆、迎宾旅社、全安旅馆、沪杭旅馆等,旅居亦皆适宜。新市场方面,则有湖滨旅馆,全面临湖,便于凭眺,清泰第二旅馆,西角临湖,屋宇轩敞,湖山新旅社,空气流通,地点亦便,清华旅馆,屋宇宽广,小有园亭,其外尚有振华、汇丰诸旅馆。湖上方面,则有新新旅馆,建筑精美,风景天然,饮食一项,既备中西,且兼荤素,游湖者以居此为最适,更备有游山之藤轿,泛湖之瓜艇,意兴所到,攸往咸宜。它若拱北方面,则有大方客栈等。江干方面,则有江干旅馆,钱江旅馆。客当先审目的所在,择相当者而投止焉。①

其中所云的新新旅馆,位于西湖边葛岭下,住宿价格在杭州各大旅馆中属于偏高的,官房每日价为4—6元、客房价为1—3元。②这个旅馆在杭州号称是最高档的,曾住过许多国民党大员和各界名流。③可是据来过"新新旅馆"(前身)投宿的芥川龙之介的感受,卫生条件还存在令外国人不太满意的地方。④而价格最高的是西泠饭店,不分官房与客房,每天房价从8元至24元不等,不过这个价格包括了全天的用餐(中

---

① 徐珂编:《西湖游览指南》,增订十一版,第87页。
② 商务印书馆编:《西湖游览指南》,商务印书馆1935年增订版,第116页。
③ 李杭育:《老杭州:湖山人间》,第202页。
④ [日]芥川龙之介:《中国游记》,第104页。

西餐随意)。在杭州城中,只有这个饭店与蝶来饭店,一年四季是不分淡季与旺季,从不打折。①

上述这些著名的旅馆,交通都很方便,一般可以招待外国客人。外国人就认为,有三大旅馆十分适合西湖游客们居住,一是西湖景区的新新旅馆(New Hotel),二是临近西湖的聚英旅馆(Tsu Ying Hotel),三是城站旅馆(Railway Station Hotel)。②对于团体入住的,还可享受1至3成的折扣优惠。除此之外,据1921年的统计,杭州城内还有上百家旅馆。有关杭州城中著名旅馆的其他详细情况,参下表6。

表6 1921年杭州著名旅馆概况

站名	旅馆	等级	客房		住宿费(元)			所在街名	到停车场距离	设施风格
			床位数	间数	上	中	下			
杭州停车场	城站旅馆	1	230	120	3.20	2.20	0.60	站前		西式
	聚英旅馆	1	240	120	4.80	2.40	0.60	西湖畔	16町	西式及中式
	新新旅馆	1	40	20	3.20	2.40	0.80		6华里	西式
	湖滨旅馆	2	190	80	3.20	1.40	0.40		17町	西式及中式
	清泰第二旅馆	2	150	72	3.00	1.40	0.40		16町	中式
	汇丰旅馆	3	140	60	2.00	1.20	0.40		15町	
	宁绍旅馆	3	130	60	1.60	0.80	0.30	站前	15町	
	涌金旅馆	3	100	50	1.40	0.80	0.30	羊霸头	10町	
拱宸桥停车场	大方栈	3	50	28	1.50	0.80	0.50	大马路	12町	
	大生栈	3	80	48	1.00	0.50	0.30	大同街	11町	

资料来源:[日]清野长太郎编:《1921年浙江社会经济调查》,第322—323页。

上海的旅馆比杭州还多③,1930年代的统计称约有三百多家。一

---

① 商务印书馆编:《西湖游览指南》,第116页。
② Robbert F. Fitch, *Hangchow Itineraries*, p.1.
③ 有关开埠后至民国前期上海旅馆业概括性的论述,可参郑祖安:《客栈、旅馆、饭店——旧上海旅馆业杂说》,《上海档案》2000年第1期,第58—60页。

般的旅馆还负责免费至车站码头接待,俗称"接水"。①

这些旅馆中,一般也分上、中、下三等。其中上等旅馆资本雄厚,设备周密,装饰较好,如有屋顶花园、弹子房、跳舞厅、浴室、理发处、大礼堂、中西大菜、接送汽车等,所谓"应有尽有"。中等旅馆的设施,远逊于上等旅馆,但床帐被褥以及房间中一切用具,大致齐全。最差的就是下等旅馆了,俗称小客栈,极其简陋,多设于爱多亚路大世界附近,以及民国路、十六铺、浙江路等处,为中流社会以下之人所住宿;单间也有床帐桌椅设施,统间仅设铺位,以木相架,叠成上下二层,就像轮船中的统舱。另外,一些公共机关也附设寄宿舍,以供长期或指定时期之旅客所居。此类旅馆,多设于中正东路大世界附近、民国路、十六铺、浙江路、北四川路、北火车站一带,这里时常能见到旅馆的招住广告。②

与旅社或旅馆性质稍有不同的是公寓,是当时的新兴事业。旅馆一般是短住,而公寓多系长居。③在公寓中,一般也有礼堂、公用电话、公用厕所、厨房、饭厅等,大者更为周到,与中等旅馆相仿。惟地多处较偏僻之处,所不同的,旅客须自备铺盖,房租以月计,颇合暂时居家之用,内地来此小住者,最为相宜,所有电灯、自来水、房捐等费,都包括在租金内。④

至于上海城内著名的旅馆及空间分布情况,可参下表7。

表7　上海著名上等旅馆统计

名　　称	地　　址	电　　话
一品香大旅社	西藏路270号	93270
大东旅社	永安公司内,南京路英华街口	92022
大中华饭店	西藏路200号	90090
大上海饭店	天津路348号	94050

---

① 陶凤子编:《上海快览》第七编"上海之住宿",上海世界书局1924年刊本,第2页。
② 沈伯经、陈怀圃编:《上海市指南》,第122—124页;东南文化服务社编:《大上海指南》,第105—111页。
③ 冷省吾:《最新上海指南》,第125页。
④ 东南文化服务社编:《大上海指南》,第111—112页。

续表

名　称	地　址	电　话
中国饭店	贵州路宁波路角	91080
中央大旅社	湖北路及广东路角	92300
百乐门大饭店	愚园路极司非而路	30050
东方饭店（新东方）	西藏路120号	92270
东亚旅馆	先施公司内，南京路324号	93260
南京饭店	山西路天津路角	91000
远东饭店	西藏路90号	94030
汇中饭店	南京路3号	18030
扬子饭店	汉口路云南路角	90140
新亚大酒店	天津路北四川路	40802
新新旅社	新新公司内，南京路贵州路	93380
神州大旅社	浙江路159号	93310
华懋饭店	南京路外滩沙逊大厦	11240
礼查饭店	黄浦路7号	42255
惠中旅舍	汉口路50号	93200
沧州旅馆	静安寺路1225号	34200
国民饭店	法租界天主堂街27号	82040
都成饭店	江西路神州路角	12500
爵禄饭店	西藏路250号	90070

资料来源：沈伯经、陈怀圃编：《上海市指南》，中华书局1934年版，第122页。

上述各类旅馆，或习称饭店，或径称旅舍，甚或称作酒店；经营者一般为华人，也有洋商。旅馆有中西之分，配套设施有所差异，价格因而差别较多。洋商经营的旅馆收费相对较高，内部陈设与习俗都很"洋气"，不大适宜普通中国旅客入居。①

---

① 沈伯经、陈怀圃编：《上海市指南》，第122页。

江南的城镇,人口都较繁密,其中上海的人口密度,应属最高。有限的土地上容纳的人口本来是有限度的,因此过多的人口必然导致居住用地的紧张与房价的抬升。当时的人们就为此感叹道:"居住之于上海,为一最困难之问题"。据统计,上海的三百多万人口中,半数以上聚居于沪南、闸北区及特别区间,从而使这些地方的房租大涨。①尽管这样,旅馆的经营与扩张仍在持续之中。到 1930 年代,一般资本家的眼光都集注在大旅社三字上。每开一家大旅社,"只消先行交易,还未择吉开张,而男女来宾已蜂涌而至,数百个大小房间都预定一空,生意之发达,实出意料之外。"②为了更多地招徕顾客、扩大影响、提高经营收益、繁荣营业局面,不消说那些著名的旅馆或旅舍,就是一般的旅馆,都喜欢散发或刊登广告。至于新开张的旅馆,在广告方面更是十分在意。

三、广告的推介

就苏州的新苏台旅社与三新旅社而言,当时的广告介绍说,前者在阊门外鸭蛋桥下,新建三层楼,洋房四十幢,布置有大小房间八十间;后者在阊门外广济桥下,新建三层楼,洋房六十幢,布置大小房间一百余间。显示了这两个旅馆的风格与规模。两个旅馆的经理当时都是黄驾雄,他发布的广告词这样介绍道:

> 设备完全,招待周到,帐子、被头、线毯、枕头异常干净,棕垫均用布套,以免臭虫做窠,夏天包无臭虫。贵客光顾,尽可高枕无忧。冬令有橡皮热水袋以暖手,铜脚炉以暖脚,茶壶均用藤茶桶,使贵客随时有热茶可吃。此外,香皂、牙粉、牙刷、板刷、笔墨、信纸、信封、洋烛、洋火、纸吹、封信浆糊、润面洋蜜,一切均听贵客使用,

---

① 沈伯经、陈怀圃编:《上海市指南》,第 114 页。
② 忻平:《民国时期的旅馆业》,《民国档案》1991 年第 3 期,第 106—110 页。

不取分文。务请各界光顾,不胜欢迎之至。①

苏州城中的玄妙观,属于商业最繁盛的一大中心地。这里就建有一个共和旅社,时人称"富商大贾贵绅学界来苏旅行,无有不至元[玄]妙观者"。该旅社新刊的广告词说:

为贵客计图便利起见,特于观前宫巷、碧凤坊巷创造三层楼房,布置大小官房三十余间,空气流通,冬夏咸宜,器具全新,配置精雅,交通便利,伺候周到。倘蒙各界惠临,不胜欢迎之至。②

像这样的上等新旅社,有的还在筹建之中。例如,在阊门马路广济桥堍的苏州饭店,就由"账房"出面,作了一份预告:

本店现在起造洋式水门汀高大楼房二十余间,配置大小官房三十余间,全用洋式器具。官房则铜床、绸帐,华丽非常。客房亦罗帐铁床,精雅绝伦。冬令装设火炉,四面均用窗帏;夏令添备风扇,门窗全用铁纱。冬夏咸宜,寒暑不知。请客则有电话,消息灵通。唤人则有电铃,便利非凡。菜肴则中西兼备。车马则听凭呼唤。至茶房之伺候周到,交通之来往便利,犹其余事也。现在将次竣工,即当开幕。倘蒙中外各界贵客光临,不胜欢迎。
苏州饭店账房谨识。③

其实,在那样一个日新月异的时代,新的旅馆饭店不时会在城市中产生,并不是新奇的事情。也因为如此,这些旅馆之间的竞争就显得激烈起来,对于那些后起而无名的旅馆来说,确实需要做点宣传,以扩大影响。在无锡,刚建好的泰山饭店,就介绍说:"三层大厦,高尚堂皇,全

---

① 陆璇卿、颜大圭:《旅苏必读》首集,广告插页。
② 陆璇卿、颜大圭:《旅苏必读》二集,广告插页。
③ 陆璇卿、颜大圭:《旅苏必读》三集,广告插页。

部新制,卫生设备。"被介绍者们目为清洁精雅、最合理想的饭店。①

在杭州,以滨西湖地带最具吸引力,也成为这些旅馆广告的主打介绍。如湖滨旅馆,还有英文名作 Woo Ping Hotel。它的广告词,写得像四言律诗:"西湖名胜,中外交称。本馆地址,适临湖滨。洋房高大,陈设极精。床铺饮食,清洁绝伦。交通便利,招待殷勤。如蒙莅止,无任欢迎。"房间价格自六角起至四元不等,虽不便宜,但可以照码打九折。至于馆内的饭食价目,"从一角至三角,大菜点菜价亦从廉"。②后来的西湖指南中介绍说,湖滨旅馆官房的价格是 2 元 4 角至 2 元 8 角,客房要便宜些,为 7 角至 1 元 2 角。③

同样地近西湖,在湖滨大马路上的环湖旅馆,房间价格稍有偏高,官房价为 2 元 8 角至 3 元 5 角,客房则为 6 角至 1 元 6 角。④它的广告词竭力突出该旅馆的优点所在,希望能招徕到更多的顾客:

  本馆不惜巨资,自建三层楼洋房数十幢,房间特别高大宽敞,空气清新,光线充足,在杭州首屈一指。向蒙各界惠顾诸君称许,内容设备更能尽善尽美,应用器具力图日精月新,招呼务求敏捷,伺候格外周到,房间价目特别平廉。各界赐顾,竭诚欢迎!⑤

比环湖旅馆稍微便宜一些,但位置一样靠近西湖的聚英旅社,房间价格是从 5 角至 5 元不等。⑥其广告词生动有趣得多,也能反映其旅馆特色:

  先生,你到杭州吗?你要住很好的旅馆吗?请你看西湖聚英旅社的特色:

---

① 盖绍周编:《无锡导游》,大锡出版社 1948 年刊本,广告插页。
② 徐珂编:《西湖游览指南》,增订十一版,广告插页。
③④⑥ 商务印书馆编:《西湖游览指南》,第 115 页。
⑤ 同上书,广告插页。

一、地点适宜。社址就在旧旗营花市路,四旁马路,前面临西湖,不论坐船或乘车,便利地方实在多。

二、注意卫生。房屋既高大,空气也新鲜,被褥和饮食都是很清洁(中西餐俱备),四围没有喧闹声,晚上可安眠。

三、布置完备。电灯和电炉,电话和电扇,一切设置都完全,里面还有大花园,四季花卉供玩赏,并且设有俱乐部、书报社,还有男女新浴室等。

电话:客房829号、楼上830号。

聚英旅社主人谨启①

在外国人撰写的英文版《杭州旅游线路》中,曾介绍过这个旅馆,比较简洁:"面临西湖,超过百间客房,现代风格装饰,冬有电炉,夏有电扇,外国风格的浴室,食物优良,服务周到,价格适中。"在介绍新新旅馆时,文字更少:"这个新旅馆全部配有现代设施,优雅的客房,每个卧室建有独立的浴室。"②在介绍中,都突出了旅馆的现代化及舒适性。

上海的旅馆极多,名称繁杂,除了称作旅馆、饭店、酒店的,也有呼作客栈、旅舍或旅社的。凡称旅馆、旅社的,必定配有被褥,饭钱则需另算。每天的住宿费从数元至百余文不等。著名的旅馆,大多位于爱多亚路一带(其地俗称洋泾浜)及英租界中心一带。而外国旅馆多在静安寺路及沿黄浦江一带。③上海的旅馆价格似乎要较外地为偏高,位于广东路四百八十号的中央大旅社,房间价格起点就是一元,居然还号称是"从廉定价",其广告词称:

七层房屋,旅业称雄;交通便利,地位适中;水汀温暖,光线明亮;冬夏咸宜,长乐未央;装潢华贵,陈设精雅;堂皇礼厅,特别宽

---

① 徐珂编:《西湖游览指南》,增订十一版,广告插页。
② Robbert F. Fitch, *Hangchow Itineraries*.广告附录。
③ 林震编:《上海指南》(增订版)卷五《食宿游览》,第9—10页。

大;中西菜肴,昼夜随意;色色俱备,便于商旅;一至十元,从廉定价;高轩莅止,唯此旅社。①

这个广告充满了自信,好像除了这个旅馆,寓客们已无再好的选择。这是当时旅馆广告中比较多的现象,主要目的无非是通过各种方式,多吸纳客源罢了。

在镇江西坞街内的老祥发栈旅馆,曾刊登过一个特别启事,介绍了旅馆的特色甚至顾客的口碑:

> 敝馆自开设以来,历有年所,极意整顿一切积习,以谋旅客之便利。大小房间,中式、西式悉听贵客之便;至于招待殷勤,陈设雅致,唤呼灵便,深夜安宁,均非他家所能及。凡惠临敝馆者,均皆赞许。因此益加整理,此后各界旅镇诸君光临敝处者,则不胜欢迎之至。②

江南城市中的食宿服务已较现代化,特别是旅馆业,兼顾了中西风格,更注意装饰的美观、配套生活设施的完全,以及电话的普及。当然这些旅馆的选址,大都会在城市中较好的地段,会考虑到交通的便利等条件。而就旅馆业的发展情况来说,大概都经历过这样四个阶段,即清末民初的发端期、1920 至 1930 年代的鼎盛期、抗战八年期间的萧条期以及 1945 至 1949 年间的复苏期。上海的旅馆业一直维持到解放前夕仍生意兴隆,类似这样的情景,主要仍在大城市。③

四、大都市生活方式的影响

与江南各城镇交通与食宿服务存在各种差异的情形一样,不同城镇的生活情况与消费水平也差别明显。像镇江的要比苏州低廉,

---

① 林震编:《上海指南》(增订版)卷五《食宿游览》,广告插页。
② 朱瑾如、童西苹:《镇江指南》,广告插页。
③ 忻平:《民国时期的旅馆业》,《民国档案》1991 年第 3 期,第 106—110 页。

上海的要比杭州高昂,但是在生活追求与消费倾向上,大体是一致的。即便是经济发展水平逊于其他城市的镇江,人们也大多"好奢华,嗜赌博"。①

上海作为全国的第一商埠,又是外国文化的重要输入地,其文化地位在当时高于南京②,生活程度是所谓"素高于各地",消费方面自然也是如此。《字林西报》的一项调查表明,侨沪西人中,一夫一妇之小家庭,月入六百两,尚有不敷开支之苦。而一般华人家庭虽比不上西人之奢靡,但以最低生活限度而论,以每月二十余元租小楼一角,十余元籴次号米一石,加以日常之伙食,普通之应酬,一夫一妇之小家庭,每月之开支亦非七八十元不可。所以当时都有"上海居大不易"的感叹。至于偶然来沪的游客,消费尤为浩繁,"社会日趋于奢靡"。③这类风习堪称全国之冠,主要原因还在于社会文化经济等诸因素交织而成,且"积重难返"。④特别是开埠以来,欧风东播,舶来货品竞尚新奇,青年男女们多争相追逐仿效,使生活中的许多方式已"非中非西",却多目为时髦。⑤而且大量移民涌进上海,包括租界,使当地的房地产业极度发展,甚至出现了"新筑室纵横十余里,地值至亩数千金"的局面,给租界生活也带来了一系列连锁反应,西人在租界空地兴建大批房屋,以供华人居住,转瞬间获得千倍的巨大利益。农民们离开土地进入城市,生活状况和精神风貌有了明显变化,甚至于衣着和一般外表也有了显著改善,"随便哪个下午,都可以看到从闸北或杨树浦路各厂家走出愉快和看来满足的人群"。⑥

上海作为当时的娱乐大都会,让很多人消磨光阴于纸醉金迷之场。⑦众多的游艺中心与娱乐场所,是江南其他城市无法比拟的。(详细情形可参表8)

---

① 朱瑾如、童西苹:《镇江指南》,第9页。
② 李长傅编著:《江苏省地志》,第120—121页。
③ 沈伯经、陈怀圃编:《上海市指南》,第113页。
④ 申报馆编:《上海市民手册》,"上海生活",申报馆1946年刊本,第8页。
⑤ 柳培潜:《大上海指南》,第201页。
⑥ 戴鞍钢:《租界与晚清上海农村》,《学术月刊》2002年第5期。
⑦ 沈伯经、陈怀圃编:《上海市指南》,第156页。

表8　上海游戏场及游艺一览

名称	地址	门票价格	游艺内容
大世界	法租界爱多亚路	小洋二角	京剧,新剧,南方瓯剧,滑稽戏,四明文戏,扬州戏,昆剧,电影,苏滩,申曲,锡曲,群花会唱,说书,跑冰场,弹子房
大千世界	福煦路圣母院路	小洋二角	跳舞,话剧,平剧,昆剧,扬州戏,电影
新世界	西藏路南京路口	小洋二角	京剧,新剧,话剧,滑稽戏,绍兴戏,影戏,申曲,苏滩,名花会唱,说书,弹子房
小世界	福佑路	大洋一角	京剧,新剧,话剧,滑稽戏,新戏,申曲,苏滩,说书
福安游艺场	小东门中华路东门路	大洋一角	京剧,绍兴戏,滑稽戏,新戏,苏滩,申曲,扬州戏,说书,四明戏,群花会唱,弹子房
永安天阙楼	南京路	小洋二角	京剧,话剧,平剧,昆剧,苏滩,申曲,扬州戏,电影,群芳会唱,魔术,四明戏等
先施乐园	南京路	小洋三角	同上
新新花园	南京路	小洋二角	同上

资料来源:沈伯经、陈怀圃编:《上海市指南》,中华书局1934年版,第159页。

当然,城市生活的秩序安排与制度规范,上海亦颇有代表性。在上述这些公共娱乐场所中,上海地方政府有专门的管理规则,并特别强调卫生,要求在游戏场、滩簧场、书场、戏馆、电影院、跳舞场及其他公共娱乐场所,"应有足用之厕所,并应勤加冲扫,洒洒灭菌避秽水,以保清洁";"场内应严守清洁,并应多备痰盂,及'禁止随地痰唾'牌告",等等。①就城市生活中的公共照明一项,在上海市区中,路灯的建设已相当普及。即便非租界地区,路灯设置也非常多。在热闹街道以及与租界毗连各路,让人"更觉光明"。这一方面便利了行人,另一方面自然也

---

① 沈伯经、陈怀圃编:《上海市指南》,第157页。

有助于治安。①

表 9　上海市路灯开关时刻表（非租界区）

月份	下午开灯	上午关灯
1	4:45	5:15
2	5:15	6:15
3	5:45	5:45
4	6:00	5:00
5	6:15	4:45
6	6:30	4:30
7	6:30	4:45
8	6:15	5:00
9	5:45	5:15
10	5:00	5:30
11	4:45	6:00
12	4:30	6:15

资料来源：沈伯经、陈怀圃编：《上海市指南》，上海中华书局 1934 年版，第 295 页。

相形之下，江南的另一大都会杭州，自清代以来显得日趋衰落，虽然城市生活在改进、城市建设也在发展，但与上海相比，发展上的落差就十分明显。②同样显得有些衰微的，还有镇江，据时人的说法，镇江商业的衰微已达于"极点"，前途之危险实难尽言。究其原因，还在于交通变迁，自津浦路成，转道镇江的流通货物就直接运销至目的地，不再经由镇江。当时人提出，若思补救之法，一方面当在推广马路，建设公共码头，使装卸货物便利；另一方面在整顿金融市场，减少分利之建设，从事于生利之组织。③类似地，浙江的湖州因受到外来的冲击，使当地的

---

① 沈伯经、陈怀圃编：《上海市指南》，第 295 页。
② 谭其骧：《杭州都市发展之经过》（1947 年 11 月），收入氏著《长水集》（上），人民出版社 1987 年版，第 417—428 页。
③ 朱瑾如、童西苹：《镇江指南》，第 95 页。

主导产业丝绸业出现不振,丝价大跌,对地方民生产生了严重的影响。①

苏州的城市生活空间,从宋代以来,到1945年的航空摄影图所示,显得异常稳定。②但是城市内外的历史名胜颇多,这是苏州从传统城市向现代都市发展过程中,可资依赖的一大重要基础,并藉此营建休闲旅游式城市。③周瘦鹃甚至认为,苏州的石湖,实不在西湖之下。每年农历八月十八,苏沪一带的人们都到这里来看"串月",热市非凡。④

上海妇女教育馆曾发出了"定期旅行苏州"的口号,准备在1936年秋季九月,旅行苏州,以倡导妇女游览名胜古迹。⑤因此特别组成了"妇女旅行团",并详订了旅行苏州的办法,以为行动指南。不妨迻录于下:

一、地点　苏州

二、日期　九月三十日(星期三)乘上午八时特别快车,九时二十五分到苏州。晚乘九时二十二分特别快车,于十时五十五分抵沪。

三、费用　永久社员免费。基本社员一元五角。普通社员二元。非社员二元五角。(包括来回汽车火车等费,膳食及其他各费自理)

四、报名　即日起九月二十九日止。

五、聚集　九月三十日上午六时半在本馆集合,乘本馆定备汽车赴车站,过时自行雇车,车费自理。

六、游程　虎丘山、西园、留园、北寺塔、拙政园、狮子林、蕙荫

---

① 湖社宣传部编:《吴兴导游》,上海湖社干事处1936年刊本,第35页。
② [美]施坚雅:《中华帝国的城市发展》,收入氏编《中华帝国晚期的城市》,叶光庭等译,第17页。
③ 有关民国前期苏州在建设旅游休闲型城市的设想及实践,可参王国平、方旭红:《1927—1937年苏州建设旅游休闲城市的设想与实践》,《社会科学》2004年第12期,第102—108页。
④ 周瘦鹃:《苏州游踪》,第33—34页。
⑤ 上海妇女教育馆:《定期旅行苏州》,《妇女月报》1936年第8期,第43页。

园、玄妙观、公园、可园、怡园等。

七、向导　魏文英女士,赵美玲女士。①

这个只有一天时间的游程,内容丰富,行程太过紧张,要将虎丘等十余处名胜全部游历应该是不太可能的。

而堪称苏州商业心脏的观前街,很是繁盛。它就处在城市的中心。那里的玄妙观"仿佛一头巨兽,张口雄踞在那里,一天到晚,不知要吐纳多少人"②。除此之外,城中的娱乐场所也很丰富,如戏院、影戏院,都设在观前北局;另有许多书场,附设于各类茶馆之中。③

江南城市的现代化与城市生活的繁华,在民国时期都带有上海租界生活文化的影响。租界是上海的"精华"。④上海成了人们向往的一个中心城市,对中外人士都有很大的吸引力。内地人口吻中的"到上海去",真的感觉好像中土僧人能去灵山圣土,不仅生活瑰丽,且遍地黄金。⑤当然,在江南,即使是一般的城市,对乡村民众也有很大的诱惑力。⑥

五、结　语

吃、住、行是传统中国人日常生活中须以面对的重要问题。在江南城镇中,既为当地人,也为外来人员提供的这方面服务,从传统时代以来,一直十分兴盛。1912 年开始的民国时代,是所谓现代国家建立的时期,新的生活方式、新的生活观念与新的治生手段,已逐渐渗透至寻常百姓之家,对他们的生活有着不同程度的冲击。

民国时代与以往相比,变化较多的首先是出行方式,有了很多

---

① 上海妇女教育馆:《定期旅行苏州》,《妇女月报》1936 年第 8 期,广告插页。
② 周瘦鹃:《苏州游踪》,第 154 页。
③ 尤玄父:《新苏州导游》,"序"(1938 年冬),第 112 页。
④ 沈伯经、陈怀圃编:《上海市指南》,第 374 页。
⑤ 沈伯经、陈怀圃编:《上海市指南》,第 152—153 页。
⑥ 费孝通:《城乡联系的又一面》,收入氏著《费孝通论小城镇建设》,第 28—29 页。

改变。①像火轮、汽车与火车,作为日常出行的主要交通工具,开始重塑人们对于时间的观念,当然也使人们对工作或办事效率,产生了全新的认识。其次,是城镇中出现了数量不菲的饭店、旅馆等,提供了比较现代化的吃、住服务,特别是住宿方式与设施条件,融入了较多的西方理念,尽量使用了现代化的生活用具(如电话、电灯等),与传统时代的饭店旅舍,自然会有很多差别。至于饮食,尽管人们比较重视传统的口味与名菜,但对从租界流行开来的西式冷饮、"咔啡"、蛋糕等,也有了许多兴趣,对于条件许可的人们来说,这些会成为他们的时尚之选,并逐渐构成他们日常生活当中的一部分。直到1949年,尽管经历了中外战争、国内战争的影响,这些城镇生活中出现的新景况与日趋现代化的服务业,都已牢牢地成为中国人出行选择当中不可缺少的基础性内容。

晚清以来,上海发展成为太湖平原城镇群落的重心。长泽规矩也(1902—1980)在1930年撰文指出:上海已成为世界上屈指可数的商业城市,而民国时期全国工商业的中心在上海也自不待言。②上海、苏州等城市在开辟租界后,出现了现代化的西洋式"马路"。它用碎石铺成,有马车和黄包车行走,更有西式建筑、机械工厂,还有政府管理的街灯(苏州在1910年起改用电灯),这被认为是彻底改变一个城市景观的有力作用物。③而为人们的交通住宿及旅行提供服务的专门机构,也以上海为最先进。1927年,陈光甫在上海四川路120号创办中国旅行社,成为游客与食宿场地间的重要中介。其后新建的旅行社纷纷涌现,也导致了三四十年代旅游业的大发展。④中国旅行社在上海建有总社及分社,主打广告语是"代诸君解决旅行上一切问题"。具体内容包括:"经售车票船票、代定卧铺舱位、经售飞机客票、办理出洋护照、计划行

---

① 相关研究,可以参看包伟民主编的《江南市镇及其近代命运(1840—1949)》(知识出版社1998年版)中的专论"近代交通引进及其对江南市镇的影响"、丁贤勇的《新式交通与社会变迁——以民国浙江为中心》(中国社会科学出版社2007年版)等。
② [日]长泽规矩也:《中华民国书林一瞥》,收入[日]内藤湖南、长泽规矩也等:《日本学人中国访书记》,中华书局2006年版,第212页。
③ [美]柯必德(Peter Carroll):《"荒凉景象"——晚清苏州现代街道的出现与西式都市计划的挪用》,收入李孝悌编:《中国的城市生活》,新星出版社2006年版,第442—493页。
④ 忻平:《民国时期的旅馆业》,《民国档案》1991年第3期,第106—110页。

程旅费、代办团体旅行、发兑旅行支票、运送行李搬场、代定旅馆房间、选派向导伴游、发行旅行丛书、沿途照料旅客。"[1]这些新式马路、街灯、自来水、电灯、电话、旅行社等在城市中的出现,仿佛将中国人的生活带入现代化,也带动江南其他城镇趋向现代化。

---

[1] 柳培潜:《大上海指南》,广告插页。

第十三章

魔都上海：民国江南城镇的社会变化与人生追求

一、社会环境的变化

　　相对中国其他地方而言,江南地区交通发达,人口稠密,经济、文化都较昌盛,农村工人的工资较高。①江南人的生活方式与生活环境,很让外地人艳羡,那种"紧张的,进步的,新陈代谢的"生活也引领了当时社会的发展。②乡村市镇经济日趋向城市经济靠拢,在江南经济整体现代化的进程中,必然会产生与此相应的生活文明或社会风气,文化生活也在"近代化",从而使社会系统处于一种动态、开放的状态,而且充满进取性。③

　　大概在1920年代,长途电话已遍及江南各乡各镇,电灯在各县小镇往往所在多有。这种繁荣发展的程度,时人觉得"较之西北甘各省,真有天渊之别","不愧是人间的天堂"。④对北方人来说,像乌镇这样的江南小镇,就感觉有北方的二等县城那么热闹了,而且很摩登。⑤

　　所以于外在表现上,江南城镇的生活风光华美,生活世界有序、安逸,以及"家给人足"的景象,令人向往。例如,苏州人的生活都很会"享受",饮食衣饰、居室园林,"无不讲究精美",但若无经济基础和文化积累,也是办不到的。⑥有人谈及吴江县周庄镇的生活,论作是一种"极度的安闲状态":"老者是茶叙,认真得风雨无阻;少者是烟赌,认真得卜昼卜夜;这种机械的日常生活,不要说榆关的警报,不能改变他的常态,就

---

　　① 杨开渠:《浙江省农村工人工资之研究》,《新中国华杂志》1934年12月第三卷第六期,收入冯和法编:《中国农村经济资料续编》,上海黎明书局1936年版,第751页。
　　② 刘翔:《江南社会的解剖与再造》,《新运月刊》1936年第34期,第53页。
　　③ 朱小田:《江南乡镇近代化的发展道路——盛泽镇经济生活近代化的历史考察》,《铁道师院学报(社会科学版)》1990年第3期。
　　④ 朱其华:《中国农村经济的透视》,第76—77、91页。
　　⑤ 茅盾:《大旱》(1934年9月),收入氏著《茅盾全集》第十一卷《散文一集》,第270页。
　　⑥ 周邵:《莳溪寻梦》,第73页。

是天坍下来,也不在他们的心上!"①抗战前比较偏僻些的金山县虹桥地方,在传教士们看来,这里的居民"大概都是小康之家,能够自给自足;生活情形比了旁地的农民,要宽裕得多"。②

由于经济的发展与交通的现代化,江南地区的人口流动出现了繁密之态。在江苏,人口的移动有两种倾向,一是自长江以北移至长江以南,二是江南各地的则集中于上海。在江南谋生的人群,其分布除大都市外,各乡镇均为劳力小贩、小工匠等。外来移民的职业既卑,又因语言差异,往往为江南土著人所歧视。原籍江南的人们,则多聚往上海,或经商,或劳动;一般的农村人口,多集聚于当地城市谋生。这种人口移动的现象,已属常态,也与国外的情形相仿。③

例如,从1912—1932年间,在苏南颇具实力的荣氏企业,从2家增至21家,工人数从1 334人增加到33 416人,其中的绝大多数就来自江浙两省的农村。④

在吴江县盛泽镇,从事练坊、染坊、快班船、信局等业的,都是绍兴人;经营茶叶、典当等业的,多为徽州人。⑤

湖州南浔镇上的客民同样很多,主要是宁波、绍兴人,从事木匠、石工、蜡烛制造及酿酒等行业;其次是徽州人,以茶商为多;再次为广东人,以经营茶馆业居多。⑥

武康县堪称"浙西最小的一个县份",西南多山,与安吉、余杭两县交界;东面多水,有通往德清县的塘河;北面与吴兴县交界。在总人口约64 870多人中,就有一部分是来自温州、河南、台州、黄岩的移民。温州人大多做泥水木匠,河南人、安徽人多赖帮工谋生。在武康的九都、三桥埠等地,温州人更有"一种特殊的势力"。⑦

---

① 紫羔:《周庄素描》,《珊瑚》1933年第7期,第2页。
② 振华:《金山虹桥的日军暴行》,《圣心报》1945年第11期,第272页。
③ 李长傅编著:《江苏省地志》,第96页。
④ 周晓虹:《传统与变迁——江浙农民的社会心理及其近代以来的嬗变》,第120页。
⑤ 吴江县档案馆、江苏省社会科学院经济史课题组编:《吴江蚕丝业档案资料汇编》,第58页。
⑥ 东亚同文会编:《支那省别全志》第13卷《浙江省》,第98页。
⑦ 浙江省战时合作工作队游击区直属分队:《武康之经济调查》,《浙江建设》1940年第3期,第138页。

民国年间,农村的年轻人多被城镇的新式工厂所吸引,为了争取新的工资生活,人口的外流成为普遍之态。费孝通就其考察的吴江县庙港乡开弦弓村论道:①

1935年有32名16—25岁的女青年住在村外,她们在无锡丝厂工作。我在村里的时候,震泽又开了一家蚕丝工厂。村中更多的女青年被吸引到工厂里。本村16—25岁的女青年共有106名。80%以上现在村外的工厂或在合作工厂工作。她们就是新的挣工资的人。

在浙江,内地人因为天灾人祸,被迫搬到省会杭州来求生活。在他们眼中,杭州"说不定是遍地铺着黄金的天堂,不愁吃,不愁穿",生活安逸,有美景享受,没有天灾人祸的侵袭,"因为种种虚荣的和物质的引诱,到了他们觉得在故乡感受生活上的困难,或生命上的危险的时候,自然的自动的搬到杭州来了"。②

除上海城之外,江南地区一般县份的人口密集程度都很高,占全国第一,约有三百万人。其中人口数在20万至30万的,有苏州、无锡与常州(武进)三个城市,规模不小,聚落在江苏省内相对最密。下属乡村的每一个镇集,人口数一般也多于淮北的县城,文化发达,乡农生活优裕。③像镇江县下辖的大港镇,在县城东四十里,并不有名,因濒临长江,形势险要,居民居然有2万多④,规模不容小觑。

与苏南相仿,浙西杭嘉湖地区的人口同样繁密。丰子恺描述过这些水乡的人文地景:"倘从飞机上俯瞰,这些水道正像一个渔网。这个渔网的线旁密密地撒布无数城市乡镇,'三里一村,五里一市,十里一镇,廿里一县。'用这话来形容江南水乡人烟稠密之状,决不是夸张的。"⑤

有的学者将1933至1936年间的中国城市,按人口数量规模作出体系等级的区分,涉及本章中所言的江南城市,数量上还不多,但都属

---

① 费孝通:《江村经济——中国农民的生活》,第197—198页。
② 王宗培:《从统计上研究杭州市房价之增涨问题》,《浙江省建设月刊》1930年第4期,第28页。
③ 李长傅编著:《江苏省地志》,第271页。
④ 柳肇嘉编著:《江苏人文地理》,第119页。
⑤ 丰子恺:《辞缘缘堂》(1939年8月),收入氏著《丰子恺自述》,第97页。

于所谓的"大城市"了。主要罗列如下,以作比较:

① 大于 200 万:上海;
② 110 万—200 万:南京;
③ 50 万—100 万:杭州;
④ 20 万—50 万:苏州、无锡、镇江;
⑤ 10 万—20 万:常熟、嘉兴;
⑥ 5 万—10 万:松江、青浦、常州、嘉定、江阴。①

因此,如果从"城市化"或"都市化"的角度来看,江、浙地区在全国的地位很高。以嘉兴城而言,急剧的都市化作用发生其实较晚。在民国初年,城区人口仅有 4 万;到 1928 年,已增至 10 万余人。造成这样人口增加了 1.5 倍多的原因,在于沪杭铁路的通车以及该城工商业的繁荣发展。②

经济繁昌、产业经营丰富多样的江南城镇生活空间,确实为人们的谋生之途提供了很多的选择,城乡之间、城市与市镇之间、城市之间的人口流动就越益繁密。

自晚清以来,上海的"现代化"已远超江南地区的其他城市③,城市化进程加快④,经济上的繁荣带来社会生活上的许多变化,成为了时人所言的"东西两洋交通之冲,为吾国第一商埠",繁盛之状并不亚于英国伦敦、法国巴黎、美国纽约、德国柏林等。⑤而这些又对江南地区的其他城镇或多或少地产生着影响。可以说,民国时代的江南,完全是以上海为中心了,江南成了上海的江南。以上海发展为中心,以上海经济为依附,以上海生活为追求,是江南在民国时代与以往相较的一大变化。⑥

---

① 顾朝林:《中国城镇体系——历史·现状·展望》,第 151—152 页。
② 李国祁:《中国现代化的区域研究:闽浙台地区,1860—1916》,第 440—441 页。
③ 靳以:《忆上海》(1940 年 12 月),收入程德培、郜元宝、杨扬编:《1926—1945 良友散文》,第 53—54 页。
④ 有关 1842 至 1949 年上海城市区的发展,可参褚绍唐:《上海历史地理》,第 14 页。
⑤ 林震编:《上海指南》(增订版),"凡例":第 1 页。
⑥ 叶文心的《上海繁华:都市经济伦理与近代中国》(台北:时报文化出版社 2010 年版),细致勾勒出了 20 世纪上海的都市生活,主要讨论在形成了新的商业文化和新的商人和市民阶层后,通过怎样的内在演化,发展成为一个繁华的国际都市,"上海繁华是平常人的城市史,这部城市史改写了近代中国无数平常人的命运"。

学界对于民国江南的相关研究就多以上海为主,或者说,上海对于江南城乡的影响,往往着眼于经济产业或港口城市与腹地经济的关联①,在日常生活追求与人口流动方面的影响论述颇少,特别是上海城市的生活方式与经济发展对于江南其他城乡民众生活影响怎样,具体呈现在哪些方面,以及其间表现出的地域差异又是如何,以往研究中并不是太关注。出于这样的考虑,本章拟在这些方面作进一步的阐明。

二、"到 上 海 去"

晚清以来,作为太湖平原城镇群落的重心,上海已是一个著名的移民城市,与内陆城市很不同。像上海这样的沿江沿海之港埠城市,长期受到西方强权国家的刺激,已日趋"现代化",其居民之行为,足以影响其他城市,甚至更广。②

村松稍风(1889—1961)曾指出上海是一个"魔都",在他的初步观察中这样写道:

> 上海这个地方,没有夜晚与白昼的分别。因此,不管夜有多

---

① 相关研究主要有[美]罗兹·墨菲:《上海——现代中国的钥匙》;张仲礼主编:《近代上海城市研究(1840—1949)》;乔志强、陈亚平:《江南市镇原生型城市化及其近代际遇》,《山西大学学报(哲学社会科学版)》1994年第4期,第13—19页;朱小田:《江南乡镇社会的近代转型》;包伟民主编:《江南市镇及其近代命运:1840—1949》;戴鞍钢:《港口·城市·腹地——上海与长江流域经济关系的历史考察(1843—1913)》;单强:《近代江南乡镇市场研究》,《近代史研究》1998年第6期;邹逸麟、茅伯科:《上海港:从青龙镇到外高桥》;杨树标:《民国时期杭州城市社会生活研究》;李学功:《南浔现象——晚清民国江南市镇变迁研究》,中国社会科学出版社2010年版;罗婧:《江南市镇网络与交往力——以盛泽经济、社会变迁为中心(1368—1950)》;邹怡:《民国市镇的区位条件与空间结构——以浙江海宁硖石镇为例》,《历史地理》第二十一辑,第145—171页;张海林《苏州早期城市现代化研究》,南京大学出版社1999年版;刘石吉:《城市·市镇·乡村——明清以降上海地区城镇体系的形成》,收入《复旦史学集刊》第三辑"江南与中外交流";张笑川:《近代上海闸北居民社会生活》;安涛:《中心与边缘:明清以来江南市镇经济社会转型研究——以金山县市镇为中心的考察》等等。
② 王尔敏:《外国势力影响下之上海开关及其港埠都市之形成(1842—1942)》,原载《中华学报》1973年第2卷第2期,收入梁庚尧、刘淑芬主编:《城市与乡村》("台湾学者中国史研究论丛"),中国大百科全书出版社2005年版,第427—460页。

深,人们依然在街上蠢蠢行走。汽车疾驰而过。黄包车在奔驰。其中空的黄包车,车夫一边拉着一边则用鱼鹰般犀利的眼睛在四处打量。冷僻的住宅区或是一流的商业区,到了夜里大门就会关闭,但是到作为上海繁华中心的四马路、三马路一带看看的话,深夜两三点的时候,街上也是人流如织。①

当然,上海的发展崛起,也得益于周围苏、松、常、杭、嘉、湖等地区雄厚的物质基础,形成了一种互相依托促进的关系,促动周边地域调整产业结构与市场取向,更好地适应转变剧烈的社会。②城市生活中出现的洋火柴、洋纽扣、洋汽水、洋糖果、洋汽车与火车、"无线电"③等所展现的物质文明的精巧、玲珑,更使长期生活于粗陋、简朴、荒凉的乡村环境中的人们,受了种种诱惑,"便热烈地憧憬于繁华的都会生活的幸福,而在相形之下愈觉自己这环境的荒寂与生活的不幸"。④

全国各地的人,只要有机会,大概都愿意到这里谋生存、求发展,所谓的"广东上海人""宁波上海人""苏北上海人"等,几乎举目皆是。因此,"五方杂处""华洋离居"⑤,是对上海移民状况的极好表达。时人对上海生活的繁华,有这样的归纳性描画:

> 我们睁着眼睛看吧:上海的洋房,是如何的矗立云霄,既高且大,而更壮丽?上海的马路,是如何的平坦宽阔,既光又滑?上海的桥梁,是如何的坚牢美观,宽大雄伟?这些,都足使见闻鄙陋的乡市中人骤然见到了疑是做梦。此外,还有油光雪亮的汽车,来去真似一阵风;京戏院、影戏院、游艺场,日夜的纷陈着有趣的玩意儿……;大银楼的玻璃窗里,陈列着的华贵饰品,多惹眼?大绸缎

---

① [日]村松梢风:《魔都》,徐静波译,第22页。
② 戴鞍钢:《近代上海与苏南浙北农村经济变迁》,《中国农史》1997年第2期。
③ 民国时人指出:中国无线电播音,以上海为最早,但亦不过五六年间事耳,近年以来,推行最速,播音台,在本市有五六十家。参沈伯经、陈怀圃编:《上海市指南》,第167页。
④ 丰子恺:《车箱社会》,"都会之音"篇,第202页。
⑤ 唐振常主编:《近代上海繁华录》,"序",第1页。

局里悬挂着的花花绿绿的绫罗绸缎,闪耀生光,多漂亮？种种繁华气象,那一样不是穷奢极欲！那一样不极尽诱惑的能事！总而言之:上海社会真不惭是人间的天国。①

上海这种新型的大都市,呈现出一种绝然不同于乡村的精神,成为"引进新观念和新行事方法的主要力量和主要场所"②,自然成了人们向往的一个中心城市,对中外人士都有很大的吸引力。对杭州人来说,就像浙江地方的农民"渴慕着省会所在的杭州"一样,"景仰上海"的生活。③对苏州人来说,年轻女子最羡慕上海的游戏场,到上海第一紧要的事就是去大世界、新世界;一般妇女则最喜欢住旅馆,过过旅馆的生活,看看形形色色的旅客,"立在阳台上望望来往的汽车马车";少年公子最心爱的是汽车,"一到上海,恨不得叫一部汽车,兜他一天";而苏州的有钱人,往往无端地要到上海白相一次,耗费几百块钱。总之,"到上海是件荣耀的事,甚么人说到上海,总说得很响,仿佛故意要使人听见";"苏州人的看上海,比天堂还好"。④"上海"成了"迷人"的两个字:

许多许多的人,早已一致的称颂上海了;许多许多的人,渴念上海真比什么都利害,差不多要由羡而妒了;许多许多的人,被这上海的巨大漩涡所卷裹,因而沉溺得无从找寻一条出路了。⑤

魔都上海就像一个巨大的磁场,吸引着各色各样的人。内地人口吻中的"到上海去",真的感觉好像中土僧人能去灵山圣土,不仅生活瑰丽,且遍地黄金。⑥日趋"现代"的城市,对传统农村中的年轻人,自然会

---

① 徐国桢编著:《上海生活》,上海世界书局1933年第2版,第3—4页。
② [美]阿列克斯·英克尔斯等:《从传统人到现代人——六个发展中国家中的个人变化》,顾昕译,中国人民大学出版社1992年版,第321页。
③ 王宗培:《从统计上研究杭州市房价之增涨问题》,《浙江省建设月刊》1930年第4期,第28页。
④ 团龘生:《苏州人心目中的上海》,《新上海》1925年第7期,第81—82页。
⑤ 徐国桢编著:《上海生活》,第1页。
⑥ 沈伯经、陈怀圃编:《上海市指南》,第152—153页。

有较多的吸引力。吴江人柳亚子曾指出：

> 我叔父和金爷,他们都去过上海,见过大场面,觉得要做一点事业,还得到都会中去,至少是在市镇上住,生活也可以舒服一些,热闹一些,乡村淳朴的空气,再也不能够吸引少年子弟的灵魂了。①

上海地区的人口变得十分密集,城区的人口数在当时已很惊人。但当中的大部分,并不是土生土长的上海人,而是外来移住民。民国初期,公共租界的人口即达 70 多万,加上华界、法租界的人口,当在百万以上。②后来据上海市公安局 1920 年 7 月的统计,在 167 万华人中,土著为 43 万多人。此后,上海市民增加到 320 万,大部分仍是四面八方集合拢来的,土著最多占四分之一。③大量的底层民众居住的空间狭窄而简陋。就像时人调侃式地讲道:"在下所住的弄堂,房屋不过二十幢,而家家都是支棚搭阁,每一个门口只少有四五个不同姓氏的户口。"④人口之拥挤可见一斑。

1930 年代,长期在上海生活工作的内山完造指出:"现在上海的人口,据称有三百四十万。而上海实为世界人类的展览会场。都说有世界三十余个国家的人民集居着。但三百四十万人中的三百三十万人以上,是中国人。所余六七万的外国人……日本人占最多数,约三万人。"⑤这个数据应当接近真实情况。在此前,据韦息予的统计,全上海 59 000 多外国人中,日本人最多:寄居公共租界的有 18 478 人,法租界的有 318 人,其他寄居市政府辖境内的也不少,总计约占三分之一。⑥

但如果要详细估算出在上海生活的不同阶层的华人数量,可能还

---

① 柳亚子:《五十七年》,收入《柳亚子文集》(自传·年谱·日记),上海人民出版社 1986 年版,第 99 页。
② 姚公鹤:《上海闲话》,上海古籍出版社 1989 年版,第 87 页。
③ 韦息予编著:《上海》,第 104 页。
④ 平民:《弄堂小史》,《社会月报》1935 年第 10 期,第 1 页。
⑤ [日]内山完造:《活中国的姿态》,第 61 页。
⑥ 韦息予编著:《上海》,第 108 页。

存在困难。仅以办公室工作为职的工薪阶层而言,在 20 世纪二三十年代,在上海市内的人数就约有 25 万—30 万人。①更多的仍是来自外省的苦力,具体数字则无法准确获得。这些靠出卖劳力为生的人们,大多迫于生计,来上海谋生。一个来自苏北的黄包车夫的回忆,很能说明这一点:

> 我三十六岁,来自盐城。两年前,由于家里遭灾,我来到上海。我有四个兄弟,我是老二。老大在电灯厂工作,老三和老五在家乡种地。老四也在上海拉黄包车。我们兄弟五人都已分家,每人有十三亩地。我来上海后,家里的地由我老婆在种。但今年家里又遭灾了,老婆和六个小孩子都被迫来到上海。②

这类人力车夫的数量,从晚清以来到 1920 年代,一直是持续增长的。详参下图。

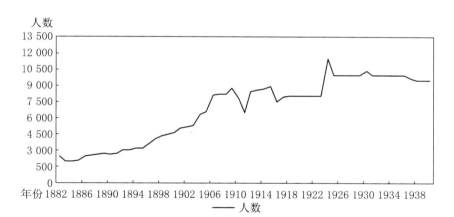

图 1　1882—1940 年上海公共租界人力夫的数量变化

(据[美]裴宜理:《上海罢工——中国工人政治研究》第 363—365 页附录 C 的统计绘制)

---

① 卢汉超:《霓虹灯外:20 世纪初日常生活中的上海》,段炼等译,上海古籍出版社 2004 年版,第 50 页。
② [美]裴宜理:《上海罢工——中国工人政治研究》,第 311 页。

有意思的是,图 1 中 1918 至 1923 年的数量都是 8 000、1932 至 1935 年的都是 9 990,有些两个年度的数量都相同,有些前后年度数量的差距仅是 1—2 人。这些都是档案在籍的内容,实际的数量绝非如此。

根据统计,华界与租界的非上海籍人口,主要来自江苏、浙江、安徽、广东、湖北、河北、山东等省。①其具体人数与上海籍的相较,则远远过之。1905 至 1944 年的有关统计及各占的百分比,可参下表 1。

表 1　1905—1936 年上海公共租界上海籍人口与非上海籍人口

界　别	年份	上海籍人口		非上海籍人口	
		人　数	百分比	人　数	百分比
公共租界	1905	67 600	17	322 797	83
	1915	91 161	17	448 054	83
	1925	121 238	17	660 848	83
	1935	236 477	21	884 383	79
华界	1930	436 337	26	1 255 998	74
	1932	430 875	28	1 140 214	72
	1936	513 810	24	1 631 507	76
	1944	488 631	25	1 426 063	75

资料来源:邹依仁:《旧上海人口变迁的研究》,上海人民出版社 1980 年版,第 112 页。

约至 1948 年,上海市的人口约为 400 万。依照过去的统计,每五年的增加率为 20%。但市内人口分布极不均衡,人口的最高密度区,每平方公里达 20 万人以上。人口的过度密集,对于人身健康及社会治安,均有极大妨碍。②

上海人口增长之所以这样快的原因,大概有两个方面:一是生活问

---

① 邹依仁:《旧上海人口变迁的研究》,上海人民出版社 1980 年版,第 115 页。
② 赵会珏:《上海之公用事业》,商务印书馆 1949 年版,第 26 页。

题,二是享乐问题,都吸引了大量人口移居上海。①

对于生活问题,很容易理解。即如经济生活水平总体不错的浙西地方,还流传这样的民谣:"三张糙棉纸,三升西瓜子,好呢,造屋娶妻子;不好,上海去拉车子。"②在苏南,僻处常熟县西北角的沙洲市,俗称南沙,大概离城较远,那里的人被鄙薄地呼作"沙上人"或"北沙人"。当地工商业的凋零,使民生贫困。乡民因为"都市的炫耀",被诱引着向外发展,"到都市去找生活,找钱用,找安慰"。他们大部分的出路是往上海或无锡去,虽然上海路途要远、往返费用要高,"但以繁华的诱引,年轻的女人,在父母庇护下,或是跟着亲戚朋友一批批乘十一圩港的长江轮投奔到上海去,所以在上海杨树浦一带,散布得很多的常熟女人";妇女多半为客籍人家当老妈子娘姨之类;男人多充当车夫、旅馆侍役或小贩;有很多简直是全家都搬到上海去了。③仿佛到了上海,一切皆有可能,至少在生活上可谋得基本的依靠。但生活上十分窘困的妇女,包括被拐骗或贩卖的,既无技艺,又无依靠,很多依赖卖淫为生。无论城镇还是农村,她们都来自较低的社会阶层,教育程度普遍低下。现存的1920—1940年代的各种调查表明,上海妓女群体中,江苏籍的占了40%至50%,浙江籍差不多占30%,上海本地籍的则占15%;其他省籍的,比重就不大了,只有广东籍稍多,约占5%。上海就成了把周边地区妇女吸引过来的中心。④

而享乐问题,则完全是因上海繁华生活的引力。时人分析说:

> 内地的人,不但是赞美上海的繁华,并且惊奇上海市政的昌明,和上海文化的如何发达。没有到过上海的人,便渴想到上海来观光一次;到过上海的人,又渴想搬迁到上海来居住。自从中国东

---

① 徐国桢编著:《上海生活》,第14页。
② 包伟民主编:《江南市镇及其近代命运:1840—1949》,第56页。
③ 江菊林:《江苏常熟沙洲市的农民生活》,《中国农村》1935年第1卷第8期,第75—76页。
④ [法]安克强:《上海妓女——19—20世纪中国的卖淫与性》,袁燮铭、夏俊霞译,第134、138页。

南部几次发生国内战争状态,富有的人家,相率移展到上海内,觉得安谧舒适,愈引起内地人搬迁上海来的动意。①

所以,一般不怕花钱的内地大小富翁,为追求舒适生活,都奔上海来了。因为在内地,即使有钱,未必就有汽车,未必就有各种新奇的游艺,也未必就有各种中西菜式可供享用。②

马国亮在 1932 年第 74 期的《良友》画报上撰文指出,许多人就是以为上海随地都是金子,都跑到上海来,有的卖了田、卖了牛,甚至卖了儿女。③结果大多是失望。许多人对于上海社会,只认识它的繁华,以为只要能够置身在上海社会之中,生活上就有极大的愉快,而忘却了上海的豪华生活并不是无代价的,并不是大家都可同等享受的。④很多内地人来上海,显得十分冲动,既无准备,又无人荐引谋职,必然是"人地生疏,费用告竭",于是潦倒异乡,甚至堕落为非,或自杀者有之,溺妻沉子者亦有之。⑤上海的生活,尤其是夜生活,固然十分引人,但从事夜生活工作的人们,仍然不过是为了衣食住行。由吴江同里人、"江南才子"范烟桥(1894—1967)作词的《夜上海》,这样唱道:"夜上海,夜上海,你是个不夜城。华灯起,乐声响,歌舞升平。只见她,笑脸迎,谁知她内心苦闷。夜生活,都为了,衣食住行。"这也是 1947 年周璇主演的电影《长相思》中的插曲,流传至今。⑥

尽管有各种各样的问题,上海仍被认为是"希望之邦",好像选择上海就是选择新的人生道路与美好未来。⑦有个纱厂女工的回忆很有代表性。她说:

我来自苏北,小时候住在一个村子里……家里很穷。十三岁

---

① 江镜心:《上海之所谓市政者》,《新上海》1925 年第 6 期,第 91—92 页。
② 徐国桢编著:《上海生活》,第 14 页。
③ 吴果中:《〈良友〉画报与上海都市文化》,第 274 页。
④ 徐国桢编著:《上海生活》,第 2 版,第 6—7 页。
⑤ 沈伯经、陈怀圃编:《上海市指南》,第 152—153 页。
⑥ 赵国庆:《周璇之谜》,附于《周璇日记》,长江文艺出版社 2003 年版,第 127—128、235 页。
⑦ 乐正:《近代上海人社会心态(1860—1910)》,上海人民出版社 1991 年版,第 173 页。

时,一个来自上海的包工头到我们村里招收童工。他说:"上海好的不得了。你们可以吃鱼吃肉,米饭尽管吃。到那里,可以住洋房,挣大钱。"所以许多父母都愿意将自己的孩子送去当包身工。①

其实,大多数人从外地初来上海的感受,大概都与靳以(1909—1959,原名章方叙,天津人)相仿。靳以说:

> 初去的时节好像连誓也发过了,说是那样的城市再也不能住下去,那些吃大雪茄红涨着脸的买办们,那些凶恶相的流氓地痞们,那些专欺侮乡下人的邮局银行职员老爷们,……可是渐渐地我也习惯了,因为知道都是为了钱的缘故。②

正因为这样,上海城中的外籍人口数量十分可观。在1885—1935年间,上海公共租界中非上海籍人口在总人口中所占的比重,始终在78%—85%。而在华界,1929—1936年间,非上海籍人口占的比重则在72%—76%③,较前者稍低,但都远远高于上海籍人口。因此,从近代的发展来看,上海完全就是一个移民城市。在1885年,非本地人占了上海华人总数的85%,到1949年,该比例为84.9%,前后相差无几。而不同移民群体的人口比例,随着时间推移也发生了显著的变化:广东人被宁波人超过,宁波人最终又被江苏以及其他更北面一些省份的人超过。具体而言,1885年,上海约有20%的华人原籍广东,40%的人原籍浙江,37%的人原籍江苏;而到1935年,上海市只有4%的人原籍广东,有37%的人来自浙江,而53%的人来自江苏,同时来自安徽、湖北、山东和河北的人有了实质性的增长。④

---

① [美]裴宜理:《上海罢工——中国工人政治研究》,第71页。
② 靳以:《忆上海》(1940年12月),收入程德培、郜元宝、杨扬编:《1926—1945良友散文》,第54页。
③ 忻平:《在上海发现历史——现代化进程中的上海人及其社会生活(1927—1937)》,上海人民出版社1996年版,第55页。
④ [美]裴宜理:《上海罢工——中国工人政治研究》,第20页。

在上海的 24 个产业中,据调查,工人多源于外地农村。例如,烟草业中,浙江人占 45%,上海本地人占 25%;纺织业工人以江浙为主;丝织业以传统的丝绸之乡浙江农民为主;缫丝业 60% 以上是苏北人;电力行业中宁波人占 70% 以上;煤气等公用事业中江、浙、鄂人为主。而对 1928 年曹家渡 230 户工人家庭籍贯的调查中,发现主要来自江、浙、皖、湘、鄂、直、鲁等省的乡下。①

上海市周边的城镇,无时无刻地受着这个大都会的影响。在普通县城嘉定,工人大都愿意到工商业经济最发达的上海谋生,竟使劳力"几供不应求"。川沙县原来发展不错的花边、毛巾等手工业品,因上海都市生活的吸引,县境内的剩余劳力都拥往上海,受到了很大影响,出现了无论以知识还是以劳力自食的,百分之九十以上皆恃上海。②川沙人黄炎培就说:"人口有余,则移之上海;职业无成,则求之上海";川沙民生之艰难就与"上海市场之衰落为正比"。③

直到不再有租界的 1950 年 1 月,当时统计上海市中非上海籍的人口仍占总人口的 85%,上海籍的不过 15%。④

三、生 活 追 求

内山完造在 1930 年代就说过:"支那的生活者,仍一如日本,多可区分出一流生活,二流生活,和三流生活来。又一如日本,一流最少,二流较多,而三流属于大多数……支那一流生活者的为绸,三流生活者则是布了。"⑤江南城镇居民的生活状况大体也存着"绸"与"布"这样的鲜明差别。

上海被称为富人的天堂、穷人的地狱。娱乐业的社会分层就相当

---

① 忻平:《在上海发现历史——现代化进程中的上海人及其社会生活(1927—1937)》,第 154 页。
② 李伯重:《中国的早期近代经济——1820 年代华亭—娄县地区 GDP 研究》,中华书局 2010 年版,第 284 页。
③ 黄炎培:《川沙县志导言》,《人文月刊》1936 年第 1 期,第 5 页。
④ 熊月之:《万川集》,第 231 页。
⑤ [日]内山完造:《活中国的姿态》,第 59 页。

明显:外国总会、租界公园、租界跑马厅主要是外国人的天地;舞厅、溜冰场、运动场、游泳池、酒吧、咖啡馆,也不是穷人所敢问津的。一般以苦力赚钱的下层社会,他们既看不懂电影,又没有那么许多的钱逛公园(乐园),于是他们唯一的娱乐场所就是小戏院。①所以,上海社会中生活的不平等,"较之其他社会,加倍的显露,加倍的不可掩灭"。②

上海社会情况的复杂性,陈独秀早在1920年的《新青年》上,撰文作过分析:"上海社会,分析起来,一大部分是困苦卖力毫无知识的劳动者;一部分是直接或间接在外国资本势(力)底下讨生活的奸商;一部分是卖伪造的西洋药品、卖发财票的诈欺取财者;一部分是淫业妇人;一部分是无恶不作的流氓、包打听、拆白党;一部分是做红男绿女小说、做种种宝鉴秘诀、做冒牌新杂志骗钱的黑幕文人和书贾;一部分是流氓政客;青年有志的学生只居一小部分,——处在这种环境里,仅仅有自保的力量,还没有征服的力量。"③

同时,语言上的差异,也能体现生活环境的不同。在上海租界,大半以沪苏两处俗语混合而成,与城乡土著之真正方言不同;而来沪旅客一般都寄居租界,所闻市井常谈,间或杂以苏谚。④在传统与现代双重因素交织影响下的沪语中,不少称谓用语体现出当时社会生活的人群分划或生计行当。例如,公司或洋行经理称"大班"或"买办";店主叫"老板";老板之子称"小开";商店雇佣在外接洽交易的售货员叫"跑街";店中代客搬送货物的工役叫"出店";以口头说合双方之买卖而居间赚取佣金者的是"掮客";妓女之假母仍称"老鸨",游妓叫"野鸡",地皮屋掮客称"白蚂蚁",妇人老而淫猾者曰"老蟹",外行则称"死蟹",类似野鸡之荡妇叫"淌白",接应西人之妓称"咸水妹"等,在民国时期都成了特定的专有名词。而导源于英文而沿用成习的沪语,也有不少,如买

---

① 熊月之:《乡村里的都市与都市里的乡村——论近代上海民众文化特点》,《史林》2006年第2期,第70—76页。
② 徐国桢编著:《上海生活》,第6页。
③ [美]裴宜理:《上海罢工——中国工人政治研究》,第104页。
④ 林震编:《上海指南》(增订版)卷九《沪苏方言纪要》凡例,商务印书馆1930年第23版,第1页。

办叫"刚白度"(compradore),跑街称"式老夫"(shroff),汽车叫"摩托卡"(motorcar),电话称"德律风"(telephone),睡椅曰"沙发"(sofa),钢琴称"批霞娜"(piano),银圆叫"达拉司"(dollars),佣金称"康密纯"(commiesion)等等①,都很能体现时代生活特色。

对下层民众而言,内山完造所言的一流、二流人的生活,就很让人艳羡了。《良友》画报从第109期起至第113期止,特别设置了"上海地方生活素描"专栏,约请一些名人写述上海的日常生活,例如曹聚仁的《回力球场》(第109期)、穆木天的《弄堂》(第110期)、洪深的《大饭店》(第111期)、郁达夫的《上海的茶楼》(第112期)、茅盾的《证券交易所》(第113期)等,当中呈现的大都会之声色犬马、纸醉金迷等的生活方式,却又迥异于普罗大众的日常景况。②

经济条件较好的人家,在休闲生活的追求与享受方面堪称丰富。其中就有当时十分时髦的代步工具脚踏车,可以说是有钱人追求的一种玩物。在所谓的纨绔子弟手中,脚踏车主要用来"出风头""摆阔气"。上海"八一三"战事后,直到沦陷时期,日常生活中脚踏车的数量开始激增,差不多多数人家都有具备。③

上海脚踏车的使用,当然较江南普通城镇要普遍得多。在其他城镇,像长兴县,脚踏车就很少。到1936年,全县有私人自用的脚踏车仅18辆,营业使用的有20辆。在雉城镇米行弄等,有兴华、协兴、云飞三家车行,供租用或学习。1947年的时候,还登记发照,雉城镇上的营业车行有谔记、新大、利众等3家;在泗安镇、小溪口等地,也有出租和修理脚踏车的店摊。到1949年以后,民间私用的仍然很少,脚踏车多为公用交通工具。直到1978年以后,私用的脚踏车才大量激增。④

在现代科技成果与西方文明日渐普及的城镇中,生活上自然远较乡村奢靡得多了。民国时代的上海,是江南城市的中心。时人说,这样

---

① 沈伯经、陈怀圃编:《上海市指南》,第143—144、148—149页。
② 吴果中:《〈良友〉画报与上海都市文化》,第286页。
③ 张萌祖编纂:《大场里志》卷一《脚踏车》,上海市宝山区档案馆藏稿本,收入上海市地方志办公室编:《上海乡镇旧志丛书》第11卷,第94页。
④ 长兴县志编纂委员会编:《长兴县志》,第332页。

的大都会,生活程度素高于各地。①还有人说,上海的风俗习惯是尚侈靡,"自通商以来,欧风东播,青年男女,多竞相仿效"。②以日常着装而言,穿西装的男子已日趋增多,因而街道上的洋服店好似雨后春笋般地设立起来。③梁实秋说,上海的洋服"可以说是遍处皆是,并且穿得很修洁可观";可是,糟糕的是,"什么阿猫阿狗都穿起洋装来了"。④这样的后果,竟然使那些贩夫走卒、理发匠、修脚者流,"出必西装革履,以壮其观"。而妇女们的服装,更是日新月异,花样百出,对侈靡之风是竞相仿效,竟使人觉得"娼妓还是良家妇女,殊难鉴别"了。⑤总之,上海人对于衣服穿着一项,是十分注意的。⑥这种服饰上的穷讲究,体现了上海地方"注重表面"的风习,所谓"只重衣衫不重人"。⑦鲁迅就明确地指出,这多少是与上海人的风习与以衣貌取人的"态度"相关的。他说:

  在上海生活,穿时髦衣服的比土气的便宜。如果一身旧衣服,公共电车的车掌会不照你的话停车,公园看守会格外认真的检查入门券,大宅子或大客寓的门丁会不许你走进正门。所以,有些人宁可居斗室,喂臭虫,一条洋服裤子却每晚必须压在枕头下,使两面裤腿上的折痕天天有棱角。⑧

  作为全国的第一商埠,上海又是外国文化的重要输入地,其文化地位在当时高于南京。⑨而且人口密集,据1930年代的统计,中外居民数已达三百多万,生活消费尤为浩繁,"社会日趋于奢靡"。⑩这类风习堪称全国之冠,主要原因还在于社会文化经济等诸因素交织而成,且"积

---

① 沈伯经、陈怀圃编:《上海市指南》,第113页。
② 东南文化服务社编:《大上海指南》,第140页。
③ 冷省吾:《最新上海指南》,第88页。
④ 梁治华:《南游杂感》,《清华周刊》1923年第280期,第3页。
⑤ 东南文化服务社编:《大上海指南》,第116页。
⑥ 徐国桢编著:《上海生活》,第24页。
⑦ 冷省吾:《最新上海指南》,第145页。
⑧ 洛文:《上海的少女》,《申报月刊》1933年第9号,第101页。此文收入《鲁迅全集》第四卷《南腔北调集》,人民文学出版社2005年版,第578页。
⑨ 李长傅编著:《江苏省地志》,第120—121页。
⑩ 沈伯经、陈怀圃编:《上海市指南》,第113页。

重难返"。①特别是开埠以来,欧风东播,舶来货品竞尚新奇,使青年男女们多争相追逐仿效,使生活中的许多方式已"非中非西",却被多目为时髦②,成了生活追求中的一大逸趣。

上海城市中出现的各种生活方式、现代化设施等,在时人看来,确实"与外国新式都市无大差异。"③所以1938年2月荻岛静夫坐汽车来到上海时,上海虽已是"孤岛",但生活上的繁华瑰丽仍让他感到些震撼,并在日记中写了他的感受:④

> 车驶过租界区,这是我初次看到旧英租界,我想这才无愧为大上海,大型巴士、无线电车、三人坐的人力车等等,世界各国的人,中国的姑娘是非常漂亮的。在南京路和静安寺路还看见有火星旅馆,这些新奇的东西都令人感到惊奇。后来,我看了电影、吃了饭、去了舞厅,傍晚六点去花月旅馆。

普通人家倘若将副业经营得好,内山完造所谓生活上"绸"与"布"的那种差别,就会显得小一些,生活上可以更多更好的追求。

在1920年代前期,崇德县地方由于蚕茧价格上涨的刺激,蚕桑生产不断发展,农民收入增加,购买力兴旺,还普遍盖造新房。这与邻近地区常有战争的困苦之状,显得比较繁荣。城中的一些银楼,新制了些妇女的金银饰物,一担茧子正好可以打一双花条的金镯。此时的城市商品市场上,东洋花布、西欧钟表,以及翔云斋的哔叽布、美华祥的自由裙、公昶的文明伞、沈源隆的手摇袜等,都成了时人乐道的时髦货。当时就讲,"卢永祥时代的生意最好做"。⑤这是1924年9月齐燮元与卢永祥的"江浙战争"爆发前的状况。

与明清时代相仿,吴兴地方的民众,主要依赖丝绸生产,遍地皆桑、户户育蚕,"一年的温饱系于春秋两蚕期"。在第一次世界大战前后,吴

---

① 申报馆编:《上海市民手册》,"上海生活",第8页。
② 柳培潜:《大上海指南》,第201页。
③ 冷省吾:《最新上海指南》,第5—6页。
④ 四川建川博物馆藏:《荻岛静夫日记》,第58—59页。
⑤ 蔡一:《乡史拾遗》,第134页。

兴的辑里丝一直非常有名,在国际市场上列居首位,吴兴人的生活就很舒服了。①刘大钧等人在吴兴县地区作经济调查后,指出这里作为重要的丝业产地,在贸易全盛时期,生活安逸得令人艳羡。一般的乡镇中产阶级,本来就有田产房屋,因丝业经营而无不家给户裕;其子弟娇弱成性,游惰视为故常,且衣必丝绸、食必鱼虾,生活上的安定是附近地区所不及的。逢年过节,都要送礼饮宴,日常的雀战(赌博)、吸烟(鸦片)、听书、看戏,优游闲散,尤为湖州人的生活常轨;遇到婚嫁丧吊,大多崇尚奢靡,铺张扬厉。当时有这样的民谣,称:"丝行店伙真写意! 头发梳得光,咸蛋吃个黄,鱼虾喝点汤。"②生活好得似乎连蛋白、鱼虾都有不屑一吃之意,店伙意气凌云一至于此,生意之鼎盛由此可想而知。当然除了丝业生产,吴兴县各区的农户,所选择的"副业"还有不少。详参下表2。

表2 吴兴县各区从事副业的农户及比较

业 别	南浔	菱湖	双林	袁家汇	总计	百分比
佣 工	54	75	87	56	272	29.44
渔 业	—	77	23	54	154	16.67
牧 畜	13	—	57	12	82	8.87
手工业	8	2	45	23	78	8.44
小 贩	39	1	12	2	54	5.84
商 业	4	4	3	2	13	1.41
摇 船	2	1	4	2	9	0.97
教 书	—	5	—	2	7	0.76
行 医	—	2	2	—	4	0.43
其 他	—	1	6	1	8	0.87
不 详	52	51	87	53	243	26.30
合 计	172	219	326	207	924	100.00

资料来源:刘大钧:《吴兴农村经济》,上海中国经济统计研究所1939年版,第28页。

---

① 浙江省战时合作工作队游击区直属分队:《吴兴之经济调查》,《浙江建设》1940年第3期,第149页。
② 刘大钧:《吴兴农村经济》,第127页。

对 1949 年前的无锡农村而言,农家生活状况可以用这样的一句谚语来概括,即"米煮汤,麦垫挡,开销靠蚕桑"。其意思,就是稻熟可供一年之食,麦熟以供农本所费,而蚕业收入居然可以供一年衣食零用。①

吴江县庙港乡开弦弓村,为改变经济困境,在费孝通的姐姐费达生的带领下,在 1920 年代末组织生丝机制合作社,帮助发展养蚕事业,创建起采用机器缫丝制丝的"合作丝厂",产品远销上海及国外。这一副业,既培养了不少本地女技工,也提高了村民的收入。所以直到 1936 年费孝通在开弦弓做田野调查的时候,当地民众除去税收及各种盘剥外,因为有了这样的副业补助,生活上依然过得不错。②

确实,不论从事什么工作、靠什么谋生,江南城镇都能提供各种各样的机会,不仅是给当地人,也提供给外来移民。特别是在上海,这样的就业机会应该是最多的。内山完造有一个有趣的观察,他说:从上海算起,不论到什么地方去看,茶馆、饭馆、旅馆、酒店、点心店等等众客所集的地方,不论楼下、二楼、三楼、四楼,小贩行商可以完全在里面自由往来兜揽生意的。卖花的,卖瓜子的,卖落花生的,卖烟卷的,卖药的,卖化妆品的,看八卦的,歌女等等小贩行商,杂在客人和看热闹的人之间。粗声儿,细嗓儿地吆喝着兜揽生意。其中椅子桌子,只要是空着的话,不妨暂时借用,虽然只是暂时,他们能够自由出入,自由营商。③

当然,大城市的生活与江南小镇的感觉是有很多不同的。丰子恺曾说:"我住居上海,前后共有三十多年了。往日常常感到上海生活特点之一,是出门无相识,街上成千成万的都是陌路人。如果遇见一个相识的人,当作一件怪事。这和乡间完全相反:在乡间,例如我在故乡石门湾,出门遇见的个个是熟人。倘有一只陌生面孔,一定被十目所视,大家研究这个外来人是谁。"④城市生活中存在的陌生感,乡镇生活形成的熟人社会,应该在很多人的经历中都有着鲜明的感受差异。

---

① 无锡地方志编纂委员会办公室、无锡县志编纂委员会办公室编:《无锡地方资料汇编》第五辑,第 12 页。
② 张祖道:《江村纪事》,上海锦绣文章出版社 2007 年版,第 14 页。
③ [日]内山完造:《活中国的姿态》,第 49 页。
④ 丰子恺:《新的欢喜》(1962 年),收入氏著《丰子恺自述》,第 200 页。

城市之间的生活差异,还体现在闹市区。丰子恺对杭州、上海的"新市场"的印象很深,有过一番比较:

> 新市场的市街的平广的景象,容易使人看了生出快适之感。杭州还没有摩天楼出现,现有的房屋大多数是二三层的。远望市街的夜景,只见一片灯火平铺在广大的地上,好像一条灿烂的宝带。……上海市街的灯火,当然比杭州更多。然而没有这般快适之感,却使人感到一种压迫。这得市街形式不同的关系,上海的市街形式是直的,杭州的市街形式是横的。……上海近来高层建筑日渐增多,虽然没有像森林一般密,也可谓"林立"了。我们身在高不可仰的大建筑物下面行走,觉得自己的身体在相形之下非常邈小,自然地感到一种恐怖。①

号称人间"天堂"的苏州城中,最热闹、最有名的地方是在玄妙观一带,但在民国时期已远不如上海的商业街那样热闹。芥川龙之介论道:玄妙观"尽管地摊上同样摆着时髦富丽的袜子,开了水的锅里同样冒出韭菜的香气。唉,你看还有两三个年轻女人,头发梳得油光锃亮,还故意把罩着黄绿色和淡紫色衣服的屁股,一扭一扭地走路。可仍旧给人一种土里土气的寂寥感"②。

尽管难以摆脱"土里土气"的样态,但在苏州城中,从传统的到新式的西方生活用品,各类营业十分齐全,能满足人们的日常生活需求。如典当行、银行钱庄、金号银楼、丝纱厂、火柴厂、纸板厂、绸缎庄、珠宝店、米行、酱园、布厂、木行板栈、布店、洋货店、冶坊桐油、豆行、酒行、煤油、油行、电灯厂、药房、麦粉厂、碾米厂、汽水厂、烛皂厂、保险公司、颜料行、漆店、洋机公司、绣货行、水泥行、眼镜钟表店、香烟公司、绍酒店、书坊、纸店、粮果行、转运公司、彩票业等③,遍布苏州城中。江南不少城

---

① 丰子恺:《车箱社会》,"市街形式"篇,第58—59页。
② [日]芥川龙之介:《中国游记》,第111页。
③ 陆璇卿、颜大圭:《旅苏必读》二集,第38—51页。

镇还像苏州一样,既保持着传统生活样态,也能慢慢向现代生活转型,发展出一些新面貌。

但同样是"人间天堂"的杭州,在郁达夫的笔下,城里人的生活多以传统"风俗""仪式"为重。他说:

> 一年四季,杭州人所忙的,除了生死两件大事之外,差不多全是为了空的仪式;就是婚丧生死,一大半也重在仪式。丧事人家可以出钱去雇人来哭。喜事人家也有专门说好话的人雇在那里借讨彩头。祭天地,祀祖宗,拜鬼神等等,无非是为了一个架子;甚至于四时的游逛,都列在仪式之内,到了时候,若不去一定的地方走一遭,仿佛是犯了什么大罪,生怕被人家看不起似的。①

这些都是杭州人的生活态度与方式。

而城乡差距的加大以及乡村在工业化时代的重压下,很多人不得不离乡入城,寻找谋生的机会。上海成了最好的选择,在江南地区就成了容纳剩余人口的绝大场所。宝山县虽有少数人家景况不错,可依赖借债持续其简单的再生产,但多数人则属于无恒产、没信用、借不到债的贫农,都不得不就近到上海去挣钱,最普通的是"做厂""出店"(给商店当运输工人)"吃油水饭"(在馆子中做堂倌)"摆作台"(开缝衣店),这些已是1926—1927年间的时髦生意。②

在南汇县,民国初年兴起的织袜业,在洋袜的冲击下被迫转型为针织业。但其与上海市相邻,隔黄浦江相望,"轮渡往返,日必数次;益以铁道筑成,自周家渡至周浦镇瞬间可达;境内航轮,联贯各区重要市镇",因而"海上风气所向,南汇必紧承其后"。③

沪宁铁路开通后,无锡到上海往返很为方便,一些豪绅巨贾常常结

---

① 郁达夫:《杭州》,原载《中学生》1934年11月第49号,收入《郁达夫文集》第三卷《散文》,第273—274页。
② 乔志强、陈亚平:《江南市镇原生型城市化及其近代际遇》,《山西大学学报(哲学社会科学版)》1994年第4期,第13—19页。
③ 佚名:《南汇织袜业现状》,《工商半月刊》1933年第11期,第43页。

伴去上海消遣,吃花酒,看角儿。当看到上海的丹桂第一台、新舞台等正式戏院,他们就对无锡的庙宇戏台感到不满足了。民国初年,上海出现了春柳社、民鸣社等新剧团体,很快流传到了无锡。在新式马路(工运路、汉昌路)一带的"新秋声""警钟""天声""景先第一台",圆通路的"启明",公园路的"西西"等戏院,相继开设。这些戏院大都上演"新剧",实际是早期的话剧。①

就电影娱乐业而言,自1896年传入中国后,也是以上海为中心迅速地发展起来。辛亥革命后的嘉兴,成了商业繁荣的水陆码头。从1917年起,上海人不时携带电影放映机来嘉兴,在露天或租用场地放映中外影片。1932年1月27日的《嘉兴民报》则报道了当地"银星大戏院明日开业"的消息:"本城张家弄钟家桥直街之银星大戏院现已建筑竣工,内部布置亦告就绪,该院本系模仿各大埠之新式戏院建造,故建筑装置达贰万金,因此一切布置极为精美,座位宽畅,不受挤轧,视线正确,一无遮隔,开映时不但光线充足,且用二机换映,换本不停休,并装有发音机,能开映中外有声影片。"显然,这个影院是模仿了上海的样式,在嘉兴城内属于先进之列,还能放映有声电影了。1937年2月22日的《嘉区民国日报》登载了两则银星大戏院的电影广告,可谓珍贵有趣。其一是天一公司出品的所谓有声对白、歌唱哀艳之巨片《黄浦江边》,为迎合人们对上海生活的新奇心理,作了这样的广告:

> 黄浦江水奔流,冲不尽社会污浊;黄浦江水滚滚,洗不尽人间恨事!哀感热艳,扣人心弦!上海滩头众生相,黄浦江畔风月史。这里有荒淫逸乐的富家子,有饥饿线上挣扎的大众,有过着糜烂生活的阔小姐,有饱受压迫摧残的老头儿,有困苦搏斗的好青年,还有一切一切,包罗万象,应有尽有。春申江上写生画,歇浦潮中繁华梦!每一个镜头,生动美丽,每一寸胶片,十分精彩,题材新,人才新,导演好,表演好,收音清晰,光线明亮,允称十全十美的无上

---

① 许忆和:《无锡最早的一批戏院和影院》,收入无锡地方志编纂委员会办公室、无锡县志编纂委员会办公室编:《无锡地方资料汇编》第八辑,第128页。

巨片。势必客满,请早来院,保证满意,请勿错过!①

电影中表现出来的上海滩那种"有荒淫逸乐的富家子,有饥饿线上挣扎的大众,有过着糜烂生活的阔小姐,有饱受压迫摧残的老头儿"的众生相,其实非常契合当时上海城市生活中的存在实态,令观众产生强烈的现实感。而且看电影,甚至模仿电影人物的行为举止、穿着打扮,成为有钱有闲阶层生活中的一种逸乐或时髦。

作为电影娱乐业的重要平台电影院,数量也在增加。在江南地区,电影院最多的当然是在上海。代表性的影院,包括大光明、光陆、南京、新光、兰心、国泰等,都是新型的公共文化空间,也成了许多人的重要嗜好②;但对绝大多数的人们来说,经济条件、生活方式和文化基础等的不同,使电影院辐射的人群仍局限于相对窄小的范围之内。③

到二十世纪初,上海城市的社会结构发生了许多变化,文化娱乐也必须依靠民众的消费才能生存。1926 年 2 月 1 日,大新舞台(即后来的天蟾舞台)在上海正式揭幕,这意味着近代上海的戏曲进入了黄金时期。整个城市生活的繁荣,为上海戏曲的勃兴创造了条件。那时上海的剧场无论是数量、规模,还是设备等方面,在全国的城市中都是首屈一指的。④很多人在这个娱乐大都会中,时常消磨光阴于纸醉金迷之场。⑤上海既有令很多人感到稀奇的三大动物园(中山公园内,复兴公园内,南市)⑥,更有众多的游艺中心与娱乐场所,其间像"大世界"和"新世界"中呈现给世人的花园、剧场,走索的表演,赌博台,小孩子的跳舞表演,掷椰子戏,抽彩,射击房,自动影戏机,歪曲镜和其他一切从欧洲游戏场学来的有吸引力的玩意⑦,都令很多人神往。

---

① 马加泽:《嘉兴电影史话》,载《嘉禾春秋》第 4 辑,第 204—205、213—214、218 页。
② 冷省吾:《最新上海指南》,第 133 页。
③ 参姜玢:《20 世纪 30 年代上海电影院与社会文化》,《学术月刊》2002 年第 11 期,第 67—71 页。
④ 唐振常主编:《近代上海繁华录》,第 277 页。
⑤ 沈伯经、陈怀圃编:《上海市指南》,第 156 页。
⑥ 东南文化服务社编:《大上海指南》,第 42 页。
⑦ [德]基希(Kisch, E.E.):《秘密的中国》,立波 1938 年译本,第 176 页。

四、地域背景差异

郁达夫曾经比较过上海与苏州两地:"上海的市场,若说是二十世纪的市场,那末这苏州的一隅,只可以说是十八世纪的古都了。"①这种现代与传统之间的区分与差异感,在时人心中已经变得很明晰了。从社会世风的眼光来看,上海人确实要比苏州人神气得多。时人就说:"从苏州人眼光里看出来,上海人有一点特别的神气,尤其是青年男女,一种带些康白渡和学生的气息,一种窑变的光景。"②上海是"最写意的地方",吃的穿的玩的,都比苏州好,到了上海,甚至"比登天还写意"。③

至于苏州与杭州这两个名胜都会的发展落差,变得更为显著。杭州城内到处是柏油马路、汽车呜呜,但苏州城内的马路大多是大石子铺成的半坦的路,有人甚至说"苏州的建设至少与杭州差上十年"。④不过那时的苏州生活,已经比较"像上海"了,有咖啡店、百货商场、广东化的茶室、汽车与马车,甚至还有一度流行的舞场等。时人仍然觉得苏州比上海好,因为汽车还是少,城市显得安静一些;扬州又比苏州好,因为扬州街上是"根本不能行走汽车,连脚踏车也少"。⑤

值得一提的是,在民国时期,仍有不少地方以"像"苏州或杭州之生活为尚,都体现出地域上的差异性。根据时人的观察,在浙江省内,苏、杭生活的影响与作用还是明显的。例如在昔日的处州府、后来的丽水县,抗战之后因苏杭移民的麇集,江南文物随之输了进来,于是丽水县城"苏杭化"了,"冷寂的山城,一变而为繁华的都市":有五光十色的百货商店,有甜香酥美的嘉湖细点,有京菜馆子聚丰园,美酒佳肴,咄嗟可办;有绸布呢绒齐备的高义泰,花花绿绿,摆满橱窗;有烫发艳装的摩登

---

① 郁达夫:《苏州烟雨记》,原载《中华新报·创造日》1923年9月,收入《郁达夫文集》第三卷《散文》,第67页。
② 范烟桥:《观前街上的上海人》,《新上海》1925年第4期,第23页。
③ 团圞生:《苏州人心目中的上海》,《新上海》1925年第7期,第81页。
④ 裴可权:《苏州杂写》,《学校生活》1935年第118期,第325页。
⑤ 吴易生:《在天堂(苏州通讯)》,《杂志》1944年第1期,第159页。

女郎,有西装革履的漂亮绅士;府前街头,肩摩毂击,丽阳门外,车水马龙,从而使丽水仅次于温州、金华,而甲于浙南各县。①从这个层面来看,人作为文化的载体,其移动确乎有传播风俗文化的重要作用。

比较起来,上海人的"生活"更有巨大的魔力,不仅吸引人们到上海去,而且当时人以模仿上海人的衣着服饰、生活方式为尚。以妇女而言,时人说上海的妇女很是奇怪,"竟有极大的魔力足以左右全中国的妇女",其他地方妇女的装饰、习惯、言行,"几乎都以上海妇女为标准",因而交通便利、可以就近到达上海的江南城镇中,"妇女们吃饱了没事做,差不多专在学上海的妇女",有时就跟着丈夫到上海来一次,逛逛十里洋场,回去后就把上海妇女的装饰、习惯和一切言行都学了去了。而上海的娼妓,更是"宣传上海妇女风气的使者",每到一些码头地方,"多少就在那里留下些上海妇女的风气"。②

因此,上海周边的城镇乡村,固然多受上海的影响,就是整个江苏,多少也受到了上海开埠的影响。③苏州在当时人看来,很多已是"受上海化的地方"。④浙江也是如此。譬如在嘉兴,与上海毗邻,颇能接受近代文明的影响,给嘉兴社会带来种种新生事物,包括新式轮船、电报通讯等。⑤稍远一些的吴兴,同样也受影响。一些丝商巨贾撑住了吴兴的经济命脉,使县城颇觉繁荣,南浔、双林、菱湖等市镇"都市化"了,"高大洋楼,电灯电话,一切都市文明的设备,在畸形的发展着"。⑥

从上述一些情形的对比来看,江南城镇生活存在的差异自然是颇为明显而形式多样的。虽然已开始进入现代工业社会,生活上的差异有时常体现在地域背景上,确实很难根除。

例如,在上海的烟厂,江南籍的工人占多数,衣服比较入时和清洁;

---

① 骆憬甫:《1886—1954 浮生手记——一个平民知识分子的纪实》,第 251—252 页。
② 沧海客:《上海观察谈》,《新上海》1925 年第 2 期,第 65 页。
③ 王树槐:《中国现代化的区域研究:江苏省,1860—1916》,第 514 页。
④ 范烟桥:《观前街上的上海人》,《新上海》1925 年第 4 期,第 23 页。
⑤ 陈伟桐:《辛亥革命时期嘉兴记事》,嘉兴市政协学习和文史资料委员会编:《嘉兴市文史资料通讯》第 28 期,2001 年 1 月 3 日,收入《嘉兴文史汇编》第 3 册,第 263 页。
⑥ 浙江省战时合作工作队游击区直属分队:《吴兴之经济调查》,《浙江建设》1940 年第 3 期,第 150 页。

因为在烟厂里,一般都看不起穿破衣的工友,有些工人为此不得不借钱也要做两件衣服穿穿。如果就从事丝织业的人们的生活来说,苏州、浙西的杭嘉湖等地与浙东的嵊县、东阳、义乌等地人,更有不少差别。根据1930年代后期的调查,丝织工人的生活就呈现出了上述二者的不同。浙东的大多数是青年,颇易接受现代都市文明,在手头有钱的日子,衣食住行等有些带资产阶级色彩,西装革履,坐电车或黄包车,吃包饭,类似学生生活;但当中较为节俭的,平日也穿布衣,房子是几人合租一间;他们的进取心较强,相信社会需要改革,希望把自己的生活改好一点;至于嗜好,百分之五十的人抽卷烟,而平时喜欢打麻将、押牌九赌博的人,约有百分之四十;不过吃酒嫖妓的较少;日常娱乐多以唱歌、踢球、吹箫、弹琴、玩公园、看电影为主。而湖州、杭州、苏州籍的工人,比较起来生活上落后些,旧习惯的传统影响很深,很多人染上点"流派",服装多着蓝布裃裤,扎起裤脚,穿双缎面鞋子,打扮得像上海人所称的"白相人",食、住、行大概与前一种工人相仿,但不能注意卫生,滥吃酒肉,往往在一间小房子里,"着地铺"上住了许多人,不够整洁;大多嗜好烟、酒、赌;一般娱乐主要是逛游艺场、看舞台、打麻将等。①

江南地区不同城镇的生活消费水平差别,当然都很明显。譬如,镇江的消费要比苏州低廉,上海的则比杭州高昂,但是在生活追求与消费倾向上,这些城市大体是一致的。经济发展水平逊于其他城市的镇江,人们也大多"好奢华,嗜赌博"。②再如真如镇,经济并不发达,僻处上海市之西南,所谓"少奢靡越礼之举"。自中外互市以来,洋货充斥市场,对当地生活带来不少影响,世风就显得有些浇漓了。③松江在江苏省的政治、军事、经济地位,虽然"比不上无锡、苏州、镇江、徐州",但在东南各县中,应列前茅。到1932年县道修成后,"风气特变","人民更习于奢侈","青年学生终日逛游于街市者,触目皆是"。在时人看来,这就是

---

① 朱邦兴等编:《上海产业与上海职工》,第141—144、589页。
② 朱瑾如、童西苹:《镇江指南》,第9页。
③ 洪兰祥编:《上海特别市真如区调查统计报告》,1929年铅印本,收入上海市地方志办公室编:《上海乡镇旧志丛书》第4卷,第5页。

所谓"风化之败坏"的表现。①

有人还比较过江北扬州与江南苏州两地人们生活的不同：扬州人之衣饰比苏州较为朴实，而比之他省显得奢侈多了；饮馔较苏州为讲究，苏人重质不重量，扬人则质量并重，只有零食方面不及苏州人之甚。还有人说，江南城镇中休闲的一大好去处就是茶馆，苏州城内的名流、巨绅、豪商，每天多赴茶馆消遣，习以为常，社会上也不以为怪；不像北京的茶馆，每天出入的仅限于普通劳动者。②孤悬于海上的崇明县，生活上也有明显的奢化。就是一般的农民，因上海近在咫尺，交通方便，常往来于两地，一年累计下来，"消费情形，为数亦殊可观"；饮食起居，是"潮流所趋，渐臻奢侈"。③

如果从"风俗"的角度而论，城镇生活中的很多内容，其实都呈现出由俭入奢的变化态势。而导致这种生活变化的原因，一是在于时代的进步，昔日的珍品往往变为常品，特别是在衣着服饰方面；二是在江南，奢风由来已久；三是上海地方的物质生活水平高，生活繁华，影响了其他城镇的民众生活与观念。④

五、余　论

自晚清以来，中国的政治、社会、经济、思想、文化等领域出现的种种变化，脱离不开西方"入侵"的巨大影响。镇江、苏州、上海、杭州等城市中租界的建立、扩张与变迁，又对具体的城乡社会生活领域或多或少地产生着冲击。而"现代化"进程的表现，又是多方面的，其中一个重要的内容就是初步实现了交通运输与通讯的现代化，在经济、政治、军事与文化上都具有重要的意义。⑤

---

① 许亚杰：《松江一瞥》，《新女性》1935 年第 5 期，第 37、46 页。
② 李长傅编著：《江苏省地志》，第 112 页。
③ 黄柳泉：《崇明》，《东方杂志》1927 年第 16 号，第 126 页。
④ 王树槐：《中国现代化的区域研究：江苏省，1860—1916》，第 630—631 页。
⑤ 罗荣渠：《现代化新论——世界与中国的现代化进程》，北京大学出版社 1993 年版，第 293 页。

第十三章　魔都上海：民国江南城镇的社会变化与人生追求

由于交通选择的便利与多样，江南城镇地方的冶游者变得繁多起来，有的是外来者，有的纯粹是当地人，大多以领略江南地方的城乡风情、名胜古迹为目的，但也有以居住生活为取向的；而城市观光的选择，仍是苏州、杭州、上海等这样的名城。

据马员生的回忆，在 1926 年底，他坐火车初次到上海，雇了人力车，穿过繁华的街道，到大东旅馆租了一个便宜的房间。但当天晚上就被强令去花钱听唱；洗澡时买的雪花膏是假的；而在坐人力车时被多要了钱等。他也不敢乱跑，像大世界、新世界、公园、戏院等地他都没去。只是逛了南京路、先施公司、永安公司以及几间书局。① 马员生的身份背景比较特殊一些，他眼中的上海城，固然有着多样的诱惑，但对他而言，又不无欺诈及凶险的存在。就像后来的上海指南中，专门刊示的"金玉良言"所告诫的：

> 花天酒地应适可而止：上海地方引诱青年之机会甚多，且其结果均甚不幸，如跳舞场、妓院、游戏场等等，或则以色迷惑，或则以财迷惑，在彼商贾，原以谋利为目的，并不强人上钩，愿者自投，固亦不足厚非之。此种场所，最是成事不足，败事有余，故有为少壮之断送于此者，其数何千万。②

但城市中新式马路上的风光与新奇景象，确实十分诱人。当中就包括鲁迅所说的上海马路上摩登少爷勾搭摩登小姐的所谓"钉梢"。鲁迅借用了唐人张泌的《浣溪沙》调第九首，作了这样的白话诗："夜赶洋车路上飞，东风吹起印度绸衫子，显出腿儿肥，乱丢俏眼笑迷迷。难以扳谈有什么法子呢？只能带着油腔滑调且钉梢，好像听得骂道'杀千刀'！"③ 这种情形在江南的城市生活中并不鲜见。④ 后来上海三和公司

---

① 马员生：《旅苏纪事》，第 56、58 页。
② 东南文化服务社编：《大上海指南》，第 151 页。
③ 鲁迅：《唐朝的钉梢》，原载《北斗》1931 年第一卷第二期，收入《鲁迅全集》第四卷《二心集》，人民文学出版社 2005 年版，第 338 页。
④ 陆璇卿、颜大圭：《旅苏必读》四集，吴县市乡公报社 1922 年刊本，第 7—8 页。

出版的《玲珑》报上,还刊有指导女性如何对付"钉梢"的漫画,并附着这样的文字说明:"有一美人,盈盈娇娇,装扮入时,裸腿旗袍。走出真恼,恶少钉梢,如何对付,曰跑跑跑。对付钉梢,不理最妙,如对恶狗,任它狂叫。"①描摹的正是大城市马路上日常生活的画面,实在太生动了。

尽管上海在中国是西化程度第一的城市②,但是费正清认为,上海代表了中国现代化最好和最坏的两个方面。③1933年中国经济统计研究所曾调查过全国的工业情况,128个县市中约有现代工厂2 400多家,上海一市即占了1 200家,差不多是一半;至于工业的各种类别,在150多个细类中,一般城市最多只有一二十类,而在上海,大半都有。这些都说明了上海工业化的程度之深。④而以"坏"的方面来看,在上海确实所在多有。像城内汽车的随意行驶、盗匪的劫掠绑票、一市的财政没有适当的理财方法、各项捐税率的重征等等,问题依然很多。⑤

而以租界与华界发展状况的比较来说,两者之间存在的差距实在太过悬殊。就像当时的上海指南中所说的:

> 今日之上海,所谓繁盛之区者,不过租界地耳。一入华界,虽与租界接壤处,稍有改旧观,而较远之区,犹不脱昔时农村社会之状态。此种畸形之发展,实为本市市政最大之病象。⑥

上海在开埠后,成了现代化和外国商业在华的发源地,1890年以后则是工业的发源地,同时在出版业、报纸和日趋活跃的舆论的支持下,又成为中国改革与革命思想的主要中心。江南城镇的所谓现代化,当然很受上海的影响。而生活中洋化的公用事业,是与西方化的生活方式、外国思想和风俗习惯等相伴而来的。蒋介石在1943年发表的

---

① 佚名:《应付钉梢图》,《玲珑》1936年第6卷第33期,第2550页。
② 梁治华(梁实秋):《南游杂感》,《清华周刊》1923年第280期,第3页。
③ [美]费正清:《伟大的中国革命(1800—1985年)》,刘尊祺译,世界知识出版社2000年版,第213页。
④ 刘大钧:《上海工业化研究》,上海商务印书馆1940年版,第10页。
⑤ 江镜心:《上海之所谓市政者》,《新上海》1925年第6期,第96页。
⑥ 沈伯经、陈怀圃编:《上海市指南》,第363页。

《中国之命运》中,认为上海是一个邪恶的污水坑①,则从侧面反映出其间的负面影响,以及时人对这些东西曾有的敌视态度。

可是谁也不会否认,上海工商业的繁荣促进了公用事业的发展,反过来,公用事业的发展也促进了工商业的繁荣。上海各种公用事业的规模在中国属于第一。不过,这些公用事业的发展,"是任意发展的结果"。由于城内的公共租界、法租界与华界三个市政区域的公用事业各自为政,技术规范参差不一,与供应业务的偏枯不齐,都使人感觉"享受上的不平等"。②

民国时期曾经提倡的所谓"科学救国",其实就是要"西化"或现代化,充分学习和利用现代西方科技,来改造中国,造福民生。可是民国时期的人们也注意到,这种"科学救国"让人感觉还有些遥远。电影,是彼时西方工业文明影响中国人生活的一种重要代表。但很多小镇除了戏剧表演外,并无电影院。1930年代的菱湖镇就是如此,但收音机已开始从大城市中传入了。③在1932年嘉兴城内已建有新式影院,放映中外有声影片的时候④,在附近的小城嘉善,"有声电影"就基本上到不了这里。时人就说科学进展的成果,"不过充实着有闲阶级的生活,添增都市里经济侵略的工具而已"⑤,也应属确论。向小城镇实行"经济侵略"的,当然就是上海这样的大城市。

---

① [美]费正清:《伟大的中国革命(1800—1985年)》,刘尊祺译,第214页。
② 赵会珏:《上海之公用事业》,"序",第1页。
③ 倪丙业:《菱湖旧事》,第122页。
④ 马加泽:《嘉兴电影史话》,《嘉禾春秋》第4辑,第218页。
⑤ 蘋蘩:《嘉善的回忆》,《珊瑚》1933年第10期,第10页。

结 论

一、城市化的影响

　　本书论述的中心在江南的城乡社会,主要包括了乡村聚落的统合与治理、水域生活与政府管理、社会救济与公共工程的推展、城乡交通网络与市镇变迁、城市群落的发展格局及其中心化等问题,都在近世以来的历史进程中,发生着各种转变。清代历史较长,既承接了明代以来的社会变化,也在政治上孕育着各种变革,城乡社会出现了一些新面貌。到了清代晚期,主要是在太平天国战争之后,政治体制与行政管理的变化,极大地影响了城乡社会的结构与发展模式,并塑造出日常生活的新形态。其中,城市化与城市生活的变化,发展到民国时期,更为引人注目。

　　对江南地区而言,都市化或城市化的进程,自晚明以来就表现显著,到了晚清与民国时期,"现代化"成为判识城市化进程的一个重要归纳,而且具有很强的政治色彩。这不仅涉及地域社会结构调整、权势转移的大问题,也关乎地方民众的生活空间、生活方式、生活理念等日常生活的现实问题。城镇作为社会生活、文化创新与政治活动的中心场域,具有很强的聚合作用。

　　倘从近代以来的发展来观察,江南重要的城镇有三个显著的表现:一是上海得到了"飞速畸形的发展";二是无锡由于近代轻纺工业和商业贸易的发展,迅速赶上苏州、常州,成为仅次于上海的苏南最大的工商业城市;三是地方小城镇在农业专门化影响下进一步得到发展,出现了正如今天一般十分稠密的格局。上海县在清末境内已有 72 个市镇,无锡县在 1932 年有 79 个市镇。可以说,江南地区县以下的市镇,兴起于唐宋,繁盛于明清,定型于近代。①不过对江南其他多数城市来说,空

---

　　① 宋家泰:《江南地区小城镇形成发展的历史地理基础》,原载《南京大学学报》1990 年第 4 期,收入氏著《宋家泰论文选集——城市—区域理论与实践》,第 305—306 页。

间的扩张确实是有限的,地域结构相对比较稳定。

数量比例显得更大的市镇,苏南与浙西相较,显得要发达些,许多市镇十分出名,像奔牛、戚墅、周庄、陈墓、同里、木渎、甪直、唐市、震泽、盛泽等等。据民国时人的考察,以长江为界线,一般所言的镇在江南、江北多称镇、市或桥。也因为在水乡,市镇与桥之关系甚大,苏谚中就有"逢桥三分市"之说,可见一斑。而村镇的构造,则以淮河为界而南北不同。淮河以北的镇多沿大路,外绕以土圩,圩内街道广阔,间有炮楼,均因防匪而设;淮河以南的镇多沿河,街道狭窄,市街大概分正街与码头两部分。江南因经济优越关系,一个巨镇之繁盛,每每超过淮北的县城。① 浙西杭嘉湖的市镇因商业状况的不同,而多有差异。在嘉兴地方的童谣中,有所谓"唔啦嘉兴,有一楼、二亭、三湾、四塔、五湖、六街、七县、八寺、九镇、十桥",当中言及的"九镇",就是东栅镇、塘汇镇、南堰镇、新塍镇、新丰镇、新篁镇、濮院镇、王江泾镇、马库汇镇。② 再如吴兴县:"本县市镇,以南浔为最大,菱湖及双林次之,乌镇、善连(琏)、陈市等又次之。"③

这些市镇在明清时期的发展,曾有三个方面的显著特点:一是镇的规模迅速扩大;二是镇的发展进一步向江南东部扩延;三是出现了一批"专业性市镇"。④ 到民国时期可以说已基本定型,也由于历时短暂,在地域规模上也未有太多的变化。例如原属明清时期的超级大镇盛泽,在民国初建后,镇区稍有扩大,但变化一直不大,直到 1940 年代,镇区面积仅有 0.6 平方公里。⑤

都市化或城市化的进程,有时是与城区人口的增长保持着正比例的关系。巨量的人口增长,必然要求在居住空间、粮食供应、蔬菜提供、谋生渠道等方面有相应的增加。这就给城市带来了不小的压力。在城

---

① 李长傅编著:《江苏省地志》,第 101 页。
② 周伯吹:《嘉兴旧时童谣》,嘉兴市政协学习和文史资料委员会编:《嘉兴市文史资料通讯》第 46 期,2006 年 1 月 6 日,收入《嘉兴文史汇编》第 5 册,第 218 页。
③ 姜卿云编:《浙江新志》上卷《地方志》第二十六章《吴兴县》,第 97 页。
④ 宋家泰:《江南地区小城镇形成发展的历史地理基础》,第 305 页。
⑤ 盛泽镇地方志办公室编:《盛泽镇志》,第 43 页。

市化程度最高的上海市周边城乡，为了迎合城市生活发展的需要，表现即是如此。

随着上海市区域的扩张、民众生活需求的剧增，周边城乡在逐渐纳入上海城市圈时，生活选择正在发生着变化。一些市镇出于交通的便利，就近为大城市提供服务，农业结构也很快转型了。

一个典型的事例，是上海被辟为租界地后，中外互市，人口繁兴，需要巨量的蔬菜供应。真如镇地方农民，为适应市场需求，从传统的棉稻种植转向蔬菜种植；每年六七熟，获利较多。真如镇之东南乡大都如是。而在西北乡，因交通稍形不便未能很快转变种植结构，但也有种植洋葱的，每亩收获也多至二十余担，价格视产量及需求之多寡而升降。由于洋葱是西餐的主要食物，销售洋庄，获利也较丰。① 上海县地方，洋葱因市场需求而种植日多；马铃薯（土豆）种植收获颇丰，成为近十余年来当地出口物之大宗；属于"欧洲种"的花菜，近三十年来沿黄浦江一带也是"种者日多"，且以董家渡地方所种的最有名。② 也因为上海租界的扩大、人口的增加，浦东的北蔡居民将部分棉田改种蔬菜，以满足城市居民的副食品需求，蔬菜在当地种植结构中占据了重要地位。③ 上海城市的崛起，离不开与周边农村的互补互动，也使本来商品化已有一定程度发展的周围农村的产业，得到进一步发展或转型。④

当然，离上海更远一些的小城镇，因缘新式火车、公路系统的开拓与发展，也会出现这种产业上应对大城市需求的全新转变。

总之，江南的城市主要还是政治中心治地，同时也是经济中心、消费中心、文化中心、生产中心和交通中心。相对大城市而言，江南小镇的生活状态要松弛闲散得多。在不通公路的菱湖镇，现代化的公用设施，除了一般城镇都有的新式轮船外，当时是已有电力而无自来水、有卫生所而无公立医院、有电话电报站而无公共汽车，但对菱湖人来说，

---

① 王德乾纂：《真如志》卷三《实业志·农业》，上海图书馆藏，1959 年传抄民国二十四年稿本。
② 民国《上海县续志》卷八《物产》，民国七年刊本。
③ 北蔡镇人民政府编：《北蔡镇志》，第 4 页。
④ 戴鞍钢：《近代上海与周围农村》，《史学月刊》1994 年第 2 期。

只要有船一切就活了。①真如镇虽紧邻上海这个都市中心,但交通状况的不良,曾让人印象很坏。经过五年的改造,情况大不相同,"各方面建设的进步""公共汽车行驶的改善""京沪铁路沪翔区间车的增加""识字教育新生活运动""劳动服务之推进"等等②,好像都是从现代化过程中带来的。

二、生活的"现代化"

"现代化"一词,是 modernization 的对译,也可以说是"近代化"。作为一个外来词汇,是上个世纪 60 年代以后,才在西方社会科学研究中逐渐流行的一个术语。这个概念,可以用来概括人类近期发展进程中社会急剧转变的总的动态的新名词。③

在 1963 年,江口朴郎已经指出,产生于西方各经济、技术领域里的"产业革命"、政治领域的"市民社会"、文化领域的"现代思想"的形成,是现代化在世界史上的起始点;而福武直等人则直接认为,"从封建社会向资本主义社会过渡"是现代化的标志。④依照这样的说法,中国从晚清到民国的转变,是所谓帝制时代向现代国家的过渡,大概算得上是"从封建社会向资本主义社会过渡",已经现代化了。

1914 年,库珀(Clayton S. Cooper)在游览东方国家后,将其观感写成《东方正在现代化》,注意到东方的觉醒并正在急匆匆地投向西方世界。在这里,他是以"现代化"取代了"西化"一词。⑤

而在五四时期,中国人常谈的仍是"西化"或"欧化",其实指的就是现代化。"现代化"一词的确切含义,如果加以概括的话,可以包括四个

---

① 倪丙业:《菱湖旧事》,第 5、142 页。
② 右军:《住在真如》,《新真如》1937 年第 1 期,第 22 页。
③ 罗荣渠:《现代化新论——世界与中国的现代化进程》,北京大学出版社 1993 年版,第 3 页。
④ [日]十时严周:《社会变迁与现代化——现代化理论的标准设定》,收入[美]塞缪尔·亨廷顿:《现代化:理论与历史经验的再探讨》,上海译文出版社 1993 年版,第 390 页。
⑤ 罗荣渠:《现代化新论续篇——东亚与中国的现代化进程》,北京大学出版社 1997 年版,第 18 页。

方面:一是近代资本主义兴起后的特定国际关系格局下,经济上落后国家通过技术革命,在经济与技术上赶上世界先进水平的历史进程;二是现代化实质上就是工业化,即经济落后国家实现工业化的进程;三是现代化是自科学革命以来人类急剧变动的过程的统称,涉及工业或经济领域以及知识增长、政治发展、社会动员、心理适应等各个方面;四是现代化主要是一种心理态度、价值观与生活方式的改变过程,是一种"文明的形式"。①

民国年间的人们曾集中讨论过这个"现代化",以及"现代化"对于中国的意义何在。《申报月刊》在创刊周年纪念时,搞了所谓"特大号",组织"中国现代化问题特辑",所收文章包括杨端六的《中国现代化之先决问题》、陶孟如的《中国现代化问题》、张良辅的《中国现代化的障碍》、樊仲云的《中国现代化的唯一前提》、李圣五的《现代化的条件与方式》、程振基的《对于中国现代化的感想》、吴泽霖的《中国需要现代化么?》、金仲华的《现代化关键在普及教育》、郑学稼的《现代化与中国》、诸青来的《中国实业现代化问题》、杨幸之的《论中国现代化》、吴觉农的《中国农业的现代化》、陈高佣的《怎样使中国文化现代化》、唐庆增的《中国生产之现代化应采个人主义》等等,论题众多而观点歧异。②

后来有人提出,现代化的一些特质可归纳如次:第一是"大规模的机械生活",第二是"生产机械文明的科学精神和方法",第三是"大规模的工业组织和管理",第四是"教育的普及"。简化之,就是机械化、科学化、组织化、教育普及化这四点,在现代化的众论中是不存在异议的。③

周谷城还指出,从五四运动以后,到 1940 年代,关乎"西洋化"(现代化)问题的讨论,学者们论著颇多,蔚为学术界之大观;参与争辩的学人,包括了顽固守旧(完全反对西化)、完全西化与老成持重(前二者的折衷)三大派。在他看来,西化即要实行产业革命,老成持重者,即部分

---

① 罗荣渠:《现代化新论——世界与中国的现代化进程》,第 8—14 页。
② 详参《申报月刊》1933 年第二卷第 7 号。
③ 常燕生:《什么是现代化》,《月报》1937 年第 1 期,第 148—149 页。

地主张西化，相对较为允当，也符合"中学为体，西学为用"之陈说。①

尽管现代化并无经典的定义，但从总的来说，是从传统社会向现代社会的一种演变。这种演变应该包括各个方面。而广度的所谓现代化，有知识、政治、经济、社会、心理五个方面。当然，其内涵及人们对它的认识，仍是不断变化的。②至于现代文明，是与工业化、市场化、城市化、世界化相联系的，现代文明造就了现代性，既意味着物质与技术层面现代与过去的某种断裂，也意味着精神与文化层面现代同过去的某种断裂，更意味着制度与生活层面现代同过去的某种断裂；那种以资本为核心的现代性，以劳动为核心的现代性，以及以每个人自由而全面发展为核心的现代性的挑战，其实一直是存在的。③

三、"工业化"与"都市化"驱动下的城乡社会

从清代过渡至民国年间，近代化或现代化，确实可以作为观照近世中国社会发展的一个重要研究取向。城镇发展就是其中值得探讨的一个重要层面，特别是沿海的若干大城市，与内地相比，自晚清以降，大多兴盛不衰。其工业经济、城市规模、制度建设与生活水准等，往往可以成为推定城市发展或者社会发展近代化程度的指示。

Olga Lang 在 1946 年的研究中指出，中国的大多数城市，即便如僻处内地的甘肃兰州城，都已拥有图书馆、发电厂、电灯、面粉厂、肥皂工厂、柏油路、霓虹灯、电报与电话设备、新式学校、大学、医院与饭店等④，遑论上海、杭州、苏州这样的江南著名城市了。在民国时期的学者看来，现代都市的产生就是工业化影响的结果，除北京、南京因政治关系而国家竭力发展之外，其他都市"皆为工业化之结果"，而且"此种

---

① 周谷城：《论中国之现代化》，《新中华》1943 年复刊第一卷第 6 期，第 11—12 页。
② 吴承明：《中国的现代化：市场与社会》，北京：三联书店 2001 年版，第 1—3 页。
③ 姜义华：《挑战中国：现代性三重奏》，《中国政法大学学报》2007 年第 1 期。
④ Olga Lang, *Chinese Family and Society*, New Haven: Yale University Press, 1946, p.78.转引自[英]冯客(Frank Dikötter)：《民国时期的摩登玩意、文化拼凑与日常生活》，收入李孝悌主编：《中国的城市生活》，第 428—429 页。

都市发展之程度非政治中心所能比拟",在所有的工业都市中上海又是最重要的。①

近代以来上海城市的兴盛,使其成为中国的工商业中心与最大的都市。从清末开始,新式楼房的兴建,市面的改观,电车的通行,邮政的兴设,电灯、路灯、德律风(电话)、自来水的次第装接,使上海的城市生活日新月异,"宛似洋场风景"。现代化的进程,除上海外,江苏省内也只有南京、苏州两地发展较快,也与各城市的政治经济地位是相适应的。②这种发展态势,使邻近地区的经济生活受到重大影响。各地的实业建设在大步推进。从1912年开始,镇江、苏州等地的实业协会,都以建设工业社会、振兴实业为旨归,号召民众群策群力地推进实业建设。③在这样的情境下,新式的工厂大量建立,产业工人队伍日趋庞大,生活方式与思想观念在逐步发生着变革。

在普通的县城嘉定,那里的工人都愿意到工商业经济最发达的上海谋生,竟使劳力"几供不应求"。川沙县原来发展不错的花边、毛巾等手工业品,因上海都市生活的吸引,县境内的剩余劳力都涌往上海,受到了很大影响,出现了无论以知识还是以劳力自食的,百分之九十以上皆恃上海。④川沙人黄炎培就说:"人口有余,则移之上海;职业无成,则求之上海";川沙民生之艰难就与"上海市场之衰落为正比"。⑤

在南汇县,民国初年兴起的织袜业,在洋袜的冲击下被迫转型为针织业。但其与上海市相邻,隔黄浦江相望,"轮渡往返,日必数次;益以铁道筑成,自周家渡至周浦镇瞬间可达;境内航轮,联贯各区重要市镇",因而"海上风气所向,南汇必紧承其后"⑥,以便更好地适合市场需求以及这个时代的生活。现代化的交通在当中起了重要作用,大大缩短了时间,提高了效率,也改变了人们的时间观念与出行安排。水在江

---

① 刘大钧:《上海工业化研究》,第1页。
② 王树槐:《中国现代化的区域研究:江苏省,1860—1916》,第510页。
③ 陈旭麓:《近代中国社会的新陈代谢》,上海人民出版社1992年版,第335页。
④ 李伯重:《中国的早期近代经济——1820年代华亭—娄县地区GDP研究》,第284页。
⑤ 黄炎培:《川沙县志导言》,《人文月刊》1936年第1期,第5页。
⑥ 佚名:《南汇织袜业现状》,《工商半月刊》1933年第11期,第43页。

南城乡社会中虽然是最核心的地理元素,但在轮船、汽车、火车等这类现代化的交通条件日趋改进的前提下,使江南这个山地、平原、河湖、近海的生态嵌合体,建构起更为有机的一个整体,形成现代化的"新江南"。①

城乡社会的巨变、城乡差距的加大以及乡村在工业化时代的重压下,很多人不得不离乡入城,寻找谋生的机会。太平天国战争之后,上海地区在江南已逐渐成为容纳剩余人口的绝大场所。像宝山县,虽有少数人家境况不错,可以依赖借债持续其简单的再生产,但多数人则属于无恒产、没信用、借不到债的贫农,都不得不就近到上海去挣钱,最普通的是"做厂""出店"(给商店当运输工人)"吃油水饭"(在馆子中做堂倌)"摆作台"(开缝衣店),但这些已是1926—1927年间的时髦生意了。②

上海周边的城镇乡村,固然多受上海的影响,就是整个江苏,多少也受到了上海开埠的影响。③像苏州,"受上海化的地方也很多"。④浙江也是如此。譬如在嘉兴,与上海毗邻,颇能接受近代文明的影响,给嘉兴社会带来种种新生事物,包括新式轮船、电报通讯等。⑤稍远一些的吴兴,同样也受影响。一些丝商巨贾撑住了吴兴的经济命脉,使县城颇觉繁荣,南浔、双林、菱湖等市镇也"都市化"了,"高大洋楼,电灯电话,一切都市文明的设备,在畸形的发展着"。⑥

晚清以来中国的政治、社会、经济、思想、文化等领域的变化,脱离不开西方入侵的巨大影响。而江南的镇江、苏州、上海、杭州等城市中租界的建立、扩张与变迁,又对具体的城乡社会生活领域或多或少地产

---

① 丁贤勇:《日常生活中的江南:交通史视野下的一个解读》,《浙江社会科学》2019年第1期。
② 乔志强、陈亚平:《江南市镇原生型城市化及其近代际遇》,《山西大学学报(哲学社会科学版)》1994年第4期,第13—19页。
③ 王树槐:《中国现代化的区域研究:江苏省,1860—1916》,第514页。
④ 范烟桥:《观前街上的上海人》,《新上海》1925年第4期,第23页。
⑤ 陈伟桐:《辛亥革命时期嘉兴记事》,嘉兴市政协学习和文史资料委员会编:《嘉兴市文史资料通讯》第28期,2001年1月3日,收入《嘉兴文史汇编》第3册,第263页。
⑥ 浙江省战时合作工作队游击区直属分队:《吴兴之经济调查》,《浙江建设》1940年第3期,第150页。

生着冲击。"现代化"进程中的一个重要表现,就是初步实现了交通运输与通讯的现代化,在经济、政治、军事与文化上都具有重要的意义。①

清末的英国传教士慕维廉(William Muirhead),为纪念上海的外国租界创立五十周年,在上海外滩公园作了一个演说。他指出:"上海是我们的高度文明和基督教对整个中国产生影响的中心……看一看租界的全貌吧——煤气灯和电灯照耀得通明的房屋和街道,通向四面八方的一条条碧波清澈的水道,根据最良好的医学上意见而采取的环境卫生措施。我们为了与全世界交往而拥有轮船、电报、电话;还开办了外国发明创造的棉纺织厂、造纸厂、缫丝厂;最后的但并非最不重要的是北部的铁路,充当了将要在全中国范围内到处可见的设施的先驱。"②

江南城乡社会的现代化与城市生活的繁华,在民国时期带有上海租界的影响。租界堪称是上海的"精华"。③在1930年,长泽规矩也(1902—1980)撰文指出:上海已成为世界上屈指可数的商业城市,而民国时期全国工商业的中心在上海也自不待言。④上海、苏州等城市在开辟租界后,出现了现代化的西洋式"马路"。它用碎石铺成,有马车和黄包车行走,更有西式建筑、机械工厂,还有政府管理的街灯(苏州在1910年起改用电灯),这被认为是彻底改变一个城市景观的有力作用物。⑤

而为人们的交通、住宿及旅行提供服务的专门机构,以上海为最先进。1927年,陈光甫在上海四川路120号创办中国旅行社,成为游客与食宿场地间的重要中介。其后新建的旅行社纷纷涌现,也导致了三

---

① 罗荣渠:《现代化新论——世界与中国的现代化进程》,第293页。
② *Shanghai Mercury*(《文汇报》),1893,p.59.转引自[美]罗兹·墨菲:《上海——现代中国的钥匙》,上海社会科学院历史研究所编译,第6—7页。
③ 沈伯经、陈怀圃编:《上海市指南》,第374页。
④ [日]长泽规矩也:《中华民国书林一瞥》,收入[日]内藤湖南、长泽规矩也等:《日本学人中国访书记》,第212页。
⑤ [美]柯必德(Peter Carroll):《"荒凉景象"——晚清苏州现代街道的出现与西式都市计划的挪用》,载李孝悌编:《中国的城市生活》,第442—493页。

四十年代旅游业的大发展。①中国旅行社在上海建有总社及分社,主打广告语是"代诸君解决旅行上一切问题"。具体内容包括:"经售车票船票、代定卧铺舱位、经售飞机客票、办理出洋护照、计划行程旅费、代办团体旅行、发兑旅行支票、运送行李搬场、代定旅馆房间、选派向导伴游、发行旅行丛书、沿途照料旅客。"②

以产品推销、信息传布为宏旨的广告业,在其间起了不小的推进作用。除旅游业外,广告在日常生活中似乎已无所不在了,尤以日常生活用品及医药广告为常。民国初年发行量最大的《申报》中,医、药广告就占了不小的比例。③1920 年代,上海自来火有限公司(Shanghai Gas Co., Ltd)的煤气灶广告中说:自来火灶,"近日中国人大都改用自来火灶,不用煤炉,其故实因自来火灶视煤炉为洁净便利,且费用亦与用煤相仿,并未昂贵",上海人都应该试用之。④经销福特(Ford)汽车的上海美通汽车公司,在广告中说:"福特新车,稳妥可靠,不但购置福特之车主、机械工程师,乃至规模宏远之实业机关,亦莫不交口赞誉。实则新式福特之经济不费,正与其美观、速度、安全、舒适,种种优点相埒。其各个零件之品质优越,毫无修理之烦。一岁之中,不知可以省去若干金钱。"⑤出于广告业的繁盛,浙江省的"广告捐"就在 1925 年 2 月前由警务处创办,凡是商民发布的各种广告,由警察官署征收广告捐;同时允许在杭、嘉、湖等地区设立广告公司,代商报捐。⑥

就近百年来的城乡发展来看,工业化与现代化确实是历史的总趋势,现代生产力对于整个东亚世界面貌的改变有着巨大的力量。⑦像"无线电"(即收音机)虽然不曾普遍化,可是差不多的店家已用它来招

---

① 忻平:《民国时期的旅馆业》,《民国档案》1991 年第 3 期,第 106—110 页。
② 柳培潜:《大上海指南》,广告插页。
③ 详参黄克武:《从申报医药广告看民初上海的医疗文化与社会生活,1912—1926》,《"中研院"近代史研究所集刊》1988 年第十七期下册,第 141—194 页。
④ 罗苏文:《上海:一座近代都市的小传》,第 140 页。
⑤ 《工商半月刊》1930 年第 6 号,广告插页。
⑥ 魏颂唐:《浙江财政纪略》,出版地不详,1929 年刊本,第 167—168 页。
⑦ 罗荣渠:《新历史发展观与东亚的现代化进程》,《历史研究》1996 年第 5 期,第 105—113 页。

揽生意了。①嘉兴在 1932 年建成了第一家私营广播电台（久大广播电台），因白天不供电，广播时间限定在晚上 6 点至 9 点，但是覆盖范围包括了嘉兴城区与周边乡镇。播送内容除介绍"久大百货商店"的商品外，还有各类广告、地方要闻和历史掌故，文艺节目内容也很丰富，有评弹、京剧清唱、学校文艺演出以及"百代公司"的唱片播放等。②

上海已发展成为太湖平原城镇群落的重心。这个新型的大都市，确实展示出一种不同于乡村的精神，成为"引进新观念和新行事方法的主要力量和主要场所"。③"许多许多的人，被这上海的巨大漩涡所卷裹，沉溺得无从找寻一条出路。"④在这个意义上，上海真的是一个"游荡儿的世界"了。⑤

在这样社会巨变的背景下，即使是江南一般的城镇，对乡村民众也有了很大的诱惑力。虽然在乡村田园中，已没有多少年轻人再愿意待下去了，但他们与乡村的根，仍是没有办法断绝的。这一点与传统时代区别不大。⑥

这样看来，"现代化"确乎很盛行了。新式的城市生活形式，如电灯、电话、自来水、新式马路及新式旅馆等，大多由租界地区先行，后来波及于普通城市，从某程度上来说，现代化就很有"租界化"的味道。

四、以城市为中心的转型

清代以来的江南社会变化，比较明显地体现于城镇之中。无论是制度规范的变化，还是社会文化的转型，在城镇生活中都有明晰的反映。城乡地区以士绅为主导的公益活动或施善传统、乡村地区的基层控制与

---

① 理真：《闲话颠桥》，《学生月刊》1941 年第 11 期，第 52 页。
② 吴梁：《嘉兴第一家私营广播电台》，嘉兴市政协学习和文史资料委员会编：《嘉兴市文史资料通讯》第 47 期，2007 年 4 月 1 日，收入《嘉兴文史汇编》第 5 册，第 294 页。
③ [美]阿列克斯·英克尔斯等著：《从传统人到现代人——六个发展中国家中的个人变化》，顾昕译，第 321 页。
④ 徐国桢编著：《上海生活》，第 1 页。
⑤ [日]村松梢风：《魔都》，徐静波译，第 23 页。
⑥ 费孝通：《城乡联系的又一面》，收入氏著《费孝通论小城镇建设》，第 28—29 页。

秩序稳固、水域生活的管理与制度调整、社会危机的影响及其政府应对、人文地景的塑造与地域转移以及现代国家建立后的地方层级管理、城镇空间与生活形态的变化、新式水陆交通网络的形成及其对城乡生活格局的影响、城镇经济与公共服务的新形态等,都突出地呈现于江南社会变化的各个层面,"传统"与"现代"的冲突与融合愈益让人感受强烈。

"现代化"一直是以城市或城镇为中心的,其发展过程及其影响力在乡村社会依然是缓慢而不剧烈的,甚至江南的不少小城市的变革也让人觉得不够明显。在1923年,梁实秋(时名梁治华)南游至浙西的小城嘉善,看到城中卫生的不良后曾撰文指出:这里似乎有"丝毫未受西方化的特征":"二条街道,虽然窄小简陋,但是我走到街上心里却很泰然自若,因为我知道我身后没有汽车电车等等杀人的利器追逐我。小小的商店,疏疏的住房,虽然是很像中古世纪的遗型,在现代未免是太无进步。"①

同年,梁启超在其所作的《五十年中国进化概论》中,表示就中国内部的社会变化而言"诚然是进化了",但在这五十年当中,与美国、日本、德国等比,又是"惭愧无地"。②

上述二梁的言论,揭示出彼时中国"现代化"的一些实态,既有大城市与小城镇的发展区别,也有中国与外国的发展差异,现代化在中国当然仍有其局限性。经济发展较好的江南地区,仍存在着很多并不令人满意的地方。

总之,从传统时代以来过渡至现代化进程中的江南城乡地区,还充满了很多不确定性与局限性。与现代化的上海相比,江南很多城市(如苏州)的现代性,该属于何种类型仍是存有疑问的。③上海这样的沿江沿海之港埠城市,长期受到西方强权国家的刺激,已快速"现代化",其居民之行为,足以影响其他城市,甚至更广。④江南正好属于传统与现

---

① 梁治华:《南游杂感》,《清华周刊》1923年第280期,第4页。
② 罗荣渠:《现代化新论——世界与中国的现代化进程》,第295页。
③ [美]柯必德:《天堂与现代性之间:建设苏州(1895—1937)》,何方昱译,第327页。
④ 王尔敏:《外国势力影响下之上海开关及其港埠都市之形成(1842—1942)》,原载《中华学报》1973年第2卷第2期,收入梁庚尧、刘淑芬主编:《城市与乡村》("台湾学者中国史研究论丛"),第427—460页。

代碰撞与融合最剧烈之区,江南的城乡社会与民众生活正在发生着改变。现代工业的兴起,现代交通运输网的形成,使城乡地区逐渐从农村文明向以都市文明为特征的现代文明迈出了重要的一步。①已经是"世界的江南"的城镇当中,物质文化与日常生活充满了"现代性"转化的全貌。根据彼时外国人的观察,当一个中国农夫到了一个由电灯照明的市集,看见机器研磨的稻米,商店里卖着罐头食品、脚踏车、机械零件、进口肥皂、短袜或牙膏,他的生活便已开始改变——不仅是他自己的生活,更是他所处的社会。②

---

① 罗荣渠:《现代化新论——世界与中国的现代化进程》,第328页。
② Nathaniel Pfeffer, *China: The Collapse of A Civilization*, London: Routledge, 1931, p.124. 转引自[英]冯客(Frank Dikötter):《民国时期的摩登玩意、文化拼凑与日常生活》,收入李孝悌主编:《中国的城市生活》,第440页。

后 记

早在大学时代,我在樊树志先生开设的"明清江南市镇研究"的选修课上,开始对江南乡村市镇的微观研究产生了浓厚的兴趣。那时的课程作业,是以宋代以来的魏塘镇(明代以来的嘉善县治)为案例的,后来也成了毕业论文的选题。这个镇的特殊性在于,它是由一个普通的商业性市镇转为行政中心驻地的,故那时讨论的时段就广及宋代至民国,经济、社会与文化,面面俱到,并无出彩的资料基础,行文更是简单而笼统,只能算一个尝试。后来师从邹逸麟先生研习历史人文地理,关注的主要是明清时期太湖平原的环境与社会,在宏观与微观的研究中,城市、市镇、村落社会都是其中不可忽视的考察环节。

研究生时期结束后,我到华东师范大学历史系工作,有幸得侍王家范先生讲席,在学术上受先生影响,也开始稍稍注意通贯性的思维,同时更注重生活情境感受对于史料的把握问题。在最初几年的教学工作中,一切较为轻松,得以有较多时间去搜集明代以降的史料,为我感兴趣的明清江南社会经济史、环境史、文化史以及州县行政史等领域的研究,奠立了重要的文献基础。直到这时,我发表的研究成果,都是以明清为断,基本与民国无涉。

后来于2007年受邀与王日根、戴鞍钢、张剑光、黄爱梅、张海英、黄敬斌等教授一起,参加一个大项目,需要独立撰写一本民国时期江南城镇史的论著,便开始了长期而断续的资料收集与专题文章的撰写工作,其间也展开了大量的实地调研。大多数阶段性研究成果,已陆续发表于相关学术刊物。

本书主要由《葬亲社:清代浙西乡村地方士人的施善活动与传承变化》(《浙江学刊》2016年第3期)、《从豪族、大户到无赖:清代"淞南"乡镇的生活世界与秩序》(《社会科学》2018年第2期)、《清代太湖乡村的渔业与水域治理》(《中国高校社会科学》2017年第3期)、《灾荒危机与地方社会——咸丰年间桐乡知县戴槃的活动与记述》(《史学集刊》2018年第5期)、《清代江南士民生活的空间与人文地景——以苏州山塘为中心》(《东亚观念史集刊》2014年第六辑)、《江南城镇的空间、形态与管理(1912—1949)》(收入邹逸麟编:《明清以来长江三角洲地区城镇地理与环境研究》,商务印书馆2013年版)、《导游指南:江南城市的变化与日常生活(1912—1949)》(收入胡晓明主编:《中国文史上的江南——"从江南看中国"学术研讨会论文集》,上海辞书出版社2014年版)、《民国江南城镇的生活形态与社会习尚》(《江南社会历史评论》2016年第8期)、《江南内陆河川の水運ネットワーク—新型交通の発展を中心に(1912—1949)》(愛知大学現代中国学会編:《中国21》第37卷,東方書店2012年版)、《公共服务的现代化:江南城镇地区的交通与食宿(1912—1949)》(《江南文化研究》第6辑"首届江南文化论坛专辑",学苑出版社2012年版)、《上海繁华:民国江南城镇的社会变化与人生追求》(《中国社会历史评论》2013年第十四辑,天津古籍出版社2013年版)等阶段性研究构成。在书稿撰写过程中,又作了必要的修改或补充。

不过,要清晰地揭示出各个方面的内容与所有变化过程,就我个人而言,却又显得太过困难而力不从心。原因首先在于史料太过庞杂,清理不易;其次是相关研究主题不少,容易出现雷同;三是大城市研究深厚,一不小心就陷入上海史或杭州史这样的研究课题中;四是时间有限,根本不可能在各个层面都达成比较完善的研究成果;五是书稿体例与字数有限,不容许有太多太细的叙事,必须抛弃掉可能十分精彩的内容。因此,本书中存在的不足,容或后续弥补。

  本书能够完成,离不开学界许多师友与亲朋的无私帮助。我的研究生鲁佳等人在搜集、整理地方文献上给予了热情协助,李宗辑博士帮忙通校了全稿。尤需指出的是,承复旦大学中外现代化进程研究中心的支持,我申请并完成了教育部人文社会科学重点研究基地重大项目"近世江南的城乡环境、地域经济与政治变迁研究"(项目批准号:15JJDZONGHE005),从而形成了本书的最终内容,书名亦改题为今名。最后,本书的出版,责任编辑方尚芩女士付出了巨大辛劳。父亲冯仁全先生、母亲许秀凤女士以其阅历与生活体悟,时常为我的书本知识作补充、修正;内子小艾一直关心我的工作,生活上尽力为我排解纷扰。这些都让我十分感激!

冯贤亮

2021年5月8日于复旦大学光华楼

图书在版编目(CIP)数据

近世江南的城乡社会/冯贤亮著. —上海:复旦大学出版社,2021.6(2021.12 重印)
ISBN 978-7-309-15655-3

Ⅰ.①近…　Ⅱ.①冯…　Ⅲ.①社会发展史-华东地区-近代　Ⅳ.①K295

中国版本图书馆 CIP 数据核字(2021)第 084975 号

近世江南的城乡社会
冯贤亮　著
责任编辑/方尚芩

复旦大学出版社有限公司出版发行
上海市国权路 579 号　邮编:200433
网址:fupnet@fudanpress.com　http://www.fudanpress.com
门市零售:86-21-65102580　团体订购:86-21-65104505
出版部电话:86-21-65642845
上海四维数字图文有限公司

开本 787×960　1/16　印张 25　字数 348 千
2021 年 12 月第 1 版第 2 次印刷

ISBN 978-7-309-15655-3/K·758
定价:88.00 元

如有印装质量问题,请向复旦大学出版社有限公司出版部调换。
版权所有　侵权必究